广州市黄埔区村志丛书

广州市黄埔区

文冲村志

WEN CHONG CUN ZHI

广州市黄埔区文冲街文冲社区居民委员会 编

方志出版社

图书在版编目（CIP）数据

文冲村志／广州市黄埔区文冲街文冲社区居民委员会编.
—北京：方志出版社，2017.8
ISBN 978-7-5144-2516-1

Ⅰ. 文… Ⅱ. ①广… Ⅲ. ①村史－广州
Ⅳ. K296.55

中国版本图书馆CIP数据核字（2017）第220308号

文冲村志

编　　者：广州市黄埔区文冲街文冲社区居民委员会
责任编辑：顾　洁
出 版 人：冀祥德
出 版 人：方志出版社
地址　北京市朝阳区潘家园东里9号（国家方志馆4层）
邮编　100021
网址　http://www.fzph.org
发　　行：方志出版社图书经销中心
电话　（010）67110500
经　　销：各地新华书店
印　　刷：深圳市精典印务有限公司
开　　本：889×1194　1/16
印　　张：25
字　　数：561千字
版　　次：2017年10月第1版　2017年10月第1次印刷
印　　数：0001~2500册
ISBN 978-7-5144-2516-1　定价：180.00元

文冲村地图

文冲村地图
莲塘
广州石油化工总厂
旧围
荔枝山
东二环高速
鸡啼坑
大田山垃圾填埋厂
新姬路
狗头山
旧村
元岗
合庆围
姬堂小学
对面山
大田山
大窿
猪岭坳
狮山
岗土头
碧山
乱石山
新田路
中国石化集团
大田村
禾叉窿水库
岗后底
白水田
飞凤山
东头岗
炮楼山
官路山
高脚梅花
广州石油化工总厂
屈马氹
蒲鱼岗
塘瓦坑
大方
石化路
黄埔体育场
广园快速路
红岗
马岗村
松坑
下元车站宿舍
广深铁路
文冲电站
社岗
市天丽洗涤用品厂
下元站
园岗
公山
枇杷映
沙岭
华坑贸场
天昌坟
华坑村
蟹山
区图书馆
泰景居委
江北东约
石牛岭
华资公司仓库
荔枝公园
石化医院
明珠宾馆
黄埔区政府
江北西约
江北中约
振兴街
状元山
薄底山
区法院
大沙镇政府
公坑山塘
文冲西约
大沙地东路
田心岗
新溪村
石化生活区
石化中学
文冲船厂机械分厂工场
文冲东约
石化小学
文冲中学
乌榄坑
石化南一街
龙头山
迴龙市
禾坑尾
金鸡顶
龙头山公园
文冲村委
文冲小学
新港路
黄埔东路
文冲派出所
文园村
红山街派出所
广州航海高等专科学校
开元居委
红山街办
裕丰围
黄埔贸易大厦
牛山
渡头街
信华路
广州钢管厂
石禾围
宏华汽配
打头岗
大坦围
文船居委
黄埔客运站
祥晖广场
双沙小学
上岑
正岑
黄埔港客运站
葵龙尾
广州冶炼厂
省外贸仓
文船路
双岗村
双沙村委
广冶一村
沙围
鱼头围
黄埔水文站
鱼尾围
广州文冲船厂
珠江
剑草围
西门坦
图例
区政府驻地
镇、街道办事处驻地
居(村)委会
医院 学校
客运站 加油站
大厦 单位点
村行政界线
铁路及车站
在建或规划
高速公路
主要街道
一般街道
建成区 公园
河流
等高线及山峰
说明：本图界线不作权属争议依据，资料截止日期2002年7月31日止
广东省地图院 编制

天
河
区
海
珠
区
番
禺
市
加庄
旧围
上堂
姬堂村
新围
珠江冶炼厂
碧山
广州石油化工总厂
文
马
广园快速路
广深铁路
中山大道
黄埔大道
西华
茅岗村
大沙镇政府
区政府
横沙村
江北西约
江北东约
江北中约
大沙地东路
大沙地西路
下沙村
新溪
文冲西约
文冲东约
文冲村
冲
化
牛山
迴龙市
红山街道办事处
文园
开元居委
渡头街
文冲船厂生活区
黄埔路
港湾路
丰乐路
乌涌
涌河
黄埔街道办事处
裕丰围
黄埔港务局
鱼珠街道办事处
九沙村
港前路
珠江
黄埔港
省外贸仓
黄埔水位站
双岗
广州文冲船厂
长洲渡车码头
黄埔军校
军校路
思亭路
东征烈士墓
新庄
长洲路
长洲镇政府
深井村
金洲北路
金洲南路
江沥海
大围
洪圣沙
白兔沙
大吉沙
剑草围
神沙
娥眉沙
石化路
广东
图例
区政府驻地
镇政府驻地
街道办事处驻地
村委会驻地
自然村
市界
区界
村界
高速公路
主要道路
次要道路
铁路
大桥
山
水库
河涌
注：本图界线不作为权属争议的依据，资料截止日期2002年7月31日止　广东省地图院 编制

文冲村在黄埔区的位置图

政治

2001 年 8 月，黄埔区委书记谢宝怀（右四）到文冲村考察古村落保护情况

2002 年 8 月，文冲村在撤村建居时改为文冲社区，图为新老班子成员合影。前排左起为原村委领导班子成员：陆焰棠（副主任）、陆广成（副主任）、陆汉佳（主任）、陆咸妹（原乡长）、陆志辉（原大队长）、陈惠林（书记）、陆国生（副书记）、陆少琼（妇女主任）、陆潮煊（副主任）。后排左起为新社区领导班子成员：陆沛华（办公室主任）、李少锐（居委委员）、陆柱辉（副主任）、陆伟坤（副书记、纪委书记）、周建怀（书记）、梁赛红（原村副主任）、陆泽权（主任）、陆翠芬（居委委员）、陆伟锠（副主任兼发展公司总经理）、陆湛文（副主任）

1986 年，文冲乡党总支部被评为区先进党组织党支部委员合影。党总支书记陈惠林（左一），副书记陆国生（左二），乡长陆咸妹(右三),副乡长陆广成(左三)、陆潮煊（右二），妇女主任陆少琼（右一）

1987 年，文冲村民委员会领导成员合影。图为村委会主任陆咸妹（前排右一），村党支部副书记陆国生（后排左一），副主任陆广成（后排左二）、副主任陆耀明（后排右一），副主任陆潮煊（前排左一），妇女主任陆少琼（前排左二）

1995 年 12 月 7 日，文冲村党委第一次会议选举产生出陈惠林为党委书记，陈中山、陆汉佳、区锦光（挂职）为党委副书记

1995 年 12 月，文冲村第一届党委成立挂牌时，文冲村党委全体成员合影。前排左起：陆翠芬、陆少琼、梁绍炘、陆汉佳、梁赛红、欧锦光（挂职党委副书记）。后排左起：吴炬强（镇党委副书记）、张焯均（镇党委书记）、陈惠林（村党委书记）、陈中山(村党委副书记、纪委书记)、陆照祥

1973年，黄埔人民公社参加广州市共青团先进代表会人员合影。后排左二为文冲代表陈惠林

1993年，文冲村妇女代表参加大沙镇妇联第六次会议，并选举镇妇联主任。简燕珍（左一），陈群芳（左二），陆少琼（左三），余翠瑜（左四）

1995年，文冲村团总支部副书记陆翠芬与镇团委领导前往连南山区看望“1+1”助学儿童。图为4名受助学的儿童与陆翠芬合影

位于广新路的文冲村委旧办公室地址

1987 年 2 月 26 日，大沙镇第四次人民代表大会主席团合影。文冲村出席镇人大会议的有：郭炎彬（前排左一）、陆三喜（中排右三）、陈惠林（后排右三）

1988 年，文冲村党总支部书记陈惠林（左五）参加市第九届人大第一次会议合影

1990 年，文冲村委干部在社教运动中开展学习活动。陆广成（左一），陆少琼（左二），陆国生（左三），陆耀明（右一），陆成妹（右二），陆锦球（中）

1992 年“七一”，文冲村党员在村中义务劳动

1994年，文冲村委干部参加村的工作会议。陆少琼（左一），梁绍炘（左二），陈惠林（左三）

1994年，文冲村党总支部干部在会议上研究工作。陆少琼（左一），陆汉佳（左二），陈惠林（中），陆国生（右一），陆照祥（右二）

1994年11月16日，文冲村党总支部陆国生副书记主持征兵动员大会

1994年11月16日，文冲村召开征兵动员大会

1995年12月7日，图为文冲村党员大会选举时现场

1995年12月7日，图为参加村党员大会的党员在酝酿选举事宜

1995 年 12 月 7 日，在文冲村党员大会上，村党总支部书记陈惠林（右二）代表村党总支部作 1993—1995 年的工作报告

1995 年 12 月 7 日，大沙镇党委书记张焯均（左一）和文冲村党委书记陈惠林（右一）为新成立文冲村党委、纪委举行揭幕仪式

1996 年 1 月 17 日，文冲村的 18 名党员代表参加大沙镇第七次党员代表大会，并在镇的新大楼门口合影。前排：苏国成（左一）、陈旺则（左二）、孔桂婵（左三）、周结容（左四）、陆少琼（左五）、陆汉森（右一）、陆祐康（右二），陆咸妹（右三）、梁绍炘（右四）

文冲村民兵训练

治保队员训练

荣誉

1983年，文冲村被黄埔区人民政府授予区计划生育先进集体

1985年，文冲乡被区政府和区武装部评为民兵先进单位

1985年，文冲乡团总支部被共青团广州市委评为先进团支部

1985年，文冲乡被共青团广州市委评为先进青少年之家称号

1986年，文冲乡团总支部被共青团广州市委评为青年活动阵地先进单位称号

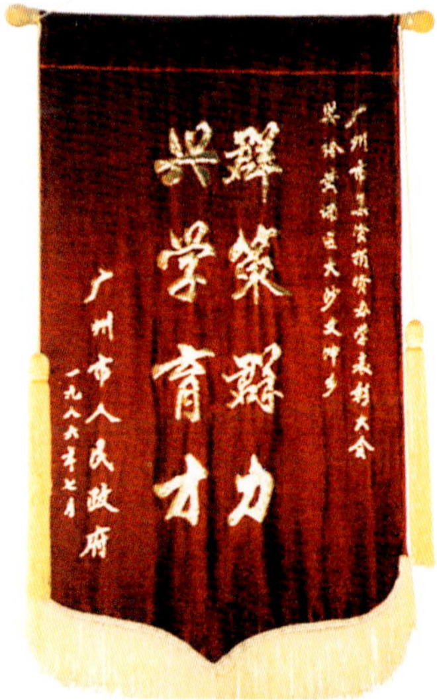

1986年，文冲乡集体捐资办学获广州市人民政府嘉奖

1987年，文冲乡党总支部被评为广州市先进党组织

1989年，文冲村被广州市人民政府评为先进村民委员会，并送“加强基层建设、促进改革开放”锦旗

1991年，文冲村因开拓老人事业被评为广州市先进单位

1986年，文冲乡被评为广州市调解工作先进单位

1989年，文冲村被评广州市基层司法调解工作先进单位

1989年，文冲村参加广州市拥军优属工作经验交流会，广州市拥军优属办公室赠送国画作纪念

1994年，文冲村乡镇企业创造亿元村，受到广州市人民政府嘉奖

经济

文冲村沙围码头河道运输繁忙

位于石化路南的文冲编织袋厂车间景貌

位于文冲状元山的文冲村化工综合厂外貌

位于广深路（黄埔东路）文冲村中穗加油站外貌

位于文冲沙围的文冲亿镅鞋厂外貌

文冲村沙围码头平台景貌

1995年4月18日，文冲村党总支书记陈惠林（前左一）与村长陆汉佳（前右一）及其他村干部、生产队负责人等参加文冲村商业大楼最后平顶作混凝土灌注

文冲村信用社外貌（1984年摄）

1992 年，文冲村党总支书记陈惠林（左一）在香港华润大夏会展中心招商，与港商签订合作协议后合影

位于文冲沙围的外资企业文冲亿锠鞋厂车间一角

文冲第二十生产队社员陆少莹摘黑叶荔枝

1976 年，文冲生产大队养鸡场

1976 年，文冲生产大队奶牛场

文化

1995年4月，《文冲村志》编辑人员陆咸妹（后排右五）、陆椿兴（后排右四），与镇及各村编辑人员到番禺莲花山参观学习合影

1987年，区档案局局长秦活游（左二）到文冲村检查档案工作

1987年，文冲村党总支书记陈惠林（左二）向区档案局检查人员汇报档案建立情况

1995年1月17日，文冲村党总支书记陈惠林（左）接受广州市档案局高局长颁发市一级档案综合管理单位证书

1995年1月17日，在文冲村档案达标评审会上广州市档案局高局长（右二）对文冲村档案工作给予赞赏和高度评价

江北会（洪圣王出巡）

文冲腰鼓队

文冲小学教学大楼

陆敏渭粤剧文武生剧照

春节期间，文冲村粤剧文艺晚会在石化影剧院演出

文冲社区编辑出版《文冲村志》成绩突出，获“广州地方志工作先进集体”称号

信宜宗亲陆正平表演书法逆书

文冲小学任教的部分“知青”与本村教师合影。前排：唐丽贤（左一）、陆丽娟（左二）、冯洁琪（左三）、陈少燕（左四）、陈月华（左五）。中排：陆椿兴（右五）、陆桂桃（右四）。后排：陆沛光（左二）

文冲古村落一景

文冲绍山书院里供奉广利洪圣大王

广州市文物保护单位（1981年12月公布）——万人坑。该坟坑位于大沙镇文冲村牛山北侧山脚。抗日战争期间，日本侵略者占领广州，抓到大批无辜中国百姓后，运抵该地进行残杀，并将死者踢于坑内，时人称万人坑

文冲牛山炮台遗址，已建成文冲牛山炮台公园

文冲街领导检查《文冲村志》编辑出版情况，并与编辑部成员合影。前排：文冲街党工委书记黄建强（左二），文冲街党工委副书记、办事处主任陈鸿钦（左一），文冲社区党委书记邓跃飞（中），社区党委副书记、居委会主任、经联社董事长陆伟铝（左三），社区党委副书记、纪委书记陆翠芬（右三），村志中期主编黄兆辉（右二），副主编陆国松（右一）；后排《村志》编辑人员：陆椿兴（左三，副主编、总纂）、陆三喜（左二）、陆少康（右五）、梁敬威（左一）、陆礼昭（右三）；工作人员：陆英杰（左五）、陆焕枝（右二）、梁秋梅（右一）

《文冲村志》编委领导与社区部分成员合影。社区党委书记邓跃飞（左五），党委副书记、居委会主任、经联社董事长陆伟铝（右五），文冲警务室警长兼党委副书记黄旭涛（左一），党委委员、居委副主任、经联社董事陆柱辉（右二），党委委员、居委委员、经联社董事梁煜佳（左二），党委委员、经联社董事李少锐（左三），党委委员、居委委员陆耀兴（右三），经联社董事陈焰芬（右一）

文冲社区党委主要领导和《文冲村志》编辑部工作人员合影。党委书记、主审邓跃飞（前排右三），党委副书记、副主审陆伟铝（前排左三），《村志》编辑部中期主编黄兆辉（前排右一），副主编、总纂陆椿兴（前排右二），副主编陆国松（前排左二），工作人员梁敬威（前左一）；后排编辑部工作人员和电脑打字排版工作人员，从左到右：陆礼昭、陆少康（核对）、陆三喜、陆英杰、陆焕枝、梁秋梅

《文冲村志》编委成员、经济社社长合影。前排左起：梁焯球（三社）、陆沛权（十社）、叶惠华（九社）、陆伟铝（十九社）、陆汉森（二十社）、陆锦权（十二社）、陆鉴辉（十四社）、陆耀光（二十一社）、陆汉章（十五社）、梁翠英（二十二社）；后排左起：陆钜森（十一社）、陆松波（八社）、陆炎森（十三社）、陆次恩（十七社）、陆锐庭（十六社）、陆锦标（七社）、叶锦城（五社）、陆剑强（十八社）

《文冲村志》审稿人与主编合影。副主审：陆剑强（右一）、陈惠林（中）、陆汉佳（左二）、陆少琼（左一）；主编陈华祥（左四）

社会

东坊龙舟竞渡

西坊龙舟竞渡

文园龙舟竞渡

文冲端午龙舟竞渡活动

1985年春节前夕，文冲乡举行春节座谈会

1988年春节前夕，文冲村委会领导陈惠林（右一）到敬老院慰问本村老人

文冲西约迎春耆英茶话会。左四陆正平、左五陆咸妹、右一陆汉雄

2001年前，文冲北街村民新居设置

1995年8月，文冲东坊投资13万元在绶亭陆公祠修建成“东坊老人乐园”供老人娱乐

文冲广东音乐粤曲社每周活动。演唱者梁翠华（左一）、龙趣菲（右一）

广州部分陆氏宗親会留影（陆汉雄前排左一）

文冲、穗石、与三水兄弟在小谷围新村合照。前排：陆汉佳（左二）、陆国松（左三）、陆汉雄（左五），陆毅（三水，右一）、陆剑成（穗石，右三）、陆细彬（穗石，右二）

泰泉裔陆氏兄弟在文冲议事。陆显祥（从化，左二）、陆椿兴（中）、陆光裕（莘村，右三）陆成洪（石门莘村，右二）

文园山公园

广州市黄埔区文冲街文冲村地方志编纂领导小组

2013年7月23日至2014年8月

组　长：邓跃飞（党委书记）

副组长：陆泽权（党委副书记、居委会主任）

陆伟坤（党委副书记、分管《文冲村志》工作）

成　员：陆伟锠（党委委员、居委会副主任）

陆柱辉（党委委员、居委会副主任）

陆翠芬（党委委员）　李少锐（党委委员）

梁煜佳（党委委员）　陆耀兴（党委委员）

梁敬威（聘任）　陈国焰（聘任）　陈华祥（聘任）

陆三喜（聘任）　陆椿兴（聘任）　陆礼昭（聘任）

陆国松（聘任）　陆汉雄（聘任）　陆少康（聘任）

黄兆辉（聘任）

《文冲村志》审稿小组

主　审：邓跃飞　陆泽权　陆伟坤

副主审：陆汉佳　陈惠林　陆汉雄

《文冲村志》编辑部

主　编：陈华祥

副主编：陆椿兴　陆国松

总　纂：陆椿兴

编　辑：陆椿兴　陆国松　陆礼昭

梁敬威　陈国焰　陆三喜

陆汉雄　陆少康　黄兆辉

打字排版：陆英杰　陆焕枝　梁秋梅

《文冲村志》领导小组

2014 年 9 月至 2016 年 7 月

组　长：邓跃飞（党委书记）

副组长：陆伟坤（党委副书记，分管《文冲村志》工作）

陆伟锠（党委委员、经联社董事长）

成　员：陆柱辉（党委委员、居委会副主任）

陆翠芬（党委委员）　李少锐（党委委员）

梁煜佳（党委委员）　陆耀兴（党委委员）

陈焰芬（经联社董事）

陈玉燕（1 社社长）　梁次波（2 社社长）

梁焯球（3 社社长）　陈锐祥（4 社社长）

叶锦成（5 社社长）　陆庆泉（6 社社长）

陆锦标（7 社社长）　陆松波（8 社社长）

叶惠华（9 社社长）　陆沛权（10 社社长）

陆钜森（11 社社长）　陆锦权（12 社社长）

陆炎森（13 社社长）　陆鉴辉（14 社社长）

陆汉章（15 社社长）　陆锐庭（16 社社长）

陆炽恩（17 社社长）　陆剑强（18 社社长）

陆伟锠（19 社社长）　陆汉森（20 社社长）

陆耀光（21 社社长）　梁翠英（22 社社长）

《文冲村志》审稿小组

主　审：邓跃飞　陆伟锠　陆伟坤

副主审：陆汉佳　陈惠林　陆少琼

《文冲村志》编辑部

主　编：陈华祥（2014.8—2015.2）　黄兆辉（2015.3—2016.7）
副主编：陆椿兴　陆国松
总　纂：陆椿兴
编　辑：黄兆辉　陆椿兴　陆国松　陆三喜　梁敬威　陆礼昭　陆少康
校　对：陆少康
打字排版：陆英杰　陆焕枝　梁秋梅

《文冲村志》领导小组

2016 年 8 月后

组　长：邓跃飞（党委书记）
副组长：陆伟锠（党委副书记、居委会主任、经联社董事长）
陆翠芬（党委副书记、纪委书记）
黄旭涛（党委副书记）
成　员：陆柱辉（党委委员、经联社副董事长）
陆耀兴（党委委员、经联社副董事长）
李少锐（党委委员、经联社董事）
梁煜佳（党委委员、经联社董事）
陆剑强（党委委员、经联社董事，分管《文冲村志》工作）
陆炳荣（党委委员）
陆鉴辉（经联社董事）
陈玉燕（1 社长）　梁次波（2 社长）　梁焯球（3 社长）
陈锐祥（4 社长）　叶锦城（5 社长）　陆镜洪（6 社长）
陆锡君（7 社长）　陆松波（8 社长）　叶惠华（9 社长）
陆沛权（10 社长）　陆钜森（11 社长）　陆锦权（12 社长）
陆炎森（13 社长）　陈耀机（14 社长）　陆镜成（15 社长）
黎惠秋（16 社长）　陆金昌（17 社长）　邱红娣（18 社长）

陆伟锠（19 社长）　陆汉森（20 社长）　陆耀光（21 社长）
陆志伟（22 社长）

分管村志领导： 陆剑强

《文冲村志》审稿小组

主　审： 邓跃飞
副主审： 陆伟锠　陆剑强　陈惠林　陆汉佳　陆少琼

《文冲村志》编辑部

主　编： 陈华祥
副主编： 陆椿兴　黄兆辉　陆国松
总　纂： 陆椿兴
编　辑： 黄兆辉　陆椿兴　陆国松　陆三喜　梁敬威
陆礼昭　陆少康
校　对： 陆少康　陆三喜
文字录入： 徐彩花　陆英杰　陆焕枝　梁秋梅

《文冲村志》编写人员名单

<table>
<tr><th colspan="4">篇　　目</th><th>撰稿人</th></tr>
<tr><td colspan="4">序</td><td>邓跃飞　陆伟锠</td></tr>
<tr><td colspan="4">凡　例</td><td>陈华祥</td></tr>
<tr><td colspan="4">总　述</td><td>陆三喜　陈华祥</td></tr>
<tr><td colspan="4">大事记</td><td>黄兆辉　陆椿兴</td></tr>
<tr><td rowspan="3">第一篇</td><td rowspan="3">地理建置</td><td>第一章</td><td>自然地理</td><td rowspan="3">陆椿兴　陈国焰　梁敬威</td></tr>
<tr><td>第二章</td><td>建置沿革</td></tr>
<tr><td>第三章</td><td>人口华侨港澳台同胞</td></tr>
<tr><td rowspan="19">第二篇</td><td rowspan="19">政治</td><td>第一章</td><td>党政群团</td><td rowspan="2">陆国松　陆椿兴</td></tr>
<tr><td>第二章</td><td>行政组织机构</td></tr>
<tr><td>第三章</td><td>中华人民共和国成立后历次政治运动</td><td rowspan="6">陆国松</td></tr>
<tr><td>第一节</td><td>抗美援朝运动</td></tr>
<tr><td>第二节</td><td>土地改革运动</td></tr>
<tr><td>第三节</td><td>农业合作化运动</td></tr>
<tr><td>第四节</td><td>大跃进运动</td></tr>
<tr><td>第五节</td><td>人民公社化运动</td></tr>
<tr><td>第六节</td><td>“四清”运动</td><td rowspan="9">陆三喜</td></tr>
<tr><td>第七节</td><td>文化大革命</td></tr>
<tr><td>第八节</td><td>知识青年上山下乡</td></tr>
<tr><td>第九节</td><td>农村党的基本路线教育运动</td></tr>
<tr><td>第十节</td><td>粉碎“四人帮”和拨乱反正</td></tr>
<tr><td>第四章</td><td>兵役与民兵</td></tr>
<tr><td>第五章</td><td>社会治安与综合治理</td></tr>
<tr><td>第六章</td><td>民政 人民调解</td></tr>
<tr><td>第七章</td><td>改革</td></tr>
<tr><td rowspan="7">第三篇</td><td rowspan="7">经济</td><td>第一章</td><td>经济发展概述</td><td>陆三喜</td></tr>
<tr><td>第二章</td><td>农业</td><td>陆少康　陆椿兴</td></tr>
<tr><td>第三章</td><td>工业</td><td rowspan="2">陆少康</td></tr>
<tr><td>第四章</td><td>交通运输</td></tr>
<tr><td>第五章</td><td>商业与服务业</td><td>陆少康　陆椿兴</td></tr>
<tr><td>第六章</td><td>金融业</td><td>陆椿兴</td></tr>
<tr><td>第七章</td><td>乡村建设</td><td>陆少康</td></tr>
</table>

续表

第四篇	文化	第一章	文物	黄兆辉　陆椿兴
		第二章	名胜	陆椿兴　陆礼昭　梁敬威 陈国焰
		第三章	新联与诗韵	
		第四章	文化体育	
		第五章	教育	
第五篇	社会	第一章	民族（氏族）	黄兆辉　陆礼昭　陆椿兴
		第一节	族谱	梁敬威　黄兆辉　陆汉雄
		第二节	姓氏来源及其分布	陆椿兴　陆礼昭
		第三节	部分姓氏变迁	黄兆辉
		第二章	计划生育	陆椿兴
		第三章	医疗卫生	
		第四章	人民生活	
		第五章	民情习俗	陆礼昭　陆椿兴
第六篇	人物	第一章	人物传	陆礼昭　黄兆辉
		第二章	人物简介	陆礼昭　陆椿兴
		第三章	人物表	陆椿兴
第七篇	传统农具、村民生活用具与自制食品	第一章	传统农具	陆三喜　陆咸妹　陈华祥
		第二章	村民生活用具	
		第三章	村民自制食品	
专　记				陆三喜　黄兆辉　陆国松 陆椿兴
附　录				陆三喜　陆椿兴
后　记				陆三喜

序

2002年8月1日，为加快城市化进程的步伐，大沙镇历史性地完成撤镇设街、撤村建居的建制，标志着原大沙镇管辖的茅岗、横沙、姬堂、双沙、九沙、文冲6个行政村搭上城市化的列车。根据黄埔区地方志办公室提出要编写村志的要求，文冲村成立专门机构，组织专人编纂《文冲村志》，从自然、政治、经济、文化和社会等方面全面系统地记述文冲村的历史与现状，反映新中国成立以来的社会主义革命和建设的成就，经济社会发展过程及经验教训，尤其是反映改革开放以来村的巨大变化。这是一项利在当代、功在千秋的文化工程，是文冲村民文化建设的一大喜事，也是精神文明建设的重要成果，可喜可贺！

文冲是一个历史悠久的乡村。地处黄埔区中部，邻近黄埔港（旧港），大田山下的广州石油化工总厂，珠江河北岸的文冲船厂和外贸仓（广东省外运黄埔仓码公司）。曾发生过抗击英军侵略的乌涌战役，现存有清政府抗御外敌而牺牲的清官兵合葬公墓、祥镇军祠和牛山“万人坑”，以及抗外敌的设施牛山炮台等历史遗址。

文冲地区南部为珠江三角洲冲积平原，北部为丘陵地带，是一块土地肥沃、四季种植作物、物产丰富、环境优美、人杰地灵的风水宝地。文冲村境内属亚热带气候，冬暖夏凉，雨量充沛，河网纵横，一年四季宜耕宜种水稻、蔬菜、甘蔗、香蕉、大蕉、荔枝、青梅、菠萝、柑橙和乌榄、白榄等水果，历来是岭南佳果的种植基地。广深铁路、107国道（从港湾路至黄埔区与新塘镇交界处，今为黄埔东路）穿村而过，南靠珠江，水、陆交通运输十分方便，这对文冲水果生产运输、通商等发挥着重要作用。

在旧中国，由于统治者腐败无能，加上水灾、旱灾、风（台）灾频繁，以及盗贼猖狂。乡村的封建械斗时有发生，以及日军侵略者的摧残掠夺，致使一些村庄散落破败，造成百业凋零，民贫物贱。新中国成立后，经过土地改革和农业合作化，文冲的农、林、牧、副、渔各业得到全面发展，特别是水果生产的大发展，荔枝、青梅、菠萝、白榄、乌榄等岭南佳果的年产各超50万公斤，成为文冲经济的支柱产业。

中共十一届三中全会后，实行改革开放和推行家庭联产承包责任制，带来文冲的百业兴旺，经济繁荣。文冲利用征地款和返还用地，大力发展码头、仓库、商铺、厂房、房地产等物业租赁达777374平方米，物业收入已成为改革开放后的主要经济支柱产业。文冲两个文明建设日新月异，村民新居日增，高楼林立，商贾云集，城市化进程加快。如今，文冲已从中华人民共和国成立初期的远郊农村发展成为黄埔区的中心城区。把文冲的巨大变化和村民创建的光辉业绩以志书的形式全面记述，保留下来，意义深远。

《文冲村志》分为7篇及专记、附录，共56万字；配有照片89幅。《文冲村志》是村的自然政治、经济、文化、社会等方面的发展变化的真实记述。富有鲜明的文冲精神和文冲特色，堪称文冲地区的百科全书，其内容既具广度，又具深度，可读性、资料性和实用性强。

文冲村辉煌的过去已载入史册，文冲的未来等待我们去开拓发展。让我们高举中国特色社会主义的伟大旗帜，以邓小平理论和“三个代表”重要思想为指导，深入贯彻落实科学发展观，解放思想，深化改革，扩大开放，与时俱进，求实创新，努力拼搏，团结奋斗，为实现我们的梦想，为文冲这块神奇的土地续写新的篇章。

《文冲村志》的成功编纂，是全体修志者辛勤笔耕的结果，是集体智慧的结晶。在编写过程中，得到村、社、区属单位、工矿企业单位等的领导重视和热心人士的关心、支持和帮助。为此，谨向所有为编纂《文冲村志》付出辛勤劳动的人们表示衷心的谢意！

中共广州市黄埔区文冲街文冲社区委员会书记　邓跃飞

中共广州市黄埔区文冲街文冲社区委员会副书记、居委会主任　陆伟锠

2016年12月

凡　例

一、《文冲村志》的编纂是以邓小平理论为指导，运用辩证唯物主义和历史唯物主义观点，坚持实事求是的原则，全面、系统、科学地记述文冲村的自然和社会的历史与现状，突出村的特点和时代特征，力求达到资料性、思想性、科学性和可读性的统一，使之成为一部朴实、严谨、科学和具有鉴赏、珍藏价值的村情资料文献。

二、《文村冲志》记述上限起于本村发端的宋代(960—1279)，统计数字记至2001年止，下限至2002年，个别事情作适当下延，最长止于2005年。附录、专记，时间下延适当延长。

三、《文村冲志》按事以类从立篇，横分门类，纵向按时序叙述。全志设7篇、33章、139节。内容较多者，节下设目和子目。体裁：述、记、志、传、图、表、录体并用。为突出文冲特色、特点，特设“专记”。

四、《文村冲志》的文字、标点符号、数字、计量单位均按国家规定的规范书写和使用，缩略语按通行的形式使用，并加以注释。

五、历史纪年，中华人民共和国成立前用传统纪年，并加括号注明公元纪年；中华人民共和国成立后，一律用公元纪年。中华人民共和国通称“新中国”，新中国成立前、后，称为“中华人民共和国成立前”“中华人民共和国成立后”。

六、《文村冲志》采用语体文、记述体。行文中涉及到组织机构、会议、文件等按当时称谓记述，一般采用全称，之后则使用简称，即在第一次出现时注明采用的简称。

七、《大事记》以编年体为主，辅以纪事本末体。事件按年、月、日排列记述，日不详者附于月末，月不详者附于年末，年不详者不记。用“▲”符号的，表示没有具体时间。碑记（志）文录出现“□”符号的，是缺失而未知的文字。

八、《文村冲志》所记人物，坚持“生不立传”的原则，立传人物排列以生年为序，其卒年不限，至2002年止。历史人物，生卒不详者不记生卒时间。对在世有突出贡献的先进、模范人物，用简介和以事系人的形式进行记载。人物简介的排序原则是：行政人员、技术人员、先进人物是以职务高低与授奖单位的级别排列；同级别的，以获得职务时间与荣誉时间先后排列；如获得时间相同的，按参加工作时间先后排列；以上3项均相同的，以出生时间先后排列。其他人物，以知名度、贡献大小以及出生时间先后排列。对于无法查找及无提供详细资料的简介人物，作列表处理。

九、《文村冲志》资料来源于查史志、历史档案、报刊、文献资料、镇（街）属、区属部门、工矿企业等（单位）提供的计划、总结、会议资料，以及通过座谈、采访、口述、笔记、专题调查、特约稿件等获取，经分类筛选、考证核实、整理入志时不再注明出处。

目　录

序……………………………………………………………………………………1
凡　例…………………………………………………………………………………1
总　述…………………………………………………………………………………1
大事记…………………………………………………………………………………6

第一篇　地理建置
第一章　自然地理……………………27
第一节　地理位置……………………27
第二节　地质地貌和土壤………27
第三节　河流水文……………………28
第四节　气候……………………………28
第五节　自然灾害……………………28
第六节　污染……………………………30
第二章　建置沿革……………………30
第一节　建置沿革……………………30
第二节　隶属……………………………31
第三节　自然村（街市）简介…33
第三章　人口、华侨和港澳台同胞
……………………………………38
第一节　人口……………………………38
第二节　华侨和港澳台同胞……40

第二篇　政治篇
第一章　党政群团……………………41
第一节　进步社团……………………41
第二节　共产党组织…………………41
第三节　团组织…………………………44
第四节　妇女组织……………………46
第二章　行政组织机构……………48
第一节　中华人民共和国成立前
政制及领导人员……48
第二节　中华人民共和国成立后
农村基层组织机构…49
第三节　农业互助合作组织……50
第四节　人民公社……………………51
第五节　设乡建制……………………51
第六节　村民委员会…………………51
第三章　中华人民共和国成立后
历次政治运动…………52
第一节　抗美援朝运动…………52
第二节　土地改革运动…………52
第三节　农业合作化运动………54
第四节　“大跃进”运动………55
第五节　人民公社……………………56
第六节　“四清”运动…………57
第七节　文化大革命…………………58
第八节　知识青年上山下乡……59
第九节　农村党的基本路线教育
运动………………………65
第十节　粉碎江青反革命集团
和拨乱反正…………65

第四章　兵役与民兵……………………67
第一节　中华人民共和国成立前兵役……………………67
第二节　中华人民共和国成立后兵役……………………68
第三节　民兵组织建设和活动…73
第五章　社会治安与综合治理……75
第一节　中华人民共和国成立前社会治安……………75
第二节　中华人民共和国成立后的社会治安…………75
第三节　社会治安综合治理……77
第六章　民政　人民调解…………81
第一节　民政工作……………………81
第二节　人民调解……………………85
第七章　改革………………………………87
第一节　农村经济体制改革……87
第二节　社、队工业企业改革…93
第三节　干部制度改革…………95
第四节　分配制度改革…………97

第三篇　经　济

第一章　经济发展概述……………104
第二章　农业………………………………107
第一节　农业管理机构…………107
第二节　种植业……………………108
第三节　林业　水果……………110
第四节　畜牧业与养殖业………113
第五节　渔业与水产养殖业……115
第六节　农田水利建设…………118
第七节　历年来征地情况………121
第三章　工业………………………………130
第一节　村工企业状况…………130
第二节　改制企业简况…………132
第四章　交通运输……………………133
第一节　水上运输…………………133
第二节　陆路交通…………………134
第三节　个体运输兴起…………134
第四节　发展外向型经济………135
第五章　商业与服务业……………135
第一节　中华人民共和国成立前集市……………………135
第二节　中华人民共和国成立后商业……………………136
第三节　供销合作社……………139
第六章　金融业………………………140
第一节　中华人民共和国成立前的金融业状况………140
第二节　中华人民共和国成立后的金融业概况………141
第七章　乡村建设……………………142
第一节　乡村布局、结构………142
第二节　乡村街、巷建设………144
第三节　房地产开发……………145
第四节　创建精神文明村………145

第四篇　文　化

第一章　文物………………………………148
第一节　祠堂………………………………148
第二节　庙宇………………………………161
第三节　书院与家塾……………162
第四节　碉楼………………………………165
第五节　门楼………………………………166
第六节　墓葬………………………………168
第七节　“万人坑”…………………173
第八节　遗址………………………………174
第九节　地券………………………………180
第十节　墓志与碑文……………181
第十一节　额与匾………………191
第十二节　联文…………………………193

第十三节　已拆除文物…………195
第二章　名胜…………………………196
第三章　新联与诗韵…………………197
第一节　楹联……………………197
第二节　诗歌……………………202
第四章　文化体育……………………206
第一节　中华人民共和国成立前文娱体育设施及村民活动……………………206
第二节　文化阵地体育设施的建设与管理…………208
第三节　文娱体育………………208
第四节　民间传说与文学、文艺作品选载…………210
第五节　农谚……………………214
第六节　广播、电影、电视……217
第七节　档案管理………………218
第五章　教育…………………………219
第一节　中华人民共和国成立前教育概况……………219
第二节　中华人民共和国成立后教育事业的建设和发展………………………221
第三节　文冲幼儿教育简介……224
第四节　文冲小学简介…………226

第五篇　社　会

第一章　民族（氏族）……………228
第一节　族谱……………………228
第二节　姓氏来源及其分布……230
第三节　部分姓氏变迁…………231
第二章　计划生育……………………231
第一节　组织机构和人员队伍……………………………232
第二节　政策规定………………232
第三节　宣传教育………………233
第四节　措施……………………234
第五节　管理……………………235
第三章　医疗卫生……………………236
第一节　中华人民共和国成立前医疗卫生状况………236
第二节　中华人民共和国成立后医疗卫生……………236
第三节　农村合作医疗…………237
第四章　人民生活……………………238
第五章　民情习俗……………………239
第一节　礼仪风俗………………239
第二节　陋习……………………248
第三节　宗教信仰………………250
第四节　传统节日与民间节日……………………………251

第六篇　人　物

第一章　人物传………………………259
第一节　历史名人………………259
第二节　现代名人………………261
第三节　革命烈士………………263
第二章　人物简介……………………263
第一节　市人大代表……………264
第二节　行政人员………………264
第三节　先进人物………………271
第四节　技术人员………………275
第五节　参加过较为著名战争的解放军官兵…………280
第六节　社会知名人士…………281
第七节　香港同胞为文冲村发展做贡献………………284
第八节　体育尖子………………284
第三章　人物表………………………285
第一节　历史名人………………285

第二节　在外工作行政、技术人员与名流…………286
第三节　先进人物………………287
第四节　区级的人大代表、政协委员………………288
第五节　文冲村（乡、生产大队）班子组成人员………289
第六节　文冲村（乡、生产大队）各生产队（社）班子成员…………………295

第七篇　传统农具与村民生活用具、自制食品

第一章　传统农具…………………300
第一节　耕作种植工具…………300
第二节　灌溉提水工具…………305
第三节　盛肥、取肥、施肥、耘田工具……………306
第四节　收割脱粒工具…………308
第五节　装载运输工具…………311
第六节　其他小农具及植保器具…………………………312
第七节　劳动保护工具…………313
第二章　村民生活用具……………315
第一节　粮食加工工具…………315
第二节　装水挑水与储物用具…………………………322
第三节　厨灶及燃料……………324
第四节　厅房及就餐用具………325
第五节　洗涮用具………………327
第六节　照明用具………………328
第三章　村民自制食品……………329
第一节　“菜干”“干果”……329
第二节　梅、榄的腌制…………332
第三节　节日食品制作…………334
第四节　咸酸菜与咸鱼腌制……337
第五节　片糖、豆腐、糯米酒的制作和酿造………339

专　记

廻龙古市创建引发的“官司”……342
文冲状元山…………………………343
乌涌战役……………………………343
文冲牛山“8·26”武斗…………345
文冲村是广东省最早对外开放的农村之一…………………………347
票证时代……………………………349
文冲龙舟……………………………350
征用文冲村土地有关单位情况……352
文冲陆氏东溪祖与黄陂山下自然村的山地纠纷………………………356
习仲勋关心文冲村生产与生活……360
文冲绣花社…………………………360
文冲的“虾蒲头”现象……………361
接待广州日报社革委会筹委委员到生产队采访劳动…………………362

附　录……………………………364

后　记……………………………372

索　引……………………………375

总　述

一

广州市黄埔区大沙镇文冲村是一个历史悠久的乡村。位于广州市东部，地处黄埔区政府的东面，北靠大田山，广州石油化工总厂、珠江河北岸的文冲船厂和外贸仓（现广东省外运黄埔仓码头）等省、市企业的驻地。文冲，清代属番禺县鹿步司横沙堡管辖。民国初期，沿清旧制。新中国建立后的1950年4月，属番禺县第五区管辖。1953年后，农村建制多变。1958年，属广州郊区黄埔人民公社（大公社）管辖，文冲建立生产大队。1973年2月，黄埔区第三次建区时，属黄埔区黄埔人民公社管辖。1984年，撤销人民公社建制，由黄埔区大沙区公所、后为大沙镇管辖。文冲生产大队改为文冲乡人民政府；1987年，改为文冲村民委员会；2002年8月，撤销镇、村建制，改为文冲街文冲社区居民委员会（简称文冲社区）。办公地点设在石化路108号新楼。文冲社区管辖东坊（含廻龙市、渡头街2个片区）、西坊、文园和江北三约（江北东约、江北中约和江北西约），共有22个经济合作社。2000年，全国第五次人口普查结果：户籍8963户，人口24454人（其中农业户2630户，3460人；非农业户6333户，20994人）；外来人口1.8万人。

文冲原名乌涌，因坐落在沿乌涌河流域而得名（村西南为乌涌圩）。唐宋年间建村，有近千年历史。明代，陆氏一族为避战乱，落居从化沙溪，后陆氏有一族迁至黄埔文园禾坑尾。明洪武元年（1368），五世陆观源等人迁至文冲西约和东约。建村初期，有刘氏、简氏、陈氏、钟氏、伍氏、颜氏、林氏、李氏村民居住。文冲东、西坊村主为陈氏、简氏，文园村主为李氏。现在主要姓氏是陆氏和江北三乡梁氏、陈氏、叶氏等，陆氏人口最多。

新中国成立后的土地改革时期，全村土地面积11.3平方公里（16950亩），其中耕地546.67公顷（8200亩），山林绿化地382公顷（5730亩），河流、村庄、道路201.33公顷（3020亩）。

文冲人爱国爱家，稳中求变，与时俱进，勇于开创，不断铸造辉煌。中华人民共和国成立后，在中国共产党领导下，坚持走有中国特色的社会主义道路，经济建设和社会各项事业取得很大成就，农村面貌发生深刻变化。改革开放前，全村总资产16373万元，流动资产8372万元，其中货币资金3814万元。2001年，全村工农业总产值3.85亿元，比1979年增长162.3倍；人均年收入12263元，比1979年增长48.1倍。

1987—2001年，村民建房如火如荼，平房变楼房，矮楼变高楼。房屋布置讲究，装饰豪华，家具高档，家用电器、摩托车、小汽车进入家庭。公共设施日臻完善，建有文园街心花园、文园公园、牛山炮台公园、西坊西苑和北街、江北东约街前绿化景点，以及各自然村的体育路径等。

二

文冲，素有“江南春色早，鱼米分外香，水果满山岗”的美誉。地理位置优越，南部属珠江冲积平原的围田区，河涌纵横交错，水路交通方便；北部为丘陵的垌田区。境内气候温和，雨量充沛，水好地肥，环境优美，物产富饶，四季常青。平原围田区主要种植水稻、甘蔗、蔬菜、香蕉、柑橙、荔枝等作物；丘陵垌田区，种植荔枝、青梅、乌榄、白榄、菠萝等果树，是岭南佳果的生产基地。20世纪50年代中期，文冲水果为产量鼎盛期，荔枝、青梅、乌白榄、菠萝年产量都超50万公斤。荔枝出口到港澳市场；青梅、白榄腌制晒干后，出口到中国香港、澳门及东南亚等地；菠萝出口到苏联及东欧各国。当年，文冲水果总收入161万元，人均447元。当时，水果生产是农民的主要收入，是支柱产业。中共十一届三中全会后实行改革开放，随着城乡体制改革，文冲推行家庭联产承包责任制，有力地调动社员的生产积极性，种植柑橙600多亩，年总产量也超50万公斤，成为文冲第五个超100万斤的水果品种。

新中国成立前，文冲地区既有风灾、旱灾、虫害，更有洪涝灾害。中华人民共和国成立后，经过土地改革，合作化运动，在上级政府的指导和帮助下，建成大田（深坑）水库，还建成三级泵站，把河水抽到文园的黄坭田、白榄仔（土名）和东西坊的小岗等地，逐步解决旱情问题；在公社的帮助下，建成联围水闸，解决文冲、下沙、横沙、姬堂等村的防洪排涝问题；文冲又在乌涌河东岸，新建一条长1000米的防洪堤；1976年，在文冲船厂西侧新开长600米的河道，兴建1座防洪排涝电动水闸。大兴水利建设，抵御和减少风、洪、旱、涝等自然灾害，为农业生产的发展创造良好条件。

三

文冲地区人杰地灵，具有光荣的革命传统，产生过许多可歌可泣的英雄事迹。反帝反封建的先驱者和创建新中国的英烈们，在文冲地区留下不可磨灭的革命足迹，文冲陆德煊，参加洪秀全农民运动后被清政府杀害；陆社能为革命事业作出贡献，书写了中国近代史光辉的篇章。在鸦片战争爆发时，乌涌炮台、牛山炮台的1600多名守军，在乌涌、牛山等一带英勇抗击英军，历史上称为“乌涌战役”。当时，清政府为了表彰和纪念牺牲的官兵壮士，在文冲牛山南边建造清兵官兵合葬公墓和祥镇军祠。还有飞鹅岭的状元墓、牛山7座水泥炮台和牛山万人坑等历史文物。

新中国成立前，文冲地区水陆交通方便，乌涌河口是黄埔旧港，30—50吨船只通过乌涌口直入到渡头街码头，30吨以下的船只可以进入到广新路边（大庙）码头。还有广深铁路穿村而过。中华人民共和国成立后，107国道（黄埔港湾路至增城新塘交界处为黄埔东路）在文冲中间线由西往东通过，水陆交通十分方便，对水果、蔬菜等农副产品运输、销售发挥重要作用。

新中国成立后，国家有关单位看中文冲这块风水宝地，先后在文冲征地，建工厂、办企业，从1958年11月起至2001年12月止，被文冲造船厂、广州石化总厂、省外贸仓码头、广州航海学校、以及省、市、区、镇其他单位征用土地共6868.112亩，占耕地总面积的80.1%。文冲村既为国家建设做了贡献，也为村民过上富裕生活起到很好促进作用。

四

基础设施和投资环境不断优化和完善，吸引海内外客商到文冲地区投资办企业，促进文冲经济迅速发展。

1949—1957年，经过土地改革，合作化运动，土地回到农民手中，农民生产积极性空前高涨，农村生产力第一次得到解放。农业生产发展快。文冲水稻年亩产从150公斤提高到350公斤，青梅、荔枝、乌白榄、菠萝年产各超50万公斤。全村水果年收入达178万元至189万元，人均水果收入达447元至474元。农民温饱生活得到保障。人民公社、“大跃进”和“文化大革命”期间，多种经营方式受到限制，农民积极性受到打击，农村经济发展缓慢。

中共十一届三中全会后，文冲实行家庭联产承包责任制，农民的生产积极性再被调动起来，这是农村生产力第二次得到解放，农业生产发展迅速。此外，出现一批种养业专业户，其中陆燕嫦被评为广州市养猪能手标兵、“三八”红旗手。

文冲利用征地的资金和征地后返还的自留用地，大力发展村、社企业，建仓库、厂房、商店、商场、加油站、土炼油厂、编织袋厂、码头、堆场、车场、酒楼、小食店、房地产等物业。村、社共兴建物业777374平方米，每年收入1亿多元，物业收入已成为改革开放后该村的经济支柱产业。

由于国家有关单位大量征用文冲土地，昔日的田园果林风光不再出现。

五

改革开放后，文冲推行以家庭联产承包经营责任制，在双层经营制度的基础上成立集体股份经济合作社和经济合作联社。1992年，在黄埔区农村股份合作指导小组的指导下，村、社经济合作社推行股份制改革。通过村、社股份制改革章程，确认股东资格，配股份额，以年龄定股，把经济社分配资金配置到人，按年龄定股，发给股权证，作为每年年终分红的依据。还明确规定，个人持有的股份一定三年，满三年调整一次；个人股不能兑现，不能转让，不能抵押，不能继承。此举村民称之为“第二次土改”。

新型的股份制改革，经过多年的股份分红实践，存在一些问题。2001—2002年，区、镇、村制订方案，调查了解股份制情况。2003年8月，在文冲作为试点，进一步完善股份合作制订方案，把社区、经济社的集体资产以股份形式全部量化到人，明晰股权。量化后的股份实行生不增，死不减，进不增，出不减。即固化股份，村民称之为“终身股”。

六

文冲的文化教育、医疗卫生、计划生育、体育娱乐、治安文明小区等的事业蓬勃发展。

新中国成立前，文冲地区父老乡亲也重视教育，先后办起绍山书院、各个片的私塾、禺英小学、文江小学等。中华人民共和国成立后的1953年9月，文冲“二圣宫”集中在东坊安承祠办小学，1962年，搬到大园（土名）新校舍。1994年，由大沙镇和姬堂出资，文冲出21亩地建起文冲中学，解决当时9年义务教育的学位问题。1998年，文冲村在上级支持下投资近2000万元，在大园重建新型（设备齐全）的省一级小学校，入学率100%，升学率达98%，被黄埔区政府教育局评为2002年热心办学先进集体。

民间传统的舞狮、“龙舟”竞渡、粤剧、曲艺等文体活动得到恢复和发展，每年春节的舞狮和端午节的“龙舟”竞渡活动办得有声有色，村委会每年都请省、市粤剧、曲艺团体来村演出，丰富了村民的文化娱乐生活。

1958—1960年，黄埔人民公社（大公社）建设有线广播站，各自然村安装1—2只低音音箱（村民称为“老鼠箱”），每天早上及晚上，村民都会自觉地去听新闻、听粤曲等节目。1961年，文冲生产大队购买500瓦扩音机等1套广播设备，并建立广播站，设专职广播员，各自然村安装1—2个25瓦的大喇叭，早上、晚上除转播中央、省、市、公社的新闻1小时外，该村也自办节目20—30分钟，文艺节目播30分钟。1974年，黄埔区建立广播站。1986年，黄埔区广播站使用调频发射机传送广播节目。1990年后，随着农村经济的发展，人民生活水平逐步提高，收音机、录音机、录像机、电视机、BB机、手机逐步普及，农村有线广播受到冲击，逐步退出历史舞台。

新中国成立前，文冲缺医少药，只有一家私人诊所、2家药材铺。1958年，黄埔人民公社成立卫生院，每村培养5—6名“赤脚”医生。后来办起合作医疗。在村卫生站看病不收钱，到外边看病凭发票报销50%，社员医疗保险、卫生防疫不断完善。文园山公园、牛山公园、各自然村体育路径是群众锻炼身体的好去处，村民的健康水平不断提高。计划生育工作连续3年完成市、区下达的人口和计划生育任务，并通过市、区的考核。无偿献血连续5年超额完成任务。文冲生产大队殡葬改革工作成为黄埔区的先进单位。文明小区建设不断完善，群防群治的治安工作和技防网络建设不断提高，文冲治保会被广州市公安分局和广州市人民政府评为2002年社会治安工作的先进单位。

新中国成立前，文冲没有银行。1955年，上级组织村民集资入股，开办文冲信用社。后来，文冲地区开设有农业银行、工商银行、建设银行、2家邮政储蓄所，方便民众、客商办理金融、保险等业务。

随着经济社会的发展，到2001年，文冲村基本实现小康，向较为富裕生活迈进。农民变成城市人，由过去耕田，变成现在“耕楼”，收入丰厚，过上幸福富足生活。

大事记

南宋（1127—1279）

▲ 叶远清自番禺白沙湖迁至石上巷石龙头（今文冲江北西约），与自四川辗转而来的叶桂芬、叶仲昌等和睦聚居、建村。

南宋绍兴二年（1132）

▲ 江北东约梁姓始祖梁大厦自福建清河口与兄入粤，寄居于广州盐仓街（今仓边路）李光之家。

南宋绍兴八年（1138）

梁大厦入赘番禺茅岗塘口村黄琛家，娶黄氏女为妻。

南宋庆元四年（1197）

▲ 江北中约始祖陈昌于金陵乡试中解元（第一名）。会试后，授翰林院庶吉士。

南宋嘉泰二年（1202）

▲ 陈定，江西刘溪人，于是年迁至番禺独冈（今文冲西北）居住。其后，陈定之孙德麟（字应瑞）迁入水坑（今江北中约），为江北中约陈姓始迁祖。

南宋绍定四年（1231）

▲ 陆慕全偕父陆泰泉，由从化钱岗迁至番禺禾坑尾（今文园山西北），为文冲陆姓始迁祖。

南宋淳祐年间（1241—1252）

▲ 梁氏四世梁有盛参加乡试，中举人，与番禺沙湾探花李昴英友善。后李氏以女嫁其子以礼，为江贝村始祖。

南宋景炎二年（1277）

▲ 四月，文冲人陆国安带领村中部分壮丁参加抗元义军，随宋制置使张镇孙（广州状元）击退元兵，收复广州，被授于迪恭郎职。

南宋祥兴二年（元至元十六年，1279）

▲ 经几度争夺，广州沦陷于元军后，陆国安随凌震（宦溪人）突围，与陆秀夫等人于新会崖山参加宋元决战，兵败泗水而回。后终身不仕。

元至正初年（1341）

▲ 梁氏六世文政参加乡试，中举人。后任江西盐课提举司。

明洪武二十年（1387）

▲ 梁氏七世梁福缘入赘陈姓，自塘口迁至石下园（今江北东约），为江北东约梁姓始迁祖。

明永乐九年（1411）

▲ 文冲人陆澄波（陆氏五世祖，字锦江，号观源）为1411年贡生。

明嘉靖四十五年（1566）

▲ 建文冲碉楼（俗称鹩哥楼）。碉楼位于文冲东坊大街南埠里，是抵御盗贼及抗外侵之用。

明万历四十六年（1618）

▲ 文冲人陆起龙（字文煊）为当年岁贡。后曾任程乡（今广东省梅县）教谕，

升福州照磨，署大田知县。

明天启元年（1621）

▲ 文冲人陆应驺（字可权，号蕊洞）为该年辛酉科番禺县岁贡生。后任蒲田、琼州昌化教谕，又升潮州府教授。

明崇祯三年（1630）

▲ 文冲人陆应骧（字尔昂，号龙菴）为庚午科举人。后任广西北流县教谕。陆应駒（字尔义），为同年岁贡。

▲ 乌涌圩建于明朝，商铺有200余间，圩期为农历二、五、八日，以经营生果为主。

清顺治二年（1645）

▲ 文冲人陆承铉（字弘倩）为当年乙酉科举人。后授文林郎，任广西太平府崇善知县。

清康熙十一年（1672）

▲ 建陆氏大宗祠，位文冲村西坊南大街，3 间 2 进，建筑面积 525.76 平方米。

清康熙十九年（1680）

▲ 建东溪陆公祠，位文冲村东坊大街，3 间 2 进，建筑面积 237.6 平方米。

清乾隆十年（1745）

▲ 番禺状元庄有恭之父庄存斋下葬，建墓于乌涌乡龙窟冈（今称状元山）。墓志石于 20 世纪 90 年代被发现，修墓后重放入。

清乾隆三十年（1765）

▲ 建仪羽陈公祠，位于江北中约大街，3 间 2 进，建筑面积 279 平方米。

清乾隆三十二年（1767）

▲ 番禺状元庄有恭下葬，建墓于乌涌乡龙窟冈（今称飞鹅岭、状元山）。庄有恭，字容可，号滋圃，为清代广东 3 位状元之一。祖籍福建晋江，入籍番禺，乾隆四年状元及第，曾任湖北、江苏、浙江巡抚和刑部尚书、协办大学士、福建巡抚等职。

清乾隆五十一年（1786）

▲ 重修吉州梁公祠。祠位于江北东约，3 间 2 进，总面积约 234 平方米。

清乾隆五十九年（1794）

▲ 建文冲门楼（俗称大更楼），位于文冲村东坊大街东入口。

清嘉庆二年（1797）

▲ 建衢野陆公祠，位于文冲西坊大街，3 间 2 进，总面积 178.48 平方米。

清嘉庆十三年（1808）

▲建陈氏宗祠，3 间 3 进（二进为仪门石牌楼），位于江北中约大街，总面积为 407.7 平方米。

清嘉庆二十年（1815）

▲ 建观德陆公祠，位文冲文园南街，3 间 2 进，总面积 302 平方米。

清嘉庆廿三年（1818）

▲ 文冲人陆殿邦（字达泉，号盘石）为戊寅科举人。后敕授文林郎，任高州府教授。陆秀书获岁贡。

清道光九年（1829）

▲ 文冲、文园两乡陆姓人承建廻龙市，建成后有铺舍 40 余间。

清道光十一年（1831）

▲ 建达松陆公祠，位于文冲东坊大街，3 间 2 进，总面积为 168 平方米。

清道光十二年（1832）

▲ 文园村修筑街道，费用由村民捐集，事后刻石记其事（碑今存文园上街仁和门楼内之北墙）。

清道光二十年（1840）

十二月，鸦片战争爆发，英军入侵。钦差大臣琦善调督标兵 500 名，顺德协兵 300 名，增城营兵 200 名，水师提标后营兵 200 名，水师提标前营兵 150 名，永靖营兵 100 名，到大蚝沙、剑草围等地方防守。大蚝沙，即今文冲船厂南珠江内之铜鼓沙。

▲ 据琦善是月初四奏折称，在乌涌口已调集水师，傍岸安营筑垒，又填石沉船，扎立木筏，堵塞河道，以防英军窜向省城。由署督标中军副将祺寿、永靖营都司翟士亮等人负责督造此项工程。

清道光二十一年（1841）

二月初二，湖南籍箪镇总兵祥福率湖南援兵 900 名到达乌涌炮台，与原广东籍驻军 700 名组成乌涌炮台驻军，以抗击英国侵略军的进攻。

二月初五，已被解任的林则徐、被解除闽浙总督邓廷桢等人，陪同时任两广总督的琦善、广州将军阿精阿，于凌晨 2 时从猎德坐船，早上 8 时到达乌涌，视察乌涌围内的土炮台等防守工事，随后离去。

二月初七上午约 10 时，英军指挥官懿律令英舰卡利普号、先驱号、鳄鱼号、硫磺号、莫德斯特号、内梅西斯号、马达加斯号向乌涌炮台进攻。下午，包括祥福在内的阵亡将士有 446 人，乌涌炮台失守。

十月十五日，陆秀书与姚材、钟逢庆、周瑞生等石冈书院（今鱼珠小学校内）绅士发出飞柬，约各乡绅耆齐集石冈书院，写立合约，齐集义勇，抗击外侮。

清咸丰十一年（1861）

▲ 文冲人陆万培为辛酉科举人，后任琼州府教授。陆应暄获岁贡。（见同治《番禺县志》卷十二）

清光绪五年（1879）

▲ 重修文冲东坊大巷门楼，由众人捐钱，陆约斋包建。建成后立碑记事（今碑毁文存）。

清光绪十一年（1885）

▲ 中法战争起，为抵御法国入侵，在黄埔地区的鱼珠蟹山、文冲牛山等地修筑炮台，由时任钦差大臣彭玉麟督造。在牛山建炮台 7 座，配置德国克虏伯厂制造的后膛炮。

清光绪十二年（1886）

▲ 修葺为在第一次鸦片战争牺牲的祥福纪念祠“祥镇军祠”。该祠内供奉祥福及近 500 名将士牌位。由广州协副将邓安邦倡修，钦差大臣彭玉麟、两广总督张之洞、广东水师提督方耀、署广东陆路提督郑绍忠等多人捐资修建。由茅岗举人周德芬撰文立碑记事（现存广州博物馆）。

清光绪十八年（1892）

▲ 扩宽文冲东约大街街道，由众人捐资而成，并立《东约重修街路碑志》记其事，志石嵌于文冲门楼内。

▲ 建绥亭陆公祠，位于东坊大街，3 间 2 进，总面积 412 平方米。

清宣统元年（1909）

▲ 建梁氏宗祠，位于江北东约迯园街，3 间 2 进，总面积 304 平方米。

▲ 建廷亨陆公祠，由陆应湖、应廉兄弟从外洋携资回乡兴建。3 间 2 进，总面积 180 平方米。祠额、金柱对联由清代末科榜眼朱汝珍书写。

清宣统三年（1911、8）

▲ 广九铁路通车。光绪三十三年（1907），由清廷外务部与英国中英公司签订合同，清方负责建设广州至深圳段，英方负责建设深圳至九龙段。同年七月开工，至宣统三年（1911）八月合拢，全线通车。设乌涌火车站，站长 1 人、站员 2 人。

民国 3 年（1914）

▲建兰泉陆公祠，位于文冲西坊大街，3 间 2 进，总面积 233.2 平方米。

民国 4 年（1915）

▲因连日下暴雨，西、北、东江洪水猛涨，江堤崩决，酿成历史上罕见的特大水灾，史称“乙卯年大水灾”。姬堂、文冲一带亦堤围溃毁，街道水浸，农作物受损严重。

民国 16 年（1927）

5 月，文冲村与双岗村发生械斗，双方死亡 12 人、受伤 7 人。

民国 18 年（1929）

春，刮龙卷风，文冲乡被刮倒果树数百株，被刮倒的梅树，占梅树总数的 90%，青梅损失约 45 万斤；吹倒房屋 30 多间。

是年，民国政府在村前动工修筑鱼南公路（鱼珠—南岗）。

民国 27 年（1938）

文冲人打死 2 个日本兵，为躲避其报复，于九月初一，大多村民扶老携幼避难于番禺东边头（今番禺东溪、柏棠村）一带的“老表”村。

民国 32 年（1943）

▲日军侵占香港后，在港的大陆同胞步行返乡逃难，经过文冲时，在大庙、生果基、猪仔亭等处歇脚、羁留，饿死者约 200 多人。

民国 33 年（1944）

3 月，日军黄埔港宪兵队，镇压广州市郊及番禺一带爱国志士及民众。先后在文冲牛山北面杀害民众近万人，后该处称为“万人坑”。

民国 34 年（1945）

8 月，美国飞机轰炸日本驻黄埔港的基地。祸及黄埔大沙地区双岗、沙浦村，投下炸弹 10 多枚，炸毁房屋 15 间，死 6 人，其中有 1 名是文冲西坊妇女。另一颗炸弹落在文冲村河南山（文园山北面）。

民国 35 年（1946）

10 月，番禺县撤销区建制，整编乡镇为保甲制，横沙、文冲、新溪、双沙等划归横沙堡管辖。

是年，文冲村有人种植罂粟，可制鸦片。

民国 36 年（1947）

2 月 14 日（农历正月廿四），文冲与横沙两村因争水源、山地而积怨，被当地豪绅利用，借舞狮事件（增城白江狮子贺年过境惹争端），引发械斗。械斗始末达 2 年。在一连串环式的乡村械斗中，双方使用钢炮机枪，参加的乡民达五六百人，牵动 20 个村庄，致使不少村庄的民房被毁，圩市消亡，村民死伤惨重，铁路交通被封锁，不少山林果树被毁。称之“禺东大械斗”。

11 月 4 日，由香港开往广州的广九铁路货车在文冲红岗所在地遭土匪抢劫。

1949 年

10 月 14 日，中国人民解放军开进广州，广州解放。

10 月 23 日，番禺县解放。

1950 年

4 月 12—14 日，番禺县召开第一届农民代表大会，会议最后通过关于春耕备荒、坚决进行清匪反霸，文冲成立农民协会筹备会。

5 月，部署夏税，加紧追收公粮，扩展税收，发行第二期公债；清匪反霸，巩固基层政权。

1951 年

8 月，黄埔地区（含文冲村）继续开展清匪反霸，减租退押的“八字运动”。

12月25日，广东省委、广州市委决定建立黄埔区，文冲、长洲、棠下、茅岗、横沙、下沙、姬堂、双沙等10多个村划归黄埔区管辖。

1952年

6月21日，黄埔地区全面开展土地改革，番禺五区土改队进入文冲村扎根串连，访贫问苦；发动群众，忆苦思甜；斗争地主恶霸，退租退押。

7月，经中南行政委员会研究决定，将番禺县属第二、五区的车陂、长洲、横沙、文冲等16个乡、45个自然村及东圃、鱼珠2个镇共4.5万多人划入广州市黄埔区管辖。

8月初，土地改革进入没收官僚、地主五大财产（土地、房屋、农具、耕牛、浮财）阶段，将这些财产分配给贫苦农民。

8月17日，在番禺五区土改收缴黑枪运动中，文冲收缴黑枪10多支。

12月20日，土改复查运动分批展开，文冲属第二批。

是年，文冲地区土地改革工作基本完成。

1953年

3月10日，黄埔区选举区人民代表大会代表，文冲地区有郭炎彬、陆流妹、叶哪、陆志辉、叶德顺当选。

3月下旬，黄埔区土改复查运动结束。

5月5日，土地改革复查后，文冲地区农民自发组织农业生产互助组，是黄埔区最早的互助组，由郭炎彬、叶哪等10多户组成。

上半年，黄埔区转入土改复查后，发给农民土地证，文冲村民领到土地证。

7月1日，文冲地区参与开展全国第一次人口普查。

7月2日，文冲村朱炳球在朝鲜战场作战时壮烈牺牲。

是年11月，文冲开展粮食统购统销工作。

1954年

1月1日，文冲地区与全国农村一样，实行粮食统购统销，所有粮油均由国家经营，城镇居民凭证定量供应。

春，文冲试点组建初级农业生产合作社，文冲村在郭炎彬、叶哪农业生产互助组的基础上，扩大成立第一个初级农业生产合作社。

1955 年

4 月 1 日，黄埔区对生产队实行定蔗糖上交任务，上交超额部分按比例返还给生产队，然后生产队再分给社员。文冲地区同时实行。

7 月，文冲农村信用合作社成立。

秋、冬，为了解决旱情，文冲村在大田（土名）深坑筑水塘（库），库容面积 1 公顷，主坝高 20 米，灌溉面积 66.67 公顷。

是年，中共黄埔区委通过总结推广棠下、文冲组建农业合作社的经验，在全区迅速掀起农业生产合作化高潮，初级农业生产合作社向高级农业生产合作社发展。

是年，叶哪在文冲初级农业生产合作社工作成绩突出，被广州市评为劳动模范。

是年，陆流妹在文园初级农业生产合作社工作成绩突出，被广州市评为劳动模范。

是年，文冲荔枝大丰收，总产量超过 60 万公斤。

1956 年

1 月 8 日，黄埔区举行庆祝社会主义合作化胜利大会，地点在黄埔区政府大球场。文冲代表陆流妹在大会上发言，获好评。

年初，黄埔区根据中共广州市委要求，以文冲和棠下村作为试点，把初级农业生产合作社转为高级农业生产合作社。

夏天，波兰国家舞蹈团到文冲参观，演出。

秋天，苏联乌克兰共和国克尔米州委书记和斯大林集体农庄基层团支部书记基科等 3 位友人来访。

是年，文冲青梅大丰收，总产量 60 万公斤。

是年，文冲菠萝总产量 95 万公斤；乌榄、白榄总产量 63.5 万公斤。

1957 年

▲ 根据广州市委决定，广州市工业、商业系统抽调大批干部到郊区农村，支援农村经济建设，广州市粮食局 20 多名干部下放到文冲。

1958 年

1958 年 5 月至 1960 年冬，全国开展“大跃进”运动。文冲也同全国一样，刮起“共产风”和“浮夸风”。

6 月，全民掀起大炼钢铁运动。9 月，黄埔人民公社苦战 5 天，建立炼钢小高炉 20 座、平炉 18 座、地洞土胚炉 700 多个，文冲地区村民也参与大炼钢铁。炼钢铁原料是从各村各户收集的铁盒、铁锅、金属农具等。产品质量不合格。

8月26日，黄埔人民公社成立，管辖棠下、车陂、茅岗、横沙、文冲等14个生产大队。

8月28日，在黄村前面的坦头（地名）召开成立黄埔（大）人民公社万人大会。黄埔人民公社由东圃、横沙2个大乡和3个农场、2个圩镇组成。

10月，黄埔人民公社文冲生产大队及各生产队都办起公共食堂（当时社员吃饱三餐不用付钱）。公社实行供给制和等级工资，社员可享受免费医疗、理发、上托儿所、上幼儿园和读中、小学。

11月10日起，各农业生产营（生产大队）、连（生产队）所有人员（包括家属）一律实行食足三餐不要钱。由于失去预算，难以管理，粮食浪费大。

11月，文冲船厂开始征用文冲土地建厂房和生活区，累计共征用文冲土地300亩。

12月，黄埔人民公社召开大炼钢铁大会。之后大量砍伐山上林木及果树作燃料，拆楼房庙宇，文冲传统的水果生产受破坏。

1959年

1月，中共广州市委决定，黄埔人民公社作为蔬菜区，文冲生产大队把水基的果树砍掉改种蔬菜。

3月10日，中共广东省委决定，把农村基本核算单位，由公社一级下放到生产大队一级，文冲改为以生产大队为基本核算单位。

1960年

5月23日，广州市委决定，撤销中区和郊区，成立黄埔、芳村、江村3个区级建制的人民公社，文冲仍属黄埔人民公社管辖。

是年，国民经济困难，粮食奇缺，群众以果代粮，不少集体饭堂用蔗渣粉、木薯粉、蕉头、菠萝头搞成粉末充饥，吃双蒸或三蒸饭，部分老人出现水肿，文冲因水肿病而死亡的有10多人。

11月3日，中央人民政府颁布《农村人民公社当前政策等问题的紧急指示》（即“二十三条”），文冲地区也恢复社员自留地，发展家庭副业，开放农村集市贸易。

1961年

3月，广州市政府提出以粮为“纲”、以菜为“纲”，文冲生产大队大种蔬菜，强调完成蔬菜上市任务，上级按生产队人口数下拨粮食。

4月，黄埔区将接管的东圃、萝岗人民公社重新划分为东圃、黄埔、萝岗、南岗

4个人民公社。文冲属黄埔人民公社管辖。

端午节期间，西坊龙船在南湾发生碰撞，村民陆银盆被碰成重伤，抢救无效死亡；同一天，东坊龙船在航修站江面沉没，划船村民陆佐隅被遇难。

9月6—8日，文冲生产大队妇女主任陆流妹在黄埔区第一次妇女代表大会上当选区妇联和广州市妇联执行委员。

秋，根据上级要求，开始整风整社、体制下放，确定为三级所有队为基础，以生产队为核算单位，实行自负盈亏，30年不变，提高社员的生产积极性。

是年，撤销集体饭堂。

1962年

11月16日，文冲生产大队划归广州市郊区黄埔人民公社管辖。

是年，上级派工作队到文冲生产大队搞经营管理，实行分田到户，包工不包产；零散土地实行包工包产，社员生产积极性高，社员生活水平有所提高。

1962—1963年，黄埔地区大旱，在上级支持下，文冲建三级泵站，及时解决农田用水问题。

1963年

3月，文冲生产大队响应毛泽东主席关于“向雷锋同志学习”的号召，掀起学雷锋热潮。

是年，外贸仓（现广东省中外运黄埔仓码有限公司）开始征用沙围的鱼头围土地，累计征用文冲土地496.71亩。

1964年

7月1日，开展全国第二次人口普查。经普查，文冲生产大队总人口为922人，其中：男性391人、女性531人。

7月27日，中共广东省委决定，组织农村“四清”（清政治、清经济、清组织、清思想）工作团，在农村分期分批开展“四清”运动。

9月，黄埔人民公社根据郊区部署，开展农村社会主义教育运动。文冲也按计划开展清账目、清仓库、清财物、清工分的“小四清”运动。

1965年

5月，在黄埔人民公社和水利会领导策划下，公社、下沙、文冲、横沙共同投资，在乌涌口建起防海潮的联围水闸。

8月,根据中共广州市郊区委员会要求,开展清政治、清经济、清组织、清思想的“大四清”运动。

同月,黄埔地区刮起11级台风,文冲香蕉、甘蔗被刮倒8成以上,造成农作物减产,部分失收。

9月,文冲生产大队成立贫下中农协会,各生产队成立贫协小组。

10月19日,黄埔人民公社“四清”分团组织生产队、大队、公社干部在东圃南中制革厂集训,强调每个干部都要讲清自己的问题,洗手洗澡,放下包袱,搞人人过关。

1966年

▲黄埔人民公社执行中共中央“5·16通知”精神,召开“文化大革命”动员大会,参加人数近2万人。文冲小学开始“停课闹革命”。随后,各生产大队组织红卫兵开展“破四旧、立四新”运动。

是年,文冲生产大队建立卫生医疗站,培训“赤脚医生”。

1967年

5月,龙卷风袭击文冲船厂、文冲文园等地,工棚被卷起,香蕉、甘蔗、荔枝、乌榄、白榄被刮倒,损失严重。

8月26日晚8时,“广州地区工人造反总部”与“广州红旗革命造反总部”的部分红卫兵,在文冲牛山发生武斗,文船职工王克武、曹荣、朱桐怀被打死,打伤10多人,其中2人重伤。

1968年

9月14日,广州市革命委员会发出贯彻“抓革命、促生产”的几项规定,文冲各生产队建立天天读毛主席著作制度,每天不少于1小时。农村以生产队为单位组织社员逢五、十晚上学习毛主席著作。

12月,毛主席发出“知识青年到农村去,接受贫下中农再教育很有必要”的号召。城市知识青年到文冲生产大队插队落户的共155人。

1969年

年初,文冲生产大队革命委员会成立。

8月28日,文冲小学全面实行“七年一贯制”,也称“戴帽子”初中。

是年，中共广州市郊区委员会按照毛主席指示，由文冲生产大队革命领导小组向所属小学派驻贫下中农宣传队，在小学生中开展学农、学工、学军的教育活动。

1970 年

2 月，文冲生产大队掀起“农业学大寨”高潮，各生产队开展民主评分。

7 月，强台风袭击黄埔地区，文冲地区农作物损失严重。

是年，村干部和小学教师参观农业学大寨展览馆，汽车在广州旧体育馆拐弯时翻车，文冲小学 1 位教师受伤，因抢救无效死亡，还有几个人受伤。

1971 年

2 月，文冲生产大队根据上级部署，全面开展“割资本主义尾巴”的社会主义教育运动。

12 月，文冲生产大队开展“批林批孔”运动。

1972 年

文冲生产大队开展以挖防空洞，积储粮食和备战疏散为中心的战备工作。

5 月、7 月、8 月、10 月，黄埔地区发生 4 次台风袭击，文冲香蕉、甘蔗、水稻、水果一连 4 次的遭袭，损失严重。

1973 年

5 月 11 日，第三次成立黄埔区。将郊区黄埔人民公社的茅岗、文冲、横沙等 7 个生产大队划给黄埔区管辖。

10 月 29 日，黄埔区在文冲生产大队开展第一批党的农村基本路线教育运动试点工作。

10 月至 1974 年 5 月，黄埔区第一批农村党的基本路线教育运动在文冲试点取得经验后，在全区全面推开。

1974 年

6 月 4 日，广州石油化工总厂第一次征用文冲土地 1970.962 亩。之后相继征地，累计征用 3212.114 亩。

8 月 7 日，广州石油化工总厂征得文冲生产大队土地后动工兴建。

8 月 10 日，由于广石化征地建油库，把文冲大田（土名）、深坑水塘（库）填平。

1975 年

秋、冬，掀起农业学大寨高潮，黄埔人民公社组织茅岗、横沙、下沙、文冲、姬堂、双沙生产大队全面整治乌涌河，裁弯取直，新开河道 2 公里，沿岸彻石堤。解决横沙、姬堂、文冲、下沙村农田排涝问题。

1976 年

7 月，黄埔地区遭 12 级强台风侵袭，文冲生产大队甘蔗、香蕉、水稻等农作物被吹倒，损失惨重。

10 月 23 日，文冲生产大队全体社员群众参加庆祝粉碎江青反革命集团大游行。

1977 年

1 月 1 日，文冲生产大队办起合作医疗。

9 月，黄埔区各生产大队、各单位联系两条道路和两条路线斗争的实际，利用政治夜校、农民学校、文化室开展揭批江青反革命集团。

1978 年

12 月，广州石油化工总厂第一期工程建成投产，严重污染文冲河道，民众意见很大。后来，文冲生产大队在岭背（土名）建起 2 座土炉，收集并加工广石化的废油。

同月，文冲在大园山西侧新建的 3 层半办公楼落成。

1979 年

4 月，由于广州石油化工总厂的严重污染，村民食用水非常困难，经多次投诉，石化厂临时在大街上铺设口径 2 寸的自来水管，每 3—4 个巷口设一个公用水龙头，暂时解决东坊、西坊、廻龙市和渡头街的村民食用水的燃眉之急。

冬，文冲生产大队在大园山西侧新建的大礼堂（戏院）落成。办公地点为石化路 108 号。

1980 年

农历五月初二至初四（端午节）期间，文冲生产大队请广东省粤剧团前来演出。

▲ 由于广州石油化工总厂严重污染文冲河涌，石化厂投资 50 多万元，把自来水管装到各家各户，解决文冲东坊、西坊、廻龙市、渡头街村民的食用水问题。

1981 年

4月，广州航海高等专业学校（现广州航海学院）开始征用文冲土地，累计征用352.25亩。

1982 年

9 月，广州石油化工总厂投资和社员集资近 100 万元，又把自来水管安装到文园、江北村民家中。

10 月，文冲生产大队在农械厂旧址新建标准厂房 2000 平方米，为广州石油化工总厂加工生产塑料编织袋，解决征地后 120 名劳动力的出路问题。

1983 年

年初，黄埔区文冲知识青年陆续回城安置工作，知识青年上山下乡工作就此结束。

8 月，由于广州石油化工总厂废油量多，文冲生产大队又在状元山脚新建土炉和 3 个大油池炼油。

同月，文冲生产大队被广东省人民政府评为广东省计划生育先进集体。

12 月，黄埔人民公社管理委员会改为黄埔区大沙区公所。原黄埔人民公社管辖的茅岗、横沙、文冲等 7 个生产大队改为乡人民政府建制。

同月 10 日，撤销黄埔人民公社建制，改为大沙区公所，成立文冲乡政府建制。

1984 年

9 月上旬，文冲乡在原来社员的责任田基础上，重新调整责任田，实行土地承包责任制，统一承包期为 15 年。

12 月起，再次整治乌涌河开始施工，至 1985 年完工。

1985 年

11 月 5 日，广州市副市长刘念祖一行到文冲小学等学校视察。

是年至 1986 年春，大沙区公所和乡政府共投资 50 万元，全面整治乌涌河下游（第二期），沿岸砌石堤，对原有堤围加高培厚。

1986 年

1 月，文冲乡团支部被广州市团委评为 1985 年度农村青少年活动阵地先进单位。

6月27日，文冲乡党总支部被广州市委评为先进党组织。

7月，文冲乡被广州市人民政府评为群策群力兴学育才工作先进单位。

同月19日，受9号强台风及暴雨洪水侵袭，加上天文大潮的顶托，黄埔水文站及大沙水利会监测到潮水位达2.02米，大大超过警戒水位1.5米，文冲地区很多农田受淹，农作物受损。

12月，文冲乡农工商公司与大沙发展公司合作，征用文冲果基88亩，投资800多万元，建设标准厂房3.4万平方米，建设商住楼5万多平方米。

同月至1987年，由广州石油化工总厂等有关部门支持，文冲乡在石化路口黄埔东路两侧建起2座加油站。

1987年

▲撤销黄埔区大沙区公所，成立黄埔区大沙镇人民政府，文冲乡政府改为村民委员会。

1988年

1月1日，文冲村实行联队会计制度。

2月2日，大沙镇组织各村领导参加广州市在香港会展中心举办经济项目介绍会。会后，陆咸妹、陆国生、陆三喜在香港酒楼召开文冲乡亲联谊会，文冲村籍的香港同胞有50多人参加。

3月，文冲村陈惠林当选为广州市第九届人民代表大会代表。

7月15日，黄埔区委组织部在南基村召开首次农村基层党组织建设研讨会。会上，文冲党总支部代表介绍在改革开放中加强党的建设，发展商品经济的经验。

秋、冬，文冲村投资15万元，在文冲船厂西侧新开河道1公里，建成电动水闸1座（1个3米孔、1个5米孔）。

1989年

1月，文冲村委会被广州市司法局评为基层司法调解工作先进集体。

3月，文冲村委会被广州市政府评为先进村民委员会。

5月3日，广州石油化工总厂104号储油罐漏油，严重污染文冲河涌。

5月16日，黄埔地区（文冲）24小时录得降雨量215毫米，这是50年来遇到的最大一场特大暴雨，文冲很多农作物受损失。

8月，文冲村被广州市民政局评为广州市先进村民委员会。

9月，文冲村委会被广州市拥军优属办公室评为广州拥军优属工作先进集体。

12月8日，文冲牛山的“万人坑”被广州市列为第三批文物保护单位。

1990 年

文冲村农工商公司在沙围征地 2 万平方米，建设码头、仓库，年收入 120 万元。

1991 年

1 月，文冲村委会被广州市司法局评为司法调解工作先进集体。

7 月，文冲村成立残疾人领导小组。

1992 年

年初，文冲村成立《文冲村志》领导小组与编辑部，开始编写第一部村志初稿（下限至 1990 年）。

3 月，文冲村司法、调解小组被广州市司法局评为先进单位。

夏天，由文冲村委会投资 40 多万元，兴建文冲小学教师宿舍，共 8 套，600 平方米，解决一部分教师住房困难。

12 月 18 日，黄埔区 63 项工程奠基，其中有文冲和大沙镇发展总公司合作的黄埔新邨房地产项目动工兴建。

同月 18—23 日，大沙镇组织各村领导人参加黄埔区在香港会展中心举办经济项目介绍会，文冲与陆日东等港商签订“百鲜酒楼”合作项目协议。

是年，文冲村农工商公司和私人合作，在 107 国道（现黄埔东路）以南征地 20 亩，兴建文苑花园，建有农民公寓 2.8 万平方米（445 户）、商铺 23 间。

是年，文冲村被定为黄埔区股份经济合作制改革试点。制定村、社（队）股份合作制章程，确认股东资格，配股份额以年龄定股，把股份经济合作社的年终收益，按股份分配到人。

1993 年

3 月，文冲村委会被广州市交通防火安全委员会评为 1992 年度交通安全先进集体。

4 月，文冲村企业被广州市人民政府评为 1992 年度广州市乡镇企业先进集体。

11 月 9 日，与港商合作经营的百鲜酒楼落成剪彩。

1994 年

1 月 1 日起，大沙镇辖下的文冲等 7 个村实行殡葬改革，全面推行火葬。

3 月，陈惠林再次当选为广州市第十届人民代表大会代表。

4月，文冲村农工商公司与大沙镇骏达房地产公司合作，在黄埔东路南侧征地150亩，双方投入2800万元，开发房地产。

同月29日，文冲村综合化工厂发生火灾，幸无人员伤亡，造成财产损失3.14万元。

5月，文冲村企业被广州市人民政府评定为广州市乡镇企业创亿元村。

6月，文冲村发动党员、干部、群众向遭受特大水灾的连南瑶族自治县，捐款2.8万元，捐衣服、棉被等物资一批。

秋，文冲村、社共同投资4.53万元，整治沙围通心河堤，每天出动劳动力140人，20天完成整治任务。

9月20日，由陆咸妹、陆椿兴等人编写的《文冲村志》初稿完成。

10月25日晚，文冲治保队员在石化路口附近抓获2名犯罪嫌疑人，经派出所审理，共抓获犯罪团伙12人，破案42宗。

10月26日，由区、镇投资290万元、姬堂村出资10万元，共300万元，文冲村出地21亩，建设文冲中学。

1995年

4月18日，文冲商贸大厦竣工并通过验收，1—3层为商业用房，4—8层为住宅，共26505平方米。

10月30日，文冲村第十八生产队社员陆X威与三水县人陆永光合办广州光联实业有限公司，先后3次向大沙信用社贷款共800万元，均由文冲村经济联社作担保。因经营不善，最后资不抵债，宣布破产，全由陆X威负责，文冲村经联社负连带责任，造成较大经济损失。

12月7日，中共黄埔区大沙镇文冲村委员会成立。这是该村首次建立党委。

1996年

1月，文冲村委会被广州市司法局评为1995年度基层司法工作先进集体。

2月，东坊片投资16万元，在东坊片修葺占地面积300平方米的绥亭陆公祠。

9月1日，文冲中学校舍建成投入使用。

10月，文冲石化路改造工程顺利竣工。

1997年

1月21日，文冲档案室通过省档案馆评审为省一级档案室。

2月6日，征用文冲土地扩建一级标准的石化路交付使用。

8月19日，台商亿锠鞋厂拖欠900名员工工资140多万元，员工情绪激动，场面混乱，第二天村委会代垫付该厂员工工资后，事态平息。

1998 年

2 月，文冲村被广州市委、市人民政府评为广州市治安综合治理工作先进单位。

4 月，文冲廻龙市、渡头街、西坊、东坊分别被评为广州市安全文明小区。

8 月，文冲党员干部、村民向东北三省嫩江、松花江流域发生特大洪涝灾害捐款 1.5 万元和衣物一批。

1999 年

1 月 1 日，调整文冲村联队会计，重新招聘有一定财务能力的青年 5 人担任会计工作。

1 月，文冲村党委换届选举，陈中山任党委书记、陆汉佳任党委副书记兼村委会主任、陆泽权任副书记兼纪委书记，委员 4 人。

5 月 1 日，文冲村东溪祖村民 165 人到黄陂山下村扫祖墓，因"飞地"问题产生纠纷，引起群众性斗殴事件，文冲村民 5 人受伤、1 人重伤，10 台大小汽车受损，花去医疗费及汽车维修费 20 多万元。

是年，陆燕嫦被广州市评为 1999 年广州市女能手标兵。

2000 年

1 月，文冲村委会被广州市委、广州市政府评为广州市治安综合治理工作标兵单位。

7 月，广州石油化工总厂化肥分厂停产，文冲沙围码头装卸量减少 50%。

是年，文冲村委会投资 1200 万元，上级支持 800 万元，在文园大园山重建文冲小学，后被评为省一级小学。

2001 年

3 月，文冲村成立出租屋暂住人员管理服务中心，并挂牌办公，把出租屋外来人员管理纳入规范化、正常化轨道。

4 月 1 日起，文冲各生产社长实行到村委会上班制度，村委会每月给予经济补贴。

同月 16 日，文冲村委会被广州市乡镇企业管理局评为 2000 年度统计工作先进集体。

10 月，文冲、茅岗、横沙等村全面实行警务区制度。

是年，文冲经济发展有限公司以 300 多万元，购买黄埔二建公司丰乐南路的商铺

800平方米。

2002年

3月6日，文冲村妇委会被广州市妇女联合会评为先进单位。

8月1日，黄埔区实行撤镇建街、撤村建居。建立黄埔区文冲街道办事处，建立文冲街文冲社区居民委员会。

是年，黄埔区加快农村新型股份制改革和发展指导小组，以大沙镇文冲村为试点，改革和完善股份经济合作制，把社区经济组织的集体资产以股份形式全部量化到人，明晰股权。实行“生不增，死不减，进不增，出不减”即固化股权，村民称“终身股”。

是年，文冲社区治保会被广州市公安局评为2002年度群众治安保卫工作先进单位。

第一篇　地理建置

第一章　自然地理

第一节　地理位置

文冲村位于黄埔区大沙地东部，北纬 23°　7’，东经 113°　29’。地处珠江三角洲腹地，东边与文船路、双岗村、华坑村接壤；南临珠江河，为航运中心线；西邻下沙新溪，横沙，乌涌河；北与姬堂村大田毗邻。总面积 11.3 平方公里。交通方便，广深铁路穿村而过，村中有 107 国道（广深公路，后黄埔段改为黄埔东路）、广新路、石化路、华坑路。土地肥沃，史上有水果之乡美称。土地物产资源丰富。

第二节　地质地貌和土壤

文冲村是半丘陵半平原地带。大部分土地是由珠江冲积而成的平原，土地肥沃、物产丰富。北面是顺着大田山、华坑大庄山 2 座山形伸延至黄埔东路、广九铁路一带，遍布黄色沙泥土质的小山丘。

地势由低洼平原与小丘陵山岗土地融汇而成。黄埔东路一带是由珠江河泥土冲积而成的围田。土质肥沃、泥土深厚，适宜种植水稻、甘蔗、蔬菜、香蕉、荔枝等作物。黄埔东路以北及广九铁路两边大小山丘是黄色半沙泥土质，大田山脚的大小农田泥土都不甚深厚，而经改良土壤后可达到增产增收。这一带系列小山丘间终年流淌着山泉水，适宜种植的作物有水稻、花生、蔬菜、柑橙、青梅等。山丘上种有白榄、乌榄、荔枝、木薯和菠萝等作物。

主要山峰有大田山、大窿山至官路山连绵延伸至梅花地段、飞鹅岭至华坑山。再由华坑的大庄，分出 2 支山丘的白旗岭（又叫小象山），偏南转向西延伸至牛山、文园山、大园山、龙船山（乌桕岭）。偏北有状元山（又叫飞鹅岭），分延到八卦山、七岭（石头岭），双背山（红粉前，陈氏称上高山）。此外，有文冲蟹山、社岗、大方、小岗、合石等小山岗。加上村中前后河涌（池塘）纵横，盛产鱼、虾、蟛蜞、石螺和蚬等水产品。文冲有一句民谣：“无餸去大涌（捉鱼、虾，捞螺、捞蚬），无钱去大窿（砍柴割草出售）。”文冲地区的人世世代代在此肥沃的土地上勤奋耕作，繁衍生息。

第三节　河流水文

流经文冲境内的河流除珠江外，还有南北走向的乌涌河，以及文冲河。文冲河有2条支流，一条发源于大田山以南的新围村凶尾塘瓦坑，按附近大小山岗地形走势，集雨面积占60%，文冲大部分农田灌溉是靠此水源。每逢下大雨，水势迅速奔向文冲河的上游和广九铁路一带水塘，因铁路方只建设2条直径1.5米的排水孖渠和近乌涌火车站东边的一条排水单渠，如雨水稍大，洪水上涨，力元下、草铺和大方细垅农田便倾刻间被水浸没；另一条支流由华坑山村前向西流往大望、岭背等。附近7座大小山岗的水全都流向社岗、胡芦坦及隔陂的农田，婉转流经西坊、渡头街，汇入文冲河，经乌涌河流入珠江河。1975—1976年，文冲村又在沙围靠近文冲船厂西侧的地方开辟文冲新河，并建水闸，免遭洪水和海潮祸害。临珠江河的文冲河段属咸淡水交合的河段，“围田”区域有时会受咸潮影响。

第四节　气候

文冲地区属亚热带季风气候。年平均气温20℃—25℃，夏秋季节比较炎热，气温通常在30℃左右。1月份，气温最低，平均13.6℃，无霜期350天。冬季，受冷空气影响，低温霜冻期为2—8天，气温急降至5℃左右，有霜冻，农作物受损害或影响。年日照期较长，约2000小时。年平均降雨量1654毫米，一般集中在4—9月份，占全年降雨量的70%—80%。风速月平均1.7米/秒至1.9米/秒，7—10月，最高风速8米/秒，水分蒸发量年平均1000毫米至1300毫米。

第五节　自然灾害

一、风灾

台风季节在5—11月，但主要集中在7—9月，占全年台风出现次数的70%以上。文冲村位于珠江北岸，邻近珠江口，经常受到台风侵袭。据村中老人说：50多年来，平均每年受台风影响2—5次（近期少些），其中1964年最多达7次。

1964年，台风从珠江口登陆，台风强度12级以上，正面袭击文冲地区，造成沙围堤围崩缺3处，甘蔗全部倒伏，水田被淹没，山岗果树倒折不少，被洪水淹没不少农田，但没有造成人员伤亡。此时，正值荔枝、水稻、蔬菜等收获季节，台风吹倒甘蔗，吹落水果，水稻倒伏，损失严重。据有关资料记载：1936、1944、1964、1968年都是在7—8月发生10—11级台风，均使文冲农作物受到严重灾害。

1972年10月，刮10级台风，果树、木薯、甘蔗受到严重破坏，水稻正值抽穗扬花期，被台风吹至倒伏，有些被洪水淹没以致失收，损失十分严重。

1973 年，5、7、8 月和 10 月共刮台风 4 次，风力都达 9—10 级。

1983 年 9 月 9 日，刮台风 10 级以上，文冲农业受到严重损坏。

1989 年，台风及大潮袭击文冲一带，珠江边农田被淹，农作物被毁。

二、水灾

1937—1956 年，由于乌涌河年久失修，河道弯曲浅窄，淤塞多。每逢暴雨，山洪暴涨，乌涌河沿岸的文冲地区部分农田成为汪洋泽国，10 多口鱼塘连成一片。东坊、西坊街道积水 40 厘米—60 厘米，行人难以走动。水灾每年出现二、三次，农作物损失严重。

三、旱灾

清末宣统年间，因久旱，禾苗枯死，农作物严重减收。民国 35 年（1946），又因久旱无雨，土地干裂，山泉干涸，旱情较严重，住在珠江河畔的文冲人，亦因久旱无雨，河水太咸，民众设法找饮用水；无水插秧，延误农时，造成水稻减产，农作物减收。

1955 年春，文冲地区出现春旱，山泉、河水干涸，无法造田插秧。俗语有云：插秧至立夏，插不插都罢 。

1963 年，文冲地区 16 个月未下过大雨，绝大部分农田无法耕作。

四、寒灾

文冲地区低温霜冻一般出现于 1—2 月，其中 1 月份出现日数最多，有时约 5—8 天，或 10 多天。出现低温霜冻，香（大）蕉、菠萝、木瓜等被冻坏，鱼塘活鱼被冻死无数。初春低温、阴雨，造成早稻烂秧，荔枝、柑橙严重减产。

清末光绪年间，一场大雪霜，树上挂满白雪冰霜，使农作物大面积受灾，香蕉、荔枝、龙眼等果树被冻坏，是文冲地区历史上最大的寒潮。

1954 年冬，天气严寒，低温霜冻，冻坏全部菠萝、香蕉。村民全力预防霜冻，用干蕉叶和禾秆草把未成熟的蕉蕾盖好。但初春低温干旱，造成香蕉、菠萝、水稻减产。

2000 年 1 月 28 日前后，出现罕见的大范围的低温霜冻天气，文冲村大部分果树遭严重冻害，经济损失不少。

五、病虫害

水稻病害：纹枯病、白叶枯病、条斑病、穗颈瘟、稻瘟病等。对水稻危害最大的还有鼠害，近坐边、山丘边的稻田受害特别严重，有的整块稻穗被咬去一半，受害严重。

木瓜花叶病是枝头黄（称为现代木瓜树癌症）。20世纪60年代，木瓜花叶病很多。近十多年，由于天气变化和泥土变质，有机质肥减少，形成木瓜枝头黄病越来越多。一年结果保不住，一棵木瓜一旦发病，会传染周围木瓜树，造成木瓜减产失收。木瓜树的发病，曾引起村民的重视，请省农科院专家到文冲村研究观察，一时未能查出病因和找到根治的方法。

文冲地区虫害有：水稻虫害、三化螟、稻飞虱、剃枝虫、稻蓟马、卷叶虫、硬壳虫、蝗虫等。

草本作物的虫害：有天牛、黑头虫、蚜虫、卷叶蛾等。果树虫害：红绣蜘蛛、蜷象（狗屁旦）、毛虫、蛀心虫、铁甲虫等。

中华人民共和国成立前，农民对柑橙是放"惊蚁"去捕捉幼小害虫的，大多农民对于害虫是束手无策，"听天由命"，或手工捕捉。1951年夏及后来一段时期，文冲地区出现铁甲虫害。铁甲虫（又名黑仔），虫比绿豆还小，体质硬、圆形，对稻禾危害极大。中华人民共和国成立初期，农业科学落后，一般农药对铁甲虫起不到作用，村民又不知道购买什么农药去杀虫，只好用手工捕捉。

第六节　污染

1978年，广州石油化工总厂建成投产，空气、水源受到污染，害虫的天敌（益鸟）也被大量杀死；由于长期火炬光照引来聚光虫，至使青梅、荔枝、白榄、乌榄等果树木虱等虫害肆虐，不少乌榄、白榄、青梅等果树枯死而消失，文冲闻名中外的黑叶荔枝，造成大量减产失收。

水源污染严重，带来河涌鱼虾、蚬、蟛蜞等水产品逐年减少，到现在一无所有。有水不能用，家家户户只能饮用自来水，这是工业废气和污水所造成的危害。

第二章　建置沿革

第一节　建置沿革

中华人民共和国成立前，文冲和江北三约合称"二圣公"，因文冲和江北三约同村供奉2个洪圣王（一金面，一粉面），文冲二圣公实指文冲村所管辖的范围。

文冲村内各自然村祠堂都设有堂号，文冲东、西约和文园（岗头园约）3个陆姓坊统称为"陆氏昌后堂"。东、西约合称"昌大堂"，东约称为"善善堂"；西约为"善成堂"，文园约为"福荫堂"；江北东约梁姓为"善庆堂"；江北中约陈姓为"静远堂”；江北西约叶姓为“忠贤堂”。村民有事，都到“祠堂”去议，叫“上祠堂”，是民间自治的一种模式。

据考证，文冲村建于唐宋年间，有近千年历史。当时，村中有刘、简、陈、罗、颜、林、黄、梁、叶、伍，陆等姓氏，简氏是文冲西坊村主，陈氏是文冲东坊村主，李氏是文园村主。早时，文冲叫乌涌和文园（岗头园）村，是一个多姓氏家族聚居的村落。据新出土的地券中发现，明朝建文年间（1399—1402），“文冲”村名已出现（见第四篇第一章第四节“陆念存买地券”）。

根据《泰泉祖裔陆氏族谱》有关记载：宋朝绍定四年（1231），文冲陆氏始祖陆泰泉因遭变故而弃原配，携父母由从化钱岗迁居番禺鹿步司禾坑尾（今文园山西侧）棲身，后部分陆氏族人迁至文冲西约、东约居住。村民世代在这块土地上休养生息，繁衍后代。

据从化太平镇钱岗村老人说：“陆氏二世祖（慕泉）还有一个老婆和一个妹妹，仍留在从化钱岗……”后来姑嫂死后同葬一坟。至今，文冲陆氏后人都有前往从化拜太婆山“姑嫂坟”的习惯。陆氏祖陆慕全为人老实，也很勤快，又会打渔谋生，勤读万卷书，后来收入增加，生活好起来，与当地梁氏人家结婚，在文园生下 3 个孩子，大儿子陆国安、二儿子陆国聚、三儿子陆国材。一代传一代，到第三代发展到有几十人；传到第五代，陆氏人口增多，陆观源和陆秀达、陆秀贤迁移到文冲西、东约居住。族人一直相传到现在，文冲陆姓已有 28 代传人，人口已发展到 1.2 万多人，包括海外和中国港澳同胞。此外，还有下沙、新溪、暹岗、车陂、玉树、穗石的陆姓都是文冲陆氏的分支。

第二节　隶属

秦始皇三十三年（公元前 214）统一岭南，设置南海、象、桂林三郡。南海郡约今广东省大部分地区，郡下设置县，今已知下辖有番禺、四会、龙川、博罗等县，文冲地域属番禺县。

赵佗立南越国，沿置南海郡，下辖番禺县。

汉武帝元鼎六年（前 111），灭南越国，置南海、郁林、苍梧等 7 个郡，后增至 9 个郡，番禺仍隶南海郡下。

三国吴黄武五年（226），分交州的南海、苍梧、郁林、合浦 4 个郡，置广州，州府设在番禺，后撤广州。至永安七年（264），又重置广州，下辖南海、苍梧、郁林、高凉 4 个郡，并管治番禺。文冲地域属南海郡管辖。

唐代贞观元年（627），划天下为十道，开元二十一年（733）为十五道（初为监察区域，后为行政建制），道之下为州（天宝年间曾改为郡，后复旧）、县，文冲地域属岭南道广州中都督府南海郡番禺县。

宋开宝四年（971），灭南汉，岭南地区列入宋朝版图。其地方行政体制为路、州、县三级，文冲地域隶属于广南东路广州番禺县。

元，于地方置行中书省、路，路下置县（路下或有府、州、县）。至元十五年（1276），平广州，文冲地域所属为江西等处行中书省广东道宣慰使司都元帅府广州路番禺县。

明初，仍于地方置行中书省。至洪武九年（1376），改广东等行省为承宣布政使司，又改路为府，府下辖县。文冲地域隶属于广东承宣布政使司广州府番禺县。

清代，设省、府、县三级（道为后置）。顺治七年（1650）十一月，尚可喜、耿继茂攻陷广州，地入清朝疆域，广东省广州府番禺县下辖文冲地域。县下的行政设置，县治所辖捕属，即管理广州城内街区外，于地方上设都、堡、图的行政建制。据同治十年（1871）时统计，番禺县有6都、78堡、120图、569村，设沙湾、茭塘、鹿步、慕德里巡检司。文冲时称“乌涌”村，隶属于广东省广州府番禺县鹿步巡检司鹿步都横沙堡横沙图。

清宣统年间（1909—1911），原鹿步司仍置分东、西区，计有龙眼堡、黄陂堡、石牌堡、车陂堡、暹岗堡、黄村堡、火村堡、萝岗堡、横沙堡、南岗堡、七社堡、十五屯堡共12堡，文冲地域属东区横沙堡，“乌涌”村名已分解为数个自然村。横沙堡下属有横沙、珠冈（今珠江村）、相对冈、横沙新村、马武、江北、文冲、新墩（又名新溪）、乌涌圩、文园、廻龙市、黄杨、双岗、华坑（又名小迳坑）、沙浦、白沙市。

中华民国初期，仍然沿袭清末建制。民国20年（1931），设区、乡建制，番禺县划为8区、55乡、623村。其中第五区辖下有南岗乡、萝岗圩、鹿步乡、夏园乡、文冲十约乡。

民国27年（1938）10月至民国34年（1945）8月，广州被日寇占领，番禺沦陷，这段时间为敌伪统治时期。文冲成立维持会、治警团，为日伪统治政权。

日本投降后，日伪政权撤销。民国35年（1946）10月，番禺设区、乡、保建制，设8个行政区，文冲隶属于第五区。又整编保甲制度，全县于41个乡内，共编1342个普通保、18个特别保、2个临时保、2个船户保。保设联保办事处及保长。文冲亦随之设立相应机构，任命陆成忠等为保长。

1949年10月，中华人民共和国成立，番禺县人民政府设立禺东、禺南、禺北3个办事处。文冲村时属禺东办事处。

1950年，黄埔成立横沙乡，下辖文冲等村。

1951年12月，黄埔区成立。1952年7月，将原为番禺县属的第二区长洲，第四区茅岗、观音约、石宦龙、珠村、棠下、车陂、长湴，第五区横沙、文冲、萝岗等16个乡、45个自然村及东圃、鱼珠2个镇划入黄埔区管辖。经调整后，黄埔区下辖有新塘、岑村、石东、棠下、石宦龙、黄村、车陂、珠村、姬堂、文冲、横沙、茅岗、长洲上庄、长洲下庄、双沙、新围16个乡，东圃、鱼珠2个镇及黄埔港办事处，人口4.8万多人。

1953年1月6日，设立文冲乡政府，乡长陆兆泉，副乡长陆流妹。

1956年6月，黄埔区并入广州市郊区，原黄埔区管辖的下沙、横沙、姬堂、双沙、茅岗、文冲6个小乡合并为一个大乡，称横沙乡。1958年，横沙乡与东圃乡合并成立黄埔人民公社，文冲统称为广州市郊区黄埔人民公社文冲生产大队，大队设党支部和管理委员会。“文化大革命”期间，文冲生产大队随之成立革命委员会。

1973年2月，第三次建立广州市黄埔区，辖黄埔人民公社（大沙片），文冲设立文冲生产大队管理委员会，隶属广州市黄埔区黄埔人民公社。1984年12月，撤销人民公社建制，黄埔人民公社改为大沙区公所，区公所辖下的文冲生产大队，改为乡建制，设立行政乡（小乡）党总支部和乡人民政府。1987年1月，撤销大沙区公所，设立大沙镇，文冲乡人民政府改为文冲村民委员会，至各级政府与基层组织逐步健全和完善。文冲村归大沙镇管辖，为广州市黄埔区大沙镇文冲村民委员会。1996年1月至2002年7月，文冲村党总支部改为党委会。

2002年8月1日，黄埔区撤镇建街，撤村设居，文冲村成为广州市黄埔区文冲街文冲社区居民委员会，归文冲街道办事处管理。

第三节　自然村（街市）简介

一、文冲、文园来历

位于广州市黄埔区石化路西边，南临珠江，东与文园自然村相邻，西与下沙新溪自然村相接，北与江北西约自然村相连。

该自然村始建于宋代，有近千年历史。村中有陆、简、陈、颜、黄、伍等氏族村民居住，以陆氏人口最多。宋朝庆历年间（1041—1048），简氏和陈氏从华坑自然村和马武自然村迁至乌涌边定居，是为文冲自然村早期住民。宋朝绍定四年（1231），陆慕全弃妻携父母由从化钱岗星夜南下到番禺鹿步司禾坑尾落居，人口增多后，陆氏五世祖陆观源携侄等迁乌涌边安居，将居住地命名为乌涌村。明朝永乐九年（1412）后，陆观源将乌涌改为文冲（涌与冲同音），一直沿用至今。

中华人民共和国成立前，文冲自然村属番禺县鹿步司横沙堡管辖。中华人民共和国成立后的1952年，归文冲乡管辖;1958年，成立人民公社，归文冲生产大队管辖;1987年，成立大沙镇，归文冲村民委员会管辖；2002年8月，村民委员会改为社区委员会，归文冲社区居民委员会管辖。

溪流经文冲自然村的有乌涌河和文冲河道横滘支流。土地为珠江河与溪流成小三角冲积平原地域，沙质围田，土厚肥沃，适宜耕种，以种植水稻、蔬菜为主，物产丰富；还有兴旺的渔业水产业。水陆交通发达，运输方便，历史上形成集市贸易地，有廻龙市，圩市兴旺。文冲自然村是较为富庶的乡村。

改革开放后，农村实行经济体制改革，文冲自然村由集体经济体改为家庭联产责任制、分田到户、再改为股份制。农副业不断发展，从以第一产业为主，转为以第三产业为主。随着城市化进程加快，土地被征用，农民洗脚上田，改为从事工商业；随着工商业发展，外来人口不断增加，村民建楼房铺面出租；同时，有的做老板，有的打工，村民又有集体股份分红。村民经济收入多元化，很快实现小康，再进一步过上富裕生活。

陆泰泉，唐诗人陆龟蒙之后。宋开禧三年（1207），因金兵入寇而自南雄珠玑巷迁至从化沙溪（今从化钱岗）。

宋绍定四年（1231），其子陆慕全携扶父亲迁至禾坑尾（今文园山西侧），为文冲陆氏始迁祖。至五世，陆观德仍居文园，陆观源和陆秀达、陆秀贤携子孙迁居今文冲西坊。

——材料引自泰泉祖裔陆氏族谱编纂委员会所编：《泰泉祖裔陆氏族谱》。

陆氏在文冲发展变化情况见如下示意图（谱系表用中文数字表示为男丁，用阿拉伯字数字表示为妻妾）

文冲、文园陆氏世系示意图

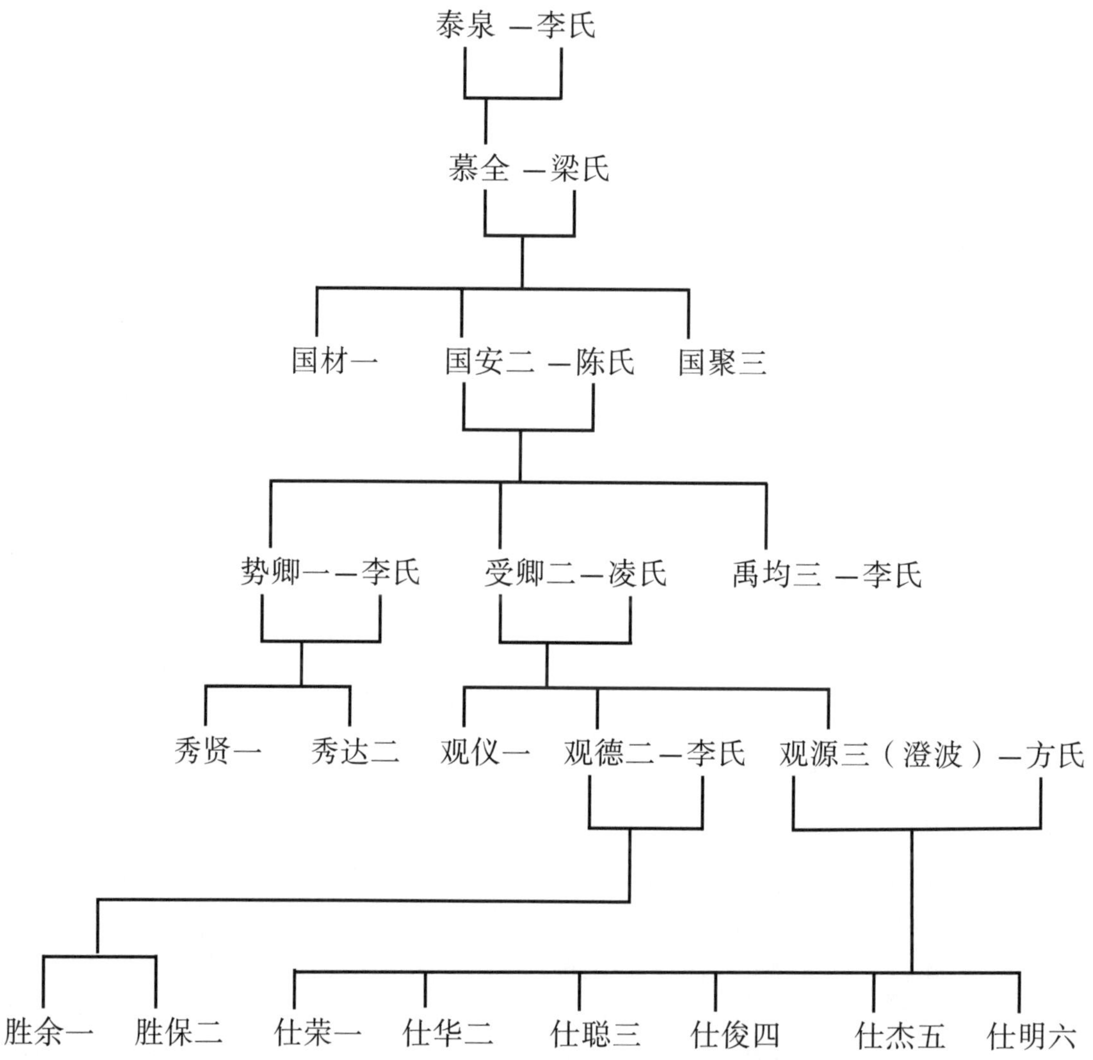

二、江北三约（叶氏、陈氏、梁氏）来历

江北村是文冲村的一个自然村，北有大田山、广州石油化工总厂、广深铁路。西南为文冲村，东北为飞鹅岭、状元山。该村由东约、中约、西约 3 部分组成，分别居住梁氏、陈氏、叶氏三姓族人。三约呈东西向品字形排列，现石化路于中约和西约之间横贯。

据说：一千多年前，江北村南原是河畔泥沼海滩中有条古河道，村间西南有座小山岭，名叫龙船山，半山腰有 3 株乌柏树，村人称小山岭为乌柏岭。因江北村位于此江河道的北边，故名江北村。

（一）江北东约。座北向南，村落长 250 米、宽 200 米，人口约 700 多人。中华人民共和国成立前，该自然村后有土围墙，村东、西及山墙内建有 4 座炮楼，为治安而建。村边小道路纵横交错，交通便利。村外山岗起伏，果木茂盛。全村有耕地面积 1000 多亩，水果蔬菜种植繁盛，为村民生活主要经济来源，村前有鱼塘 2 口，约 14 亩。开村建有祠堂 2 座，村中一座为吉洲梁公祠，村西一座为梁氏宗祠。

梁氏在文冲发展变化情况见如下示意图

江北东约梁氏世系示意图

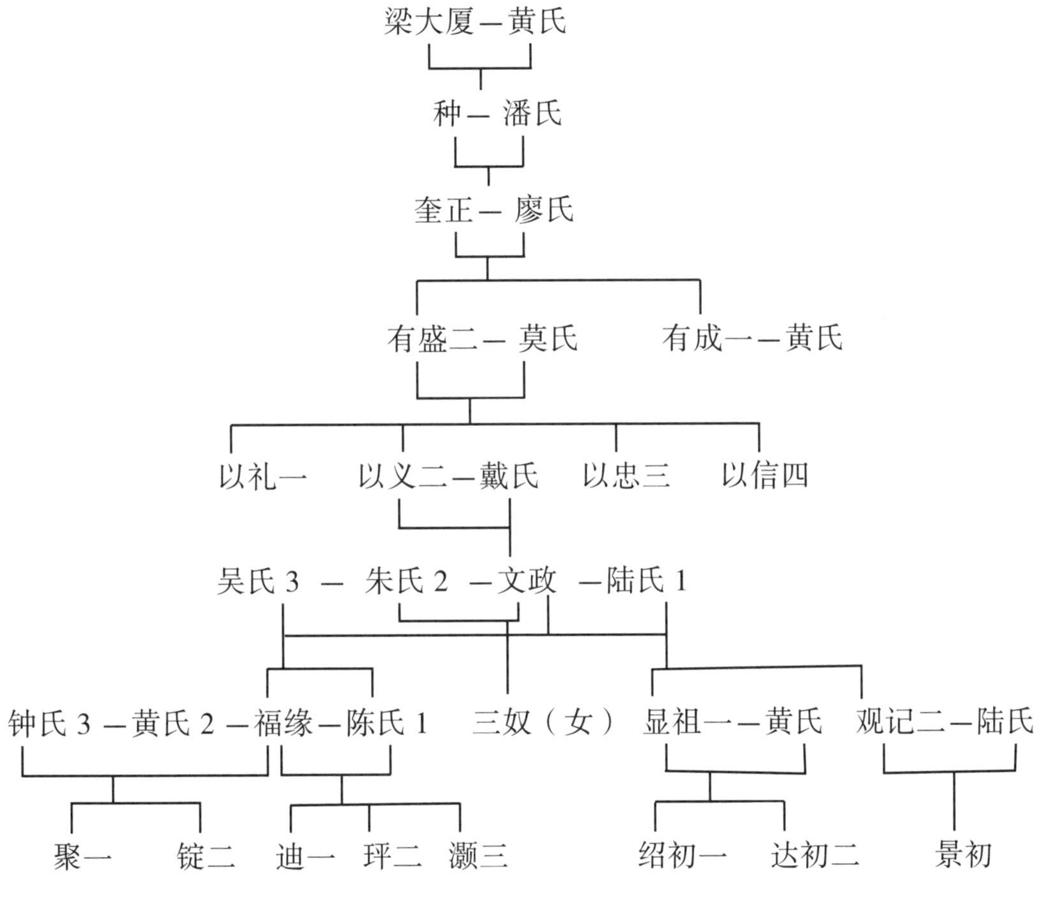

据《梁氏族谱》记载：江北梁氏始祖为梁大厦，出身宦家，于宋高宗绍兴年间（1132—1162），由福建河口迁至广州盐仓街，立室置产。明代洪武二十年（1387），茅岗塘口村梁福缘娶江北陈氏而入赘江北定居于石下园（今江北东约），是为江北东约梁氏始祖，发展至今。

江北东约梁氏，始祖梁大厦，生于宋政和四年（1114），于宋绍兴二年（1132）随兄入粤。先居广州盐仓街（今仓边路），后居番禺鹿步司塘口村（今黄埔茅岗塘口村）。七世祖梁福缘娶江北陈氏而入赘定居，为江北东约梁氏始迁祖。生于明洪武二年（1369），其妻陈氏生于明洪武四年（1371）。

（二）江北中约。位于江北中约中间位置，东靠江北东约，北面为小山岗密树林，西靠石化路。原为地处较为偏僻的村落，顺自然山形地貌开村，坐北朝南，村前大小鱼塘 2 口，面积约 15 亩。如今被广州石油化工总厂生活区、万科城市花园所包围。交通便利，居民密集，来往行人络绎不绝。1974 年，山岗果地农田大多被广州石油化工总厂征用，现存无几。

村民为陈姓，始祖陈氏公为江西泰和县柳溪乡古井巷人。宋天圣元年（1023）被派广东南雄县任教谕职，因博学多才，后任保昌县尉，故又名“保昌公”。

四世祖应瑞公始迁江北乡定居，择地开村。应瑞公是江北中约开村始祖。村中建

陈氏在文冲发展变化情况见如下示意图

江北中约陈氏世系示意图

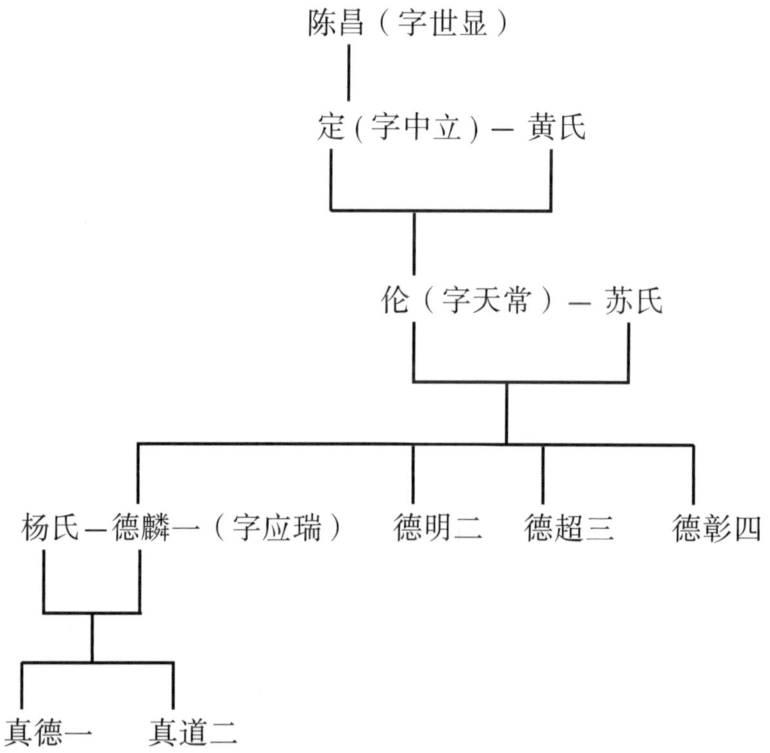

有陈氏宗祠和仪羽陈公祠。2001 年，有农居人口 496 人（其中 2 人为少数民族），建楼房 180 多间。

陈昌，祖籍江西柳溪。宋嘉泰二年（1202），二世祖陈定迁至独冈（位今文冲西北）。四世祖德麟（应瑞）迁入江北乡，为江北中约陈氏始迁祖。

陈德明习儒学，曾于乡试中中解元，终生未娶而卒。

（上述材料由陈国焰提供）

（三）江北西约。位于中约之西，中隔石化路，北为广州石油化工总厂行政大楼，南为万科城市花园。该村南面原为河畔池沼，附近围绕大小山岗，地处江之西北。据传：村中位置是石龙头龙脉结聚而成的好地方。据村中老族人曰：始祖为宋朝丞相叶颙第七子叶元道（元泗公）之后，即孔昭公次子，名："远清"（为一世祖），村始建于宋朝（960—1279）。因北方战乱，先由几家无血缘关系的叶姓家族自四川入粤来到江北"上巷"棲身，后继有从番禺白沙湖长田叶氏迁至江北"石龙头"建房定居。开基，该村曾建 3 座叶氏宗祠：于东，是"远清"叶氏宗祠和"仲昌"叶公祠，村中另一座为"桂芳"叶公祠。自立村至今，已有 850 多年历史。村内叶姓人口 160 多人。1974 年，广州石化厂征用土地后，全村已是工农户，农居人口 109 人。

三、文冲渡头街来历

位于文冲村（黄埔东路）南面的水道，东为大坦围，西为石禾围（乌涌河边），南临珠江北岸乌涌河道入口，经过三丫涌水道 300 米处是文冲渡头。这里连着一座大石桥，通往河涌东、西两岸的水上居民—蛋家棚房屋 50 多间后，为文冲渡头街的渡东和渡西（现在两边都建起楼房）。

文冲渡头街的形成是清康熙十一年（1672）至乾隆年（1662），文冲陆氏建陆氏大宗祠，并铺砌街巷、建民宅。当时，没有公路和大路，运输材料有困难，只能靠水上船只运输。经文冲陆氏乡绅父老商议：选择从乌涌河道直入三丫涌河道作为停泊船艇之处，由文冲乡绅牵头出资兴建一座水上码头—文冲渡头。

文冲渡头是由麻石板从涌底一直铺砌到岸上，全长 20—30 米，为 20 多级石板的码头，方便来往客、货船人员上落。渡头的建成，成为货物集散地。前来交易搞水上船舶运输的老板及其雇佣人员也多起来。

清末民初，那些从番禺大山、东莞、顺德各地来的水上船民和渔民也漂流到此地找工作棲身做生意。经文冲乡绅同意许可，在两围涌边两岸搭棚安居。这里的姓氏主要有陈、李、叶、梁、陆姓，其中陆姓居多。文冲陆氏人也到水路运输方便的渡头四周填土、搭棚，经营生意，搞船运、开办果子加工场和酱料场，创办恒丰盛辗米厂。后在两边的荔枝基填土建房居住，计聚集有 200—300 人。从此，渡头街逐渐兴旺起来，形成一片拥有一百几十户人家的居民聚集地。

中华人民共和国成立后，渡头街外来人翻身做主人，在文冲分田地当农民、做工人（个别人从事水上运输作业），成为文冲村第9、10两个生产队的社员。2001年统计，股民数：文冲9社172人、10社145人，共317人。

四、廻龙市来历

廻龙市位于文冲村东南侧。初建于清代道光九年（1829）。该市由数条大小街道组成，以果行大街为主，另有廻龙市横街、桥头大街、牛地街、生果基等，面积数万平方米。果行大街为南北走向，北接廻龙市横街，南接广新路（即原鱼珠南岗路）。廻龙市横街为东西走向，街东端有廻龙古庙（现已不存），街西端与桥头大街相接，成丁字状。

果行大街宽6.3米、长100多米，两边均为商铺，由南至北每边约有30间。每间商铺面阔4.3米、深约10米，硬山顶，碌筒瓦面。商铺排列较为整齐，且形状大致相同，正中开门，门两侧当街处开一大窗，开市贸易时全部打开，收市时上窗板。商铺内以砖墙或木板隔出前后间，前间摆货物出售，后间作存货仓，上搭阁楼，作店主住用。

圩市主营干果、水果、杂货，兼营其他商品杂货。整个街市以经营生果为主，如乌榄、白榄、青梅、荔枝、菠萝等，收成旺季时，大量水果交易在文冲生果基进行。在果行大街经营的还有百货铺、布铺、米铺、米店、茶楼、当铺、棺材铺、药店、赌馆、西医诊所、妓馆等。1949年后，部分商铺尚存，如天泰烟铺（即后来的鹤记烟铺）、陆民初西医诊所、徐瑞屏助产院等。

像珠三角地区的集市一样，每逢农历的二、五、八日为廻龙市固定圩期。

据清同治《番禺县志》所载，廻龙市在文冲之东、文园之西，于清道光已丑年即道光九年（1829）正月，由两村的陆姓绅士出资兴建（砍伐60亩果木），初时建有商铺40余间。因该圩市附近有沙浦、双岗、华坑、姬堂、笔村等自然村的人拿农副产品等前来交易；又因南北走向有乌涌河，横贯有文冲河，南端为渡头街，水陆两路运输便捷，是较为理想的土特产贸易集散地，其全盛时的1945年后，商铺约有120余间，生意兴旺。

1974年始，广州石油化工总厂在文冲村东北面兴建大批宿舍。生活区兴建起商业服务街，文加公路改作石化路，并多次扩宽，路两旁各种新型商铺陆续设立，致使廻龙市日渐衰落。1990年后，市内商铺多数歇业，改作民宅，部分改建为三、四层现代建筑，但大多仍保留旧有状态。

第三章　人口、华侨和港澳台同胞

第一节　人口

2001年，文冲村户籍总人口6354人，其中农业人口3443人。常住人口6534人，外来人口1.8万人。

文冲的人口来源比较复杂。唐德宗年间（780—805），有陈、简、颜、林、叶、李、伍、黄等多姓氏人口聚居此地。据史载：大多土民是南宋时期为逃避战乱求生，由中原南渡大庾岭寄寓南雄，流寓于珠江流域一带。文冲先有江北三乡，后有文冲；文园村主为李氏，文冲陆氏在宋理宗绍定四年（1231）由从化钱江洞迁入定居，还有迴龙市、渡头街的居民是在清代或民国时期迁来。此外，西坊一户尹氏，文园有钱氏和张氏都是在20世纪60年代从外地迁入。也有不少到本圩市落户的，如苏氏、符氏、刘氏和郭氏，共约有几十人。

文冲地区消亡和迁移的村落名称

表1-3-1-1

村　名	自然村	消亡年代	主要姓氏	迁往何处
文冲	蒲鱼岗	1945	李	因受盗贼所劫，移居文园庙边，部分迁去新围村
	马　武（务）	1962	陈	广州石油化工总厂征地，整村搬迁到文冲岭顶（土名）居住
	黄　杨	民国时期	林	民国时期，因村小势弱，村民陆续迁往双岗、文冲居住或外逃，该村消亡

民国22年番禺县第五区横沙堡文冲乡户类统计表

表1-3-1-2

文冲十约乡	住户（户）	商店（间）	公共处所（处）	寺庙（座）	船户（户）
	1300	87	74	6	36

说明：上表资料来自民国22年《番禺县人口调查报告书》；十约指：马武、蒲鱼岗、庙边（位于文园内）、江北东、江北中、江北西、隔水、文冲东坊与西坊、文园

1991—2001年文冲村人口情况统计表

表1-3-1-3

年　份	常住人口	其中农业分配人数	居民人口
1991	5938	3132	2806
1992	6889	3697	3192
1993	6435	3095	3340
1994	6316	3068	3248
1995	6355	3200	3155
1996	6398	3214	3184
1997	6399	3290	3109
1998	6292	3308	2984
1999	6423	3314	3109
2000	6529	3394	3135
2001	6354	3445	2909

第二节 华侨和港澳台同胞

文冲村华侨和港澳台同胞不多。1985年前，华侨同胞只有15户，20多人。

1962年，经济困难时期，许多孤身一人的从家乡前往香港、澳门打工，是为了改善生活。改革开放后，祖国强盛，部分村民致富，送子女到外国读书，在外地谋生发展。华侨港澳同胞不断增多。1990年后，据不完全统计，文冲的华侨港澳同胞有113户，其中：江北三乡18户、文园25户、东坊28户、西坊26户、廻龙市渡头街16户。人数有200—300人。

1990年文冲村华侨及港澳同胞户数统计表

表1-3-2-1　　单位：户

合计	英国	美国	日本	泰国	菲律宾	新加坡	新西兰	加拿大	澳大利亚	香港	澳门	归侨
113	3	8	8	1	5	7	3	6	2	65	4	1

侨胞支援家乡建设。20世纪80年代以来，文冲旅港同胞资助家乡公益建设的有：

旅港同胞陆日东返家乡文冲兴办企业，在黄埔东路办起“百鲜大酒楼”，还赞助“万事达”面包车1辆给村委会使用。

旅港同胞陆少佳等人捐赠港币4万元，送给文冲村委会购买舞台的前后布幕、道具、服装、乐器等。

旅港同胞陆海权捐资1万元，重修陆氏大宗祠。

东坊的旅港同胞陆振邦返家乡在龙船塘兴办制衣厂，成立利邦制衣厂有限公司。

西坊的旅港同胞陆炳照在改革开放后，购送1辆五十铃大货车送给文冲农械厂，发展经济。

第二篇　政治篇

第一章　党政群团

第一节　进步社团

新中国成立前，在文冲学校里，有一些进步教师，培养出一些进步学生。教师刘星秋，客家人，后来北上读大学。其在文冲学校任教政治、历史课，常向学生灌输进步思想，还邀请在前线的朋友来校与学生见面，讲述前线解放军英勇作战的故事，启发学生，要求思想进步。进步学生由于受教师的启迪，组成“旭社”进步社团，在廻龙市一间店铺内活动。该社有篮球队、乒乓球队、游泳队、诗歌队和宣传队。办社宗旨是：“勤学习，办好事，做好人。”在街头粉刷大标语：“少壮不努力，老大徒伤悲”“学海无涯，业精于勤”。

旭社成员主要是一些高年级或将要毕业的学生。为首的是西坊人陆惠苏和陆仲国，东坊人陆永豪，茅岗塘口人梁树麟自小来文冲投靠外婆，在文冲读书和长大。旭社其他成员有：西坊人陆耀池、陆炳坤、陆铨波、陆欧明，东坊人陆瑞其、陆国材、陆松杰，廻龙市人苏汝添，文园人陆汝松。

文冲附近乡村曾有东北郊人民游击队活动。1947 年春，中共党员陈汉华以教师身份作掩护，在沙浦村组织起四五十人的贫农团，开展革命宣传教育活动，以沙浦村岑干强为骨干的广州东北郊人民游击队为番禺的解放立下汗马功劳。文冲西坊村民陆潮柏也是游击队成员之一。

第二节　共产党组织

中华人民共和国成立前，文冲地区没有建立共产党组织。

一、组织建设

关于加强党组织的建设。各时期的党组织考核干部、党务工作由上级组织部署。具体工作有以下几个方面：

（一）考察选拔村领导班子成员。由上级派员到村，先召开党员、干部、群众座谈会，广泛听取意见，对选拔进领导班子人员按条件对照分析，考核其工作表现，确保进入两套领导班子的成员思想、政治素质可靠。

（二）建立党支部。20 世纪 50 年代，文冲在土改运动中和走农业合作化的道路上，培养和发展了一批积极分子成为党员骨干。首个党支部有 7 名党员 ：郭炎彬、陆流妹、陆兆泉、叶哪、叶德顺、陆桥德、周润银。期间党支部继续抓党员发展，不到一年时间里，陆续发展了 10 多名党员。在选拔领导成员时，工作队根据思想工作条件，家庭成分，推荐出党组织领导成员候选人名单后，通过全体党员选举，产生党支部书记、党小组组长。1958 年公社成立后，先后任大队党支部书记的有：郭炎彬、陆流如、陆志辉等人，党员发展到 34 人。

（三）建立党总支部。1984 年 12 月 25 日，黄埔人民公社改为大沙区公所，将下属各乡党支部改为乡党总支部换届选举产生党总支部书记陈惠林、副书记陆咸妹、陆国生（其中陆咸妹副书记兼任村委会主任，陆国生副书记负责党务工作），实行 2 套领导班子一套人马。文冲村党总支部委员有陆潮煊、陆广成、陆志辉、陆少琼。下辖 6 个基层党支部，党员发展到 87 人。

（四）建立党委。1995 年 12 月，随着党员的不断发展，文冲村撤销党总支部，建立村党委，党委书记陈惠林，副书记陆汉佳、陈中山，党委成员梁绍炘、梁赛红、陆少琼、陆照祥，下辖 7 个基层党支部。

（五）村党委书记由上级选派。从 1999 年起，党委书记由区委、镇委选调委派担任。先后选派的党委书记有陈中山、周建怀，党委副书记兼村委会主任由本村人陆汉佳担任。村成立党委的同时，也设立纪律检查委员会，由负责党务的副书记兼任纪委书记。

截至 2002 年 7 月止，党委下辖 19 个党支部，党员人数发展到 128 人，其中：男 90 人、女 38 人。

二、思想建设

中华人民共和国成立后各个时期，文冲村各党组织坚持抓思想建设，组织党员认真贯彻执行党的路线、方针、政策。采取多种形式开展党员教育。1978 年 12 月后，党支部组织党员认真学习贯彻执行中共十一届三中全会的精神和邓小平视察南方重要谈话。在市、区委工作组指导下，积极开展农村党的基本路线教育，提高党员对改革开放的认识，抓住机遇，发展村的集体经济，使村在经济建设和各个方面工作迈开新步伐。

（一）党员思想教育。举办党员、团员干部学习班，参加社教学习，组织党员观看省、市先进党组织事迹和反腐倡廉录像，使每个共产党员、干部知法、懂法、守法。2002 年止，无发现党员干部有违法行为。

（二）坚持三会一课制度。党组织生活健全，每月 25 日下午为各支部学习生活，每季度一次党总支部大会。党支部生活能做到风雨无阻地坚持，如因事不能参加的，都能执行请假制度。为照顾老人学习，还专门成立老人党支部，过组织生活。为加强党支部建设，按党员目标管理要求，每年开展1—2次民主生活会和1次党员评议活动。村干部还坚持每晚轮流在村委会值班，及时处理一些突发问题。

（三）建立会议制度。坚持党的领导，落实两个班子每周的学习会议制度。凡重大问题由集体决策，从来不是一人说了算。每个人各负其责，做好本职责工作。并能互相协调配合，形成一个团结、有战斗力的集体，做好各项工作。

（四）加强党风廉政建设。制定并严格执行村党风廉政建设的各项规章制度。为促进廉政建设工作开展，还专门成立村10人组成的廉政监督小组和财务小组，设立检举箱。监督小组每季度召开1次会议和定期开箱，收集民众意见。村党委成立后，把各项决议、决定及各项措施执行情况用多种形式公开，接受党员干部和群众监督；同时，村党组织也监督村的政务工作，检查落实执行情况。至2002年7月止，两套班子领导成员都没有发现以权谋私、受贿等各种违法行为。

三、各个时期的工作业绩

村自建立党支部以来，党建工作主要抓凝聚力，发展生产力。在各个时期都能发挥党的领导核心作用。

20世纪50年代，党员带领群众加入农业生产互助组、初级农业生产合作社，走农业合作化道路，促进农业生产发展。在经历高级社发展时期，发挥集体力量，兴修水利，筑围田，改单造水稻为双造，使文冲高级社的农、林、牧、副、渔各业全面跃进，获得8面红旗。20世纪60—70年代，组织干部群众学习毛泽东著作，宣传“农业学大寨”和学雷锋。贯彻中央“八字方针”，农村体制下放，加强劳动管理，调动干部、群众的生产积极性，稳定农村的社会秩序。

“文化大革命”时期，文冲生产大队也相应成立革命委员会，但没有参加“两派”武斗，坚持抓革命促生产。“文化大革命”后期，逐步恢复人民公社原有各种生产责任制，各生产队落实“三包一奖”和实行“五统一”的管理办法。

1976年10月粉碎江青反革命集团后，开展党的基本路线教育，实行“一批、三打、三整顿”，在批判江青反革命集团运动中，拨乱反正，落实政策。中共十一届三中全会后，认真学习和贯彻全会以来精神，学习邓小平视察南方重要谈话，在区委、镇委的领导和帮助下，坚持党的四项基本原则，坚持一手抓党建工作，一手抓经济工作，带领群众发展农村经济，带头致富，壮大和发展集体经济，改善社员生活和福利。1994年5月，被广州市评为广东省亿元村；1998年2月后，曾先后被评为广州市安全文明村、广州市先进党组织、广州市乡镇企业先进集体。

改革开放后，村党组织适时调整产业结构，发展工、农业生产，扩大果树、蔬菜等作物种植面积，发展畜牧业、工企业和其他产业，特别是大力发展第三产业，引导生产队（社）、个体户一齐上，利用征地资金和经济发展自留用地，兴建仓库、码头、工业厂房、商场、商铺、商业大厦。发展汽车运输业，建农贸市场、加油站、制衣厂、塑料编织厂、土法炼油厂、酒店及房地产等项目，积极招商引资，与港、台商合作，在文冲地区办起制衣厂、酒楼、鞋厂、木业加工厂、铝材厂等企业，使村、社（队）年收入超1亿元。

建设卫生安全文明村。1986年下半年以来，文冲村共投资550多万元，将各自然村的街巷全部铺设水坭路面及疏通整治暗渠、硬底化；把污臭水排入污水渠；还兴建自然村的垃圾池和花基。投资10万多元，分别建起垃圾收集站（点）及中转垃圾收集站。

四、存在问题

（一）一些社（队）干部改革开放胆子不够大，步子不够快，存在“怕”的思想。

（二）对党员思想纪律教育不够，部分党员存在思想、工作散慢、组织纪律性差。

（三）街巷存在乱停、乱扔、乱放、卫生脏、乱、差等现象。

（四）违章建筑、占用道路等还时有发生。

（五）农业生产存在自由管理现象，弃耕或形式上管理时有发生。

（六）计划生育管理还不够完善，特别居民超生现象时有发生。

（七）各社（队）发展差距大，个别社年终分配450股都不上1万元。

（八）社（队）合同管理制度不健全，简单化，签约上或续期上未能让全体股东讨论通过。

第三节 团组织

一、组织建设

1953年年初，在党组织及各级领导的支持、引导下，文冲村成立第一个中国新民主主义青年团（简称青年团）支部。1957年5月，改称中国共产主义青年团（简称共青团）。

是年，团支部已发展到32名团员，建立下属团支部。

团支部首任书记：叶克，副书记：陆国松、陆广成，委员：陆炳坤、陆妙贤、陆惠贤、陆潮煊、陆会女、陆维邦、陆顺爱、陆金流、陈容娣、彭妹、梁容爱、梁浩洲、梁肖英、陈庆贤、陈建开、叶国强、叶国津。

自黄埔区黄埔人民公社成立后的1964年，文冲生产大队健全共青团总支部。那时，陈惠芬（女）任团总支部书记。之后历任团总支部书记的有：陆庙佳、陈惠林、陆锦球、陆照祥、陆翠芬等人。1989年7月，陆锦球、陆少芬、陆燕梅等人当选为共青团大沙镇委员会委员；1990年12月，补选陆照祥为镇团委委员；1993年7月，陆燕梅、陆照祥当选为共青团大沙镇第五届委员会委员；年末，文冲团组织共有团员67人。文冲团总支部被评为大沙镇优秀团支部；陆照祥、陆翠芬、梁浩伟被评为大沙镇优秀共青团员；1993年后，陆照祥连续3届当选为大沙镇团委委员。1996年以后，文冲团总支部建立共青团支部工作手册，内容有：团员名单、团支部工作、大事记、支部委员会会议记录、团员组织生活考勤表、交团费记录、展组计划。1999年，文冲团总支部委员会通过选举，产生团总支部书记陆照祥、副书记陆丽冰，委员梁浩伟、陆炳荣、陆耀辉、陆国南、陆金霞；陆翠芬被评为黄埔区优秀团干部。2001年4月，撤销文冲村团总支部，建立村团委，陆照祥任书记。

发展吸收新团员：1987年，34人；1992年，14人；1995年，81人。20世纪90年代以后，培养发展党员对象保持有20多人，其中共青团、青年干部占50%以上。至2001年8月止，文冲共青团员发展到89人。

二、工作和活动

文冲共青团是围绕党在各个时期的中心工作，对团员进行思想教育，提高团员青年政治文化水平；抓好团组织建设，壮大团员队伍；充分发挥共青团员在精神文明和物质文明建设中的积极带头作用。

1955年，团干部被派到设在芳村的鹤洞山顶广州市团校学习的有：叶克、陆国松、陆会女、陆广成。学习内容主要是：共青团的章程和知识，还向参加学习的团干部传播文明信息，教唱歌、跳舞，办得很活跃。团干部前后参加过2期学习班，每期2个月。

合作化初期，开发荒山，围海造田。西坊有一支10多人组成的青年突击队被称为“十大铁锄”，开赴红岗山，早出晚归，开垦20多亩荒山种菠萝。队长陆祐明。团干部陆广成成为文冲第一位拖拉机手，在龙船塘围试驾成功。

高级社发展时期。各生产队组织青年突击队，修筑堤围防洪抢险，集体出动到田头抢收抢种。各坊（片）共青团组织青年参加基本民兵组织，日夜轮流值班，维护本村社会治安，保卫铁路桥樑，防止敌特破坏。

20世纪90年代，随着党的改革开放政策得到群众拥护，村委会重视发挥共青团职能作用，建立起青年之家，建起文化室、阅览室，并举办各种讲座和培训班，提高广大团员青年文化科技水平。1986年，共青团广州市委员会授予文冲团支部为“农村青少年之家”先进单位称号。1998年，文冲村青年陆汉森，科学养鱼，鱼塘面积由原来的0.67公顷扩至3.33公顷，经济效益由原来年产值两三万元递增到10多万元。还教会其弟弟科学耕鱼塘养鱼。开展青年足球、蓝球比赛，以及有奖知识竞赛和组织旅游参观活动等；每个季度组织团员青年唱卡拉OK及游戏竞技活动；组织青年学习跳舞及健身运动。

自大沙镇团委建立后，根据上级布置，经常组织团员青年进行爱国主义、革命传统、法制“三个代表”重要思想教育和学习英雄模范人物等教育；每年 3 月，开展学雷锋、树新风和青年志愿者活动，上山种树、点松籽；组织团员到敬老院和孤寡老人家庭搞卫生，慰问老干部。带头为灾区赈灾、捐款、扶贫等有益活动。做好帮助教育，抢救失足及吸毒青年改邪归正的转化工作。20 世纪 90 年代后期，使村中多位青年戒掉毒瘾。每年配合征兵工作，发动适龄团员青年积极应征入伍，激发爱国热情、保卫祖国责任感和使命感。文冲村团总支部还经常请区法院的法官和派出所干警讲法制课，开展禁毒、禁赌、扫黄教育活动。把一些学习资料如《法制报》发给各个团支部，作为团员青年经常学习的重要内容；还开展一年一度团员评议活动和团籍注册工作。2000 年，团员合格率 97%，团员注册率 98%，团费收缴率 100%。

20 世纪 90 年代起，从生产社抽调部分有文化、工作责任心强的青年，通过在工作中的培养锻炼考察，逐步安排到企业或生产社当领导；同时，推荐一批优秀团员或青年加入党组织。

第四节　妇女组织

一、机构

土改后，文冲妇委会成立，首届妇女主任陆流妹，副主任：周润银、关焕琼，委员：秦美甜、吴世贤、陆惠贤、秦翠琼、张贤、张月桂、杜苏妹、彭妹、陆瑞宜、陆顺爱、岑金娣、梁容爱、梁爱卿、叶连有、左六妹、陆妙贤、陆秀珍。

由于妇女工作做得出色，陆流妹当选广州市妇联执行委员。

1956 年，文冲乡政府刚成立，设立妇女代表参加乡政府工作。维护妇女权益，解放生产力，发挥妇女半边天的作用，首位妇女代表为秦翠琼。1958 年，广州市郊区黄埔人民公社成立，文冲生产大队设立妇女会组织，村妇女主任陆流妹，妇女代表组长秦翠琼。1964—1969 年，妇女主任先后为陆满悌、梁沛连。1975 年后，妇女主任一直是陆少琼担任。1999 年，文冲村委员会妇女主任由陆翠芬担任。1987 年 2 月，文冲陆少琼、陆结群等人为大沙镇妇女执委会委员。1990 年 9 月后，陆少琼连续两届当选为大沙镇妇女执委会委员。1998 年 9 月后，陆翠芬当选为大沙镇妇女联合会执委成员。

二、主要工作

（一）维护妇女权益，做好妇女各项工作。新中国建立初期，农村中旧习惯存在。反映出很多歧视妇女的事情，主要有：父母干涉子女婚姻自由、妯娌之间纠纷、因小孩或房屋引起双方家长发生矛盾、第三者插足破坏他人家庭幸福、女子无权继承遗产等。为此，妇委会干部上门运用法律武器进行各方面说服教育，使其从思想认识上转变过来。

1958 年，黄埔人民公社成立，为提高妇女思想、文化、科学技术水平（因妇女干部和大多数青年妇女是文盲或半文盲）文冲村组织青年妇女上夜校读书，学文化，使村中妇女的文化与科技知识水平得到提高机会。

20 世纪 90 年代，文冲村妇委会发动妇女参加镇妇联组织的专题讲座和学习班共有 105 多人次参加。1996 年，妇女干部参加镇妇联组织的学习讲座、学政治法律。通过学习，不断提高自身素质和维护妇女合法权益的意识。妇女周昭君因与丈夫离婚，社里分红没给她，其掌握法律知识后，通过妇委会、法院争取到自已应得的权益。又如出嫁女股份分红，农转居无工作安排又没有分红，老人身后终身股权，子女纷争等问题，通过镇妇联、村妇委会主动协助调解，提高法律服务效果，解决当事人的合法权益。

（二）开展扶幼、助残、助学活动。文冲村委会根据大沙镇妇联的安排，开展儿童免疫工作和助残、助学活动，帮助贫困地区失学儿童重返校园，为残疾儿童等筹款 6000 多元。该村还免费为残疾儿童看病，帮助残疾成人找工作，给予排忧解难。

（三）抓妇女文化教育。文冲村妇委会组织村中妇女，参加镇办的日间学校、文化补习班和各种培训班，提高读书少的妇女的文化水平，使全村 90% 以上的适龄妇女的文化水平达到初中程度以上；2000 年，在文冲小学开设 4 个村民素质教育高中班，接受教育的青壮年妇女达 7 成以上。此外，建立妇女之家、家长学校和婚育学校，全面提高村中妇女的各方面知识。

（四）组织有技能妇女参加女能手竞赛活动。1989 年，大沙镇妇联组织开展“农业生产十项女能手活动”。文冲村妇委会组织有技能的妇女参加镇的女能手竞赛活动，表现突出的是钟桂芬。其贷款 3 万元，搭起 2 座 450 平方米的大棚养鸡，为发展饲养家禽业，其购买不少养鸡书籍攻读，并就读“中国农村致富技术函授大学”，刻苦学习种养技术知识，运用新科技搞种养，当年就出售活鸡 1.7 万只，收入 6 万元，还有存栏 8000 只。时年 25 岁的钟桂芬，不断扩大养殖规模，实现养殖致富愿望。

文冲养猪能手陆燕嫦于 1989 年在沙围承包土地，开办 1 家 3500 平方米养猪场，引入台湾良种瘦肉猪试验成功，用“快速易大”特效混合饲料喂养，使生猪产量大大提高，增加个人收入，年收入 10 多万元。1996—1999 年，连续几年，被评为广州市农村种养“女能手标兵”；2001 年，被授予广州市“三八红旗手”称号。

（五）抵制“黄、赌、毒”，做好帮教工作。文冲村妇委会根据上级要求，成立“三禁”7 人小组，配合社会治安管理部门开展扫黄、禁毒工作。利用各种宣传工具、图片展览与吸毒人员的反思，做好帮教工作。1996 年，全村共有吸毒人员 17 人，其中抓回 9 位外逃者，还有 3 人在逃，经过暂停集体股份分红和帮教工作后，有 13 人恢复分红。随着妇委会工作深入开展，文冲村“五好”文明家庭不断增加，促进社会风气好转，为创造文明村和下一代健康成长营造良好氛围。1998年2月，文冲（西坊、迴龙市、渡头街）被中共广州市委和市人民政府授予“广州市安全文明小区（村）”称号。

配合村中抓好计划生育工作。执行镇、村计生奖励措施，帮助纯女户入幼、入学。做好独生女的妇女工作，组织每年3次查环查孕。妇女干部关心上环、结札等妇女健康情况，发给补助金，亲自上门慰问，及时处理一些发病事情。抓好外来人员计生管理工作。

1997年和1998年，文冲村连续两年被广州市黄埔区评为计划生育合格村。

第二章　行政组织机构

第一节　中华人民共和国成立前政制及领导人员

清末，地方行政机构建置是省、府、县三级，其中某些地方也设置州（散州、直隶州）及厅（散厅、直隶厅）。县以下则以里甲、保甲制度来掌控地方。

里甲制度的设置。目的是以实现清廷征收税赋、徭役为宗旨，据《大清律例汇辑便览》卷八记载，在乡村地区，每10户人家组成一个“甲”，每110户人家组成一个“里”或“图”。而州县官则任命甲、里的首领（甲长、里长），作为代理负责办理征税、户口登记、徭役等事务。（另观同治番禺县志卷十九）

保甲制度。据乾隆二十九年《大清会典》卷九记载，具体设置：以10户组成一“牌”；100户为一“甲”；1000户为一“保”。州县官任命首领（牌头、甲长、保长）作为自已在地方的代理人（有时也设置“地保”），报告盗劫、杀人、私盐、纵火失火等案件等。后亦有称“堡”的。“堡”上以置“都”，以县所置“巡检司”而统之。

据同治《番禺县志》记载，县下分沙湾、茭塘、鹿步、慕德里4个巡检司。鹿步巡检司设于南湾村。文冲即属此司。

鹿步巡检司下辖有1都、12堡、21图、106村。以村名出现（今为黄埔地区）的有：乌涌、双岗、沙涌、新墩、相对岗、岗北庄、庙头、大小塘基、夏园、南湾、墩头、东湾、笔村、宏岗庄、华坑、小迳、南岗、茅岗等。

至清末宣统年间（1909—1911），据宣统《番禺县续志》卷二记载，县下仍置四司，司下设堡。鹿步司下设龙眼洞、黄陂、石牌、车陂、暹岗、黄村、火村、萝岗、横沙、南岗、七社、十五屯共12个“堡”。文冲地区隶属横沙堡（东区）。

横沙堡下辖16个自然村：横沙、珠江、相对岗、横沙（新村）、马武、江北、文冲、新墩（又名新溪）、乌涌墟、文园、廻龙市、黄杨、双岗、华坑（又名小迳坑）、沙涌、白沙市。

民国时期，仍设保甲制度。担任保长的是乡绅、土豪，10甲设1保，文冲有10多个保。1936年，保长陆惠龙、陆达生。1938年，陆惠龙充当日本汉奸（俗称“鬼头仔”），是文冲维持会会长，乡政府由陆耀堂、陆灿文、陆应同主持，治警团长则由陆德芬、陆咸佑、陆俭威担任，乡保长是陆成忠、陆福海、陆威、陆扬堆、陆英良、梁咸仔（又名“七品”）。保长工作是负责对外的一切事务，解决村内存在的民事纠纷，村民无故被官兵扣留者，保长有权去保释、领人。有的保长无恶不作，民愤很大，解放后受到人民政府的镇压。

第二节　中华人民共和国成立后农村基层组织机构

一、村民小组

刚中华人民共和国成立时，文冲地区各自然村以街巷村庄为单位建立村民小组，设正、副组长和读报员、宣传员，组织发动村民，召开村民会议，传达上级指示和开展各项活动。开会时读报员读报、宣讲时事新闻和党的路线、方针、政策。1950年，随着农村“清匪反霸，退租退押”八字运动的开展，做好宣传发动工作，为农村进行土地改革做准备，使村民在土改运动中能积极支持与配合。村民小组一直活跃到土改运动开始，组织村民生产活动及村民生活。1953年春，为了做好春季防寒护秧工作，组织各家各户村民到田间点燃柴草薰烟，预防水稻秧苗冻伤冻坏，起到应有效果。

二、农会

1949年10月14日，广州解放。1950年，文冲归属番禺县第5区管辖，区长是韩凤阁。上级决定建立市郊农村的村民组织，派工作队进驻农村，首先成立农民协会。文冲首任农会主席是陆干柱，后来其兼任抗美援朝支前委员会主任，组织村民捐献“飞机大炮”，支援抗美援朝。后改由陆铨铭（俗称“大笨”）任主席。土改前，农村组织的口号是“一切权力归农会”“农民想翻身，要参加农会”。

1951年，广州市郊区派出土改工作队，总队长是赖竹岩，文冲土改队长是黄正光、苏兆章。当时，大多数受苦农民还没发动起来，出来参加乡农民政权的是一些在乡政、农会的骨干成员，有：江北东约人梁铁如和梁咸仔、西坊人陆羡滨、东坊人陆金彪等。工作队发动群众开展农村土改工作，先开展“八字运动”（清匪反霸、退租退押）。通过运动，把农村在旧社会的残余势力打下去，发动群众向财主清算租金、押金，为全面开展土改奠定坚实的群众基础。

经过从1951年年底到1952年秋的土改运动锻炼，有一批真正的领导骨干涌现出来。当时的农会主席是文园的老雇农陆社妹，委员是：渡头街人叶哪、江北西约人叶德顺、文园人陆顺权、东坊人陆桥德、西坊人陆满田、江北东约人梁炽焰等。

三、建立乡政府

1953年2月,文冲地区完成土改和土改复查工作,同时成立乡政府,乡长是陆兆泉,副乡长是陆流妹，委员有东坊的叶哪、陆炳坤和周润银、西坊的陆兆洪、文园的陆顺权、江北中约的陈其耀、江北东约的梁炽焰等，乡文书陆伟成（后由陆国松担任）。党支部书记、副书记与乡长、文书均被吸收为国家干部。

农村乡政权在体制方面实行改革。1955 年，小乡并大乡。把双沙、姬堂乡合并为文冲大乡。大乡党支部书记郭炎彬，副书记兼乡长是何容滔（姬堂），副乡长是加庄的阮炳添、文冲的陆流妹、双岗的区聚牛、沙浦的岑业农。团总支部书记是加庄的阮渭潮，财粮文书是文冲的陆国松。乡干部有双岗的区国柱、西坊的陆兆泉。同时，成立信用合作社，社长分别由陆惠昌、陆佑宁担任。

第三节　农业互助合作组织

一、互助组

1953 年，土改与土改复查工作完成后，农民分得土地。由于各家各户劳动力有多有少，有强有弱，村民自动组织起来，三五户不等为一个组，实行农业生产互帮互助，收益仍归各户，时称农业生产互助合作组（简称互助组）。1954 年年底，文冲乡建立互助组 120 多个。

二、初级社

1955 年，农业合作化运动开始，文冲地区在互助组基础上由陆流妹等人发起，组织初级农业生产合作社（简称初级社）。初级社是以自然村为单位，每个自然村建 1 个初级社，东坊 4 个、西坊 2 个、文园 3 个、江北三约 3 个，共 12 个，社长和社委均由社员选出。社务由社管理，行政事务由乡政府管理。

三、高级社

1956 年，农业生产合作化高潮，在原来的初级农业生产合作社基础上组织起高级农业生产合作社(简称高级社)。初级社合并为文冲高级农业生产合作社。社长叶哪，副社长：陆志辉、陆流如、陆朝煊、陆兆枢。下设组长和记分员、工分定额员、会计、出纳等。5 个社干部分线管片，有水利、生产、造林种果、畜牧业、治安、妇女等工作。

生产按自然村分成耕作区，下面设有生产组，由组长负责安排生产，分派社员开展各种生产劳动。

第四节　人民公社

1958 年 8 月 28 日，黄埔人民公社成立，在黄村坦头召开庆祝大会。黄埔人民公社管辖范围广，版图很大，东至双沙、华坑；西至棠下、上社、员村；南至长洲；北至姬堂、吉山、小新塘。黄埔人民公社所辖范围由东圃、黄埔共有 10 多个大乡组成。

公社成立后，实行“一大二公”体制，原来的高级社变成生产大队，曾先后任文冲生产大队党支部书记的有：郭炎彬、陆流如、陆三喜、陈惠林、陆志辉等人。

第五节　设乡建制

（一）1949 年 10 月广州解放。1950 年后，文冲村由横沙乡（大乡）管辖，乡长：苏兆章，副乡长为文冲梁铁如。乡（村）事务由支前委员会和农民协会领导。

（二）1953 年 2 月，广州黄埔区接管横沙乡，并分为小乡。成立文冲乡人民政府，乡长陆兆泉，副乡长是陆流妹，委员 7 人（由各片产生）。党支部书记郭炎彬，文书：陆伟成、陆国松。财务：陆松杰。

（三）1956 年 5 月，农村乡政权在体制上又实行改革。文冲、双沙、姬堂小乡合并组成一个大乡，称为广州市郊区文冲乡，办公地址仍在文冲乡。乡长何容滔（姬堂），副乡长阮渭潮（姬堂），区聚牛（双沙），陆流妹（文冲），岑业农（双沙）。财粮文书周耀培（姬堂），陆窝棠（文冲）。乡干部陆兆泉（文冲）、区国柱（双沙）。妇女代表秦翠琼，党总支部书记郭炎彬，副书记何容滔。

（四）1957 年，乡村政权又有重大改革，郊区在原有大乡的基础上，再次并大乡。文冲、横沙、茅岗大乡并成横沙大乡，并成立基层党委会。党委书记相继由梁德安、周昇海担任，副书记兼乡长黄少英，副乡长黄明崧，党委委员：郭炎彬、罗牛仔、阮炳添、彭能玉、潘次球、李瑶枝、陆流妹、岑业农，财粮文书陆国松。

（五）文冲生产大队改设乡人民政府建制。1983 年 12 月，建立广州市黄埔区大沙区公所。1984—1987 年，相应设立文冲乡人民政府，乡长陆咸妹（副书记），副乡长：陆潮煊、陆耀明、陆广成、陆志辉。妇女主任陆少琼，财粮文书陆卓为等人分别负责处理乡里的行政事务工作。

第六节　村民委员会

1987 年 3 月，撤销大沙区公所改为大沙镇人民政府，下辖的乡政府均改为村民委员会。各级政府与基层组织逐步健全、完善。文冲村民委员会的领导职务设主任、副主任，首位村委会主任是陆咸妹，副主任是陆耀明、陆广成、陆潮煊；1990 年后，由陆耀明、陆汉佳担任村委会主任；2002 年 8 月，撤镇建街，撤村设居，文冲村民委员会改为广州市黄埔区文冲街文冲社区居民委员会（简称文冲社区）。

文冲村委会在大沙镇人民政府管辖下发展经济。20 世纪 80 年代，随着改革开放形势发展，文冲村的东坊、西坊、文园和江北三乡等 5 个自然村和渡头街、迴龙片等 22 个经济合作社，打破单一农业经济体系，采取农业、工业和第三产业并举方针，两个文明建设同时抓，改善生活环境、美化绿化村容村貌、改善住宅与街巷环境等，为实现小康目标奋进。

第三章　中华人民共和国成立后历次政治运动

第一节　抗美援朝运动

1950 年 6 月 25 日，朝鲜战争爆发，中共中央作出“抗美援朝，保家卫国”的决定，派遣中国人民志愿军赴朝作战，地方开展抗美援朝运动。文冲地区首先是学校学生走上街头派传单、演剧目，向村民宣传“抗美援朝、保家卫国”重大意义。同时，文冲成立支前委员会，由知名乡贤陆干柱担任会长，号召村民捐款捐物支前；参加中国人民志愿军的是：陆正辉、陆满豪、陆社能、朱炳球、陆能、陆汉善等。

第二节　土地改革运动

中华人民共和国成立前，文冲大量土地为地主、富农所占有。农民耕田要向地主、富农租地，当时一亩地的租金占农作物常年产量的一半以上；放高利贷也是地主阶级剥削农民的一种手段，利率是贷款额的数倍。

中华人民共和国成立初期，开展减租减息运动，降低地主阶级对农民的剥削程度，但没有改变地主、富农对土地的占有和对农民的剥削关系。

1950 年下半年，中央人民政府颁布《中华人民共和国土地改革法》；同时，中央又制定“依靠贫农、雇农，团结中农，中立富农，有步骤有分别地消灭封建剥削制度，发展农业生产”的土地改革（简称土改）方针政策。

土改结果和划分阶级成分的情况：1952 年初，土改工作队入驻文冲村，队长是苏兆章、黄正光，队员 30 多人，分驻各自然村，发动群众开展土改工作。先是进行“清匪反霸，退租退押”的“八字”运动，地主恶霸被列为斗争和清算对象，全村没收地主土地 2000 多亩，房屋 300 多间，大小农具、耕牛、余粮、衣物一大批。把没收的财物分给贫苦农民，大大调动起农民的生产积极性，文冲平均每人所占土地面积为 1.5 亩左右。

文冲土地改革特点：在划分阶级成分时，土改队在政策界线划分上争论比较大。在评定中农、富农和地主成分上和划分地主兼工商业或工商业兼地主成分上，都存在一定的难度。西坊“大耕家”较多，东坊则做生意的人多。在评定阶级成分时，有的人只注意到“大耕家”田多、收入多、很富，认为应该对这些人评为“富农”，忽视在土地所有方面的性质，是剥削别人还是自食其力，因此出现偏差。

西坊的“大耕家”大多数以其家族兄弟子女多而靠自身力量耕作赚钱的，他们雇工极少，只是在农忙时请些临时帮工耕作，工钱占其总收入不到 10%。大坦围的面积不到 200 亩，由 4 户“大耕家”拥有，为方便耕作，实行“安营扎寨”，在围田内建起 4 座“围馆”。这些场馆内有谷场、谷仓、厨房、农具库等，没建宿舍，因耕围田的人多数是本地人，其家属都在村里居住，耕田者早出晚归，天刚亮来到“围馆”集中下田耕作，午饭拿到田头吃，直到晚上才收工。平时围馆只由个别雇工看守。细查这些“大耕家”，其所租用的数十亩耕地大多数是“公尝田”（即太公祖宗之地），一般租期为 30—50 年，耕家们一家几代人都在这些“公尝田”上耕作，成为家庭式的小农庄。“大耕家”阿锦大家庭，拥有数十口人，三代人在一起吃饭、劳动耕作，主要靠其全家人耕作，只是农忙时雇请一些短工。这个家成为“小集体”。直到解放前 3 年租期满才退田，兄弟叔伯才分家，各自组织家庭生活。在那次划分阶级成分时，根据这个“大耕家” 的家庭实际情况，其分家后各自的家庭都被评为“中农”，此举得到村民的赞赏。

东坊做生意的人多，许多人有田有地又开商店，不少人被评为“地主”。在批斗地主时，工作队严格区分这些地主的家庭背景，有的主业是做生意，家中田地多，于是将土地出租或请长工耕作。龙泉茶楼的老板是工商业地主，其家的田产财物均被没收，分给贫雇农，而其家的商店、酒楼，则由其继续开业经营。对一个靠加工水果为业的工场老板，执行同样政策，此举很得人心。在运动中，对待一户华侨地主却因为斗争过火，致使其半夜逃往香港，对侨界影响较大。同时，过去往往把地主、富农统称为“阶级敌人”，“文化大革命”时称为“地富反坏右”。土改时的政策是“依靠贫雇农，团结中农，中立富农，打倒地主阶级”。但对富农的处理没有区别对待。据资料及原土改工作队负责人的回忆，文冲土改划出的阶级状况如下：

全村参加评定阶级成分有 936 户，评出：贫雇农 498 户、中农 283 户、富农 34 户、小土地出租者 12 户、小土地经营者 15 户、其他成分 10 户、地主 84 户（其中恶霸地主 5 户、官僚地主 2 户、华侨地主 3 户、工商业兼地主 12 户、地主兼工商业 20 户、其他地主 42 户）。西坊有一位恶霸地主，不但残酷剥削村民，又是“老更头”，民愤很大，后被政府镇压。人民公社化后，把“贫雇农”和由中农变成“下中农”后改称为“贫下中农”。

1952 年下半年，进行 “土改复查”运动，又有一批新工作队员入村，陈应吾为队长。土改复查是全面调查土改时执行方针、政策情况和分田分地有无弄虚作假的情况，并开展查田定产，派人全面丈量土地、果园、鱼塘，登记造册，全面核实土地分布状况。发现个别地方执行政策不够好，均已纠正。1952 年年底，文冲“土改”复查运动结束。

第三节　农业合作化运动

一、互助组

1953 年“土改”后，村民得到土地耕作，生产积极性空前高涨，但也出现一些问题。有些人由于天灾人祸，无力耕作，致使土地失耕，生活贫困；有些人被迫出卖土地，产生两极分化。为改变这种状况，村民本着“天下农民一家亲”的精神，自愿组织、互帮互助耕作的农业生产互助组（简称互助组）。农户加入农业生产互助组，土地、农具等生产资料仍属各农户，私有制仍是家庭经济形式。1954 年年底止，文冲乡共有 120 个互助组。

二、初级社

1955 年起，文冲地区从互助组进入建立初级农业生产合作社（简称初级社）时期。初时，也有“钉子户”（即单干户），主要是中农成分农户。西坊有 1 户自恃有田有地有果园，不愁生活，不想入社“失自由”，便在果园里围起竹篱笆，还搭起茅棚，住在果园里守着物业。其荔枝园周围出产一种野生菌俗称“荔枝菌”，每逢荔枝成熟季节，野生菌长出来，一年收成数十斤，是一笔可观的收入。据说，这种菌是长在泥下白蚁窝里，只要在收摘时不捣烂白蚁窝，每年的“芒种”“夏至”季节，这种菌便从土中长出来，鲜甜美味，人们视其为“上等野生食品”。这户单干户凭着这些优势，加上果木田产，便不想入社，后来因为身体原因，才最后加入初级农业生产合作社。

各个互助组在自愿互利基础上合并为初级农业生产社，以土地入股形式，耕牛、农具等生产资料采用“私有、私养（私用）、租用”的管理和使用方法，生产责任制以互助为基础，采用联组包工制，按评工记分记酬办法登记劳动量，社员报酬半年和年终各结算一次，实行统一收益分配。当时，以自然村为基础成立的初级社共有 12 多个。当时，涌现出 2 位先进人物：陆流妹，在合作化工作中做得好，被评为广州市劳动模范，同时被选为广州市人大代表，广州市妇联执行委员，广东省青年建设社会主义积极分子；叶哪，在文冲水利建设作出成绩，被评为广州市劳动模范。

1955 年年初，全国实行粮食统购统销，粮食政策按各户人口实行定人定产定量，时称“三定”。全国发行国、省、市 3 种粮票。接着，还有不少商品也实行凭票定量供应。粮食定量后，有的人还有 1 个多月粮食才到期的，便叫“无粮”，常到乡政府叫缺粮。当时，文冲是大乡，有一次，双岗村民由村干部带领，有数十人来到乡政府叫缺粮。叫得最大声的是一个叫区某的人，因为其生下几个“黑人黑户”的孩子，粮食不够吃。乡政府只好拨出机动粮，才解决区某家庭粮食不足问题。

三、高级社

1955 年冬，农村集体经济进一步壮大，抗击自然灾害能力更强，为此文冲地区农村的农业生产组织形式再作改变，在初级农业生产合作社组织形式基础上，作进一步调整，改成立高级农业生产合作社（简称高级社）。实行个人生产资料折价归集体所有，土地无偿归集体，取消土地分红，实行统一规划、统一安排、统一调动劳动力、统一行动、统一分配。社员参加集体生产劳动，按出工的劳动日记工分，年终计酬，领取口粮及报酬（扣除实物折价余额）。建立高级社后，充分发挥集体优势，有力促进农业生产和集体经济的发展，粮食产量翻一番。由于文冲高级社办得好，成为广东省重点社（主要是水果、经济作物方面）。中共广东省委专门派来工作组，组长胡庆勋（省政府综合处处长），组员：李美清（省府办公厅干部）、朱文（省农业技术员），指导协助文冲发展农业生产。当时，农用机械缺乏，省委又送来道奇大卡车 1 辆，支持水果和生产资料的运输工作。中共广州市郊（区）委派来合作化工作组，组长邹定枢；青年妇女工作组，组长陆慧贤；农业生产工作组，组长黄明崧。1958 年 9 月，建立人民公社制度，文冲高级社改为文冲生产大队，下设 22 个生产队。

第四节 “大跃进”运动

1958年年初，村民投身到“鼓足干劲、力争上游、多快好省地建设社会主义”的“大跃进”运动中去。

一、水稻密植“放卫星”

当时，文冲生产大队的文园黄杨围、东坊（土名岭背水田）生产队因禾苗已灌浆移植过密，造成掉谷粒或谷粒不饱满。为了解决这个问题，生产队把电线拉到田里，用电风扇向禾苗吹风，并用电灯光照射禾苗，均不起作用，结果实现不了“万斤亩”的“放卫星”设想。

二、大炼钢铁

1958年，国家计划部门以“超英赶美”为目标，提出年产钢1070万吨的高指标要求。

下半年，开始在全国掀起大炼钢铁的群众运动。因当时是大乡编制，以东圃大乡为一个炼钢点，生产队派员到各农户收集废铜烂铁运到车陂的旧粤汉铁路的土炼钢炉冶炼，燃料不足时，派人上山砍树木作柴火；原料不足，要求村民把自家的窗户铁枝和做饭的铁锅砸烂抵数。据统计，当时，文冲收集废铜烂铁共 4 万公斤。这些本来就是钢铁成品的东西，放进土高炉去炼，既没有设备又无技术，却炼出一团团“乌龟”铁团。社员家里多数铁锅砸烂交出，无锅煮饭，生产队便建起大饭堂，煮大锅饭，供社员集体就餐。

第五节　人民公社

一、组织形式与分配制度

1958年8月28日，黄埔人民公社成立，村民成为公社社员。公社成立初期，实行“政社合一，工农商学兵相结合”的组织形式，称“一大二公”（大集体、公有制），实行公社级经济核算制度。所谓“大”，是公社组织规模大，当时是由横沙、东圃 2 个大乡合并而成；所谓“公”，是在利益分配上大小、多少都拉平，原来农业社、生产队的生产资料和社员自留地等财产无偿收归公社集体所有，时称“刮共产风”。公社推行“组织军事化，行动战斗化，生活集体化”的生产管理模式。当时，文冲生产大队称为文冲营，下设以生产队为单位的 20 多个连队。

公社各营的经济收益由公社统一核算，生产管理由文冲营执行，劳动安排以连队为单位，每个连队设一个公共食堂。每天早上，全体社员集中在各自连队食堂吃早餐，然后由连队负责人派工到农田耕作。中午 12 时收工回食堂吃午饭，下午 2 时开工至 5 时半收工，也在公共食堂用餐。

开办大食堂，吃“大锅饭”。因为粮食不足，社员发明“双蒸饭”（即经过 2 次蒸煮的米饭），又用蕉头、菠萝头代替的“食品”充饥，许多人因吃不饱、营养不足而得水肿病。文冲有 10 多村民死于水肿病。大食堂办了几个月便办不下去。

公社分配采用半工资、半供给相结合的制度。工资方面，按社员的政治思想觉悟、劳动积极性、劳动技能和劳动强弱等方面评定等级。当时定 6 个级别，每人每月工资最高 12 元、最低 2 元，每个级差 2 元。后来，在工资总额中扣除 20% 作为奖励工资。供给制方面，主要是社员吃饭、子女读书、医疗、养老等方面实行免费供给。

二、劳动管理

采用以连队为单位，实行“三定、五包、两奖”责任制。“三定”即定地段、定人员、定品种，“五包”即包产量、包产值、包品种上市、包工、包成本，“两奖”即超产奖、超值奖。

1959 年，取消劳动生产组织军事化形式，逐步实行“统一领导，分级管理”制度。公社一级设管理委员会，文冲营改称为文冲生产大队，所属连队改称为生产队。实行以生产大队为基本核算单位。

三、整风整社

1961 年，整风整社，党和政府派出工作队驻村，为社员登记被“共产风”刮去的物资数，核实后退赔，实物不存在的，折款付给社员，纠正平均主义和过分集中倾向。

整风整社后，文冲地区划分为 5 个生产大队，具体名称是：文冲、东坊、西坊、江北、江东，共设立 23 个生产队。1963 年，合并为一个生产大队，22 个生产队。

四、主要业绩

“大跃进”、公社化后，当时确实显示“一大二公”的威力，在农田基本建设方面和改造低产田方面，取得较好成绩，为日后的水稻稳产、高产打下基础。

几年间，文冲生产大队硬是靠村民挑担、开挖建成官路、大田（深坑）山塘水库和多条灌溉水渠，全面调整水利灌溉系统。同时，围垦造田，扩大农田耕地面积 1000 多亩，计有围垦的牛角围、黄羊围、龙船塘围等。

积肥、改土方面，文冲生产大队每天派出 100 多艘运肥船到广州拉大粪施放到农田里，拉垃圾放在田头堆沤，腐烂后也用作农用肥料，保证稻田和果树有足够的有机质肥料，使水稻、水果获得大增产。

第六节　“四清”运动

1964 年 9 月，农村“四清”（清工分、清账目、清财物、清仓库）运动开始，时称“小四清”。1965 年 8 月，开始搞“大四清”，即“清思想”，要求农村基层干部抛掉官僚主义作风；“清经济”帮助农村干部改掉多吃多占恶习；“清政治”，提高农村干部的政治思想觉悟，树立鲜明的阶级观点；“清组织”，清理干部队伍中的阶级异己分子。上级派出工作队进村组织开展运动。文冲生产大队成立贫下中农协会(简称贫协会)，生产队成立贫协小组，帮助大队、生产队干部“放下包袱、轻装上阵”。生产队正副队长、会计、出纳及其他大队干部集中到南中制革厂参加学习班。贫协会抽调贫下中农代表数十人，协助“四清”工作队，帮助干部交待问题。对有关人员，采取“人人过关，洗手洗澡”的办法，要求参加人员反复交代问题。学习班期间，不准回家，不准会客，不准互相交谈。在学习班里查清一些干部贪污和多吃多占等问题，对改进干部作风、健全管理，对促进农村干部队伍建设起到一定作用。但有些做法，严重伤害一批基层干部。文园的陆耀初被迫致死，有些生产队长因此闹情绪，农村工作受到影响。

大“四清”运动为期一年，于1966年8月结束。工作队离村前，发展一批新党员。

第七节　文化大革命

1966年8月起，全面开展“文化大革命”运动。

“文化大革命”中，文冲地区首先大破“四旧”（即旧思想、旧文化、旧风俗、旧习惯），不少村民将家中祖先的牌位及木刻神位全部烧毁，各姓氏祠堂、庙宇和文物古迹等遭到不同程度的破坏。由于受派性观点的影响，部分社员有不同观点，开展激烈辨论，但没有发生批斗干部及武斗情况。

是年8月1日“文化大革命”全面爆发后，全国各地都成立红卫兵组织（初期以学生为主）。红卫兵到全国各地串联。随后红卫兵分成“两大派”，文冲地区也有“地总派”和“红旗派”。地总派大多数是由地方企业、工厂及农村干部组成；“红旗”派成员大多数由工厂、企业、单位的青年及学生组成。

文冲生产大队干部及工企业干部倾向与支持“地总”派的观点，文冲船厂“地总”负责人是闫杰；当地的“红旗派”由文冲船厂的工人、广州铁路运输工人组成。广州市区部分学生串联到文冲宣传发动,第十七生产队和江北东约部分青年社员倾向于“红旗派”观点，但没有参加各派别组织，与其余社员一样坚守农业生产岗位。

1967年双夏大忙季节，城里一些造反派到文冲个别生产队支援农业生产。在劳动中各派都力争村民的支持。第一次由文冲船厂“红旗”派负责人阮辉和陈探雄带着广州铁路运输工人50人到文冲生产大队第十四生产队支农，由队长和一些女社员带领去马岗氹（土名）拔（收）花生。

第二次，由文冲船厂的“地总”成员（东风派）60人，参加支援文冲农业生产劳动。文冲船厂由陈探雄带着“旗派”成员70人，同样参加“支农”工作。两派“支农”人员都由文冲生产大队安排。

生产队为按时完成“双夏”工作，欢迎各派成员来“支农”，为防止“支农”期间发生争吵、冲突和出现事故，当时生产队作好分工。“地总”成员由文冲贫协主席陆国祥、队长陆窝九及部分社员带队去马岗氹拔花生；“红旗派”成员由出纳员陆礼昭和部分社员带队到深坑（土名）摘荔枝。

“两派”成员都头戴草帽，身挂水壶和毛巾，高举派别旗帜，唱起革命歌曲。从上午8时至中午12：30时，不需生产队请吃饭，劳动后各自回家。“两派”成员在劳动过程中表现积极、主动，能虚心向农民学农技。

“红旗派”成员在深坑摘荔枝时，社员请吃荔枝（社员摘荔枝时都可以任吃的），却婉拒不吃。

社员从深坑摘回来的荔枝用单车运去马岗氹请“地总”拔花生的人吃荔枝，也同样婉拒不吃。

为什么荔枝不用钱买都不吃呢？“两派”成员都有一个共同的说法：“我们是无产阶级革命派，学习人民解放军，不拿群众一针一线。”

1968 年，黄埔人民公社管理委员会改为革命委员会。接着文冲生产大队也改成革命委员会（简称革委会）。“文化大革命”中，农村经营管理体制发生很大变化，取消原来的各种生产责任制，由生产队统一排工。“文革”后期，已逐步恢复人民公社原有的各种生产责任制，各生产队落实“三包一奖”的奖励制度。同时，生产队实行“五统一”（统一领导、统一生产、统一分配生产资料、统一调配劳动力、统一收益分配）的管理办法。

“文化大革命”期间，文冲生产大队革委会成员有：陆志辉、叶哪、梁佩莲、陆祐康、叶金水、陆广成、陆照醒、陈惠林、陆庙佳、陆达辉、陆秀华、陆少琼等。

第八节　知识青年上山下乡

1968 年 12 月，毛泽东发出“知识青年到农村去，接受贫下中农再教育，很有必要”的号召。广州市革命委员会随即发出《关于贯彻落实毛主席关于“知识青年到农村去”指示的通知》，要求宣传贯彻，全面落实。黄埔地区掀起知识青年（简称知青）上山下乡的热潮。文冲生产大队成立知青安置领导小组，组长由大队副书记陆流如、陈庆贤兼任，副组长由民兵营长陆振熙和妇女主任陆满悌、梁佩莲担任。知青安置领导小组的主要任务是负责接待和安置“知青”的工作，解决在安置过程中存在问题。1968—1978 年，文冲生产大队共接收安置“知青”155 人(其中男 50 人、女 105 人，详见“1968—1978 年知识青年到文冲插队落户情况表”）。有的“知青”住在生产队，有的住在祠堂厅所里，有的住在生产队仓库，回原籍的“知青”住在社员家里或亲戚家里。吃饭问题，有的几个人一起煮饭，有的个人煮饭，有些到附近单位、学校搭食，回原籍的“知青”在社员家或亲戚家里搭食。“知青”和社员一起学习，一起劳动，一样领工分、计算劳动报酬、分配农副产品（稻谷或米、食糖，花生或油、塘鱼等）。对从小生活在城市的“知青”来说，适应农村的生活环境，掌握农业生产知识和技术，确实是得到锻炼和考验，大多数都能接受贫下中农的再教育，在贫下中农和村干部的关怀、帮助和指导下，逐步习惯农村生活，在劳动实践中学会种植甘蔗、水果、蔬菜和插秧、收摘水果等；学会施肥、学会犁田、插秧、开手扶拖拉机与汽车等技术。

下乡“知青”，大多数具有高中文化或初中文化，生产大队和生产队利用“知青”优势发挥其作用。有些担任生产队记分员、出纳员，个别安排在卫生站、工副业和大队部工作。较多“知青”当上学习毛主席著作的辅导员，宣传党的路线、方针、政策；生产大队先后选派 32 名“知青”在文冲小学当教师，对提高当时的教学质量起到很大作用。“知青”陈惠芬安置在十四生产队后，工作积极肯干，很快掌握农业生产技能，受到社员群众信任，当上记分员、出纳员，后来又当上大队团总支部副书记。

“知青”陆敏霞，工作表现较好，劳动踏实肯干，受到社员好评，当上十七生产队副队长；“知青”陆锦全发挥其工作技能，协助生产大队搞工副业、采购、当司机。第七队和十七队的“知青”何庆辉、陆艳群，利用自己所学的知识，在卫生站当赤脚医生、护士、配药员。六队的陆沛光回到家乡，协助生产队派工管理生产。在学校工作的陈月华，热心教学工作，努力钻研业务，担任小学毕业班语文教学，1978年小学毕业考试，有5名学生考入广州市第八十六中学就读。陈小燕发挥其唱歌舞蹈的才能，自编自演节目，到改造乌涌河工地上慰问演出，受到好评。陆绮湘调到大队工作，接替“知青”陆敏河当上大队广播员，宣传党的方针政策。六队陆瑞钊有才干，被抽调上大队工作。

“知青”到农村经受锻炼，为振兴农村经济社会发展作出贡献，在当时减轻城市就业压力。在农村学到许多在城市、书本上学不到的知识，增长才干。但是，“知青”上山下乡，也加重国家、农村和“知青”本人家庭的负担，民众也有意见。使大批“知青”在青春年华时失去到学校接受正规教育、继续深造的宝贵机会，造成人才成长的断层。“知青”自身也遇到生活、工作、婚姻等方面的困难，这是一代青年人心理上的一道“伤痕”。

1979—1983年，村委会对“知青”工作重点，由原来的安置下乡转到按归口单位招工回城工作。1983年12月，下乡在文冲生产大队的“知青”，已全部招工回城工作。

1968—1978年文冲生产大队知青插队落户情况表

表 2-3-8-1

队别	姓名	性别	备注
一	? 志成	男	
一	? 锦宁	男	
一	李端甫	男	
一	苏振刚	男	
一	张锦芬	女	
二	梁丽芬	女	
二	吕容标	男	
二	黄智敏	男	
三	钟锐能	男	
三	谭赵伟	男	
三	李树段	男	
三	梁伟雄	男	
三	马巧贞	女	民办教师
四	陈顺美	女	
四	陈润祥	男	
五	叶婉玲	女	

续表 2-3-8-1

队别	姓名	性别	备注
五	叶宝瑜	女	
五	叶顺好	女	
五	陆沛光	男	民办教师
五	陆燕芬	女	
六	黄勇强	男	
六	刘国根	男	
六	卢锦文	男	
六	辛志和	男	
六	朱炳洪	男	
六	姬俊洪	男	
六	黄智勇	男	
六	陆应棋	男	
六	陆秀玲	女	
六	汤健标	男	
六	何健光	男	
六	陆瑞钊	女	大队工作人员
七	何玉英	女	民办教师
七	黄顺宽	女	民办教师
七	何庆辉	男	
七	徐慧文	男	
七	张学成	男	
七	谭伟光	男	
七	邓永平	男	
七	赵远华	男	
八	严丽珍	女	民办教师
八	李婉芬	女	民办教师
八	李宝燕	女	
八	严丽珍	女	民办教师
八	唐丽贤	女	民办教师
八	陈少燕	女	民办教师
八	罗雪华	男	民办教师
九	陈月华	女	民办教师
九	谭兴武	女	民办教师
九	秦淑湘	女	民办教师

续表 2-3-8-1

队别	姓名	性别	备注
九	陆惠强	男	
九	关文信	男	
九	邝曼珍	女	
九	陆锦全	男	大队工副业工作
九	梁秀美	女	
九	陆锦垣	男	民办教师
十	唐世洪	男	
十	王丽霞	女	
十	黄卫明	男	大队司机
十	陈满群	女	
十	黄记民	女	
十	梁伙妹	女	
十	陆肖贞	女	民办教师
十	陆妙娟	女	民办教师
十	湛沛云	女	
十	湛杏娟	女	
十	曾少慧	女	
十	廖素芬	女	民办教师
十	刘玉青	男	民办教师
十一	梁瑞兰	女	
十一	梁锡华	男	
十一	谢翠玲	女	
十一	梁结冰	女	
十一	陆沛珍	女	
十一	余少雯	女	赤脚医生
十二	何永标	男	
十二	林卉英	女	民办教师
十二	余少章	男	
十二	陆间欢	女	
十二	陆杏波	女	
十三	陈加敏	女	
十三	黄倩玲	女	
十三	胡小刚	男	

续表 2-3-8-1

队别	姓名	性别	备注
十三	邱少方	女	
十三	冯洁琪	女	民办教师
十四	冯彩琼	女	
十四	陈丽芬	女	
十四	林苑雯	女	
十四	陈惠芬	女	大队团总支副书记
十五	陆杏书	女	民办教师
十五	梁　青	女	
十五	黄庆光	男	
十五	梁显强	男	
十五	郭振强	男	
十五	王健平	男	
十五	谢雨连	女	
十五	陆绮嫦	女	民办教师
十六	陆汝良	男	
十六	陆柱芬	女	
十六	陆贵民	男	
十六	陆柱平	女	
十六	陆柱年	女	
十六	陆肖英	女	
十六	陆丽明	女	
十七	刘英杰	男	
十七	梁全能	男	
十七	陆敏霞	女	副队长
十七	陆炳权	男	
十七	陆彩平	女	
十七	温而香	女	
十七	陆艳群	女	卫生站
十七	钟超伦	男	
十八	黄金美	女	
十八	谭冠芬	女	
十八	钟少云	女	民办教师
十八	吴俊荣	男	
十八	秦锡住	男	

续表 2-3-8-1

队 别	姓 名	性 别	备 注
十八	温沛权	男	
十八	何满林	男	民办教师
十八	潘克力	男	民办教师
十八	陆春华	女	
十八	黄流珍	女	
十八	陆沛玲	女	
十八	陆锡玲	女	民办教师
十八	陆燕玲	女	
十八	陆妙玲	女	
十八	余卓荣	男	
十九	钟锐戈	男	
十九	郭惠娟	女	
十九	陈艳华	女	
二十	陆卫国	男	
二十	郭艳玲	女	
二十	廖雪琼	女	
二十	陈玉连	女	
二十	罗惠珍	女	民办教师
二十	温彦雄	女	民办教师
二十	黄美珍	女	
二十	伍沛霞	女	
二十	张碗萍	女	
二十	卢焕贤	女	
二十一	陆敏儿	女	民办教师
二十一	陆敏河	女	大队广播员、出纳员
二十一	陆锐新	男	
二十一	陆杏春	女	
二十一	姚松炳	男	
二十一	梁 怡	女	
二十一	简燕梅	女	民办教师
二十一	韩 学	女	民办教师
二十一	唐玉梅	女	民办教师
二十一	陆楚端	女	

续表 2-3-8-1

队 别	姓 名	性 别	备 注
二十一	张婉华	女	
二十二	陆柳娟	女	
二十二	陈庆云	女	区、青年代表
二十二	陆绮湘	女	大队广播员
二十二	陆荣彬	男	

第九节 农村党的基本路线教育运动

1973 年 10 月始，中共黄埔区临时委员会在农村开展党的基本路线教育运动共 6 批。

第一批农村基本路线教育运动。从 1973 年 10 月至 1974 年 5 月，区临委派出工作队到文冲大队蹲点，第十七生产队作为全大队的试点队，探索经验，全面铺开，运动重点是批判农村的资本主义倾向、“割资本主义尾巴”。在执行政策上批“三重三轻”（重副轻农、重钱轻粮、重个人轻集体）。在批判中，把社员多余的自留地、开荒地收归集体，并规定自留地种植作物的种类和饲养家禽的数量。不准社员外出搞副业，招回外出做工的农民，即所谓“劳力归田”，使生产队和农户减少经济收入。1976 年 10 月，打倒江青反革命集团，基本路线教育进入后期，运动的重点是“一批、二打、三整顿”（批判江青反革命集团；打击敌对分子的破坏活动，打击贪污盗窃和投机倒把；整顿领导班子，整顿经营管理，整顿工副业）。

在批判江青反革命集团、拨乱反正的基础上，文冲生产大队积极配合区临委落实政策工作办公室开展平反冤假错案的工作，落实华侨归侨政策，土改时被没收或分出去的侨房全部退还给华侨、归侨和港、澳、台同胞；彻底平反在反右斗争中被划为右派分子的干部、教师等，摘掉“右派分子”帽子，补发被扣工资；在“四清”运动中，向所谓“四不清干部”赔退款项，并附上利息。

第十节 粉碎江青反革命集团和拨乱反正

一、庆祝活动

1976 年 9 月 9 日，毛泽东主席逝世，全国人民沉浸在万分悲痛之中。文冲生产大队党支部组织党员干部、社员群众 450 多人，参加黄埔区党政军民在广州市第八十六中学大操场举行的追悼大会，沉痛悼念毛泽东主席，缅怀毛泽东主席为中国人民翻身解放所建立的丰功伟迹，不少人失声痛哭。

1976 年 10 月 6 日，中共中央采取果断措施，一举粉碎王洪文、张春桥、江青、姚文元江青反革命集团，结束10年“文化大革命”运动。10月14日，中共中央公布粉碎江青反革命集团消息传到广州，人们自发地上街游行，载歌载舞，欢庆粉碎江青反革命集团的历史性伟大胜利。18日下午，文冲生产大队组织300多人参加黄埔区党政军民举行的隆重集会，收听广东省和广州部队拥护华国锋为首的中共中央委员会的实况广播。会后举行声势浩大的庆祝游行。10月22日，大队党支部迅速将中共中央关于粉碎江青反革命集团的文件精神传达到全体社员。

二、大批判

大队党支部决定揭批江青反革命集团，分三个阶段（即三个战役）进行。

第一，1976年10月至1977年3月，主要是系统地揭批江青反革命集团搞分裂，搞阴谋，篡党夺权的罪行。根据中共黄埔区临委及黄埔人民公社党委关于揭批江青反革命集团的部署，党支部放手发动群众，大揭发、大批判、大清查江青反革命集团及其帮派体系，纠正“文化大革命”左倾错误，从思想上、政治上、组织上，彻底揭批江青反革命集团篡党夺权罪行。通过揭罪行、剥画皮、批谬论，抓住实质，挖根源，戳穿江青反革命集团反革命面目，认清其反动本质，分清路线是非，肃清流毒和影响。

第二，1977年3—9月，主要揭发批判江青反革命集团的罪行，清查黄埔地区与江青反革命集团及其在广州市的亲信和黑干将阴谋活动有牵连的人和事，彻底摧毁其帮派体系，把揭批江青反革命集团的斗争进行到底。文冲生产大队通过反复清查，没有发现江青反革命集团的亲信。重点通过批判，把江青反革命集团干扰破坏所造成的损失夺回来。

在黄埔区农村第五批的基本路线教育运动中，充分运用政治夜校、文化室、广播、宣传栏等阵地揭批江青反革命集团，做到人人口诛笔伐。同时，开展忆苦思甜，狠批江青反革命集团罪行，促进农业学大寨的深入发展。为了解决暴雨洪水对农田造成的内涝问题，在沙围（土名）文冲船厂西侧新开一条排洪河，河长500多米、宽20米、深2米，建1座2孔电动水闸（其中1个孔5米宽、1个孔3米宽）。每天出动200多人，奋战20天，完成土石方2万立方米，彻底解决暴雨洪水对农田所造成的内涝问题；同时，为解决大田山和广州石油化总工厂的排水问题。对大望、岭背、埗头涌、大坦围、葵龙尾、沙围等的堤围进行加高培厚，险段砌石堤，完成3万多立方米的土石方工程，解决20—30年一遇的暴雨洪水造成的内涝问题，确保农业生产旱涝保收。

第三，从1977年9月至1978年3月，主要是揭批江青反革命集团的反动政治纲领、反动谬论和极左路线。集中批判江青反革命集团的“宁要社会主义的晚点，不要资本主义的准点”等谬论。

通过上述3个战役对江青反革命集团大揭发、大批判和大清查，纠正“文化大革命”左的错误，从政治上、思想上、组织上进行拨乱反正。从思想上、理论上划清是非界限，肃清反革命修正主义路线在农村的流毒和影响。

三、学习教育活动

1978年3月2—6日，中共黄埔区临委举办为期5天的“农村政策”学习班，参加学习班的有公社、大队、生产队三级干部。学习《中共中央农村人民公社工作条例》（简称“农业六十条”）和毛泽东有关农村经济政策问题的论述，学习《人民日报》发表题为《调动农民积极性的关键在落实政策》的评论员文章。通过讨论学习，重点落实三个方面的工作：

第一，认真落实按劳分配、多劳多得的社会主义分配原则。按照劳动的数量和质量评工记分。并根据不同情况，采取“定额到组，任务到人”，管理工种责任到人，按件计酬等多种分配方式。

第二，执行“三级所有，队（生产队）为基础”的管理制度，建立生产队经营管理责任制，实行经济核算、民主理财、保证分配兑现，使生产队经营管理逐步走上正轨。

第三，贯彻“以粮为纲”全面发展方针。要求统筹安排好农、林、牧、副、渔生产任务。尊重生产队和社员的经营管理自主权，鼓励集体和个人开荒扩种经济作物，发展畜牧业和家庭副业，补充过去少给社员的自留地、饲料地。区临委举办的“三级”干部学习班，是农村工作的重要政策和重要措施的学习班（动员大会），使生产大队和生产队干部消除心有余悸的思想，思想得到解放，精神面貌发生变化，改变思想作风，密切干群关系。生产大队、生产队干部迅速把会议（学习班）精神传达到社员，做到家喻户晓，调动广大群众的生产积极性。大队根据上级要求，发动社员重新修改《农业生产计划》；继续大搞农田基本建设，降低地下水位；大积土杂肥，改造低产田；大力发展工副业，鼓励有条件的生产队办养猪和鸡、鸭、鹅场及奶牛场。搞好水果生产基地建设，计划发展600亩柑橙，到20世纪90年代，全村种植柑橙660亩，年总产量超过50万公斤，这是有史以来第5个年产量超50万公斤的水果项目。

第四章　兵役与民兵

第一节　中华人民共和国成立前兵役

中华人民共和国成立前，黄埔地区没有专门征兵工作的机构。每逢征兵时，番禺县政府临时派员进驻各乡公所，开展征兵工作。在清朝和民国时期的兵役制有2种方式：一种是义务兵役制，是按家庭人口计，一家有3个男丁的派一个去当兵。按行政村征兵，富裕人家可以用钱雇人顶替去当兵；另一种是“猪仔兵”，政府需要兵员，一时无法凑够，便用钱买兵员，有的是被卖去当兵的，有些是被骗去当兵的，有些是强行拉去当兵的（时称“抓壮丁”），有一些赌徒输了钱，在走投无路的情况下，自愿卖身去当兵的。

当时，当兵者的家属没有任何补助，去当兵的给家庭生活带来很大困难，即使战死沙场，也没有人通知家属。农民每年听到征兵时，都人心惶惶，青年外逃，避免被“抓壮丁”。造成社会治安混乱，影响生产和生活。当时流行一句话：“好仔不当兵，好铁不打钉。”

第二节　中华人民共和国成立后兵役

1950 年，由番禺县派员协助各乡公所开展征兵工作。1955 年 7 月 30 日，第一届全国人民代表大会通过《中华人民共和国兵役法》（简称兵役法），开始实行义务兵役制度。据形势需要实行不定时征兵。1958 年，人民公社成立时，设立公社武装部，征兵工作由公社武装部主管并设征兵办公室。大沙地区主要征兵对象是农村的适龄青年。

1978 年，全国五届人大一次会议通过决议：“实行义务兵与志愿兵相结合的制度”。1984 年 5 月 31 日，第六届全国人大会议通过的《中华人民共和国兵役法》（简称新兵役法）规定：“实行义务兵役为主体的义务兵与志愿兵相结合制度”“民兵与预备役相结合制度”。

1984 年新《兵役法》颁布后，全国实行兵役登记。1988 年，大沙镇（黄埔人民公社）实行兵役登记。1990 年，兵役登记和新《兵役证》颁布工作同时进行。同时，在《关于处理义务兵退伍暂行规定》中，对于优抚工作，复员退伍军人的安置和管理都有明确规定，兵役制采取自愿原则，择优取录。

一、征兵工作

黄埔人民公社（大沙镇）地区的一年一度的征兵工作以冬季为主，在 11—12 月之间进行，时间 1 个月左右，成立组织机构，宣传发动、摸底、体检、家访、政审、新兵入伍，征兵后工作总结等。文冲生产大队征兵工作主要由黄埔区政府、区武装部、公社（镇）征兵领导小组安排。

大队（村）成立征兵工作领导小组，由分管民兵工作的党支部副书记兼任组长，副组长是民兵营长、团总支部书记担任。由责任专区民警、治保主任、妇女主任、民兵营长、团支部书记等人负责征兵的日常工作。

二、兵员征集条件和任务

根据解放军参谋部规定，选择政治条件好，家庭劳动力充裕、身体健康、体检合格、18—20 周岁适龄男性公民为主要对象，也有少许女性。文化程度，农村青年在初中毕业以上，城镇居民在高中毕业以上；女性 18—19 岁的初中以上应届毕业生，在职工人可征到 21 岁。

征兵任务，按常住人口总数 1500 ∶ 1 的比例分配征兵任务。1950—2001 年，文冲村每年都能完成征兵任务，甚至超额完成任务。

三、应征参军人员待遇

（一）村民待遇。1978 年前，应征青年享受所在生产队同等劳动力的工分加 10% 的报酬待遇，保留自留地、口粮；复员退伍军人优先招工或转为居民户口，安排到大队工副业企业就业，或安排在村有关部门工作。1986 年，应征青年享受全村分配平均水平 100% 的待遇，并享受在生产队（社）的同等股份分红，有困难的再给予补贴。

（二）居民待遇。1986 年，广州市政府规定每人每月补助 50 元；1993 年，增至 80 元。由于村民、居民相结合，居民人口比例亦相当大。为保障农村兵源征集任务的完成，从 1986 年起，居民适龄青年入伍，都可以享受本村农民（部分）的待遇，并由民政部门优先安排退伍人员工作，生产社（队）优先安排建房宅基地等。

文冲村历年入伍人员名单一览表

表 2-4-2-1

入伍时间（时期、年）	社　别	姓　名	退伍时间	复员分配	政治面貌	服役兵种	备　　注
民国时期	西坊	陆　尧					又名七洲尧，曾当国民党代理师长
民国时期	东坊	陆桂芬		广西桂林邮电局			曾任国民党“芭罗亭号”舰长
民国时期	东坊	陆广墀					曾任国民党 74 师炮团团长
1948	廻龙市	朱炳球		已牺牲		陆军	1951 年赴朝鲜参战 1953 年 7 月 2 日在朝鲜战争中牺牲
1949	7	陆社能	1953	大庆油田总工程师	中共党员	陆军	又名陆雄杰，在朝鲜战争中立二等功
1950	12	陆满豪	1952	政府供养		陆军	赴朝鲜参战，是侦察兵，负伤、残疾
1969	西坊	陆炳其		已牺牲	共青团员	海军卫生员	1970 年在东莞虎门上山采药，感染钩端罗旋体病毒、牺牲

1945—2002 年文冲村参军人员情况表

表 2-4-2-2

年　份	生产队（社）	姓　名	备　　注
1946	17	陆正辉	参加朝鲜战争
	19	陆　能	参加朝鲜战争

续表 2-4-2-2

年份	生产队（社）	姓名	备注
1947	7	陆社能	朝鲜战场负伤
	20	陆潮柏	东北郊游击队
	迴龙市	朱炳球	朝鲜战争中牺牲
1949	4	陈　伟	
	21	陆满豪	朝鲜战争中负伤
1950	18	陆汉善	参加朝鲜战争
	18	陆铨波	
1954	16	陆兆参	
1955	9	叶　克	
	15	陆灿明	
	15	陆炳尧	
	16	陆细佬	
	迴龙市	陈沛柔	
1956	21	陆汉雄	
1957	7	陆志光	
1958	6	陆泰彪	
	16	陆窝渐	
	17	陆惠宽	
1959	4	陈树林	
	11	陈卫全	
1961	1	梁锢强	
	13	符腾标	
	14	陆汉源	
	14	陆振洪	
	15	陆宁耀	
	15	陆业荣	
	15	陆福田	
1963	7	陆海强	
1964	7	陆苏堪	
	8	冼　牛	
	18	陆汉昌	
	18	陆善光	

续表 2-4-2-2

年 份	生产队（社）	姓 名	备 注
1965	2	梁贡尾	
	3	梁敬杨	
	7	陆海棠	
	7	陆惠明	
	8	陆国英	
	8	冼 檬	
	14	陈伯根	
	14	陆锡洪	
	19	陆金龙	
1966	9	叶润森	
	19	陆干乾	
1968	1	梁满成	
	4	陈镇辉	
	20	陆业能	
	21	陆汉森	
1969	1	梁金钊	南海西沙战争待命
	2	梁国添	
	4	陈浩林	
	4	陈钊明	
	4	陈流文	
	4	陈应宽	
	7	陆国祥	
	9	叶有开	
	13	郭镇邦	
	13	符腾枢	
	15	陆七根	
	17	陆结田	
	20	陆松波	
	21	陆树森	南海西沙战争待命
1970	3	梁锦威	
	4	陈金铨	
	9	陆煜英	
	11	陆树兴	
	18	陆汝泉	
	19	陆炳其	在部队牺牲

续表 2-4-2-2

年　份	生产队（社）	姓　名	备　　注
1971	9	陈永康	
	16	陆灿开	南海西沙战争待命
	21	陆渭池	
1972	3	梁钊泉	
	9	陆锦坤	
	14	陆顺林	
	17	陆炽培	
1973	2	梁沛恩	
	文冲中学	方汉明	
1974	2	梁绍炘	
	2	梁绍华	
	6	陆永权	
	8	陆海泉	
1975	6	陆添池	参加对越自卫还击战争
	8	陆鸿森	
1976	12	陆汉明	参加对越自卫还击战争
1978	6	陆永祥	
	7	陆浩洪	
	8	陆润添	
	11	陈中山	
	13	陆沛权	
	14	陆细祥	
	15	陆铁球	南海西沙战争待命
	17	陆惠坚	
	18	陆远森	参加对越自卫还击战争
	21	陆铭源	南海西沙战争待命
1979	6	陆沛流	参加对越自卫还击战争
	7	陆国辉	参加对越自卫还击战争
	12	陆树标	
	廻龙市	余少波	
1980	6	陆桂洪	
	17	陆柏成	对越自卫还击战争待命
	20	陆耀球	
1981	15	陆锡能	

续表 2-4-2-2

年份	生产队（社）	姓名	备注
1982	6	陆永强	
	7	陆华镜	
1983	16	陆丽霞	女兵
1984	3	梁仲潮	
	8	陆润添	
	21	曾宪华	
1985	9	陈伟明	
1986	2	梁汝强	
1987	6	陆庆棠	
	17	陆启通	
1989	15	陆汉其	
1990	3	梁煜佳	
	17	陆汉文	
	20	陆伟标	
1992	17	陆婉娱	女兵
	20	陆永辉	
1993	12	陆国辉	
1994	14	陆鸿彪	
1995	20	陆焯坤	
1997	3	梁锦杨	
	16	陆均权	
1999	1	梁凯栓	
	小学	卢　浩	
2000	8	赵霖健	
	9	陆海勇	
2001	6	陆杰林	
	11	陆钜坤	
2002	10	陆礼成	
	11	陈伟燊	
	13	郭智锴	
	14	陆翔晖	

第三节　民兵组织建设和活动

中华人民共和国成立后，民兵的任务是积极参加社会主义建设，带头完成各项任务，为改革开放和中华民族的伟大复兴贡献力量；担任战备执勤，维护本村的社会治安；随时准备参军参战，打击侵略者，保卫祖国，维护世界和平。

一、民兵组织

1958 年 6 月 19 日，毛泽东主席“大办民兵师”的指示发表后，黄埔人民公社建立的民兵团和武装部，由党委副书记或党委委员兼任武装部长。

1964 年，文冲生产大队建立民兵营，由大队党支部副书记陈庆贤兼任民兵营长，后由陆振熙担任民兵营长；1969—2002 年，分别由陆达辉、陆惠林、陆锦球、陆照祥担任民兵营长。

1990 年 12 月 24 日，中央军委颁布的《民兵工作条例》规定，武装部门按照民兵便于领导、便于活动、便于执行任务原则进行编组。农村以镇、乡为单位组编民兵连、营，每年整顿民兵组织 1 次，指导思想：坚持“控制数量，提高质量，抓好重点，打好基础”的方针，使民兵组织布局合理，负担均衡，编组科学，建制完善，制度健全。

1999—2001 年，村民兵营根据上级指示精神和形势发展需要，整组民兵，在年龄、学历、政治面目、身体条件、服役与否等方面进行整编，使各编序得到素质保证，更好地发挥作用。调整后的应急分队，呈现年轻化、特长化和较高文化的特点，以提高应对突发事件的能力。

二、民兵活动

（一）解放初期。村民兵在清匪反霸、镇压反革命、土地改革运动中，保卫农村新民主主义改革、农业生产、土改运动等，发挥重要作用。在番禺县及郊区武装部的号召下，教育和组织广大青年民兵积极参加互助组和宣传互助合作运动。根据形势发展，青年民兵又积极参加初高级农业生产合作化运动，并在提高农业耕作技术上发挥作用。如黄泥水浸种选种，推广小株密植，适时施肥，水稻田适当控制水分等农技工作发挥青年民兵作用。

（二）1956 年后。苏联乌克兰一个洲委书记访问团到文冲访问高级农业生产合作社，波兰民族歌舞团到文冲上高园（土名）访问演出，时任乡干部的郭炎彬、叶哪、陆国松、陆流妹等人出面接待外宾，民兵负责做好安全保卫工作，访问团安全顺利完成到访任务。

（三）1960 年后。民兵主要任务是保护广深铁路、桥梁和重点仓库。保卫村内有关的活动，如每年的端午节龙船景；重阳节村民及一些市民都到大田山、文园山登高转运。村民兵都上山巡逻放哨，防止发生火灾，护卫上山人员安全。

（四）改革开放后。20 世纪 80 年代，文冲村民兵的主要任务是为改革开放和经济发展保驾护航，配合公安机关维护社会治安稳定，如伏击抢劫案犯、抓盗窃嫌疑人、参加春运执勤等。

第五章　社会治安与综合治理

中华人民共和国成立前，黄埔（大沙）地区没有设立公安机构，一般民事纠纷由各村管理或自治，重大案件则由番禺县立案处理。

第一节　中华人民共和国成立前社会治安

中华人民共和国成立前，黄埔（大沙）地区历史上存在着盗匪猖獗，兵痞恶霸横行，农村封建械斗等乱象，导致社会风气颓败，社会治安一片混乱。当时，文冲地区的迴龙市是附近民众趁圩的集市，圩内设有鸦片烟馆、赌场、妓馆、茶楼、百货、山货、米机厂等近 30 间铺面，生意兴隆。圩市内黄、赌、毒盛行，村与村、族房与族房的械斗带来社会治安混乱。经常出现打家劫舍、拦路抢劫、奸淫掳掠案件。交通事故、沉船、行路难、偷窃、强奸、打架等事件无人管，有些人认为官府在远、拳头在近。旧社会，强的族房欺凌弱的族房，大族房压小族房，草菅人命，打死人无人管。大村庄的民众打死人回到自己村里躲几天就过去了。小村庄的村民打死人，就得逃往香港或外地。有钱有权的人用钱买打手打死人也没有人追究。恶霸地主有财有势，任意执行“乡规民约”，调解事端时，实际是为其自己家族服务。虽然村还有“老更头”，但是“老更头”成为本村地主恶霸的保护神。如在 1944 年，有个村民饿得死去活来，在迴龙市吃完云吞面无钱支付，被“老更头”抓去枪毙。偷稻谷的，偷水果的，偷旧龙船木板的被抓住即被枪毙。总之，贫困村民提心吊胆过日子。

绑架、伤人的事经常发生，2—3 岁小孩甚至 40 多岁的人都发生过被绑架事件。文冲地区有人到外地绑架别人回村，也有内外结合绑架本村人的，社会治安一片混乱。

第二节　中华人民共和国成立后的社会治安

一、中华人民共和国成立初期治安

1950 年 10 月 10 日，中共中央发出《关于镇压反革命活动的指示》后，全国各地开展镇压反革命分子的运动，重点惩治：特务、土匪、恶霸、反动党团骨干和反动会道门头子。12 月 23 日，番禺县委成立镇压反革命和反动党团特务登记临时指挥部，全面部署镇压反革命运动。全县掀起镇压反革命运动高潮，镇反运动分三个阶段进行。

第一阶段，1950 年 12 月至 1951 年 10 月。番禺县成立镇反临时指挥部。黄埔（大沙）

地区的镇压反革命运动，是在清匪反霸斗争基础上结合剿匪斗争进行，采取宽大与镇压相结合，武装清剿与登记自新相结合，同反革命分子作斗争。1951 年 7 月，番禺县武装独立大队禺东区中队队长岑干强，奉命带领战士到禺东地区剿匪，在姬堂、茅岗、横沙、双沙、文冲等乡抓获土匪 70 多人，集中在姬堂周氏公祠管押。对于罪恶满盈的土匪 30 人，由人民法院审判处理；对于罪恶不大，情节较轻，通过批判、教育，能够交代犯罪事实，愿意改过自新重新做人的，有 40 多人回乡参加生产劳动。回乡后，由各村农会负责监督管理。

第二阶段，1951 年 11 月至 1952 年 12 月。镇压反革命结合“三反”“五反”运动和土地改革运动开展。通过深入开展镇压反革命和“三反”“五反”运动，抗美援朝和土地改革得以顺利开展，农村社会治安逐步好转。

第三阶段，1953 年起。健全乡村基层政权组织和农会、民兵等组织。经过土地改革和镇压反革命运动的锻炼和考验，参加工作的人员大多数成为乡、村政府基层干部和农会、民兵等组织的骨干力量。这批骨干，对于维护稳定农村社会治安，支持配合抗美援朝、土地改革运动和其他各项社会工作，保障农村生产发展和稳定村民生活起到很好作用。

二、“文化大革命”时期治安

1966 年 5 月，“文化大革命”运动在全国开展，青年学生起来闹革命，各地红卫兵组织搞“革命”大串联，批斗“走资派”，造成群众斗领导，群众斗群众，人人自危的无政府状态；红卫兵冲击工厂、农村的生产和生活秩序，村的社会治安失控。1967 年 8 月 26 日晚，文冲船厂两派发生武斗，打死 3 人，伤 10 多人。这场武斗严重影响文冲地区社会治安。（详见本志“牛山‘8・26’武斗”专记）。

1968 年 3 月 13 日，广州市郊区革命委员会成立。1968 年 3 月 5 日，广州市郊区军事管制委员会发出《关于成立黄埔人民公社革命委员会的批示》，黄埔人民公社成立革命委员会，各生产大队随之成立革命领导小组。这对结束当时大动乱状态，逐步恢复正常的工作秩序和生产、生活秩序起到积极作用，文冲村和文冲船厂的社会治安秩序逐步好转。

三、改革开放时期治安

1978 年中共十一届三中全会后，黄埔地区全面推行经济体制改革，给予农民充分的生产自主权，村利用征地返还的土地和剩余的劳动力大力发展企业、物业、工企业，同时引进港资、台资，兴办企业，建厂房、码头、仓库。私人企业、商业如雨后春笋地发展起来，劳动力需求不断增加，故大批外来务工人员涌到文冲做工，由此带来一定的社会治安问题，偷农作物、入屋盗窃村民财产的事件时有发生。单车失窃严重，据不完全的统计，文冲地区被盗大小汽车共有30多台。每年春节前后失窃比较多，村民由于生活好转，个别人赌博、吸毒、嫖娼等活动时有发生，诱发各种刑事犯罪案件发生，危害社会治安，给改革开放和经济建设带来不利影响。

第三节　社会治安综合治理

一、组织机构

中华人民共和国成立初期，成立农民协会和民兵组织，负责维持社会治安。1953年土地改革后，文冲地区的江北、文园、东坊、西坊、迴龙市、渡头街各自然村都设立治安员，负责维护社会治安工作。

1958年，黄埔人民公社派出所干警罗瑞坚负责文冲生产大队治安工作。大队成立治保小组，负责人当时是副大队长叶金水；各时期生产大队治保主任、治安员：1961年，陆正辉；1964—1973年，陆国培、陆庙佳，还有治安员4人；1974—1984年，陆庙佳、梁柱新，治安员容满珍、周结容、陆爱妹，还有民兵5人；1985年，陆锦球、治安员容满珍、周结容、陆爱妹等5人；1990年6月，文冲村成立治安综合治理领导小组，组长陆汉佳，副组长陆照祥和组员7人组成；2000—2002年，文冲村治安队伍由陆照祥、李少锐，以及治安员13人和民兵65人组成。

2000年年初，黄埔区公安机关在文冲搞试点，建立警务区制度，第一任警务区警长谢海敏，警员有4人。在村中设立警务区办公室，与村治保会一起办公，研究处理综合治安工作。村警务区建立后，农村治安巡逻、值班工作得到加强，治安网络形成，破案率高。村警务区实行“三百”（即走百米、访百户、做百件好事）活动，密切警民关系，社会治安秩序有明显好转，社员群众反映较好。黄埔区公安分局总结文冲警务区的经验，于2001年在全区推广，要求各村都要建立警务区。

二、制定乡规民约

文冲村按形势发展需要，根据大沙镇政府1996年14号文件和村的实际情况，制定乡规民约，经1999年7月1日村民代表大会通过并实施。

（一）农作物管理办法。对盗窃农作物者给予批评教育和必要的处罚：偷果苗每棵罚款50—100元；偷水果每斤罚款50—100元；偷香蕉一蕾罚款50—100元；偷蔬菜每斤20—30元罚款；偷马路树、山上松木的罚款100—200元/条；偷鱼的罚款300元并没收工具，每斤按20元赔偿给塘主；偷“三鸟”一只罚款30—80元，偷生猪每斤罚款50元，偷耕牛每头罚款5000—10000元；村民打架，群众赌博或提供场所的按《治安管理条例》处理。

（二）出租屋管理办法。主要有6项：凡属村委会或私人出租的房屋，出租前提出申请，社长同意后，村治保会给予批准；批准入住的出租屋，到治保会办理“一证一书，一档一牌”；出租房屋人员应按治安、计划生育、文明卫生要求由村治保会、派出所定期检查验收；屋主负责掌握租住人员详细情况，配合治保会工作，有情况及时上报治保会；出租屋必须符合安全和防火要求，设有防盗门、防盗网；在出租屋内发生凶杀案、枪劫案、持凶器打架斗殴、窝藏罪犯，以及发现枪支弹药、作案工具、赃物、在出租屋内赌博、卖淫嫖娼、吸毒等行为的，除交由公安机关处理外，屋主也要负连带责任。

（三）村中道路卫生与绿化管理。社员（居民）每月交卫生、道路维护费 8 元 / 户，外来人员每户每月 10 元。

（四）外来人员计划生育管理。主要有 3 项：出租屋有外来育龄夫妇没有落实计划生育措施和违反计划生育的，屋主没有上报村计生办的，处罚屋主 1000—3000 元；如屋主窝藏违反计划生育的人员，均停止全家分配和社员的一切福利待遇及停水、停电；属村、队的出租屋外来人员的计划生育情况，要经常上门了解，督促其落实计划生育措施，对违反计划生育的，对村委、队委进行罚款。该罚款的 30% 由村委或队委个人负责，70% 由村委会或队委会负责等。

三、宣传教育和技防相结合

1990 年以来，文冲村通过各种形式学习和宣传《关于加强社会治安综合治理条例》，发出法制宣传资料，每年 4 期，法制宣传栏 12 个，发放宣传资料 5 万份，先后张贴除“七害”通知和标语 3 万张，印发《关于严禁卖淫嫖娼的决定》和《关于全国开展禁毒的决定》以及《关于严厉打击卖淫等“七害”违法犯罪》报告共 1 万份，发放宣传资料小册子到每户、旅店、出租屋，做到家喻户晓，人人皆知。配合设在文冲村的大沙镇派出所，改换 IC 智能暂住证。同时推动出租屋、社员家庭使用电子防盗锁，至 2001 年止，改造电子门锁 645 户。值班治保人员配上警用摩托车、报话机，各自然村都安装摄像机、外来（暂住）人员都录入电脑，进行联网管理。

1997 年 4 月至 1998 年 3 月，根据区、镇要求，文冲村开展治安重点整治工作，开展治安整治百日宣传活动；1999 年，在治安综合治理期间，组织开展 4 期整治宣传活动。2000 年，加强对青少年特别是在校的中小学生的法制教育，贯彻《预防未成年人犯罪法》，对青少年开展法制教育，实施法制副校长制度。聘请大沙派出所副所长赵松青、石金源任文冲小学、文冲中学法制副校长，定期到这 2 所学校上法制课。通过有效的法制宣传和教育，全村人人参与治安防范工作的风气日益浓厚。

1999 年 4 月，黄埔区政府决定对黄埔农金会“停业清盘”，文冲村治保会的领导及时掌握村民动态，向群众做好解释、疏导、教育工作，没有发生群众闹事事件。同年 7 月，中央作出取缔邪教组织的决定，村委治保会主动配合大沙镇党委、政府对全村参与邪教人员全面摸查，抓好邪教练习者的监控和教育转化工作，结果只有 1 人到北京上访。同年 10 月，台商租用文冲村农工商公司和 18 队（土名沙围）的厂房，办起广州亿锠鞋业有限公司。因该厂拖欠 900 多员工工资 140 多万元，租金、水电费 40 多万元，员工讨钱情绪激动，场面十分混乱，有部分员工准备到中山路（现黄埔东路）的石化路路口堵路，村委会及时向上级汇报，引起各级领导重视，公安机关和村治保会派员以及出动民兵和调解人员 250 多人到现场做工作；村委会第二天垫资，代工厂发给员工工资，领到工资的员工被送回家。此事态得到平息，文冲社会秩序稳定。

四、社会治安综合治理

1990 年 7 月，根据上级要求，文冲村成立清理整顿领导小组，组长陆汉佳，副组长陆照祥，组员 7 人。负责掌握群防群治工作，协调文冲地区各单位依法治理工作。

（一）治保队伍建设。外来人口急剧增加，急待解决警力不足和急需提高治保人员素质等问题。文冲村委会根据上级指示，研究制定切实可行的措施：

第一，针对村治安队伍存在思想文化素质较差、法制观念淡薄等问题，分期分批教育培训和统一考核，严把治保人员的进入关，选优汰劣，使治保队伍和各片护村队的整体素质得到较大的提高，建设起一支有坚强战斗力的治保队伍，并全面开展以“自查自纠”为主的整顿工作。

第二，统一管理。把村内各片护村队统一纳入治保会管理，执行统一的工作纪律、工作制度和考核制度，工作效率和工作质量有明显提高，

第三，做好协调工作。组织协调各部门的力量，调动各方面的积极因素，解决本村范围的治安突出问题，并大力支持公安机关开展专项治理。

采取以上措施后，文冲村社会治安综合治理工作取得明显成效。2001 年，保持社会治安稳定，没有发生影响社会治安的特大案件，刑事案件发生率稳中有降。

（二）创建安全文明小区。组织开展各片、各生产队、各单位治安达标竞赛活动，建设和完善村民（居民）人防、技防网络，提高社区防控能力，文冲地区安全文明小区都能基本达标。该村治安综合治理与文冲地区单位共建安全文明小区的工作也取得良好效果。

（三）“扫黄打非”专项治理。配合区域管理、文化、工商、卫生等职能部门，开展“扫黄打非”专项治理。1997 年，配合区文化部门，收缴盗版音像制品、淫秽书刊 3 万件。1998—2002 年，共收缴翻版、盗版 VCD、录像带、录音带等淫秽品、书刊 7 万件。

（四）协助侦破案件。1990—2002 年，文冲村协助公安机关侦破案件主要有 5 起：

1990 年 11 月 13 日，治保队员在石化路段，发现一可疑人员，盘查搜出该人随身行李带有铁凿等工具，经派出所干警审讯后，破获“独脚”大盗刘毅作案共 15 起。

1993 年 10 月 4 日，治保队员在石化路桥边巡查橙林时，发现有 2 名可疑人员，旁边有 2 把刀，刀上有血迹，于是将 2 人送去派出所，途中一人挣脱手铐逃跑。10 月 5 日，见到路边有一人与另一人正在锯手铐，遂将 2 人抓获，通过民警审查，认定

其与6月28日至8月24日在茅岗、文冲、双沙、文船生活区入屋抢劫等系列案共9起有关。通过审讯，抓获犯罪嫌疑人彦长志等人。

1995年10月12日凌晨，治保会队员在渡头街蕉林伏击时，将正在实施抢劫的邱章宝、王橡陂（均为福建人）等6名歹徒抓获，通过审讯，破获在东圃、大沙、南岗作案的特大抢劫案14宗，捣毁重大流窜抢劫团伙1个。

1996年3月20日晚，治保队员在文冲敬老院附近连续20个日夜伏击、堵口，终于抓获盗窃摩托车案犯彭发展（男23岁，四川人），交由派出所审查。

2002年4月19日，治保队员与民兵，在江北莫兆记铝材厂抓获2名可疑人员，经过派出所的审理，二人盗窃该厂保险柜现金23.1万元，并把全部现金退还给该厂。

五、出租屋和外来人口管理

改革开放后，文冲地区经济发展迅速，在全村范围兴建很多商业、工企业、码头、仓库、娱乐场所和欣锠鞋厂、亿锠鞋厂、大建木业、欣欣保龄球馆等台资企业，以及广州石油化工厂、文冲造船厂等需要大量民工，这些民工和附近广州航海学校的部分学生都居住在文冲出租屋里。1980年，全村出租屋150间，外来人口450多人；1990年，出租屋1980间，外来人口7000多人；2002年，出租屋8000间，外来人口20217人。全村户籍居民只有2714户、6739人。外地人口是户籍人口的3倍，对外来人口的管理引起各级领导的重视。

因外来人口激增，治安工作一时跟不上形势的发展，村社会治安出现一系列问题：出现入屋盗窃的案件，失窃单车较多，平均一户失窃单车2—3部；到2001年止，失窃摩托车、电动车近2000台，失窃大小汽车30多台；“黄、赌、毒”现象死灰复燃，招嫖的站街女各个片都有；吵架、打架、杀人时有发生，到2001年止，在文冲范围被杀12人，其中本地人3人。

社会治安严竣，引起各级领导重视。2000年年初，文冲村成立警务区，派出所民警在村委会与治保会人员一起办公、一起治安巡逻、一起值班、一起研究分析案情，治安网站逐步形成，在警务区里开展走百家、访百户、做百件好事活动，密切警民关系，了解和掌握一批重要案件线索。同时，村委会会同治保会、警务室共同制定社会治安综合治理措施。

第一，建立相应机构。2000年年初，村委会组建文冲社区流动人员和出租屋管理服务站，站长由村治保主任李少锐兼任，配工作人员35人，每天上门登记或检查外来人口情况，办理暂住证或居住证，并录入电脑，与派出所和各村联网，有效管理村中外来人口。

第二，建立和执行各项规章制度。主要是制定并实施《出租屋管理公约》《外来人员管理须知》等规章制度；全面建立一证、一书、一牌、一档和一年一审的工作制度；对暂住人员进行“人来登记，人走注销”，做到底子清、情况明。

第三，规范房屋出租制度。村内出租屋达到符合防火、防盗、防破坏、防其他灾害事故安全要求才能出租。出租时由屋主携同承租人到治保会或屋主与承租人签订安全协议，屋主负责管理承租人，督促承租人到村办理暂住证或居住证。

第四，实行封闭式管理。江北东约、中约、西约及文园、东坊、西坊与迴龙市、渡头街共设立 86 人的护村队，实行 24 小时值班，治保会每天参加流动值班 13 人，管理流动人口和监督社会治安工作。

第五，给予技术资金支持。2001 年，全年投资 30 多万元；2002 年，文冲村委会投入 19 万元，购置通信报话机 20 台、村设报话总机 1 台、监控摄像头 12 个、警用摩托车 5 台、防弹衣 7 套等设备，出租屋管理效果明显。

由于上级公安部门、警务区警员的支持帮助，治保会的有效领导，治保队员（13 人）和护村队员（共 86 人）努力工作，制定切实可行管理措施和规章制度，规范出租屋和外来人口管理，社会治安综合治理工作取得明显效果，文冲社会治安稳定，村民和外来人员和睦相处。治保会被广州市公安局评为广州市群众治安保卫工作先进单位；被黄埔区人民政府评为区群众治安保卫工作先进集体；被中共黄埔区委、黄埔区人民政府评为黄埔区维稳及综治工作先进单位。治保会副主任李少锐被中共广州市委、广州市人民政府评为 1999 年度广州市维稳及综治先进工作者，并被广州市公安局评为 1999 年度广州市群众治安保卫工作先进个人。2002 年发生的刑事案件比上一年下降 18%。

第六章　民政　人民调解

第一节　民政工作

一、机构

1974 年前，村级不设专门民政机构，其工作由村（生产大队）妇女主任兼管；1999 年，大沙镇政府成立社会事务办公室，统管民政办、居民办，文冲村民政工作，由村妇女主任陆少琼、陆翠芬和居委专职干部、民兵营长、团总支部书记组成工作小组，负责民政工作，包括征兵、优抚、安置、军民共建、社会救济、残疾人、殡葬、灾民救济等工作。

二、拥军优属

文冲村优抚对象有革命烈士遗属，因公牺牲与病故军人遗属，现役军人家属，革命残疾军人、复员军人、退伍军人。抚恤补助和优抚标准均按广州市统一规定标准，随广州市标准调整而调整，优抚覆盖率100%。落实优抚政策、发放抚恤补助和优待金，重大节日或灾害引起困难时及时发放现金和实物。适龄青年入伍（义务兵）分城镇青年、在职青年和农村青年，按标准发放军属优待金，属城镇现役军人家属每户发放标准为：1991—1993年80元，1994年250元，1996年450元；属在职人员的家属按所在单位的在职人员工资标准发放；农村现役军人家属、军烈属优待优抚金由大沙镇政府统筹发放，不低于当地每年人均收入。根据大沙镇政府埔沙府字〔1989〕5号文件精神，保障大沙镇各村征兵顺利完成和“双拥”工作的实施，各村征兵后，优待金、优抚金发放时的合理负担，全镇统筹发放优待金、优抚金。根据各村人口数和耕地面积，按当年全镇人口平均分配收入，100%发放；镇政府负担10%，各村负担90%。全镇年人均分配：1992年4083元，1995年1万元，1998年1.24万元，发给现役军人家属和军烈属。同时，现役军人、军烈属所在的生产队（社）也要负责按年均分配（分红）额支付。还要优先安排建房屋地、做到复员后优先招工等。

每年春节前和“八一”建军节前夕，村委会民政部门都召开军、政、民座谈会，请村中复退军人、军烈属参加，听取意见和建议；同时，组织民政人员不定期上门慰问军烈属、残疾军人；春节后，村委会领导、民政人员会同区、大沙镇武装部的领导，到所在部队驻地慰问文冲新兵，有时还带上新兵家属一齐前往。每到部队时，先听取驻地部队领导意见，后和新兵一起开座谈会，教育和鼓励其安心在部队，积极工作，发扬艰苦奋斗精神，为文冲争光。并向每位新兵发放500—1000元的慰问金。村委会民政部门每年对新兵的跟踪教育、慰问工作得到区、镇武装部的肯定，受到所在部队称赞。

三、复退安置

文冲村委会历来重视按区、镇民政部门规定，及时做好复退军人的安置工作。2002年前，复退军人全部安排到广州石油化工总厂、文冲船厂、黄埔港、外贸仓等国家企业单位工作，共有64人。之后，农村实行股份制政策，按军龄和农龄合计计算工龄，进行股份分红，很多复退军人都不愿意到工厂做事。村委会根据实情，安排到村有关部门或村企业工作的24人、自谋职业的36人。自谋职业者根据民政部门有关规定，发放安置补偿金，由区民政部门每人一次性补助标准为：2000年，发放8000元；2001年，发放1万元。

历年来，由于村委会、村民政部门重视复退军人安置工作，应有待遇得到兑现，使复退军人生活安定、思想稳定。

四、救济赈灾与残疾人事业

（一）社会救济工作。从1974年开始，黄埔人民公社全面开展社会救济工作。

救济对象为城、镇居民户口的孤寡老人，每月定期发放救济金，农村的“五保”户由生产大队、生产队两级负责供养。1984 年 7 月，文冲生产大队建立敬老院，设有床位 15 个，15 人入住；1990 年，设床位 8 个，8 人入住，2 名工作人员负责入住者的饮食、起居及搞卫生。1997 年，广州市政府以穗府办〔1997〕46 号文颁布城市最低生活保障规定，收入低于生活保障线的居民人口或农村人口，不足部分需要救济补助。除历来的“五保”户外，还包括残疾人员中无经济收入或收入低于生活保障线的人员，救济农村收入低于保障线的长期困难户（定保户）或短期困难户（短保户）。社会救济金标准也随着社会经济发展而不断提高，2000 年后，按城镇居民最低生活标准每年提高 25%。

2000 年，黄埔区敬老院建好后，当年重阳节把文冲村敬老院的老人转到黄埔区民政局办的敬老院集中供养。2001 年，文冲村又送 7 名“五保”户到黄埔区敬老院入住，每年为 “五保”户支付养老金，每人每月 663 元；2003 年，该村成立股份合作经济联社后，按黄埔区民政局的要求，把他们每年的股份分红的金额转到黄埔区敬老院，再由敬老院负责全部费用。

（二）募捐赈灾。1991—2002 年，黄埔行政区域内没有发生过大的自然灾害，主要是为省内外灾区赈灾募捐。1994 年 6 月和 1994 年 9 月，连南瑶族自治县遭遇 2 次特大暴雨袭击、山洪暴发，造成多处公路塌方，交通中断，灾情严重。连南瑶族自治县是黄埔区政府挂钩扶贫县，该县三江镇及各村是大沙镇政府和各村的挂钩扶贫点。文冲村委会和村民政办发动村、生产队党员干部、企事业单位人员献爱心，共捐善款 2.8 万元，还捐棉被等物品一大批；1996 年 3 月，又支援贵州贫困地区、云南丽江地震灾区，文冲村委会、民政办发动党员干部、群众捐款 1.6 万元，捐衣物一批；1998 年 8 月，张家口地区、东北三省嫩江、松花江流域洪水暴涨，发生历史罕见特大洪灾，文冲村委会和村民政办发动党员干部、生产队干部向灾区捐款 1.5 万元和衣服、棉被等一批。

（三）残疾人事业。文冲村把残疾困难户作为社会救济的主要对象之一。1991 年 6 月 28 日，大沙镇残疾人联合会成立。7 月，文冲村也相应成立残疾人领导小组，由村妇女主任陆少琼兼任村残疾人小组组长。1999 年，黄埔区成功举办首届残疾人运动会，文冲残联组织全村残疾人观看运动会比赛，其中 5 名残疾运动员参赛，陈锡铭获区中国象棋比赛第一名，村委会给其颁发奖金 300 元。1996—2002 年，在每年春节和“全国助残日”，文冲村领导和残疾人干部组织探访残疾人家属，慰问精神病人 147 人次，慰问残疾人 350 人，发放慰问金共 5.97 万元和食物折价 2.58 万元。

五、殡葬改革

文冲村和大沙地区各村的人去世后，一直以来都习惯用棺材土葬。

1985 年，黄埔区推行殡葬改革。文冲村委会为了贯彻落实黄埔区和大沙镇的殡葬改革规定，特制定《文冲村殡葬改革的实施办法》（简称《实施办法》），利用黑板报、横额标语进行广泛宣传发动；各生产队召开社员大会，宣传《实施办法》，并由社员开展积极讨论。为了落实殡葬改革《实施办法》，严禁土葬，统一实施火葬，要求党员、干部、队委带头，破除迷信，移风易俗，严格执行《实施办法》，每火葬一例凭单据到村委会领取补助。由于宣传教育做到家喻户晓，措施得力，1994 年底，文冲的火化率 100%，受到区、镇的表扬。

1999 年，全面清理占用耕地、山地土葬的历史旧坟，由区、镇、村组织人力，统一清理每个山岗上的旧坟，挖起的尸骨打包、编号和登记坟主姓名，遗骨统一火化后，放在南岗永久墓园的骨灰楼，或到其他公墓园购买墓地安葬。

在旧坟清理火化时，文冲村委会、民政办做了大量宣传发动工作，并给坟主每清理一穴旧坟补助 200 元，共清理 1517 穴，补助 30.34 万元。2000 年 10 月，在文冲偏远的山岗发现一处扩建山坟（统一清理旧坟时疏忽漏掉），镇、村干部收到村民的投诉后，马上做好坟主的思想工作，责令坟主自行清理及火化，该坟主于 2001 年 1 月 10 日火化坟内遗骨。

1987—2002 年，全村已故村民遗体火化 859 具，丧主领补助的有 493 人，村委会支付补助款 8.63 万元。如发现有人偷偷土葬的，除要起棺实施火化外，还要扣发该户当年生产队（社）的分红。

1987—2002 年文冲村遗体火化（具）数及补助款发放情况表

表 2-6-1-1

年　份	死亡（人）	发放补助（人）	发放总额（元）
1987	53	30	2400
1988	50	29	2320
1989	55	35	2800
1990	49	24	1920
1991	52	28	2240
1992	53	31	2480
1993	56	30	2400
1994	54	33	2640
1995	59	35	2800
1996	57	31	8200
1997	48	30	9000
1998	56	37	11100
1999	51	29	8700
2000	55	30	9000
2001	53	28	8400
2002	58	33	9900

第二节　人民调解

一、机构

1974 年 8 月，黄埔人民公社民政办公室成立，村不设立专门机构，其民政工作先后由村妇女主任梁佩连、陆满悌、陆少琼兼任。村民政办主任由村委副书记或副村长兼任，并由妇女主任陆少琼和居委会 3 位工作人员组成调解委员会，负责人民调解工作。

二、信访调解内容

村民政信访工作组受理群众来信来访，及时调解处理。1987—2002 年，来信来访的内容大致可分为 4 类：

第一，要求解决个人权益待遇问题。如石化等工厂征地招工，转居民户口，解决土地、山地纠纷问题，共解决 30 件；建房用地纠纷，解决 65 件；田间用水的水源争端等，解决 15 件。

第二，要求解决在历次政治运动中的历史遗留问题。共解决 3 人；侨房归属落实党的有关政策问题，归还 8 间侨房。

第三，解决股权分配问题。出嫁女 5 人落实股权分红；征地时没有带征地款指标而转居民户口，635 人落实配置社会股权。

第四，解决纠纷问题。上级处理外资企业亿铝鞋厂、欣铝鞋厂劳资纠纷问题；黄陂山下村与文冲村村民械斗事件等问题。

1987—2002 年，立案信访事件调解 36 宗，通过与上级信访部门配合及时办结并向上级信访部门作汇报。一般案件（不立案）通过村人民调解员的努力办结 144 件，给上访人员一个满意的答复。

三、调解和基层法律服务

人民调解、基层法律服务，拥军优属、复退军人安置、救济与赈灾、残疾人事业、人民来信来访等工作，都由妇女主任、居委主任、民兵营长、团总支部书记、治保主任共同负责。工作制度和工作方法是根据工作的“轻、重、缓、急”特点，采取有时集中有时分散形式调解；同时建立分工责任制，落实到人管理，各生产队配 1 个调解员，按上级要求各自完成调解任务。

村委会主要领导经常组织调解员学习《中华人民共和国宪法》《中华人民共和国刑事诉讼法》《中华人民共和国土地管理法》《中华人民共和国经济合同法》《人民调解委员组织条例》《中华人民共和国兵役法》《治安管理处罚条例》等，增强调解员的法律意识、政策水平和工作能力。随着农村经济体制改革的深入发展，越来越多的乡镇企业和股份制改革时所出现的问题，迫切要求法律帮助，如出嫁女股份分红；农转居无工作安排又没有股份的；老人身后的终身股权，子女纷争等问题；村民建房时的屋地纠纷和已建房的纠纷问题。该村委会主动协助调解和提供法律服务，维护当事人的合法权益，帮助村民解决实际困难和问题，使村民安心工作，和睦相处，受到村民的称赞。

四、信访调解主要事件

（一）第七生产队上访案。1993 年，文冲村第七生产队社员多次到村、镇上访，揭发该队某些干部以权谋私问题。大沙镇民政办干部、村信访干部组成调查组，走访村民，召开座谈会，查财务账目、合同、会议记录等。通过查找线索，发现该队队长儿子所领的奖金是由父亲（队长）批准的，透明度不高，账目混乱等问题，还有对其所任职务不称职的问题，召开社员大会，改选领导班子，建立新班子。

（二）投诉村干部问题。1994 年年初，社员写信给广州市政府，投诉村干部在“大坦围”（土名）填土建私房。大沙镇领导和村主要领导十分重视，组织专门的信访小组，经多方面查证核对，原来是村、队领导规划填土集体建房或仓库。经信访部门调查，澄清事实，消除影响。镇、村把查实的有关材料回复广州市委、市政府。

（三）第十七生产队上访案。1995 年，第十七生产队建农民公寓，一些社员认为原计划建 6 层，但建到 9 层，建筑质量差，部分社员怀疑队干部有贪污现象，于 1997 年前往广州市信访局上访。大沙镇得知后，镇领导会同村委会组织调查小组，实地鉴定设计图纸、建筑质量。认为原图纸是按 9 层设计及施工的，建筑质量也可以，加建 3 层是没有问题的。通过审查账目，没有发现贪污多占现象，但发现该队领导办事透明度不高，再加建 3 层只是队委会决定，没有及时召开社员大会，向社员通报情况而造成误会。随后，镇、村领导召开社员大会，讲清情况后把调查情况向市政府信访局写出书面汇报。

（四）私人贷款，经联社担保案。第十八生产队，社员陆某威与陆永光（三水县人）合伙做生意，在茅岗第四生产队（中山大道路边）的原有厂房开办广州光联实业有限公司，主要生产夹板及木制品，法人代表是陆永光。1995 年 10 月 30 日，向大沙信用社贷款 300 万元，以广州光联实业有限公司的机械设备作抵押；1996 年 3 月 20 日，又向信用社贷款 300 万元，以陆某威 5 间房产作抵押，号称 5 间房产价值 1300 万元；1996 年 12 月，再向信用社贷款 200 万元，又以陆某威房产作抵押。这 3 次贷款都是村经济联社担保。由于经营不善，到期贷款无法归还，法人代表陆永光玩失踪（走佬），该公司宣布破产，信用社的欠款由陆某威全权负责，村经济联社要负连带责任。

经广东省物价局对该公司的机械设备及 3 部小车作评估后拍卖，对陆某威 5 处房产作评估，公开拍卖有价值的房产2处：一处是广新公路（果子厂对面）103号，1674平方米，拍卖得款770261.72元；另一处是171号1395平方米拍卖得款502246.80元，2项共得款1272508.52元，在整个过程中，村委会多次向大沙镇及区的领导作汇报。村委会调解小组向信用社、陆某威及其家属、亲友做了大量的调解工作。该村经济联社还要负连带责任。

（五）亿铝鞋业公司欠薪案。1999年10月，台商租用村委农工商公司和第十八生产队的厂房，创办广州亿铝鞋业有限公司，因拖欠900多员工2—3个月工资共140多万元，还有厂房、宿舍租金及水电费40多万元，员工讨薪，群情激动，场面十分混乱，有部分员工还准备到中山路（现黄埔大道）口堵路。村委会及时向上级汇报这件事，引起上级领导的重视，区领导、区公安机关、大沙镇民政、村领导和信访调解员、治保员共250多人，迅速赶到现场。分别向厂的有关人员做思想工作。村先垫资140多万元，代鞋厂给员工发工资，并把已领工资的员工及时送其离厂返乡，事态平息。

（六）大沙地东路交通事故案。2000年5月26日晚，因大沙地东路的交通设施不完善，造成该路发生交通事故，这次事故伤及文冲村人，部分村民在这个路段设置障碍堵塞交通，大沙派出所、区公安局巡警大队干警，村领导、治保会成员和调解人员到现场做思想工作疏导人群，及时抢救伤员，并清除路面障碍，避免事态扩大。

第七章　改革

第一节　农村经济体制改革

一、改革开放前农村的经济体制

1952年，文冲开展土地改革，斗地主、分田地，从此农民群众才得到属于自己的土地，劳动积极性高，先交给国家公粮后，余下大部分粮食，除留给自己口粮外，有剩余的都卖给国家，农民生活得到很大的提高。1954年，由于农业生产发展很快，村成立100多个农业生产互助组。

1955年，荔枝大丰收，达到60万公斤，农民收入多了，生活得到较大改善。年初，由党支部书记郭炎彬等领导带头，成立第一个农业生产初级社，入社的有28户农民；10月，成立4个初级社，入社农民127户。初级社成立后，社员土地入社，评定产量，年终分红，农具、耕牛也折价入社。当时，初级社的优越性是："统一经营、统一种植、统一劳动力。"组织较合理，有计划地分工、分业，统一排工，按劳取酬，有利提高劳动效率。

1956年，成立农业生产高级社。1957年，入社户占总户数99.9%，只有1户农民陆某田不入社（被称为单干户）。高级社规定：土地入社，耕牛、农具折价入社，果树评定产量入社，肥料折价入社。总之，高级社实行生产资料折价转为集体所有，分年还清，劳动力分等级，年终计算分红。高级社成立后，把劳动力集中起来，发挥积极作用。文冲动员800多劳动力，参加修筑围堤兴修水利，将黄洋坦田筑成围田，将龙船塘、牛角等坦田筑成围田，单造水稻改变成双造田，产量比以前翻一番。

1958年8月28日，成立黄埔人民公社，管辖茅岗、横沙、下沙、文冲、双沙、姬堂等14个生产大队，2个市镇，3个农场，29家工企业，4所中学，16所小学，1所医院，2家供销社，全公社共有11438户，43920人，农作物面积61814亩。当时，大力宣传“人民公社是天梯，共产主义是天堂”。

人民公社的基本特点被概括为“一大二公”（大集体、公有制），所谓大就是规模大，将原来高级社一两百户合并成11438户，从600—800人扩大到43920人，组成人民公社；所谓公，就是生产资料公有化程度高，将几十个经济条件不同，贫富水平不同的高级社合并后，一切财产上交公社，多者不退，少者不补。由公社统一核算和分配，实行部分供给制，包括大办公共食堂，吃饱三餐不用钱（实行一年便结束）等“共产主义因素”，实行平均主义，影响社员劳动生产积极性。

人民公社期间，文冲生产大队推行“组织军事化、劳动战斗化、生活集体化”的劳动组织形式和生活供给制方式。在组织上，将原来生产队组织改为军事组织按劳动力数组建成班、排、连、营的军队建制，农业生产军事化。生产统一调配劳动力，规定男社员每月出勤28天，女社员每月出勤26天，每日劳动时间按白昼时间长短，定为9—10小时工作制，每年有4个月要开夜工，每晚2小时，作为义务突击劳动。按每月发放社员工资，每个劳动力平均每月发放工资6.3元，工资等级一般分8级。出现干部贪污挪用公款，铺张浪费等现象，生产队的农副产品消耗一空，社员的基本生活出现问题。

1975年11月2日，中共黄埔区临委发出《全党动员，苦战两年，把黄埔区农村建成大寨式的公社，更好地为港口和大工业服务——关于贯彻全国学大寨会议精神的初步意见》。学习山西昔阳县大寨生产大队和海南岛屯昌县的经验，“自力更生，艰苦奋斗”“一批二干三带头”（批资本主义、干社会主义、干部带头）苦干、实干、巧干。充分发扬大寨的革命精神，自力更生，艰苦奋斗，大搞水利和农田基本建设，彻底改变落后的生产条件，多快好省地建设高产稳产的农田。

是年秋冬，黄埔人民公社掀起农田基本建设的高潮，整治乌涌河中段（广新公路桥至广深铁路桥）。黄埔人民公社动员组织文冲等6个生产大队每天出动2000人，奋斗20多天，自筹资金，共完成土石方24.4万立方米。1976年，文冲生产大队在文冲船厂西边新开挖一条长500米、宽20多米、深2米的新河道，完成土石方2万立方米，并建电动水闸1座（3米孔、5米孔各1个）；同时，全面进行加高培厚堤围，这是文冲村有史以来水利投资最大的一年，取得防洪排涝良好效果，做到旱涝保收。

二、农村经济体制改革

（一）实行家庭联产承包制。中共十一届三中全会后，黄埔区农村开展一系列经济体制改革。1984 年，实行家庭联产责任制，推广合同制，专业承包生产责任制。实行家庭联产承包制，即把生产队土地按人口和劳动力的适当比例分级，分到各户经营，完成上调任务后，剩余部分归承包者所有。文冲乡政府为落实家庭联产承包制，做好宣传发动工作，使家庭联产承包制工作做到家喻户晓；组织各生产队正副队长到从化、花县、郊区等地参观学习。是年，该村开始分田到户，实行联产承包责任制，一定 15 年不变。生产队根据土地种植的品种，定产量、定产值；按各户口粮来分配产值，定出每年承包额，上交 30% 给生产队，其余 70% 归承包户所有。深受社员群众欢迎，农民称之为“第二次土改”。

生产队土地上的果树宜分则分，宜统则统，即是由生产队队委决定统一投标，以高者得。社员可以在承包的土地补种果树。根据生产队规划，可以开垦荒地，自由种植各种作物，收获归自己；如有任务的产品 80%—90% 上交，款项由耕者所得；有国家任务的按社员口粮负担，叫人人有责。承包户只能在承包的土地上种植农作物，不准在承包土地上建房、建山坟、种竹子、挖鱼塘、买卖、出租、丢荒，如违反以上规定的收回土地，并按章处理、处罚。遇国家征地或集体用地时，承包方要服从生产队的安排。征用时，地上的作物青苗补偿，承包者占一年青苗款的 80%，生产社占 20%，其余二、三年补偿全归集体，树身价补偿谁种谁收，如生产队种下的果树一律归生产队集体所有。实行家庭联产承包责任制后，不搞平均分配，社员群众积极性高涨，农村经济迅速发展，社员生活水平提高很快。

（二）农村股份合作制推行与改革。

1. 股份合作制改革。1990 年，根据黄埔区农村经济体制改革的要求，文冲村在完善家庭联产承包责任制的基础上，推进集体经营和社员个人生产经营双层经营体制。健全农村经济合作组织，生产队改为经济合作社，村成立经济联合社，制定《经济合作社章程》《土地承包管理和合同管理制度》《集体经济发展规划》等一系列农业基础管理规章制度。实行村、社、户多层次的各种经济联合，农村集体经济得到壮大，农民收入不断提高。

1992 年，黄埔区农村股份合作制指导小组，将文冲村定为黄埔区股份合作制改革试点。坚持以家庭联产承包经营为主的双层经营制度不变；原有村、社承包合同不变；原集体和社员财产、资金不变；现有村、社规模不变；干部报酬不变。在稳定干部、社员分配的基础上，进一步改革原有的股份合作制。

清资核产情况。全村资产总额 16373 万元、经济社资产总额 15998 万元、固定资产 5064 万元、流动资产 8372 万元（其中货币资金 3814 万元），以年龄定股分配。

认定股东资格和定股份额。村、社通过制定章程有关补充细则，确认股东资格。配股份额以“年龄定股，以级定股”，把总股的 40% 配置到社员个人（详见 1992 年文冲村以年龄定级配股情况表）。社员个人股份发股份证，作为集体利润分红依据，年终按股分红。明确规定：个人持有股份一定3年，满三年后调整1次；个人股不能兑现，不能转让，不能抵押，不能继承。

1992年文冲村以年龄定级配股情况表

表2-7-1-1

出生时间（年、月）	1988.1—1992.12	1983.1—1987.12	1978.1—1982.12	1975.1—1977.12	1972.1—1974.12	1969.1—1971.12	1966.1—1968.12	1963.1—1965.12	1958.1—1962.12	1957年前
年龄等级（岁）	1—5	6—10	11—15	16—18	19—21	22—24	25—27	28—30	31—35	36岁以上
配股数（股）	1	2	3	4	5	6	7	8	9	10

2. 新型股份制改革。1992年，农村股份合作制改革后，通过几年实践，原有股份合作制模式未能体现以解决股权配置、股权界定、股权流转为主要内容的产权制度改革，没有成为开放型、经营型的股份制。主要原因是：集体积累股股权空置；股份合作制细则个别条款与法律相抵触；股权设置范围存在局限性和封闭性；股份分配制度不够完善；未能体现"风险共担"原则，股民只享受分红权利，不承担风险与义务；股份制不规范，监督机制不健全，集体资产存在不同程度的流失，等等。针对上述问题，黄埔区加快农村股份制改革和发展指导小组，在大沙镇文冲村、南岗镇庙头村搞试点，从建立股权配置、股权界定、股权流转三大机制入手，完善农村股份合作制，把原来福利型的股份制转为经营型、发展型、福利型相结合的股份制。主要解决4个问题：认购股权，体现共担风险，把农民手中的股份转化为股权，属农民所有；股份可以继承，解决股权归属问题；农民成为真正股东，有权监督村、社财务，有利于防止腐败；设立募集股，把吸纳到的发展资金，壮大和发展集体经济。2002年，在文冲搞试点，进一步完善股份合作制方案，把社区经济组织的集体资产以股份形式全部量化到人，明晰股权。量化的股份实行生不增、死不减、进不增、出不减，将股权固化，俗称"终身股"，亦称"社区股"，股东是户籍一直在农村，且也是一直在本生产队（经济社）劳动的。截止时间为2002年7月31日。2003年11月11日全区铺开，但没有实行募集股。

文冲村社区股调整情况表

表2-7-1-2

出生时间（年、月、日）	1998—2002.7.31	1993—1997	1988—1992	1985—1987	1982—1984	1979—1981	1976—1978	1973—1975	1968—1972	1967（36岁以上）
年龄等级（岁）	1—5	6—10	11—15	16—18	19—21	22—24	25—27	28—30	31—35	36岁以上
配股数（股）	45	90	135	180	225	270	315	360	425	450

新设“社会股”：是此次完善社区经济组织股份合作制新设立的股份，股权属新增股东，即称之为“社会股”股东。这些股东曾是该村原村民，并在其所在生产队从事过劳动，承担过社员义务。后来，因出嫁或其他原因外出，征地时“农转非”后，自谋职业，非征地招工，购买商品房后，将户口迁出，读书后自谋职业等，这些村民户口虽然已转出，但没有带走安置补偿款以及征地招工安置。“社会股”计股时间从1973年2月28日零时（为国务院批准黄埔区建区时间）起，于2002年7月31日24时（为黄埔区撤镇设街时间）止。男、女60周岁为退勤年限，超龄的，劳动部分不纳入计算“社会股”时间。“社会股”股东按劳动农龄时间配给股份数，计算标准为一年10股（最高295股）。这次文冲村的股份制改革，解决635名村民的生活问题，深受欢迎。

文冲村新设立社会股情况表

表2-7-1-3

在生产队劳动、农龄（年数）	1	2	3	4	5	6	如此类推	28	29.5（最长）
配社会股数（股）	10	20	30	40	50	60		280	295

股东的权利（权益）：所有股东（社区股、社会股）都有按所持股份分享股份收益权，并在经过其所在社核准的前提下，按其所在社的规定程序和范围处置个人股份权利（现已有老人或已逝者的股份转到其子女份上，由其子女继承）。社会股股东所拥有的股份只享有股份所有权，包括股份占有权、收益权、处理权，但没有重大决策的表决权、选举权和被选举权。社区股股东具有股东和村民双重身份的自然人，享有章程规定的股份所有权，包括股份占有权、收益权、处置权，重大决策表决权，选举权与被选举权等。但16周岁以下，不享有社区经济组织的选举权和被选举权。

这次村、社区股份制改革，作出股权界定规定，按照“一刀切断”的方法，实行“生不增、死不减、进不增、出不减”，固化股份。持股人子女可以继承其股份（股权转让或赠予的具体办法另行制定）。股份不作担保、抵押。暂不搞股权认购和募集股。

虽然在农村股份合作制基础上完善股份合作制，有些内容与法律、政策相抵触部分和城市化管理要求不相适应的，但由于涉及到广大居民（社员）的切身利益，矛盾的尖锐和局面的复杂是显而易见的，稍有不慎可能会出现动荡和不安的因素。主要问题是：

第一，完善工作不够彻底。由于受条件限制，经过完善后的股份合作经济联合社及股份合作社仍是过渡性的股份合作经济组织，尚未能真正建立起规范的股份公司。

第二，以后新人社会保障没得到彻底解决。由于股权已固化，以后新增人口及迁入人员没有股份，社会保障问题将越来越突出，再过20—30年，大部分青壮年都不是股东，又不能当村、社干部，到时这部分人的社会保障如何解决难以预测。

三、农村管理制度改革

1990年，文冲村根据有关规定实行和完善家庭联产承包责任制，在统分结合的双层经营体制基础上，改革村、社队企业，引导和发挥村、队干部、社员积极性，促进农业经济向多层次，多行业和多种经济成分发展，并改革管理体制。

（一）财务账制改革。1974年，文冲生产大队设财粮文书1人。22个生产队各设会计员1人，出纳员1人。1988年1月1日起，实行财务制度改革，联队设会计员，全村22个生产队共配会计员5人：梁会兴、陈国熖、陆裕兴、陆宁煊、陆海泉，每1个会计员负责生产队4—5个，为方便统一管理，会计员在村委会集中办公。1997年前，村、队、企业会计财务执行《广东省农村经济合作社会计财务制度》，其账制一直沿用以往“资金来源＝资金运用”的核算模式。记账方法虽从过去“收付流水记账法”改为“借贷记账法”，但仍不能与国家会计制度接轨。

1997年，按要求开始改革农村财务账制（简称账改），根据国家财政部、农业部制定的《农村经济组织财务制度（试行）》和《农村合作经济组织会计制度》（试行）规定，黄埔区财政局、区农办制定《黄埔区农村账改的各项规章制度》，举办农村财务会计人员培训班，有关人员均需通过培训考试。当年完成农村“账改”工作，并实行国家通用惯例：“借贷记账法”和“资产＝负债＋所有者权益”模式；实行统一记账法，统一科目设置、账本、凭证、封面、账表。

1999年，黄埔区开展农村财务电算化试点工作。村级试点在大沙镇横沙村；社级试点在夏园村经济社。试点培训财务人员使用电脑，较熟练地操作财务电算化软件。

文冲村联队会计通过培训基本能在财务账本运用电算化记账、核账、结账及财务报表。但由于人员年龄偏大，最大的73岁，平均年龄65岁，全部是男性。1999年后，村委会公开招聘财务人员5人（陆燕芬、叶竹梅、周敏颐、陆金霞、陆锡坤），其中：女4人、男1人，平均年龄35岁，拥有高中或大专文化程度。通过一年的以旧带新，新财务人员全部持有《中华人民共和国会计从业资格证书》和《会计专业技术资格初级证书》。

2000年，镇、村、社三级实行电脑联网，用电脑处理财务及村、社事务。财务人员普遍认为电脑记账运算速度快，精准度高，存储信息数量大。使用电脑记账代替手工记账，便于查找资料及汇总，方便保存数据，传输方便、快捷、准确。

（二）经济合同管理制度改革。1984年年初，贯彻落实中共中央一号文件，黄埔区明确规定：土地承包期一般在15年以上，大稳定、小调整，把耕地按劳动力、人口比例分给农户耕种，农民称分田到户。那时没有签订承包合同，只是在记录簿上登记，公开张贴每户社员承包哪块土地、面积多少、上交粮食数量。1998年，首轮15年土地承包经营期满，接着要开展第二轮土地承包。该村委根据实际情况，采纳群众意见，制定新一轮土地承包制，实行“大稳定，小调整”原则，并通过社员大会或代表会议讨论通过实施。由于征地较多，承包期一般为5年。社员在边远地区开荒扩种果树，承包期为20—30年。如国家征地时，给予果树青苗补偿，个人占80%、生产社占20%；承包前生产队（社）种的果树，生产队占80%、个人占20%。社员都签订承包合同。虽然合同简单，但没有发生过大的纠纷。

对外出租土地、厂房、仓库、商铺一般租期为10—20年，最长不得超过29年。合同先由生产队拟定，村负责修改，形成规范统一的合同书，打印上交镇农办和区农办，最后由黄埔区农村承包合同监证处监证，该处经办人朱锡湖签名并加盖公章后生效。对外出租（承包）的土地、厂房、仓库、商铺，100%签订合同。因村委会措施到位，村、队（社）都建立较完善的合同管理制度，合同文本规范，条理清晰、齐全，文字表达准确，档案管理完备。

（三）实行农村经济管理新体制。中共十一届三中全会后，村、社兴建一批标准厂房、仓库、商铺、码头、堆场等，兴办各种经济实体、公司。但多数公司是村、社挂名与港商、台商合作经营，私人公司挂名和村、社合作经营，其实材料、产品进出等整个经营运作都是乙方，甲方（村、社）只收取租金及少量管理费，风险很大，万一乙方经营不善，老板逃离，村、队（社）是负不起经济责任的。就算自己村、队（社）办的企业，是由村委会、队（社）委会领导兼职，企业厂长、经理没有自主权，这是政企不分，存在不少漏洞，导致集体资产流失，极大地制约着村、队（社）的经济发展。

20世纪90年代，黄埔区委、区政府成立乡镇企业改革领导小组，先后出台《黄埔区乡镇企业改革试点方案》等一系列文件，着重抓企业升级和产品创优的基础管理工作，推行乡镇企业经济管理新体制，逐步建立现代企业制度，先后采用股份制集体责任承包制和投标经营、租赁、转让、脱钩等多种形式，乡镇企业实行新的经济管理体制。至2000年止，与村、队（社）挂名合作、合股的挂靠企业44家已全部脱钩，1家挂靠村的台商鞋业公司因经营不善关闭。村办企业14家，其中集体承包的、超利润提成奖的有7家，投标承包经营的有4家，出租经营2家，转让经营1家。

通过整顿，使村、队（社）级企业公司成为自主经营，自负盈亏，自我发展，自我约束的市场主体，逐步建立起产权清晰、权责分明、政企分开、管理科学的现代农村集体资产运营体制。

第二节　社、队工业企业改革

一、改革前企业管理体制

1972年以来，文冲生产大队建立农业机械厂（以下称农械厂），是一家综合性加工厂，为小型企业，内设粮食加工、木薯加工、榨油、铸铁、机械加工、木工组、运输组、瓦工组、蓄电池、电镀、河粉和豆腐加工等。生产队（片）开办有糖厂、木薯厂、砖厂、饭店，并到文冲船厂等单位做外工，后来开办工厂、仓库、商铺等工企业。

由于文冲村集体企业的经营管理体制存在不少弊端，企业干部、职工由村领导派任，经营管理由村、生产队决策，核算由村、生产队负责及自负盈亏；经营封闭，企业没有自主权；在报酬分配问题上，企业干部和职工回生产队（社）按同等劳动力记工分，在农械厂工作的职工所在生产队（社）给予适当经济补助。职工在企业得不到报酬，未能发挥企业干部、职工积极性，阻碍村、队（社）企业的发展。

二、初期经济体制改革

改革开放初期，村、队工企业实行集体承包，但工企业的经营项目、人员选派是由村、队决定，工企业的厂长、经理没有自主权，干部职工虽然不用回生产队记工分，但厂长、经理也没有权决定工资报酬，积极性不高。

1982年，在农械厂旧址兴建文冲塑料袋编织厂，投资25万元购进一条旧式塑料生产线，安排本村劳动力（含原农械厂职工）120人。由于管理不善和机械陈旧、以及技术等问题，生产的产品合格率才70%，年年亏本。1987年，该厂实行改革，推行厂长、经理（3人）承包责任制，超产利润全部归厂长经理所有，每年包死上调8.4万元任务，保持原有职工计件工资不变。除成本、税费后，该厂厂长、经理尝到甜头。1990年，对该厂作进一步改革，在原有职工不变，石化总厂编织袋配额不变，在每年上交村委会8.4万元不变的情况下。由厂长、经理投资58万元，从江苏常州购进一条新式的塑料生产线。经过安装、调试，产品合格率100%，耗电少30%，噪音也大大减少，产品数量也大幅度增加，生产5年便收回投资款，厂长、经理3人得到可观的经济收入。2000年，由于石化路扩建及城中村改造，编织袋厂需要异地搬迁。在原有职工不变，石化厂编织袋指标不变，上交村8.4万元不变的情况下，由厂长一人出资异地建厂及风险承包。此后，该厂年年超额完成任务。为了扩大生产，引进国外先进机械设备，使产品数量比原来增加1—2倍，品种质量达到优质，产品款式不断增多，有的产品还出口国外。

三、股份制改革

20世纪80年代末90年代初，文冲村的股份合作企业共9家，其中港资3家、台资3家、国内出资3家。由于当时的政策规定港资、台资要和大陆合资、合作办企业才有优惠政策，实际上文冲出厂房、员工宿舍、仓库及一部分土地，收取租金和一些管理费。港商、台商负责引进全套机械设备、原材料，产品全部外销，整个生产经营都是港商、台商负责，此企业是挂名的股份合作企业。1997年，根据《黄埔区乡镇企业改革试点方案》等有关文件规定。文冲村委会与港商、台商和私人企业的所谓股份合作企业逐步实行脱钩，双方签订协议，村方不担风险，不参与企业经营管理，只是每月收取租金。

改革为股份制企业3家，其中2家在石化路口和107国道（现黄埔东路）南、北侧兴办 2 家加油站。1986 年，文冲村农工商公司与石化厂中穗公司合股经营中穗加油站。1992 年，文冲第十七生产队与广东省石化公司合股经营华德加油站。这 2 家油站由文冲村出土地、厂房作股金，石化公司负责油料供应及流动资金，年终按股份分红。双方派人管理。由于经济效益好，一直经营下去。

四、建立现代企业制度

20 世纪 90 年代，黄埔区委、区政府成立乡镇企业改革领导小组，先后出台《黄埔区乡镇企业改革试点方案》等一系列文件，着重抓企业升级和产品创优的基础管理工作，推行乡镇企业产权制度改革，逐步建立现代企业制度，先后采取股份制、集体承包责任制、投标经营、租赁、转让、脱钩等多种形式，对乡镇企业实行改革转制。2000 年，与村、队合作合股和挂靠企业 44 家全部脱钩，减少村、队的风险承担。其中港商 3 家、台商 3 家转为港商、台商独资经营；18 家和村、队合作股份公司转为私人独资经营；16 家村、队合作企业转为私人有限公司；3 家与村合作抵押经营公司转为私人抵押公司；1 家与村合作的台商鞋业公司由于经营不善而关闭。村、队自办企业有 14 家，其中：集体承包超利润提成奖的 7 家、投标承包经营的 4 家、出租经营 2 家、转让经营的 1 家。2000 年，村、队厂房、商铺、仓库等物业都采用租赁经营、村、队收取租金形式，减少经营风险，使集体经济稳定发展。

第三节　干部制度改革

一、村级干部制度的改革

1973 年 11 月，黄埔区第三次建区，黄埔人民公社管理委员会改为黄埔人民公社革命委员会。1974 年，文冲生产大队也相应改为革命委员会，设革委会主任 1 人、副主任 3 人、委员 7 人（其中 2 人不脱产）。1984 年，黄埔人民公社革命委员会改为黄埔区大沙区公所，文冲生产大队革命委员会相应改为文冲乡人民政府，党支部改为党总支部，配书记 1 人、副书记 2 人（其中：1 名副书记兼乡长、1 名副书记负责党群工作）、委员 5 人；乡政府设乡长 1 人、副乡长 3 人。1987 年，撤销乡建制，改为黄埔区大沙镇文冲村民委员会，设党总支部书记 1 人，副书记 2 人（其中 1 名副书记兼任村委会主任，1 名副书记负责党务工作），副主任 3 人，委员 3 人，分别兼任团总支部书记和民兵、治保、妇女、计划生育、文教卫等项工作。

1987 年后，村委会换届按规定每 3 年选举 1 次。文冲村换届选举前，按各生产队（社）人口比例，选出社员代表，再由代表选举村委会领导班子。换届选举前，先召开全村党员大会，选出党总支部委员会委员，再由当选委员投票选举产生书记、副书记，实行二个班子（党、政），一套人马。党政领导班子参选名额按 20% 差额实行无记名投票，选出新一届村党、政领导班子。1992 年 7 月，成立文冲村股份经济联合社，根据股份经济组织章程及法律法规要求，选出股东代表。代表实行一人一票制，选出董事会领导班子 9 人，其中董事长 1 人、副董事长 2 人、委员 6 人，分别负责村的经济、民政、妇女、计划生育等部门的工作。

1999 年 3 月，根据《中华人民共和国村民委员会组织法》规定，村民委员会成员由村民直接选举产生，每届任期 3 年。文冲村第一次由村民直选村委会领导班子成员。选出村委会主任 1 人、副主任 3 人、委员 4 人，下设乡村管理、妇女计生、民政治保、财粮统计、文教卫生等管理部门的负责人。村民委员会直选前，召开村党员大会，选举产生村党委会成员，村党委书记由区委、镇委从公务员中选调委派，先后担任党委书记的有陈中山、周建怀；党委会副书记及委员通过选举产生，1 名党委副书记兼任村委会主任、1 名专职副书记兼纪委书记和负责党群工作，党委委员 4 人，分别兼任乡村经济、乡村管理、妇女、计划生育、民政、治保、财粮统计、文教卫生等工作。

2002 年 8 月 1 日，黄埔区撤镇建街，文冲村民委员会改为文冲社区居民委员会。根据黄埔区政府的要求，进一步完善股份经济合作制，成立社区经济联合社。2003 年 9 月 18 日，实行社区股东代表大会选举制，选举产生新一届社区经济联合社董事会成员，选出董事长、副董事长、董事 8 人，分别兼任村党委职务和社区居委会职务（三个班子，一套人马）。

二、村下辖的社（队）干部制度改革

1964 年，农村社会主义教育运动（简称“小四清”）和 1965 年“大四清”后，有部分村、社干部受到打击，一些正直的社员也受到伤害。“四清”运动后，表现积极的社员不肯当干部，连“四清”运动的“根子”也不肯当干部，阶级成分高的社员（当时的地、富、反、坏、右分子及其子女）有能力、有文化，但不能当干部。为了发展农业生产，保障社员生活，“四清”工作队反复做候选人的思想工作。在社员大会上，工作队宣布队长、副队长、指导员、会计、出纳、记分员的“候选”名单后，以举手或鼓掌形式通过，有些当选的新干部，在工作队和贫协组长的反复做思想工作后，才勉强出来当干部，有个别生产队新选干部拖延几个月才出来排工，带领社员开工。当时有人讲：“老牛怕过冬，干部怕运动。”

生产队干部根据上级要求，5 年换届选举 1 次，每届当选的干部都不太愿意当生产队干部。中共十一届三中全会后，社员干部看到改革开放政策对农村经济发展促进很大后，大多数生产队干部都改变原来思想观念。20 世纪 90 年代初期，由于经济发展迅速，社员生活逐步好起来，有些社员都想当生产队（社）干部。20 世纪 90 年代后期，各生产队（社）经济稳步发展，社员分配水平高，村委会为了保障经济持续发展，制定生产队（社）干部报酬原则，所以很多人争当生产队（社）干部，甚至出现个别生产队（社）社员违法出钱买选票来参加竞选生产队干部的现象。

1983 年，随着改革开放的发展，农业生产推行“大包干”和集体承包制，生产队不用大排工，不用记工分，也就不设记分员。1993 年，改革开放深入发展，生产队只管农业生产计划、派购任务、征农业税、环境卫生、计划生育和大力发展第二和第三产业，根据上级要求，各生产队会计员被撤销，村成立 5 人的联队会计，为生产队省去会计员 17 人，同时规范会计管理制度。

2001 年，随着股份制不断完善，各经济社只设社长 1 人、出纳员 1 人、妇委 1 人、社委 5—7 人；为方便对经济社的管理， 同年 4 月 1 日起，各生产社社长、出纳和妇委干部实行到村委会上班的办公制度。

三、村辖下的经济组织人事制度改革

村辖下的经济组织，除 22 个生产队（社）外，只有 1 家农工商公司（后改为经济发展公司），负责经营、管理村委会直属工企业。20 世纪 80—90 年代初，设经理 1 人，由村委会副主任兼任农工商公司经理，同时负责指导各生产队（社）工企业发展及安全生产；设副经理 2 人、会计员 1 人、出纳员 1 人、干部职工 4 人。90 年代末，村经济发展公司设经理 1 人，由村委会副主任兼任；2 名副经理，由经理选任；会计员、出纳员和其他工作人员，一部分新任人员在村内或社会招聘，通过考试后录用。公司人员从原来 7 人增加到 13 人。

第四节　分配制度改革

一、农民收入分配改革

1958 年人民公社化时期，在农业生产上，统一调配劳动力，每月规定社员开工时间，男 28 天、女 26 天。每日劳动时间按白昼时间长短，定为 9—10 小时工作制，每年有 4 个月要开夜工，每晚 2 个小时，作为义务劳动。每月发放工资 1 次，每个劳动力平均月工资 6.3 元，但存在出工不出力现象。

70 年代，农村开展“农业学大寨”运动，农村劳动力按等级评议计分，一级 13 分、二级 11 分、三级 10 分、四级 9 分，当时每分的分值 0.06—0.07 元。农闲时，组织社员做外工，社员报酬除按级别记工分外，到文冲船厂拷锈每天补助 5 角钱，到广州搞建筑每天补助 1 元。

中共十一届三中全会后，实行家庭联产承包责任制，把生产队土地、果树按家庭人口和劳动力比例，分到各户生产经营。社员家庭完成上级的派购任务，上交生产队一部分提留后，其余全部归承包者所有。这样，社员的生产积极性高，生活也一天天地好起来。1990 年，参加年终分配的劳动力 2180 人，平均每个劳动力分配 2689 元，加上社员承包的超产收入，每个劳动力平均年收入 3000 多元。

1992 年，文冲被定为黄埔区股份经济合作制改革试点，制定《村、社股份合作制章程》，确认股东资格，配股份额以“年龄定股”，把股份经济合作社的年终收益，按股数分配到人。1993 年，按年龄定股，全村劳动力人数 2102 人，平均每个劳动力年分红 5800 元。

2002 年年初，黄埔区农村股份改革以大沙镇文冲村为试点之一，改革和完善农村股份经济合作制，并制订《股份经济合作制方案》，订立章程把社区经济组织的集体资产以股份形式全部量化到人，明晰分配股权。

改革和完善农村股份经济合作制的股份分配情况：

第一，调整股份。2003 年，社区“社区股”调整为：1—5 岁为 45 股；6—10 岁为 90 股；11—15 岁为 135 股；16—18 岁为 180 股；19—21 岁为 225 股；22—24 岁为 270 股；25—27 岁为 315 股；28—30 岁为 360 股；31—35 岁为 425 股；36 岁以上为 450 股。当年，平均每个劳动力年分红 1.1 万元。

第二，解决个别出嫁女和征地转居民户口（没有拿钱）的社员生活问题。新设立社区“社会股”按“农龄”配社会股。在生产队劳动 1 年的配 10 股、2 年配 20 股、3 年配 30 股、4 年配 40 股、5 年配 50 股、6 年配 60 股、如此类推，在生产社劳动 28 年的配 280 股，最长劳动 29.5 年的配 295 股。新设立的社会股共 635 人，当年平均每人分配 2186 元。

二、集体干部职工的分配制度改革

文冲村委会辖下的经济组织农工商公司，公司干部职工报酬（分配）是根据德、能、勤、职来发放工资的。1993 年，该公司副经理每月 1800 元，职工平均每月 1600 元；1997 年，副经理月工资 2000 元，职工月工资 1800 元；2002 年，副经理月工资 3100 元，职工平均月工资 2904 元。

村委会职能部门人数年平均工资情况表

表 2-7-4-1

职能部门	时间（年代、年）	人数（人）	年平均工资（元）
村委办公室	80	2	15200
	90	3	15600
	2002	5	28320
治保会（保安）	80	9	16800
	90	12	19200
	2002	14	27180
计生专干	80	3	16800
	90	5	15600
	2002	7	23520

续表 2-7-4-1

职能部门	时间（年代、年）	人数（人）	年平均工资（元）
房建卫生	80	5	15200
	90	5	15600
	2002	5	20340
车管后勤	80	1	16800
	90	2	18000
	2002	3	19356
联社会计	80	5	24000
	90	5	23196
	2002	5	28956

三、生产队（社）干部分配制度改革

1959 年，文冲生产大队第三生产队干部和社员一齐劳动，每日 8 小时，生产队长记 16 分（含补贴），副队长、出纳员 13 分（含补贴），记分员 12 分（含补贴）；社员分级记工分每天是：一级 13 分、二级 11 分、三级 8.5 分、四级 7 分、五级 6 分、六级 4 分。当年，每分分值 0.13 元，第三生产队分值比第一、第二生产队高 50%。

1964—1974 年，第十四生产队干部每月工分补贴：生产队正队长、指导员 40 分，会计员 30 分，出纳员 15 分，记分员 35 分。社员、干部劳动等级由社员大会评定，分级记工分，每天是：一级 13 分、二级 11 分、三级 10 分、四级 9 分。每个工分值：1964 年 7 分钱、1972 年 1 角 2 分。

1983 年，推行大包干、专业承包和集体承包责任制。各生产队实行分田到户、专业承包等生产责任制，生产队干部的报酬由工分补贴改为现金补贴。按生产队人数多少分为三等：200 人以上的为一等，每月补贴：正队长、会计员 40 元，副队长、出纳员 30 元；100—200 人的为二等，每月补贴：正队长、会计员 30 元，副队长、出纳员 20 元；100 人以下的为三等，每月补贴：正队长、会计员 25 元，副队长、出纳员 15 元。个别未分田到户的生产队干部报酬按上年增加 1.3%，或继续补贴工分，每月补贴：正队长、会计员 80 分，副队长、出纳员 60 分。

1993 年，按各项方针、政策措施，依时完成上级和村委的各项生产任务，处理好本生产队的日常工作，如社员派购任务、环境卫生、计划生育、大力发展第二第三产业等。生产队（社）干部报酬采取固定工资加奖励的办法：

第一，固定工资。每月工资是：一类生产队（人口 200 人以上），队长 170 元、副队长 150 元、出纳员 110 元、妇委 50 元、社委 40 元；二类社（人口 100—199 人），每月工资是队长 145 元、副社长 120 元、出纳员 90 元、妇委 40 元、社委 30 元；三类社（人口 100 人以下），每月工资是队长 120 元、出纳员 80 元、妇委 30 元、社委

20 元。

第二，奖励工资。奖励项目计分办法：新发展企业得 10 分，引进外资、合作项目得 10 分，人均年收入比上年增 10% 以上的得 5 分；无丢荒、弃耕的得 10 分，按规格搞好农田基本建设得 10 分，计划生育结扎率达 80% 以上的得 10 分，一孩上环率达 90% 的得 10 分；无超计划生育得 5 分等共 15 项。最高得分为 120 分。以上奖励项目通过村队干部逐项评比，定出各生产队的奖励总分。奖励分值是：一类队 5 元，二类队 4 元，三类队 3 元。以上奖金以正队长为计算标准（100%），副队长 70%、出纳员 50%。队干部的工资由本队支付，得分奖金由村、队各负责 50%。

2001 年，村辖下经济合作社干部报酬方案是：以各社干部定编人数为准，总工资分 3 项：固定工资、浮动工资和奖励工资。固定工资实行百分制，按各项指标得分计酬，奖励工资按超额完成任务的实际情况计算。

（一）固定工资。经济社干部每月基本固定工资，按人数分 4 类：

一类社（400 人以上），社长 900 元、出纳 720 元、妇委 450 元、社委 180 元（人）；二类社（200—399 人），社长 800 元、出纳 640 元、妇委 400 元、社委 160 元（人）；三类社（100—199 人），社长 700 元、出纳 560 元、妇委 350 元、社委 140 元 / 人、四类社（99 人以下），社长 600 元、出纳 480 元、妇委 300 元、社委 120 元 / 人。

（二）浮动工资。制订经济社干部当年浮动工资按百分制计为四大指标：工业生产 22 分，任务指标 4 条；农业生产 22 分，任务指标 5 条；计划生育 24 分，任务指标 6 条；精神文明建设 32 分，任务指标 9 条。各大项又分为若干具体指标，到年终时由村干部评议，全面考核，完成指标任务者得满分，达不到指标任务要求则扣分。

浮动工资得分后计算分值：一类队 4.5 元、二类队 4 元、三类队 3.5 元、四类队 3 元。

（三）奖励工资。设 2 个单项奖：第一，各社年终到账的属经济社所有税后利润中，按 0.5% 提取奖励金。第二，新增（比上年）利润加奖 5%。2 个单项奖征地款除外。

浮动工资得分计算的总额和 2 个单项奖总额，干部按 4 类生产社分，正社长占 100%、出纳员 80%、妇委 50%、社委 20%；联队（社）会计按所管辖的生产社社长平均数计算报酬。

2001 年 4 月 1 日起，各经济社社长和出纳到村委集中办公，实行上班制度，社长每月实行补贴：一类社 400 元、二类社 400 元、三类社 400 元、四类社 300 元。

四、村委会干部分配制度改革

1988 年，根据黄埔区政府发出的《村级干部报酬暂行办法》和大沙镇政府〔1992〕21 号文规定，村干部年报酬（工资）由 3 个部分组成：按镇上年村、社两级股份劳动力分红的 6 倍作为当年干部报酬基数，其计算公式为：村社两级股份分红总额 ÷ 劳动力分红 ×6 倍，相当全镇人均收入的 5 倍。将此基数分成固定基本工资和浮动工资（各占 50%），固定基本工资固定发放，浮动工资根据完成各项经济指标和工作任务的情况上下浮动；浮动工资实行百分制，工业生产 28 分、农业生产 24 分、计划生育 24 分、精神文明建设 24 分，通过大沙镇有关部门年终考核确定得分。奖励工资，凡超额完成经济指标和工作任务的，按一定比例给予奖励，但不能超过浮动工资的 100%。增加超额利润奖，以上年为基数，从企业新增纯利润中提取 5% 作为干部奖金。

1996 年，大沙镇劳平股份分红 9164 元，乘以 6 倍，所得是 54984 元，为 1997 年村干部报酬基数，总工资兑现分为 3 项：固定工资、浮动工资和奖励工资。金额计算：固定工资 27492 元、浮动工资 27492 元。浮动工资实行百分制：工业生产 24 分、农业 24 分、计划生育 24 分、精神文明建设 28 分，这四大任务又分为若干个具体指标，结算时由大沙镇组织各有关职能部门，按对口工作评议，全面考核，达到规定的指标任务要求的即计满分，达不到指标要求则扣分。按各项指标所得分数计酬，每分金额 274.92 元；奖励工资按超额完成指标任务的实际奖分计算，分值为 274.92 元（1996 年分值 258.48 元，1997 年增加 16.44 元）。奖励不封顶，扣罚不保底。

2000 年，村干部报酬，仍按固定基本工资、浮动工资、奖励工资组成不变。村干部报酬计算方法：

第一，固定工资。按村、社两级股东劳动力平均分红的 6 倍计算。即村干部当年固定工资＝当年村、社两级股东劳动力分红总额 ÷ 参加分配劳动人数 ×6。

第二，浮动工资。浮动工资按百分制计，分为四大考核指标：工业生产 22 分，农业生产 22 分，计划生育 24 分，精神文明建设 32 分。各大项共分为奖罚 30 个指标及若干个小指标。到年终，大沙镇政府组织有关职能部门，按对口工作进行评议，全面考核，达到规定指标任务要求的即计满分，达不到指标要求或计划生育超标则扣分。

第三，奖励工资。为稳定和发展工企业生产，努力提高企业经济效益，壮大集体经济，设单项奖励 2 个：村级工企业当年到账，属村经济联社所有是税后纯利润中，按 2% 提取奖励金；比上年新增利润部分提取 1% 作为村干部奖金。

基本工资、浮动工资和奖励工资的发放，结合个人的工作实绩，体现德、能、勤、绩的原则，工作成绩好的，贡献大的多得；分管工作不得力，未能完成工作任务，或所分管的工作被否决的，少得，防止搞平均主义。村干部之间等级评定分 3—4 个级别，上限 120%、下限 80%。具体分配方案由村委干部会议通过，并在村政务公布栏中公布。

五、村委会干部退休人员报酬制度改革

村干部有来自土地改革、合作化、公社化时期参加农村工作的，在农村工作 20—30 年，兢兢业业，任劳任怨地为党的事业，为农村经济发展，为民众服务做出很大贡献。由于已达退休年龄，将陆续离开工作岗位。1986 年，制定《广州市黄埔区大沙区公所关于乡级（村级）干部退休待遇暂行办法》。

一、享受退休待遇的条件和范围

（一）退休年龄规定。凡担任过村一级干部（含生产大队、乡政府下同）的，并

有10年（含10年，下同）以上工龄，男满60周岁、女满55周岁者，可享受村干部退休待遇。

（二）未达龄规定。曾担任过村一级干部职务，有10年工龄以上的，后因身体或调整工作等原因，已不在职而又符合退休条件者，以及因工作需要组织安排退的，也可以享受村干部退休待遇。

（三）病退规定。工龄超过10年以上，但因身体弱或有疾病已不能胜任工作，但又未达到退休年龄的村干部，可以申请病退，经大沙区公所党委批准也可以享受村干部退休待遇；因身体条件，组织上安排退下来的村干部，亦可享受村干部退休待遇。

二、退休的级别和待遇标

待遇计算办法：按现职村干部的基本报酬为基础，实行水涨船高，即以现行（当年）的基本工资、浮动工资2项组成，按当年终结算所得（下同），以退休待遇的基本补贴（工资）计算标准为依据，并享受部分现行的奖励工资（不含其它单项奖励）分3级9个档次。

（一）30年及以上工龄的。

1. 一级：第一，30年工龄（含30年）以上的正职干部，即退休时担任村党（总）支部（党委）书记、村委会主任（下同）按现职干部的基本工资（含浮动工资，下同）50%计算，奖励工资部分按25%计算。

2. 30年工龄以上的副职，即党（总）支部（党委）副书记、村委会副主任（下同），按现职干部的基本工资45%计算，奖励工资为20%。

3. 30年工龄以上的一般干部，按现职干部的基本工资40%计算，奖励工资按现职干部的15%计算。

（二）工龄20（含20年）—29年的。

1. 正职退休干部按现职村干部基本工资(浮动工资,下同)的45%计算，奖励工资为20%。

2. 副职退休干部按现职村干部基本工资40%计算，奖励工资以15%计算。

3. 一般退休干部，按现职村干部基本工资35%计算，奖励工资为10%计算。

（三）三级：工龄10（含10年）—19年的。

1. 正职退休干部按现职干部基本工资（浮动工资，下同）的40%计算，奖励工资为15%计算。

2. 副职退休干部按现职干部基本工资的35%计算，奖励工资为10%计算。

3. 一般退休干部按现职干部基本工资的30%计算，奖励工资为5%计算。

1989年9月19日和1989年11月15日，大沙镇党委办公室、政府办公室召开专门会议，讨论和修改《黄埔区大沙镇关于村级干部退休待遇试行办法》（简称试行办法）。享受退休待遇的条件和范围，按原来的3点意见基本没有变化。

三、修改后的退休级别和待遇标准

从原来3级9个档次改为3级6个档次：

（一）工龄 30 年及以上的。此工龄段的正职干部，按当年现职干部基本工资和浮动工资（下同）的 50% 计算，作为该级退休干部的退休金。

副职及在编干部的退休待遇按退休正职干部90%计算，为该级退休干部的退休金。

（二）工龄 20（含 20 年）—29 年的。

1. 正职退休干部，按当年现职干部基本工资和浮动工资（下同）的 45% 计算退休金。

2. 副职及在编的其他村干部，按退休正职干部的 90% 计算退休金。

（三）工龄 10（含 10 年）—19 年。

1. 正职按在职干部基本工资和浮动工资的 40% 计算退休退休金。

2. 副职及其他在编干部，按退休正职干部的 90% 计算退休金。

（四）工龄在 6—9 年的不足 10 年工龄村干部退休补助，按当年退休正职或副职干部退休待遇，每年工龄一次性补助 1 个月；5 年以下工龄的，每年工龄一次性补助半个月。

1990 年 1 月 1 日和 1992 年 5 月 30 日，大沙镇政府分别对试行办法的基本内容未作调整，继续实施，并补充内容 1 项："退休村干部享受本待遇者，同时可以以社员资格享受所属生产队所规定的集体社员分配，但是，不能同时享受村、队为退休人员而设的'老人金''养老金'或'退休金'等类似的双重补贴。"

村退休干部报酬、退休金是按大沙镇新修订的试行办法执行，经过一段时间实践，证明这个办法切实可行。

第三篇 经 济

第一章 经济发展概述

文冲地域属于珠江三角洲冲积平原，南部是围田区，北部是低矮的丘陵地带，土地肥沃、河涌交错、雨量充沛、冬短夏长。围田区适宜种植水稻、甘蔗、蔬菜、香蕉、大蕉、柑橙、荔枝等作物；文冲人的祖先开始在丘陵地带的小山岗种植果树，主要青梅、荔枝、乌榄、白榄、柿子、菠萝等。中华人民共和国成立时，文冲村有耕地533.33公顷，大多种植果树。中华人民共和国成立初期，耕地略有增加，以农业为主，没有工业，手工业也不多，只有加工场、酱料场、辗米厂、酒厂等。

西面的乌涌圩（又称旧圩）有木器手工业作坊，制作一些传统家具、农具，还有小商铺、杂货铺共30多家。另也开设过用蚬壳作原料的灰窑，生产蚬壳灰。东南面的廻龙市（新圩）有打铁铺、纸扎铺、理发店、茶楼、小食店、水果店、酱料店、药材店、肉店、缸瓦店、赌场、烟馆、妓馆、医馆、辗米厂、当铺、棺材铺等，以及日用商品店共40多家。还有摆卖水果的生果基，果行大街，买卖猪、牛牲畜的牛地街。这些都是私人开设的小作坊，没有像样的工业、商业和手工业。廻龙市每月圩期逢农历的二、五、八日，四乡村民都来趁圩，人丁兴旺，生意也不错。但由于烟馆、妓馆、赌场的危害，有些人沦为亡命匪徒，杀人越货，打劫勒索，绑架害人，社会治安混乱。

中华人民共和国成立后，经济发展大体分为3个时期：

第一个时期为1950—1958年8月。黄埔地区（含文冲）开展农村土地改革和农业生产合作化运动，废除封建土地所有制，没收地主土地，把地主土地和公尝土地分给贫下中农耕种，实现耕者有其田。农民获得土地，生产热情高涨，并经过农业生产互助组、初级农业生产合作社、高级农业生产合作社的建立，农、林、牧、副、渔业全面发展，特别是水果生产达到鼎盛时期，年总产量：荔枝60万公斤、青梅50万公斤、菠萝55万公斤、乌白榄50万公斤，其中黑叶荔枝、菠萝、大核青梅成为名优产品。黑叶荔枝出口港澳地区，青梅、白榄通过腌制加工后，出口中国香港、澳门及东南亚地区；菠萝出口到前苏联和东欧一些国家，深受欢迎。水果经济收入是文冲村民的主要生活来源，是文冲农业的经济支柱产业。当时，廻龙市街口建有1座牌楼，上书对联曰：“荔园梅林风景秀丽闻中外；农林渔副全面发展看今朝。”是当时文冲经济发展的真实写照。

第二个时期为1958年8月至1976年10月。由于受几次政治运动的影响，文冲和全国一样，经济发展经历曲折，甚至停滞不前。“大跃进”期间，由于违反客观规律，盲目冒进，搞高指标，瞎指挥，不少土地丢荒弃耕，造成粮食减少，水果生产遭到严重破坏。在分配上刮起“一平二调”（即平均分配、上级无偿调拨生产队财力和劳动力）的“共产风”，严重挫伤干部群众积极性。出现1959—1961年的三年经济困难时期，1959年起2年内，农业总产量连年下降，副食品实行凭票定量供应。由于粮食严重紧缺，食堂要做“双蒸饭”，以蔗渣粉、木薯粉，及用蔗头、菠萝头搅成粉浆煮来充饥。因食不饱，营养不良，文冲近百人患上水肿病，其中有10多位老人因水肿病而死亡。

1961年下半年，贯彻中央“调整、巩固、充实、提高”的八字方针，农村体制下放，实行以生产队为基本核算单位，恢复生产计划，加强劳动力管理，实行按劳分配，经济形势才开始好转。

1962年，上级派出工作队到文冲生产大队搞经营管理，实行农村经营体制下放。经整风整社后，实行以生产队为核算单位，自负盈亏的经济管理体制，充分调动干部群众生产积极性。

1961—1963年文冲生产大队分设5个生产大队情况表

表3-1-1

生产大队名称	生产队名称	生产队数量（个）
文冲	团结、文新、仁和、元友、渡东、渡西	6
东坊	和庆、大巷、东新、东埠、初昇、东一	6
西坊	西一、红星、光明、光辉、文成、三益	6
江北	中约、西约	2
江东	第一、二、三队	3

说明：1964年，再次调整，将5个生产大队合并为一个生产大队，称文冲生产大队

1963年，中央出台一系列农村经济政策，恢复社员自留地，农副产品可以在农贸市场自由买卖，社员的生产积极性高涨，经济迅速恢复并有所发展，社员生活有所好转。

1976年10月，粉碎江青反革命集团后，拨乱反正，经济进入新的发展时期。

第三个时期为1978年12月中共十一届三中全会后。开始以经济建设为中心，坚持发展工农业生产，多种经济成分并举。农村实行联产承包责任制，调动生产者和经营者的积极性。文冲生产大队适时调整产业结构，发展农业生产，扩大果树、蔬菜等经济作物的种植面积，推广农业科技，同时，发展畜牧业和水产养殖业。在搞好农业生产的基础上，大力鼓励发展第三产业和工企业，引导生产队（社）、个体户一齐上，利用征地资金和经济发展留用地，兴建仓库、码头、工业厂房、商场、商铺、商业大厦、汽车运输、农贸市场、加油站、制衣厂、塑料编织厂、土法炼油厂、茶楼、酒店、房地产等项目，并和港、台商合资、合作办起制衣厂、酒楼、鞋厂、木业加工厂、铝

材厂6家企业。2002年底止，村、社（队）、个体共建物业（商企业）350多家，物业建筑面积777374平方米，年收入超过1亿多元，物业收入已成为村的经济发展支柱产业。

1988—2001年文冲村经济收入情况表

表3-1-2

年　份	农村经济总收入（万元）	户籍人数（人）	人均收入（元）	劳动力人数（人）	劳均收入（元）
1988	2047.11	3332	2063	2138	3215
1989	2747.80	3189	2490	2083	3812
1990	3513.48	3254	2797	2180	4174
1991	4144	3132	3100	2087	4652
1992	8348.88	3097	4338	2088	6434
1993	15255	3093	5958	2102	8768
1994	24693	3068	8501	2211	11795
1995	33776	3056	12108	2213	14508
1996	34609	3063	12217	2198	15217
1997	35868	3198	12052	2175	15052
1998	33575	3270	12077	2205	15027
1999	36212	3308	12028	2210	15058
2000	38106	3394	12100	2198	16100
2001	38546	3445	12263	2193	16263

说明：资料摘自《大沙镇志》

1991—2001年文冲村经济合作社社员收益分配统计表

表3-1-3

年　份	总收入（万元）	常住人数（人）	分配人数（人）	人均分配（人）	股份（股）	股值（元）
1991	414.4	5938	3132	310	—	—
1992	834.8	6289	3097	433.8	—	—
1993	1528.8	6435	3095	5958	—	—
1994	2469.3	6316	3068	8501	—	—
1995	2532	6355	3200	6993	—	—
1996	5548	6398	3214	7080	20873	934
1997	2125	6399	3290	4596	22200	686
1998	1846	6293	3308	4087	22702	675
1999	2110	6423	3314	4505	56848	657
2000	2331	6529	3394	4908	60393	649
2001	2346	6354	3445	4856	60601	642

第二章　农业

第一节　农业管理机构

1950 年 6 月，中央人民政府颁布《中华人民共和国土地改革法》。当年夏季，由广州市派出的土改队陆续入村，开展退租退押、清匪反霸运动。划分阶级成分，没收地主的土地、耕牛、农具，分田、分地、分屋、分粮食给贫雇农，发展农村生产力。土改复查后的 1953 年，农民在农忙季节自发组织起来，互相帮助，组成农业生产互助组，郭炎彬、叶哪等 10 多户农民最早成立互助组。1954 年，有互助组 40 多个，参加互助组农户共 300 多户。

1955 年 10 月，全村建有初级农业生产合作社，入社农户 127 户，占总农户的 18% 左右。合作社将各社员的土地评定入社，连农具耕牛也折价入社，并评定产量，年终分红。当时，初级社实行统一经营管理、统一种植、统一调配劳动力的体制，组织较合理，提高劳动生产率。高级农业生产合作社成立时，土地完全归集体所有。统一规划、统一安排，全社统一核算，劳动力相对集中，发挥其积极作用。高级社设社长 1 人、副社长 4 人，下设组长、记分员、工分定额员、会计、出纳等。5 个正副社长分管水利、生产、绿化林果、畜牧业、治安等，还设妇女调解员。高级社按自然村分耕作区，文冲东坊、西坊片与文园、桥头坊、江北耕作区，高级社将全社土地因地制宜地安排分配各耕作区，耕作区又把土地安排各个生产组，负责各项生产任务。实行按劳动工分计酬，年终分配。

1958 年 8 月 6 日，毛泽东视察河南省新乡县七里营人民公社，称赞“人民公社好”。广州市郊区根据中共广州市委关于全力组建人民公社的要求，由原来的东圃大乡和横沙大乡合并，于 8 月 28 日成立黄埔人民公社，管辖棠下、车陂、黄村、吉山、新塘、棠东、茅岗、横沙、文冲、姬堂等 14 个生产大队。

人民公社实行政社合一，全社统一核算，“思想革命化、组织军事化、劳动战斗化、生活集体化”，体现人民公社“一大二公”的作用。文冲生产大队分为 4 个生产中队，西坊为第一中队、东坊为第二中队、文园为第三中队、江北为第四中队。中队下设蔬菜、果树、甘蔗、禾田组。大队还设有畜牧、“三鸟”、蜜蜂、工副业组。

大队大搞积肥运动（包括家庭肥），实行三定：定人、定工分、定肥量。把肥料施放到果树，使文冲果树满山青绿、果实累累。后因“以粮为纲”，忽视水果生产，致使水果减产失收。有一段时间联队（生产队）设集体饭堂，一日三餐免费吃，美其名曰：“社会主义是天梯、共产主义是天堂”。

1960 年 10 月，农村经济体制下放，文冲生产大队划分出 5 个生产大队：东坊、西坊、文冲、江东、江北。1964 年，又将这 5 个生产大队合并成原有的文冲生产大队。确定三级所有制，以生产队为核算单位 30 年不变。提出 4 个统一：土地统一、种植统一、施肥统一、分配统一。实行生产管理责任制，包田到户，生产管理好，发挥和调动社员劳动生产积极性和创造性。

1978 年 12 月，中共十一届三中全会召开后，文冲生产大队从 1983 年开始分田到户，实行家庭联产承包责任制，一定 20 年不变。生产队根据土地种植品种，定产定值，按口粮定产值，定出每年上交粮食给生产队 30%，其余归社员所有。生产队的土地、果树宜分则分，宜统则统（边远山区和零星果树、鱼塘等由生产队统一投标，以高者得，可自由种植）。如果有任务的，产品一律上调，款项由耕者所得。有国家任务的按口粮比例分给社员负担，调动社员生产积极性，促进农村经济发展，社员生活水平迅速提高。

农村经济迅速发展，农村建制相应改变。1990 年 11 月 15 日，成立文冲村经济联合社，并制定《大沙镇文冲村经济联合社章程》。村经济联合社（简称经联社）的最高权力机构是社员代表大会，社员代表由各生产队进行民主选举产生，根据生产队规模大小确定代表名额 3—7 人，并由社员代表选举产生村民委员会和经联社领导班成员。村委和经联社班子成员任期为 3 年，如因特殊情况任期延期或提早由上级决定，称职者可连选连任，不称职者可经过社员代表大会罢免。

2002 年 8 月，撤镇建街时改为文冲股份经济联合社。

第二节　种植业

文冲村农业经济发展大致为三个时期。第一时期为 1953—1957 年，是我国发展国民经济的第一个五年计划。第二时期为 1958—1978 年，经济发展遭遇曲折，进展缓慢。第三时期为中共十一届三中全会后，1979 年，以经济建设为中心，坚持改革开放，搞活经济，奔向“小康”，文冲村的发展基本遵照这一发展方向推进。

一、粮食作物

土地改革后的 1953 年，文冲耕地面积有 8200 亩；农业合作化时期，水田 2600 亩、甘蔗 1500 亩、蔬菜 1000 亩、花生 500 亩；山坡地果树 2000 亩；其他经济作物 600 亩。

水稻田一年两熟，精耕细作，力创高产。主要措施有：第一，改土、深耕、犁冬晒白，挖塘泥、河泥，还有“火烧泥”（铲草皮晒干后堆烧）施有机质肥料（垃圾）和农家肥等，合理施放化学肥。第二，科学种田。疏播育壮秧，合理排灌，降低地下水位，晒田，实行薄膜育秧，巧放秧头肥。第三，防治病虫害。浸种时用“福尔马林”消毒，黄泥水盐水浸种并及时防治白叶枯病和稻瘟病；用农药喷杀三化螟虫和剃枝虫等。第四，单造田改双造田，一年种两造。第五，推广水稻良种化。因地制宜地创水稻高产。

二、经济作物

文冲村的经济作物以种植果树为主，素有水果之乡之美称。

荔枝：品种较多，文冲黑叶荔枝为首位，颇负盛名，享誉海内外。糯米糍、水东、桂味、尚书怀、妃子笑等荔枝，都是很好的岭南佳果。

青梅：同样是文冲的特产。中华人民共和国成立前至1957年间，文冲青梅也是闻名于世的产品，品种甚多。大核青、红面珠灯，可加工话梅。每年3—4月时水稻未收成，民间称此为“青黄不接”期，青梅于此时收成出售，村民以收入款项购买粮食，称之为“命根子”“救驾大将军”。

菠萝：主要是在偏远的黄土山坡上种植，产量多，品质好。菠萝产品由广州市食品公司收购，远销国内外。1956年，由省进出口公司负责办理文冲菠萝的收购出口，销往苏联及东欧国家。每个都精挑细选，个大而肉甜，深受喜爱。当时，苏联曾派专家到文冲视察菠萝的产销情况。

乌榄、白榄：是村民擅长种植，且收获可观的水果。乌榄、白榄经加工后，可加工成凉果，出口到海内外。

甘蔗：文冲每年都超额完成国家下达的甘蔗生产任务。并且开展甘蔗高产科学试验，收获甘蔗运往在荔湾的西村广州华侨糖厂加工成白糖或片糖出售。

香蕉：一年四季都有收成。成为文冲村民的辅助收入。

木瓜：“岭南果王”木瓜的种植较普遍，主要是在山坑田、自留地种植。

柑橘橙：主要在山坑田种植。中华人民共和国成立前，有种植习惯，后由于时势动荡，柑橘橙几乎绝迹，文冲在20世纪80年代开始大量种植，面积达660亩。到90年代总产超50万公斤。

此外，文冲还种有杨桃、三华梨、鹦嘴桃、白核甜桃（现已失传）和少量黄皮、龙眼、番石榴、芒果等。是名副其实、远近闻名的水果之乡。

1988—2001年文冲村主要农作物产量统计表

表3-2-2-1　　单位：公顷（面积）、吨（产量）

年份	水稻		花生		甘蔗		蔬菜	
	种植面积	产量	种植面积	产量	种植面积	产量	种植面积	产量
1988	1	5.06	23.33	60	20.63	7189	36.67	1080
1989	1.2	5.07	20.33	95	24.03	6602	36.67	1396
1990	0.4	2.08	10.6	94	24	6455	36.67	1529
1991	0.33	1.65	7	92	21.33	6563	36.67	1604
1992			4.07	93	21.33	6660	36.67	1633
1993			1.07	100			73.33	1681
1994								
1995					1.4	105	183.33	2875

续表 3-2-2-1

年份	水稻		花生		甘蔗		蔬菜	
	种植面积	产量	种植面积	产量	种植面积	产量	种植面积	产量
1996					2.33	175	204.2	3207
1997					3.33	250	205.67	3840
1998							216.27	3720
1999							205.8	3543
2000							219.87	3221
2001							218.93	3780

说明：以上数据摘自《大沙镇志》

1988—2001 年文冲村主要农作物产量统计表

表 3-2-2-2　　单位：公顷（面积）、吨（产量）

年份	柑橘橙		香蕉		荔枝		乌白榄		木瓜	
	种植面积	产量	种植面积	产量	种植面积	产量	种植面积	产量	种植面积	产量
1988	44.73	950	26.6	105	15.8	35	42.7	230	0.2	1
1989	44.41	1730	25.04	112.7	14.4	70	41	250		
1990	44.4	1880	10.91	144.7	15.8	475	40.13	395		
1991	44.4	2045	10.91	170.5	16.01	151	40.13	324		
1992	44.4	2573	10.91	182.8	9	37	29.23	359		
1993	44.4	137.6	23.47	91.5	9	28.5	26.4	40		
1994										
1995	30.2	306	8.93	167	9.73	90	17.67	185	0.67	1
1996	3.33	20	10	170	9.87	10	15.33	130	0.8	1
1997	2	25	16.67	437	9.67	12	14	102		
1998	0.67	15	15.8	474	9.67	1	12	27		
1999	0.67	12.5	14	420	6.67	35				
2000	1	1	13.33	421	6.67	15				
2001			13.33	420	9.67	1				

说明：以上数据摘自《大沙镇志》；1994 年缺数据资料

第三节　林业　水果

一、林业

文冲村北部为丘陵地带，其主要的山脉有海拔 200 多米的大田山和大窿山、官路山、梅花山、飞鹅岭（状元山）、华坑山（部分）山林谷地，白旗岭是文冲村的主要林业产地之一，全村有林业地约 382 公顷。据 2000 年 5 月《广州市黄埔区生态公益林分级改造总体规划》记载，乡土树种有 100 多种，主要类型：针叶林、针阔叶混交林、季风常绿阔叶林、竹林和人工防火林。以马尾松、桃金娘树和纤毛鸭嘴草群落为主，主要分布在大田山、官路山和梅花山等地。灌草丛、土密树、黄牛木群落和山黄麻、盐肤木，主要分布在大田山丘陵下部和其他部分谷地。此外，各山麓间种有部分青皮竹。

20 世纪 50 年代开始，文冲各山麓普遍点播松籽，待松树长大成林后，疏林砍松树做木材或木柴出售，山坡谷地开垦种植菠萝。1970 年，文冲生产大队党支部号召各生产队及青年民兵上山种杉树，各生产队执纸抽签分地段，确立谁种谁收（只有江东 3 个生产队没有参加种植）。1990 年，对种下 20 多年的杉树，进行一次疏林，砍伐 700 多株。所有山林归文冲生产大队统一管理，如要砍伐，须经文冲生产大队许可、镇政府批准，方可砍伐使用。70 年代前，采伐的松林杉木多用来防洪抢险、建筑房屋、修建堤围之用。其山林一直保存有较完整的天然公益生态环境，不准随意砍伐，保护珍贵的绿色植物造福社会。

（一）造林绿化。60 年代，文冲生产大队成立绿化领导小组，建立培育树苗基地——禾坑尾青梅基地。种子由广州市农林局供应，育出多种树苗，其中有杉、马尾松、桉树、苦楝树等品种，分给各生产队种植。

70 年代，每年植树季节，文冲生产大队绿化组人员带领文冲小学师生和村队干部上山点播松籽，绿化造林，使文冲山林地带一直保持一片葱绿景象。大田山、梅花山、官路山附近一带土地肥沃，植物繁茂，乔木灌草木、蕨藤类植物计有 100 多种，终年郁郁葱葱。文冲生产大队党支部号召各生产队和基干民兵到山上种杉树 3000 多棵。90 年代，受大气污染侵蚀，大量松树枯死，转而采用改造林相的办法，每年开展造林绿化运动，文冲村派干部、群众上山种桉树、相思树等 2000 多棵。1991—2000 年，参加绿化造林 520 多人次。

（二）森林防火。文冲地域山地火灾曾发生过 4 次，每次受害森林面积不足 1 公顷。1997 年，梅花地“入山狮”曾有人烧垃圾杂草发生 1 次；1999 年清明节期间，扫墓烧炮竹发生 1 次；2000 年春节期间，小孩玩火箭炮引起文园山失火；2002 年 11 月，大田山石场垃圾池有人火烧垃圾杂物，引起烧山，烧 3 天 2 夜。对于这 4 次森林山火，大沙镇政府、文冲村委会都追究当事人的责任，并开展安全防火教育，对责任人给予罚款处理，惩教相结合，以防为主，切实防止文冲山林地带的火警发生。

二、水果生产

明末清初诗人、世居番禺的屈大均在《广东新语》卷二十五·橘柚记载：“番禺鹿步都，自小坑、火村至萝岗，三四十里，多以花果为业。自黄村至朱（珠）村一带，则多梅与香蕉、梨、栗、橄榄之属，连岗接阜，弥望无穷。史所称番禺多果布之凑是也。”火村、萝岗在文冲的东北面，黄村、珠村在文冲的西面，可知此一带自古盛产岭南佳果，水果品种繁多。文冲地区也不例外，名优产品多，荔枝、青梅、乌榄、白榄、菠萝、柑橙、香蕉等，一年四季都有水果收获，是广东省有名的水果之乡。

20世纪50年代，是文冲地区有史以来水果盛产期，荔枝种植面积1500亩，其中水基黑叶1000亩，山上糯米糍、桂味225亩，其他有水东、怀枝、生枝、妃子笑、白糖罂、甜岩等共275亩。全村荔枝平均年总产量40万公斤至50万公斤。1955年，荔枝大丰收，年产60万公斤，其中黑叶40万公斤，糯米糍、桂味13万公斤，“杂枝”7万公斤。

水基与山岗种植青梅1400亩，品种有杏梅、大核青、红面珠丁等。1956年，50万斤；山岗种乌榄、白榄1470亩，其中乌榄550亩，主要品种有亚陀、油榄、青乌榄、斜身榄、立秋乌榄等，年产21万斤；白榄种植920亩，主要品种有黄榄、水榄、山头、三方等，年产量29万公斤；50年代，在山岗种植菠萝1100—1500亩，1956—1957年，年产量55万公斤。

中华人民共和国成立前，文冲曾种植柑橙900多亩，主要品种有暗柳橙、蕉柑、年橘等。由于战乱时期，人心惶惶，民不聊生，果农无心耕种；加上柑橙虫害多，管理跟不上，故年产量只有4万公斤至9万公斤。中共十一届三中全会以来，农村实行联产承包责任制，农民生产积极性高涨，文冲地区农民种植柑橙660亩，年产量53.5万公斤。在水基种植香蕉、大蕉250亩，年产量：香蕉12.5万公斤、大蕉1万斤。其他水果180亩，年产3.15万公斤。品种有杨桃、三华梨、鹦咀桃、白核甜桃、龙眼、黄皮、番石榴、芒果、无花果（桂木）木瓜、黑蔗、西瓜、葡萄、酸棯、沙田柚、柠檬、柿子等。

据民间口传，文冲地区在明朝洪武年间（1368—1398）开始种植果树，到20世纪50年代，已是水果之乡。据统计，单株年产500公斤左右的老果树有68株，其中：糯米糍15株、乌榄20株、白榄33株。土地改革时，文冲地区果树种植面积占总耕地面积86%；1956—1957年，水果年经济收入161万元至170万元，人均447元，水果生产收入是村民的主要经济来源。

20世纪50年代，文冲村总人口3600人（960户），种植水稻面积1000亩，占耕地总面积14%，年亩产375公斤稻谷，年总产量37.5万公斤，按每人每月口粮22.5公斤稻谷计，共需要97.2万公斤，只能解决4个半月口粮，还有7个半月口粮需要国家供应。

50年代是文冲水果生产的鼎盛时期，各种水果种植面积6000—7000亩，花生、甘蔗、蔬菜种植面积500—1000亩，水果年总产量200万公斤至215万公斤。2002年，各种水果种植面积只有689.5亩，年总产量27.6万公斤，造成水果大辐度减产的主要原因是：

第一，政策不利水果发展。1958年“大跃进”和人民公社化运动，上级无偿抽调生产队的大量劳动力，搞大炼钢铁，到流溪河、北江大堤、沙太公路、和龙水库、水口水库等地搞建设；大炼钢铁时，集体饭堂的燃料靠砍山上的松树、果树，果树损失严重；又因在1959年下半年至1962年的经济困难时期，上级要求“以菜为纲，以菜带粮”，后来又“以粮为纲”，文冲地区许多果林地被毁，改种蔬菜、水稻，水果生产受影响，当时被砍掉水基种植的果树1000多亩，使水果大幅减产。

第二，国家建设征用大量土地。1958年11月，文冲船厂开始征用文冲生产大队的土地，相继有外贸仓（现广东省外运黄埔仓码实业有限公司）、广州航海高等专业学校（现广州航海学院）、广州石油化工总厂、广州市污水处理厂，以及省、市、区及镇、村等单位征用文冲土地共6868.112亩，占文冲当时总耕地面积8200亩的83.76%。

第三，污染。

大气：黄埔发电厂煤灰、粉尘，文冲船厂沙尘等挥发性有机物排放时大气（空气）的污染；广州石油化总厂的煤灰、粉尘、二氧化硫、臭氧等挥发性有机物排放，导致恶臭空气的产生，使文冲等村的村民觉得有刺鼻的味道，有时半夜也被恶臭气味刺醒，大气污染对人的身体健康，农作物特别是对水果生产影响较大。

水质：广州石油化工总厂排出来的废水全部经文冲河涌流往珠江河，文冲农田灌溉用水，鱼塘用水，水果生产用水，村民生活用水，食用水都受到污染。1980—1998年，每年每次下大雨后，农作物受污染和水浸泡后受害，广州石油化工总厂平均每年要赔偿农作物损失约30万元。

光（“火炬”）：广州石油化工总厂“火炬”昼夜排放废气燃烧，影响农作物生长，特别是对乌榄、白榄的污染严重，“火炬”夜光引诱害虫对乌榄、白榄肆虐，很多榄树不明不白地枯死。

以上情况绝大部分是老干部、老村民共同反映的：80—90年代，污染最严重。1992年后，由于各级重视和媒体的监督，广州石油化总厂努力治理环境污染，使以上3项污染逐年减少，村民对工厂的污染意见也逐年减少。

第四，村民对发展水果生产失去信心。由于疏于管理，没有及时对果树施肥、除虫等，只等水果有收获时才去采摘，使水果生产逐年减产或逐渐消亡。

第四节　畜牧业与养殖业

中华人民共和国成立前，文冲地区畜牧业不成规模，只是农户分散养殖，自由放养，一般农户一家最多饲养1—3头生猪和少量“三鸟”。文冲地区河涌交错，适合放养鸭、鹅，农户有放养鹅鸭的好习惯，文冲和文园村有2家养鸭专业户，养鸭上千只，成活率高。肉鸭子均长到1.5—2公斤重，又肥又嫩的鸭子，销路广，远近闻名，人人称奇。

中华人民共和国成立后，畜牧业得到发展，经历几个阶段。高级社时期，畜牧业获得较大发展，文冲地区出现集体养猪场、奶牛场、养鸭场和养蜂专业队。1957—1960年间，文冲生产大队在大片头（地名）建立养鸭场，养母鸭1000多只，年上市肉鸭 5000 只；在江北西约鱼塘边设有母鹅场，养母鹅 500 只，就地孵化鹅苗 2000 多只。出现饲养能手陆惠波、陆祖荫、陆兲苏、黎窝和陈炳洪等人。

1958 年，人民公社化后，省食品公司在文冲官路山边（大田水库）建起南、北转运食用牛场。文冲丰富的天然草料和甘蔗尾叶，是牛吃的好饲料，在这里喂上 1 个月，就把菜牛转运往省内各地；文冲生产大队在生果基南，办起 1 家奶牛场。初时公私合营，后来大队集体经营，养有奶牛 130 头，其中引进荷兰的黑白花奶牛 30 多头，每天产奶 50—100 多公斤，把品质好的鲜奶直接运送到广州东川路的牛奶公司供应市民。在高级社时期，文冲成立养蜂专业队，蜜蜂从原有 200 多箱发展到 1000 多箱，出现养蜂能手陆南大、陆永兴、陆学文、陆凤池等 10 多人，在大队干部带领下，携蜂群出外，到过几个省去采蜜，发展养蜂业。

1961 年，由于遇到自然灾害，粮食因减产而紧缺，禽畜饲料严重不足，致使生猪、“三鸟”饲养量大幅下降。为了挽救这种局面，在公社指导下，文冲生产大队采取积极措施，专配管理员、饲养员、兽医技术员在“蟹山”办起大型养猪场，养母猪 500 头、公猪 4 头，大小生猪发展到 1000—2000 多头。当时，文冲生产大队成为黄埔人民公社养猪先进单位。“文化大革命”期间，由于只许发展粮食生产，限制其他经济发展，生猪上交任务按口粮分配，还要交“忠”字鸡、鸭，挫伤农民饲养家禽与牲畜的积极性。后来，随着农村经济体制变化，多年来经营不善、经济效益差的集体禽畜饲养场随之解体。全生产大队畜牧饲养业受到很大影响。

1978 年前，政府实行社员肉猪派购，“购六留四”，上缴六成、自留四成的政策，鼓励社员用谷糠与杂粮饲料养生猪，大队抓兽医队伍建设，建猪舍，提供饲养技术等措施，各家各户圈猪积肥。全生产大队畜牧饲养业随即出现发展势头。1985 年后，取消生猪派购任务，猪肉凭票供应也随之取消，畜牧业进入优化生产和价格按市场价值规律调节的新阶段。

实行改革开放政策后，文冲涌现出一些成绩突出、贡献较大的畜牧养殖专业户，其中：出现西坊社员陆桂祥饲养 10—20 多头奶牛的专业户；陆燕嫦养殖良种猪 108 头；江北钟桂芬养鸡 1 万多只等。2002 年 8 月，黄埔区撤镇建街，原来的镇村已改为城市建制。为搞好市容环境卫生，防污染，农户私人不再养猪，各街道派人清拆猪场，给养猪户政策性补贴，协助部分养殖户搬迁，给予安排其他工作。

1991—2001 年文冲村畜牧业产值情况统计表

表 3-2-4-1　　单位：万元

年　份	1991	1992	1993	1994	1995	1996	1997	1998	1999	2000	2001
产　值	124.2	147.4	355.4	235	545	608	670	804	793	744	771

养殖专业户介绍：

养奶牛专业户　陆桂祥，男，从事奶牛饲养业 12 年。1962 年后，生产经营权力下放，文冲生产大队把奶牛分配给生产队管理，由其担任生产队奶牛场管理员和饲养员，掌握一定饲养技术。20世纪80年代，成为养奶牛专业户。建起360多平方米的奶牛场，养奶牛20多头，品种多是荷兰的黑白花奶牛，每天产奶从几十斤增加到150多公斤，在广州范围销售。其主要做法：自聘兽医技术人员，掌握科学饲养方法。饲料除广州奶牛公司供应外，春夏季种植牛草，秋冬季取本地甘蔗叶尾作牛主要食物。其本人也在石化路边经营鲜牛奶店，增加收益。

养猪能手　陆燕嫦，女，是文冲第十生产队社员。家住文冲渡头街。1989年，其在沙围承包地开办1个面积3500平方米的养猪场。开始由其大儿子李少江投资5万多元，后逐渐增加投入。2000年后，因沙围土地被征用而歇业。其养猪特色：引入台湾良种瘦肉猪100多头，到1992年引入母猪60多头、公猪2头。每年肉猪出栏量800多头，种猪苗3000头。每年投入资金5万元—10万元。1996—1999年，连续3年被评为广州市农村种养“女能手标兵”；2001年，被授予广州市妇女“三八红旗手”称号。

养鸡专业户　钟桂芬，女，是文冲第三社社员，初中文化。20世纪80年代，投资在江北土名叫“大松树”的60多亩果场内办一个大型养鸡场。养鸡1.5万多只，主要是本地三黄鸡、清远麻鸡、上海浦东鸡、福建莆田鸡和红菠萝鸡等品种。不断改良养鸡技术，既做兽医又当饲养员，不管白天黑夜，细心观察小鸡生长情况。夫妻俩共同管理果园和养鸡，发家致富。

养蜂专业户　陆永森，男，文冲第二十一社社员，曾任该社社长，高小文化。从小酷爱养蜂，懂得蜂蜜、蜜蜂花粉、蜂王浆等，这都是人体的天然营养品。其18岁时开始小规模养蜂，到现在已养蜂40多年，不断总结经验，终于成为文冲养蜂专业户。1989年，成为广省养蜂学会会员。1969年，饲养几箱中国蜂，渐渐发展到几十箱，后来引进多产的意大利蜂，到2000年后已发展到150箱。全年蜂蜜产量2500多公斤，蜂王浆15公斤至20公斤。一年四季采蜜糖4次。4月份，采荔枝、龙眼蜜；5—6月份，采山乌桕树花和细叶桉树花；9—10月份，采桉树花；12月份，采鸭脚木花产冬蜜。平时密切观察蜜蜂自然生长情况，按时分群喂养；人工育王，促进蜜蜂繁殖生长；按季节防病治病。蜂场设在花盛之地，在那里安营扎寨。每年到从化采荔枝花蜜，还到省内增城、龙门、顺德、棠下等地放养采蜜，收到较好的经济效益。

第五节　渔业与水产养殖业

一、捕捞

文冲地区临近珠江河，河涌纵横交错，在珠江边居住的文冲渡头街有少部分以捕鱼作为副业的农民，到珠江口各河湾及珠江河附近水域，以传统捕捞方法，撒网捕鱼、放钩钓鱼等，以增加收入。

二、鱼塘养殖

各自然村内四周都是鱼塘，共有大小鱼塘 8.25 公顷，以塘鱼养殖为主。

中华人民共和国成立前，文冲地区各自然村的村前或村后有祖辈挖掘修筑的鱼塘，特别是文冲东、西坊，四周都是鱼塘，可作村中消防用水、贮水；可作治安防御；可作美化环境；可作养鱼，增加收入。鱼类养殖多以投标方式，以价高者得而承包经营，收益后按规定向祖属公尝上缴租税。当时，鱼塘一般以养殖鳊鱼、鳙鱼、鲩鱼、鲮鱼、鲤鱼五大家鱼为主。平均亩产 250 公斤至 350 公斤左右，也有些村前水质好的鱼塘亩产 500 公斤。文冲鱼塘面积的分布根据本村环境而定，一口塘一般有 2 亩以上，较大的 17—18 亩。文冲村鱼塘面积较多，且有经验较丰富的养鱼人，祖传养鱼人陆荣福、陆厚全父子，还有陆仲九、陆应恒、陆格丹、陆进松、陈次兴等人。

中华人民共和国成立后，文冲各自然村的鱼塘保存较好，村前村后鱼塘面积基本上没有改变。鱼塘归生产队或自然村所有，由该队自然村负责派人经营管理并收益。

20 世纪 50 年代后，为了抗旱蓄水，挖塘贮水，放养鱼苗，并截涌成塘和挖田成塘，以养鱼增加收入。1960 年前后，塘鱼产量大幅提高，平均亩产 450 公斤至 500 公斤。这是因为在高级社期间，给蕉地、蔗田、稻田积泥肥，靠集体劳动力，把鱼塘的淤泥挖起同时用作肥料，也使塘底变深，贮水量多，放养鱼量大。还把鱼塘堤岸边用岩石砌好，给养殖淡水鱼创造良好条件。加上文冲高级社成立后，成立养鱼小组专门管理，由组长陆仲九负责，割草放入鱼塘作鱼饲养。搭浮动棚，喷药液，适当增加放养密度，品种搭配合理。文冲渔业组还派人到东圃镇宦溪村鱼苗场学习养殖技术和采购鱼苗，养鱼技术不断提高，故当时塘鱼产量普遍提高。

文冲村的官路（大田）水塘养的鱼，一条鱼有 5 公斤至 10 多公斤。上级推行土地联产承包责任制，调整农业结构后，文冲生产大队挖塘最多。把一些低洼田挖成水塘养鱼，另在整治河涌过程中，堵截河涌成塘养鱼。不过，低洼田初挖成新塘，养鱼条件差，水质瘦，产量低，平均亩产 100 公斤左右，根本不能与村中的旧塘相比。与此同时，大多数鱼塘由社员投标承包，放养技术不高，但鱼的品种有所增加，后来引进“非洲鲫”“泰国塘鲺”“泰国鲮鱼”“东北鲫”等，数量和产量也增多。塘鱼价格与销售情况，各年代有所不同，20 世纪 60—70 年代，鱼塘由生产队经营，向国家交售任务，完成任务后，剩余及超产部分作为集体收益和分配给社员食用。改革开放后，取消交售国家任务，塘鱼全部投放市场，价格一般每市斤 1.2 元以上；1985 年后，鱼价逐年上升，一级鱼卖到几元一斤。1988 年后，随着农村经济发展，国家建设和本地经济发展，征用土地建厂房或楼房，开设商业网点，当时，文冲村把鱼塘填平做堆场、仓库或其他用地，使鱼塘面积逐年减少，鱼的上市量亦减少，参与投标养鱼人员亦随之减少。2001 年止，全村鱼塘面积减少 5.89%。

三、鱼塘的面积与分布

养殖业在文冲农村经济中有其重要地位。文冲村四周都是鱼塘，从大更楼之南起有黄花塘 4.5 亩、深塘 2.4 亩、大塘 15 亩、曲尺塘 4 亩、石狮塘 6 亩、长塘 7 亩、埗头涌塘 2.4 亩、眼镜塘 1 亩、楼背塘 5 亩、方塘 4 亩、庄田塘约 1 亩、陈塘 4 亩。

文冲西坊隔水炮楼西南、西北各有一口鱼塘共 5 亩，咸榄寮塘 1 亩，达生厅前塘 1 亩。

江北东梁氏大塘 15 亩、小塘 0.5 亩，江北中陈氏塘 17 亩、小塘 0.6 亩（在陈氏青龙更楼边）。

江北西叶氏仲昌祠堂前莲花塘约 1 亩，村前 2 口鱼塘共 5 亩，金花庙前附近有 1 口塘约 1 亩。

文园大塘 12 亩，仁和更楼门前塘约 1.2 亩，华坑村边塘 10 亩。渡头街源源酱料场后 1 口塘 2 亩，新栈塘 2 亩，中栈塘（生果基南）1.5 亩，牛角围南、北各 1 口鱼塘合 18 亩。

1990—2001 年文冲村水产养殖情况统计表

表 3-2-5-1　　　　单位：公顷（面积）、吨（产量）、万元（产值）

年　份	1990	1991	1992	1993	1994	1995	1996	1997	1998	1999	2000	2001
面　积	6.45	6.45	6.45	6.45	6.45	6.45	6.53	6.4	6.67	6.6	6.07	6.07
产　量	45.9	47.4	48	49	50	90	95	58	53	53	50	50
产　值	23	23.7	29.67	32	32	58	59	40	21	31	30	30

20 世纪 80—90 年代文冲村渔业养殖生产表

表 3-2-5-2　　　　单位：亩（面积）、公斤（亩产）、吨（总产）

面积	总产	亩产	其中												未利用水面
			池塘			山塘			河涌			水库			
			面积	总产	亩产	面积	总产	亩产	面积	总产	亩产	面积	总产	亩产	
175.5	48.5	250	106.5	34	315	12.5	3	250	38.5	7	180	18	4.5	250	4.5

四、养鱼专业户

陆汉煜，男、文冲西坊人。从小随其哥耕塘养鱼。承包鱼塘共 2.6 公顷。学习科学管理，采用鱼塘打氧，合理放养鱼苗，划小艇科学投喂饲料，喷射防病药等方法，使鱼产量猛增，一口塘饲养泰国塘鲺，年产量 3000 公斤，比前翻一番。

第六节 农田水利建设

文冲地区地处珠江口，常受台风暴雨袭击；北部是丘陵地带，经常受干旱威胁。中华人民共和国成立前，围田区的堤围、涵闸抗灾能力低，堤面标高都在珠江水基面2米左右，堤身是泥坝（无石），单薄、矮小，难以抵御台风洪水侵害，常发生决口崩堤。堤围之外，有许多单造坦田，受洪潮浸泡，粮食产量低。北部丘陵地带的农田是靠自然水，陂头蓄引水、人力车水和戽斗提灌。遇上天旱则筑陂河涌少水或干涸，农田缺水，无法办田插秧，耽误农时，造成失收；如遇上大雨或暴雨，则山洪暴发，堤围不固，农田受淹，农业生产受到影响。从清朝到民国政府，都没有投资当地水利建设，崩堤围多是村民自发修筑加固的。当时，虽有公尝投资，但大多费用分摊，向受益户收取。中华人民共和国成立后至2002年止，历经多次大规模的农田水利建设和河道整治，水利设施已比较完善，对农业能防洪排涝、灌溉，还保护乡村民众生命财产安全和改善生态环境。

中华人民共和国成立后的不同时期，文冲村在上级政府支持下，大力兴修水利，大搞农田基本建设，整治河涌，修筑堤围，建起电动排灌，兴建水坝、水闸、涵闸，把耕地变成旱涝保收的良田。

中华人民共和国成立初期，文冲地区开始大规模农田水利基本建设，除市政府支持派出工作队外，在村中还发动村民，修筑堤围，抗洪防潮；挖筑圳渠，修建水塘，蓄水抗旱，并得到附近工厂工人和学校大中学生的支援。1964年，黄埔人民公社组织文冲、横沙、下沙、姬堂生产大队共同出资、出劳动力建成联围水闸，解决埗头涌至铁路以北丘陵地的排洪防潮问题。

20世纪60—70年代，水利建设重点是建设电动排灌站。文冲生产大队的广深铁路以北地区，山地较多，部分通过水陂引灌，其余部分则要靠电动水泵提水灌溉。1963年，上级水利部门拨款3万多元，文冲生产大队投资6万多元办起三级电动排灌站，安装5套水泵，把河水引上山坡。当时，抽水站设置是：第一级建在大园山脚（泵房）；第二级设在天窗坟和小岗；第三级建在石牛岭和长岗山。各级排灌站建好后，解决20公顷旱田的灌溉问题。是年为大旱年，16个月无下过透雨。在上级支持下，发挥集体力量，动员全体社员抗旱，筑水坝，日夜车水。通过三级泵站，把江水抽到黄泥田、白榄仔、大田山脚下的农田，使大旱年变成丰收之年。

1975年秋冬，黄埔人民公社组织茅岗、横沙、下沙、姬堂、双沙、文冲共6个生产大队，对乌涌河铁路以南段进行裁弯取直，合理扩宽，深挖河床，疏通河道。此河经整治后，彻底解决文冲等地区的防洪排涝问题。在大沙镇组织整治乌涌河大会战中，文冲生产大队每天都派出300多人突击20多天，在洪水到来之前完成整治工程。

1976年，文冲生产大队投资13万多元，在文冲船厂西侧新挖通1条长500米、宽20多米的河道，建起1座2孔（3米、5米）的电动排灌水闸，起到排洪、防潮作用，确保河道附近农作物旱涝保收，双造田亩产量由中华人民共和国成立初期250公斤至350公斤增至1982年的500公斤至600公斤，其他果蔬作物均有不同程度增产，彻底解决文冲农田长期涝害问题，人民生命财产安全也得到保障。

文冲河道面临珠江，原来河道堤岸无砌石，泥土被水冲入河中，淤塞河床，造成河水上涨，堤坝崩缺，淹没农田，因此堤围砌石是整治河道的一项重要措施。20世纪80年代，村内几条河涌堤坝都砌石加固。在区农委支持下，按区、镇、村三级投资方法，先后把珠江河沙围堤填砌石，加高加固500多米长；另沙围北侧至围仔堤填砌石268米长；大坦围堤填砌石230米长；石禾围堤填砌石360米长；葵龙尾南堤坐砌石480米长。共砌石加固加高堤围8宗，总长1.92公里。

90年代起，根据区农办提出的“200年一遇的防洪标准和20年一遇的排涝标准”的水利建设要求，开展水利建设。2000年起，文冲村在大沙镇的规划要求下，重点整治防洪排涝设施。在上级部门支持下，2年共投资158万元。整治项目有河道截弯取直扩宽，险段构筑混凝土护岸堤，并铺设岸边走道，个别堤岸建金属护栏；还对大望和岭背中心水圳、葫芦坦水圳、埗头涌至旱片水圳、江北东约塘坐下至江北中西约排水圳，两边加固砌石总长1108米。这些农业水利工程建好后，大大提高泄洪、排灌、防潮、抗旱能力。

1970年，自文冲建立防汛领导小组以来，20多年来，经常派出人员检查各地险段堤填及水闸排涝防洪运行情况，发现险情，及时组织人力抢修加固，文冲水利建设成效明显。

文冲地区小型水闸建设情况表

表3-2-6-1

工程名称	建地点	所在河流	主要用途	过闸流量(每平方米/秒)	闸门形式	孔数(个)	闸孔规格		建成时间(年)	维修时间(年)
							高(米)	宽(米)		
联围水闸	文冲下沙	乌涌	排灌	105	升降水泥门	7	5.5	5	1968	
文冲水闸	沙围	文冲河	排灌	24	升降铁门	2	6	5.3	1976	1989

1982年文冲生产大队河堤与内堤基本情况及建设情况表

表3-2-6-2

受益		堤防现有高程及设计能力				干河堤已砌石长度			达标工程量		工程费	劳动日
农田(公顷)	人口(人)	工程数(个)	设计高程(米)	现有高程(米)	设计预防能力	合计(公里)	加高(米)	新砌(米)	加土(立方米)	彻石(立方米)	(万元)	(个)
152	148	8	50	48	十年一遇	1.92	500	1338	4000	4500	158	1780

1982年文冲生产大队电力排灌情况表

表3-2-6-3

站数（座）	变压器量千伏安（台）	固定电力排灌机容量（千瓦/台）		受益面积（公顷）			管理人员（人）	流动设备电机容量千瓦（台）
		排水	灌水	合计	排水	灌水		
1	110/2		58/3	220		220	2	32/3

文冲生产大队大跃进、公社化时期支援外地水利建设情况表

表3-2-6-4

水利工程	带队领导	开工时间（年、月、季）	本村人数（人）	时间（天）	土石方数（立方米）	备注
流溪河大堤	陆兆驹、陆松柏	1958.10	100	20	6000	市郊区分配工程
水口水库	叶金水、叶细根	1960，冬	150	15	4500	规定完成任务
北江大堤	张月桂、陆满成	1969，冬	200	15	7500	省、市区分配任务
和龙水库	陆达辉、叶金水	1974，秋	300	15	11250	郊区分配工程

文冲生产大队农业学大寨支援黄埔人民公社水利工程情况表

表3-2-6-5

水利工程名称	带队领导姓名	开工时间（年、季）	本村出人数（人）	劳动日（天）	土石方数（立方米）	备注
乌涌河中段整治	叶金水	1975年冬	300	20	18000	广新公路至广深铁路裁弯取直、扩宽
乌涌河南段改造	叶金水	1976年冬	200	15	9000	广新公路桥至联围水闸

文冲村整治水利工程情况表

表3-2-6-6

水利工程名称	带队人姓名	动工时间（年、季）	参加人数（人）	劳动日（天）	土石方（立方米）	备注
深坑水塘	叶　哪	1957、1958年冬	500	40	60000	大田村东侧
三级排灌站	叶　哪	1962、1963年冬	200	10	4000	大园泵房至石牛岭
二级排灌站	叶　哪	1962、1963年冬	100	10	2000	大园泵房至小岗
隔陂开新涌筑防洪堤	叶　哪	1974年秋	300	16	14400	与下沙新溪村交界
渡岗涌改造	叶　哪	1972年秋	250	15	11250	排水沟扩宽
沙围新开涌	叶　哪	1976年秋	200	20	10000	文冲船厂西侧
农田基本建设	陆志辉	1958—1976年	500	100	50000	治渍排涝建设

河涌、水塘简介

乌涌河　文冲地区农田灌溉和泄洪排涝主要靠乌涌河和文冲河，深坑水塘（深坑大田水库），主要蓄水灌溉。乌涌河发源于水口水库，从北向南延伸，全长 24.88 公里，主要为 56.88 平方公里集雨面积的泄洪，流经联和、黄陂、萝岗，贯穿大沙镇的中部，在横沙与文冲两地汇合，流入珠江。

文冲河　该河位于文冲船厂西侧，其中 1 条支流发源于大田山，流经广州石油化工总厂、文冲西坊，由北向东南经过文冲河流入珠江，全长 7.2 公里；另一支流发端于华坑大庄山，流至江北、大望、岭背、西坊汇入文冲河。集雨面积 6.8 平方公里。

深坑水塘　该水塘（大田水库）是比较有代表性的小型水库，地处大田深坑，于 1955 年修建。基础由工赈队协助打桩，归属文冲村。库容面积约 1 公顷，水库主堤高约 20 米，溢洪道砌石长约 50 米、宽 5 米。灌溉从东尖、大望至茅田，受益面积 66.67 公顷。水塘也养鱼。1974 年，由于广州石油化工总厂建设需要征地，深坑水塘被征用填平。

第七节　历年来征地情况

根据文冲社区档案和各有关单位提供的资料，下列 7 家单位（含本村各生产队）共征文冲村土地为 6868.114 亩，占文冲村总耕地面积 8200 亩的 83.76%。

一、广州航海高等专业学校（现广州航海学院）

1982 年起，征地 123.5 亩，后来又征 228.75 亩，合计 352.25 亩，详见表 3-2-7-1。

二、广州石油化工总厂

1974 年 9 月 4 日起，征地 1375.46 亩，后陆续征地 53 次土名 33 个（略），共征用土地 3212.114 亩，详见表 3-2-7-2、3、4。

三、省、市、区及镇村

征地 57 次，共 1655.35 亩，详见表 3-2-7-5。

四、广州文冲船厂

1958 年 11 月开始征地，多年来共征地 300 亩，详见表 3-2-7-6。

五、外贸仓（现广东省外运黄埔仓码有限公司）

1963年开始征地360亩，后来又征10.2亩，126.51亩，合计共征地496.71亩，详见表3-2-7-7。

六、广州污水处理厂

2004年，征用土地521.69亩，详见表3-2-7-8。

七、各生产队（社）自留用土地

上级批准，各生产队（社）自留用地330亩，详见表3-2-7-9。

广州航海高等专科学校（现广州航海学院）征用文冲土地统计表

表3-2-7-1

征用地域	面积（亩）	件　　号	时间（年.月.日）
文冲禾坑尾土地	3.95	〔82〕埔征地字号第21号	1982.4.4
黄埔区红山横岗尾文冲土地	23.68	〔83〕埔征地字号第18号	1983.11.2
红山禾坑尾西侧文冲土地	2.4	〔85〕埔征地字号第13号	1985.7.12
文冲村横岗尾地段	20.24		1991.12
文冲村横岗尾山岗地文冲土地	20.21		1993.5
文冲村横岗尾文冲土地	23.216		2001.11.8
文冲村横岗尾文冲土地	3.125		2002.7.9
文冲横岗尾地段	26.71		2004.7.14
横岗地段文冲土地	222.256		2009.4.29
	6.4613		2010.10.15

广州石油化工总厂区范围征用文冲土地统计表

表3-2-7-2

序　号	工程项目	地　　点	面积（亩）	征地文号	备　考
1	厂区	大田山南麓，北纬23.71′，东径113°29′	1970.962 文冲占1375.46	域地〔1975〕928号	注销〔74〕731号
2	铁路	自包装车间至夏元车站	160.05 文冲占100	域地〔1974〕745号	
3	厂区排洪沟	厂区北缘大田山下	68.5	域地〔1974〕1173号	

续表 3-2-7-2

序号	工程项目	地点	面积（亩）	征地文号	备考
4	铁路便线	广深铁路以南、立交桥左右两侧	9.575	城地〔1976〕921 号	为建铁路涵洞之需
5	立交桥	文加公路跨越广深铁路处	70.6	城地〔1976〕976 号	
6	仓库	厂西门以北、文加公路以东原地名小岗、金鸡松	129	城地批字〔1977〕574 号	注销城地批字〔77〕208 号
7	火炬防护带	旧火炬周围	14.04	城地批字〔78〕169 号	
8	液态烃球罐区防护带	液态烃球罐区东侧山林		城地批字〔1979〕047 号	三个项目一张图纸一个文件
9	设备钢材堆场	大田村南之龟岗		城地批字〔1979〕047 号	
10	化肥食堂办公室	化肥食堂之南	94.419 文冲占 75	城地批字〔1979〕047 号	
11	废油回收装置	原油罐区 2 万罐之东	41.832	城地批字〔1979〕95 号	包括与 2 万罐之间的防护带
12	航空煤油罐区	化肥厂区以北，大田山以西	38.61	城地批字〔1979〕671 号	
13	车间	厂西门以北，文加公路以东，薄膜厂区	3.61	城地批字〔1982〕937 号	
14	加氢装置	薄膜厂以北。文加公路以东，旧火炬大路以南	189.73 文冲占 120	城地批字〔1983〕372 号	
15	扩建厂区	（1）加氢以北，新围村以南		城地批字〔1985〕344 号	
16	扩建厂区	（2）新火炬		城地批字〔1985〕344 号	
17	扩建厂区	（3）航空煤油罐区以东大田村以西		城地批字〔1985〕344 号	六项征地一张
18	扩建厂区	（4）马岗村以东铁路以西的马岗山		城地批字〔1985〕344 号	图纸一个文件
19	扩建厂区	（5）仓库、石化铁路以东		城地批字〔1985〕344 号	
20	扩建厂区	（6）厂前公路往东通到仓库的部分	831.91 文冲占 350	城地批字〔1985〕344 号	
21	热电站	厂前区	112.75	城地批字〔1987〕451 号	

续表 3-2-7-2

序　号	工程项目	地　　点	面积（亩）	征地文号	备　考
22	扩宽路面	厂东北角、废油回收装置以东，航空煤油油罐区以北	1.47	城地批字〔1987〕545 号	
23	污水处理厂	原污水处理厂东侧	4.46	城地批字〔1987〕630 号	

广州石油化工总厂生活区范围征地统计表

表 3-2-7-3

序　号	工程项目	地　　点	面积（亩）	征地文号	备　考
24	生活区	文加公路以东宿舍区	131.64	城地〔1974〕1129 号	包括子弟小学和单身宿舍
25	外商招待所	单身宿舍以东	41.553	城地〔1975〕1238 号	
26	生活区	生活区南缘公路向南扩大	10.72	城地〔1977〕188 号	
27	职工医院	原地名蟹山	18.89	城地批字〔1977〕416 号	
28	煤气站　菜市场	煤气站在学校之东，菜市场在学校大操场之南	9.84	城地批字〔1978〕108 号	后又改为 11.2 亩此地未征
29	道路	即生活区南缘之道路向东延伸，通到煤气站		城地批字〔1978〕345 号	两项征地，一张图纸，一个文号
30	学校实验楼	在职工子弟小学东侧	12.496	城地批字〔1978〕345 号	
31	职工俱乐部	文冲大队的何墓岗西部		城地批字〔1979〕690 号	两项征地一个文号
32	道路	在俱乐部门前准备将来北通之用	18.69	城地批字〔1979〕690 号	一个文号
33	道路	生活区五型宿舍东侧道路扩宽	3.43	城地批字〔1979〕694 号	
34	职工俱乐部	游泳池以北的位置增加征地	4.2	城地批字〔1981〕202 号	
35	职工业余学校	学校实验楼以北的位置	2.56	城地批字〔1981〕397 号	
36	宿舍	在俱乐部游泳池以东	9.85	城地批字〔1982〕850 号	此项是以 BOPP 宿舍名义申请征地
37	中学	即现在教育中心大楼的位置	9.95	城地批字〔1982〕866 号	

续表 3-2-7-3

序　号	工程项目	地　　点	面积（亩）	征地文号	备　考
38	学校文体设施	教育中心大楼以东及以南的一片	60.36	城地批字〔1982〕076 号	包括宿舍绿化等
39	住宅	即现在称为新九栋的一带	19.94	城地批字〔1985〕417 号	
40	排洪沟	即新九栋北的排洪沟	1.31	城地批字〔1987〕110 号	
41	食堂	明珠宾馆西侧	7.6	城地批字〔1987〕381 号	

广州石油化工总厂外围工程征用文冲土地统计表

表 3-2-7-4

序　号	工程项目	地　　点	面积（亩）	征地文号	
42	取水泵房	文冲沙围珠江边的	11.25	城地〔1975〕247 号	即珠江水源
43	公路	自文冲口至新围村的文加公路	97.05	城地〔1976〕319 号	
44	道路	珠江水源沿外贸仓围墙边的一段道路	4.67	城地〔1976〕18 号	
45	取水泵房	文冲沙围珠江边	5.91	城地〔1976〕276 号	珠江水源增征边角地
46	公路	自文冲口至珠江水源	9.093	城地批字〔1978〕126 号	1982. 12.18
47	生活区	何墓岗西坡	2.56	埔征地字号第 33 号	1982. 12.18
48	公路	文加公路	98.542	埔征地字号第 7 号	1984.7. 14
49	生活区	何墓岗西坡	9.95	埔征地字号第 9 号	1984.7. 14
50	生活区	何墓岗	60.36	埔征地字号第 10 号	1984.7. 14
51	生活区	何墓岗北边	19.94	埔征地字号第 006 号	1986.3. 28
52	生活区	何墓岗北坡	10.9	埔征地字号第 11 号	1984.7. 14
53	公路	文加公路西地段	3.953		1993.6.3

说明：1. 序号 1—46 由石化厂《厂志》提供，47—53 由村档案室提供。2. 石化厂（历年）在黄埔区（大沙镇）征地 4443.446 亩，其中征用文冲村土地 3212.114 亩，占征用黄埔区大沙镇各村土地的 72.28%

省、市、区属单位、镇村征用文冲土地统计表

表 3-2-7-5

序　号	征用土地单位	征用地域	面积（亩）	件　　号	时间（年、月、日）	备　注
1	建港文冲指挥部	文冲土地	1.894	〔74〕埔征地字号第 021 号	1974.10.11	

续表 3-2-7-5

序　号	征用土地单位	征用地域	面积（亩）	件　　号	时间(年、月、日)	备　注
2	文冲酱料场	文冲土地	3.10	〔76〕埔征地字号第 035 号	1976.10.28	
3	区红山街革委会	文冲土地	0.64	〔76〕埔征地字号第 047 号	1976.12.28	
4	解放军 4712 工地	文冲、双沙大队土地	文冲占 25.69	〔76〕埔征地字号第 053 号	1976.12.28	
5	黄埔电厂	文冲土地	4.944		1977.8.1	
6	黄埔供销社	文冲土地	6.30	〔79〕埔征地字号第 03 号	1979.2.9	
7	区城建局市政队	文冲土地	7.20	〔79〕埔征地字号第 10 号	1979.4.27	
8	区红山街革委会	文冲土地	0.78	〔79〕埔征地字号第 14 号	1979.5.30	
9	广州市公安局十三处交通大队	文冲土地	5.757	〔79〕埔征地字号第 15 号	1979.6.9	
10	广新二四路输变电工程指挥部	文冲土地	1.36	〔79〕埔征地字号第 32 号	1979.11.14	
11	省电力局输变工程公司	文冲、双沙生产大队土地	文冲占 0.7	〔79〕埔征地字号第 38 号	1979.12.14	
12	省电力局输变电公司	文冲土地	0.105	〔80〕埔征地字号第 7 号	1980.4.15	
13	省电力局输变电工程公司	文冲土地	1.58	〔80〕埔征地字号第 13 号	1980.7.4	
14	省电力局输变电工程公司	文冲、红卫生产大队土地	文冲占 2.791	〔80〕埔征地字号第 12 号	1980.7.4	
15	广深公路广州指挥分部广州市劳动局	文冲土地	72.36	〔81〕埔征地字号第 16 号之二	1981.11.2	
16	广州铁路广深铁路公司	天河至夏园黄埔区文冲土地	48.452	〔85〕埔征地字号第 6 号之二	1985.4.9	
17	广州铁路广深铁路公司	天河至夏园黄埔区文冲土地	56.331	〔85〕埔征地字号第 6 号之三	1985.4.9	
18	广深铁路公司	文冲土地	0.265	〔85〕埔征地字号第 21 号	1985.9.14	
19	广深铁路公司	文冲土地	1.474	〔1986〕埔征地字号第 009 号之一	1986.4.7	
20	广州市燃气工程指挥部	大田山南端山坡文冲土地	2.33		1989.12.27	

续表 3-2-7-5

序　号	征用土地单位	征用地域	面积（亩）	件　　号	时间（年、月、日）	备　注
21	大沙镇政府（原黄埔公社革委会）	黄埔港港前东路，乌冲河东侧，土地名“文冲忠心围仔”文冲土地	10.713		1992.11.21	
22	黄埔区对外经济贸易委员会	文冲土地	40		1992.11.26	
23	黄埔区商业总公司	文冲土地	约 50.5		1992.11.27	
24	黄埔区工商行政管理局	广深公路文冲路段以北，石化路口东侧	31.142		1992.11.27	
25	广州市黄埔区建筑工程公司	文冲村岭顶岗土地	20.346		1993.3.8	
26	大沙镇政府	土名：沙围，在沙围桥西南侧外贸仓围墙东面文冲土地	3.5		1993.3.9	
27	黄埔区公安分局	旧广深石化路口十四、十五队土地	15.705		1993.6.18	
28	大沙镇政府	文冲村文冲中学东侧的山地（土名“长园岗”）	6.24		1993.9.20	
29	黄埔区国土局房管局	广深南面，丰乐南路以东，乌冲河以西文冲土地	23.22		1993.10.14	
30	广州市公安局交警支队	文冲土地	5.257		1993.10.25	
31	黄埔区城市建设开发总公司俊达公司、文冲村经联社	大沙中心城 X 小区	160		1994.4.29	
32	黄埔区国土局	文冲村位于乌冲以东文冲土地	6.13		1994.8.19	
33	黄埔经贸公司	文冲村广深公路以南、文冲河以西文冲土地	11.5		1995.3.3	
34	广州市黄埔区大沙三和实业公司	文冲村、横沙村、下沙村地域，土名“塘瓦坑”，竹岗山（又名大方山）	文冲占 80.75		1995.4.28	

续表 3-2-7-5

序号	征用土地单位	征用地域	面积（亩）	件号	时间(年、月、日)	备注
35	黄埔区人民政府红山街办事处	广深公路北，文冲文船厂路口文冲土地	约 10		1995.4.28	补充协议实量 7.74 亩，日期 96.5.30
36	黄埔区公安分局	文冲村牛山以北（平顶岗）	16.46		1995.11	
37	黄埔区国土局	黄埔区海员路以南，港前路以北文冲土地	7.2		1996	
38	黄埔区城市建设开发总公司俊达公司、文冲村经联社	广深公路以南、乌冲河以东编号为 X 小区	172.606		1996.2.13	补充协议
39	广州铁路第一工程公司	文冲土地	53.691	〔96〕埔征地字号第 4 号之二	1996.4.5	
40	黄埔国土局	黄埔区海员路以南，港前路以北文冲土地	7.24		1996.7.2	
41	广州市工商行政管理局黄埔区分局	文冲土地	32.346		1996.9.16	
42	广州市黄埔区骏鸿开发公司	文冲土地	129.627		1997.6.18	
43	中华人民共和国黄埔海关	文冲土地	50		1998.1.8	
44	广州市黄埔汇通有限公司	大沙镇裕丰围，大沙经济发展总公司，文冲村委，下沙七社开发鱼塘文冲土地	文冲占 11.3		1998.12.3	
45	黄埔区建设局	文冲土地	214.28		1998.12.28	
46	黄埔区人民法院	文冲村位于乌涌河以东，大沙东路以北文冲土地	7.68		1999.2.4	
47	黄埔区国土局	文冲村位于大沙中心域 T 小区文冲土地	38.31 其中换地 13.81 亩，实际征地补偿 24.5 亩		1999	
48	黄埔区建设局	文冲土地	0.8		2001.6.12	
49	黄埔区水利局	文冲村沿涌西岸土地	征地 15.79 占压 24.06		2001.8.8	

续表 3-2-7-5

序　号	征用土地单位	征用地域	面积（亩）	件　　号	时间(年、月、日)	备　注
50	广州公安局黄埔分局	文冲土地	7		2001.9.21	
51	广州珠江黄埔大桥建设有限公司	文冲土地	1.959		2005.10.25	
52	黄埔区国土资源和房屋管理局	乌涌以东广新路以南文冲土地	0.3006		2006.4.11	
53	广州开发区土地开发建设中心	文冲土地	44.868		2006.6.26	
54	广深铁路股份有限公司	文冲土地	36.15		2006.10.12	
55	广州市东润房地产开发有限公司	广深路北，文船路西的文冲土地	2.05		2008.4.25	
56	广州市黄埔区建设和市政局	文冲土地	58.2（加征 5.18）共：63.38		2008.11.21 2009.10.28	
57	广州市东润房地产开发有限公司	广深公路以南，文船路以西地段文冲土地	1928.69 平方米（2.893 亩）		2009.5.22	该土地属文冲七、八社所有

说明：1. 资料由文冲村档案室提供；2. 1—57 项共 1655.35 亩

文冲船厂征用文冲村土地统计表

表 3-2-7-6

序　号	征用土地单位	征用地域	现位置	面积（亩）	件　号	时间（年．月．日）
1	文冲船厂	牛山脚南边	厂生活区西区	81	城地字第 1994 号	1958.12.12
2	文冲船厂	牛山脚南边	厂生活区西区	21.36	房地字第 391 号	1975.11.5
3	文冲船厂	牛山脚南边	厂生活区西区	0.72	城地字第 345 号	1964.3.23
4	文冲船厂	牛山及四边坑	厂生活区东区	36.15	城地字第 328 号	1977.8.18
5	文冲船厂	沙围鱼咀	厂区西侧	160.77	城地字第 1920 号	1958.11.7

说明：以上 5 项共 300 亩

外贸仓（现广东中外运黄埔仓码有限公司）征用文冲村土地统计表

表 3-2-7-7

序　号	征用土地单位	征用地域	现位置	面积（亩）	件　号	时间（年、月、日）
1	外贸仓	沙围　鱼尾围	码头　仓库	360	城地字第 1994 号	1963
2	外贸仓	大坦围　石禾围	堆场	126.5069	房地字第 391 号	
3	外贸仓	大坦围　石禾围	堆场	10.2	城地字第 345 号	2005.11.8

说明：以上 3 项共 496.71 亩

广州市污水处理厂征用文冲村土地统计表

表 3-2-7-8

征用土地单位	征用地域	现位置	面积（亩）	件　号	时间（年）
污水处理厂	沙围中部原文冲码头堆场	文冲船厂西侧、外贸仓库侧	521.69	文冲档案室	2004

文冲村部分生产队留用地情况表

表 3-2-7-9

征用土地单位	征用地域	现位置	面积（亩）	时　间
生产社	村范围内	生产社	330	20 世纪 90 年代

由于时间久远，以上单位征用文冲土地面积难免有错漏

第三章　工业

第一节　村工企业状况

中华人民共和国成立前，文冲地区的工企业是一片空白。20 世纪六七十年代，文冲村利用本地资源兴办砖厂、糖厂、榨油厂、碾米厂、木薯加工厂、石场、农械厂等小型厂（场）。

20 世纪 50 年代末至 60 年代初，该村属下设有木器加工厂、木工组、铁工组、瓦工组、农具厂等为本地农业生产服务的小型作坊。随着农业生产发展的需要，开办砖厂 2 家。自江北东约首办榨糖厂以来，文冲村各片陆续开办乡村企业，共发展糖厂 4 家、木薯加工厂 5 家、小茶楼 2 家。1972 年，文冲生产大队办农械厂，内设有粮食加工、木薯加工、榨油加工、铸铁、机械加工、木器加工、蓄电池、电镀、河粉、豆腐、消防器材等和钳工车间、汽车运输队。开设奶牛场，在大田山开办石场。队办企业除部分机械加工外，全部都是手工操作，成本高，工作效率低，但为队办企业的发展打下良好基础。

广州石油化工总厂（简称石化厂）厂址在文冲地域。1974 年 8 月以来，文冲生产大队为解决被广州石油化总厂征地后劳动力出路问题，利用征地款，大力发展标准厂房、商铺、仓库，使社员从原来“耕田”到现洗脚上田“耕物业”，生活水平比征地前有所提高。

建立经济实体

建炼油厂　1978 年 12 月，文冲生产大队利用石化厂下游的污油，建起 2 座土炉，派人到厂内清理油池、油罐，把废油加工成可用燃油。1983 年，石化厂的废油越来越多，大队在状元山脚下，租用生产队的果地及利用山地，重建 1 座大土炉，并建几个大油池储油，办起炼油厂，迈出社办企业的第一步。炼油厂实行固定工资，超产奖励，经济效益好。1990 年，实行厂长、经理和全体职工集体承包制，使该厂经济效益保持良好的发展势头。

建编织袋厂　1982 年，拆除始建于 1974 的农械厂原址旧厂房，建成文冲塑料编织袋厂。编织袋厂投产的 5 年间，由于旧机械设备的磨损，出现机械设备噪音大、耗电多的问题，编织的产品质量差，投产后连年亏本。1987 年，根据该厂的实际情况，进行改革，实行厂长、经理、技术员集体承包制，但厂盈利不多。1990 年，对该厂再作进一步改革，实行厂长、经理风险承包制，并更新机械设备后，产品全部合格，年年超额完成各项任务，利润可观，经济效益明显提高，成为黄埔区效益较好的企业。

建货运码头　1990 年，兴建文冲沙围货运码头，场内设仓库、堆场。其主要功能是承接石化厂化肥及有关单位的散装货物，通过水路运往省内各地。码头建成投入使用后，由村委会及农工商公司组织有关人员承包，干部职工实行固定工资，年终给予适当奖励。由于分配上的平均主义，积极性不高，码头效益不够理想。1995 年，对沙围货运码头再改革，实行投标风险承包制，以投标者最高承包款为中标，改变分配上的平均主义，调动承包者的积极性。每年都有较好的经济效益，直至 2004 年，广州污水处理厂征地，沙围货运码头歇业。

成立大沙实业公司　1986 年，文冲村农工商公司与大沙镇经济发展总公司合作成立大沙镇发展公司。1988 年 10 月，改称黄埔区大沙经济实业有限公司，合股合作。建设一批标准厂房、商住楼（现黄埔新邨）及商铺。由于双方真诚的合作，该村派员参与董事会的日常经营管理。其间，引进欣锠鞋业有限公司（台商）。该公司规模较大，经营 10 年后搬到中山市。欣锠鞋厂搬迁后，原有的厂房由广州山水时尚酒店改造后经营。2002 年 8 月，撤镇建街时，大沙实业有限公司的经营管理由文冲村农工商公司（文冲经济发展公司）单方管理。

成立三和实业公司　1994 年年末，根据黄埔区政府指示，为阻止广州石油化工总厂向西发展，影响及污染大沙中心城区的发展，由大沙镇政府组织，在石化厂西门口、文加公路（石化路）以西开发镇、村工业区，由文冲、横沙、下沙农工商公司及大沙镇经济开发总公司成立“大沙三和实业公司”，共同开发。1995 年 4 月 28 日，正式签订合作开发合同，四方派员参加董事会，组织专门工作班子开展工作。黄埔区政府支持镇、村大力发展工企业，实行边规划、边填土地建厂房、边向有关部门办理相关手续。但广州石油化工总厂已作规划，厂区向文加公路（现石化路）以西发展，故公司至今尚未办好有关手续，无法搞永久性建筑，只能搞临建或出租土地，“三和”实业公司经济效益不大理想。

第二节 改制企业简况

农械厂 1972年以来，文冲农业机械厂（以下简称农械厂）汽车运输队拥有中、小型货车4台，中型拖拉机2台（农忙时耕田）。当时主要任务是运送农副产品到广州市区，又从广州市区运垃圾肥回文冲。司机、修理工报酬按本生产队同等劳动力记工分，司机误餐费每人每天补助0.5元。中共十一届三中全会后，黄埔区推行农村经济体制改革，实行联产承包责任制，乡镇、社企业实行专业承包制。司机、修理工10人集体承包农械厂运输队，负责自己工资、运输成本、安全生产费用，每年向村委会上缴5万元，超利润全部归已自行分配。由于任务明确，除按每年完成村给的农副产品和垃圾肥运输任务外，还有其他经营自主权，积极性大大提高。承包者白天搞运输，晚上保养汽车，有专人找货源等，生产效率得到提高，年年超额完成任务。司机梁敬威等10人的报酬比在生产队记工分报酬提高1—2倍。1987年年底，因4台汽车、2台拖拉机超期使用，上级有关部门要求强行报废，承包合同同时终止，村委会按每台车补1000元报废费，由承包者自行处理（卖废铁）。

文冲炼油厂 1978年12月底前，在岭背（土名）广深铁路旁建有2座土炉，成立文冲炼油厂。当时，该厂有职工10多人，按时工计算回生产队记工分。1983年，在状元山脚建起1座大炉，职工增至46人。为了调动积极性，厂领导和职工实行工资制，超产实行奖励，该厂是文冲村经济收益最好的一家企业。1990年，石化厂废油逐年减少，为了村的经济收入，使干部、职工多劳能够多得，将该厂改革成厂长职工集体承包责任制，包死上调款，超产部分20%奖励厂长和职工，使该厂的经济效益保持稳定。

文冲农工商公司 1986年，文冲农工商公司与大沙镇经济发展总公司，在广新公路以南乌涌河以东征地88亩（58667平方米），双方投资800多万元，农工商公司出地折价及现金投入，大沙镇经济发展总公司以现金投入，投入和分配各占50%。共同建设标准厂房3.4万平方米，黄埔新邨商住楼5.6万平方米。成立大沙实业有限公司董事会，双方派人管理，一年收入300多万元，经济效益很好。2002年8月，由于撤镇建街，大沙镇经济发展总公司50%股份收益由黄埔区有关部门划走；2006年，由黄埔区乙丰公司托管并收益，50%收益交文冲村委会，并一直坚持由村委会派人单方管理。

码头 1990年，文冲村委会在文冲船厂码头西侧，兴建2万平方米的小型码头，由村农工商公司委派干部职工经营及管理，由于吃大锅饭，职工积极性不高，村收益不多。1994年，开始实行风险投标承包，议好标书内容，规定标底不少于100万元/年，以最高者得。在村内贴出公告，有5伙人交5份投标书，最高中标者陆某添，每年交给村委会120万元。由于石化总厂化肥停产，货源减少，承包者经营有困难，要求退出承包，村委会考虑确实无法经营，同意其退出。1997年年底，该码头实行风险承包，又重新招标，最高中标者一年交80万元。2004年，因广州污水处理厂征地，码头承包同时终止。

第四章　交通运输

文冲村地处珠江河北岸边，乌涌河和文冲河道的2个出口，紧靠文冲船厂和黄埔港码头，水网密集，河道纵横，水路交通十分方便，自古以来以水上交通运输为主。改革开放以来，文冲村汽车运输业发展较快，据不完全统计，拥有货车70多台、泥头车20台、集装箱车19台。车辆有专人负责管理，组织全村司机每月开安全会议1次，每季度到大沙镇参加安全学习，交流经验，负责处理交通事故等。同时，对每辆车收取挂靠及管理费。

第一节　水上运输

船艇为文冲村主要交通运输工具。追溯到百多年前，陆姓人建起廻龙市，为货物运输造起渡头街码头和大庙广新路小型码头。渡头街码头建有10多米长、3—7级不等台阶，涨潮时水深3—4米，潮退后也有1米多水深，可以停泊大型渔船、渡船以及有大小船只在此停泊，曾有往来南洋客货商船和渔船在此码头靠岸上落。码头主要承接文冲村客货物的进出。

1978年，改革开放后，文冲村为了发展经济，利用水上运输优势，投资200多万元，在沙围文冲河道口建设一座小型码头，建有占地面积2800平方米堆放场，内设有仓库、货物堆场、沙堆场、船泊码头站台等设施。沙围货运码头建成后，货运吞吐量很大，其中有石化厂出产的化肥；在此装卸的还有钢材、水泥、红砖、河沙、石子等建筑材料，货物通过水路运往省内各地。

一、水上交通工具

（一）货运“渡船”。船体更大的作机动木船（一支桅，二支橹），人们通常叫“渡”，是比较大的货运船只，适合运载大宗货物如：谷米、肥料、农副产品、商业货物等。常来往“驻札”，在文冲地区附近有较大圩镇有东圃、鱼珠、新州、化龙及新塘镇等，不少货物在文冲集散。这些较大的“渡”船出到珠江河，有时用机动汽船拖拉到目的地。

中华人民共和国成立前，文冲有载重10多吨的木船3艘。一是陆林福（“肥仔福”）经营“渡”船。二是陆福其“渡”船。三是“福运”渡船。（一般人工操作）。分别定期走文冲——广州航线，农历二、五、八日一个航程来回在广州天字码头附近停泊。承运廻龙市货运及文冲水果往广州一德路果栏销售（人货混载），很是方便。

（二）黄埔艇（蛋家艇）。明、清时期，“珠三角”有以舟楫为家，捕鱼为业的渔民，而被人们称“蛋家”。蛋家流动在珠江水域各地，有流动到渡头街河堤边搭建，吊脚茅棚为基地，买起捕鱼艇，以捕鱼为主要收入来源，有时也载客、运输货物。至今已有 800 多年的历史。“蛋家艇”在进行载客运输时，也兼营水上流动小贩生意。“蛋家艇”装上货物或搭载人穿梭在珠江河附近沿线圩市中。黄埔艇因小巧、灵活，适合当时商业环境各圩场小商户居多，货运量不大，且短途运输，上落方便，从一个圩场输运到另一个地方或搭乘客商采购当地特产回来圩场售卖。

（三）农用船艇。农用艇是文冲重要货物运载交通工具。在 20 世纪 50 年代，该村缺少农用车，没有船艇，运送货物、沙石等物资困难重重。文冲农用艇大一点的是摇橹艇，连人带物送 1—2 吨来去自如。在高级社时期，文冲农业社购买农用艇 60 多艘，往返广州—文冲，运载垃圾、粪便作果树肥料，为创文冲水果实现 4 个 50 万公斤发挥重要作用。

二、经营

20 世纪 50—60 年代，文冲水上运输改由联社经营。文冲有多户人家在鱼珠成立水上运输社，有大小船只几十艘。调运组长陆仪庭负责承运文冲地区香蕉、菠萝等水果收购及供销社货物运输做出较大贡献。

第二节　陆路交通

文冲村所处的地理位置是有利于发展陆路交通运输业的。可是在中华人民共和国成立前，村前只有鱼南公路 1 条。没有其他道路，只有靠单一的水上运输。20 世纪 50 年代，文冲自造“鸡公车”运载塘泥、垃圾等作农作物的肥料。20 世纪 60 年代，该村中前后修筑大小道路，部分生产队购买有手扶拖拉机，生产大队购买汽车和中型拖拉机各 2 辆进行运输。村民为了方便出行，购买自行车，全村大概有数百辆到趁圩、赶集以及运载货物。部分村民在广新路“大庙车站”组成单车搭客队。改革开放后，建成石化路、广深公路（107 国道），私营个体运输业蓬勃发展，有不少个体户购买大、中、小型货车和面包车经营客货运输。1987 年，村委会利用农械厂汽车运载工商营业执照和运输发票，支持发展个体运输业。到 20 世纪 90 年代，鼎盛时期，文冲有大小汽车 70 多辆、泥头车 20 辆、大平板拖头 19 辆。另外，开办汽车修理厂及汽配有 3 家。由于全部个体经营，村民经济收入效益增加。如文冲西坊有 3 家搞运输业发家致富。

第三节　个体运输兴起

1982 年，文冲村开始有人购买手扶拖拉机、货车搞运输，村委会利用农械厂汽车运输工商营业执照和运输发票，支持发展个体运输业，并由梁敬威等人负责组织及管理个体运输，每月定期组织司机安全学习 1 次，一季度组织司机到大沙镇公交办安全学习 1 次，并负责处理交通事故，负责出证明个体司机及车辆年审，指导个体司机开展工作，运输业有较大发展。20 世纪 90 年代为鼎盛时期，文冲拥有大小汽车 70 多台，泥头车 20 台，大平板拖头 19 台。

第四节　发展外向型经济

1986 年，文冲生产大队成立农工商公司（以下简称公司）。公司设领导班子，以及财务、统计等管理人员，实行乡、企分管。全乡、社经济实体统由该公司实行有效管理。健全生产大队（乡）下属各企业单位的财务管理制度，并理顺经营、生产管理、安全生产管理的关系，促进乡、社企业的健康发展。

大队（乡）农工商公司除积极扶持仓储、运输业外，还积极引进外资，发展乡、社企业，中穗加油站是成功的一例。引进百鲜酒楼（港商）、欣錩鞋厂（台商）、大建木业（台商）、莫兆记铝厂（香港）、利邦制衣厂（香港）、艺进制衣厂、泰盛染织厂、绣珠花工艺组、超卓电脑台厂、联丰家私厂、迪邦家私有限公司、英泰电子塑胶制品厂、日大文化用品厂。1997 年，所引进的外商企业，均实行与村脱钩的改革，村确保收益，不承担风险，由经营方自负盈亏，村每月定期收取租金。

1999 年年底止，村、社企业有 48 家，当年全部落实转制。其中：租赁经营 5 家，股份制私企 18 家，股份有限公司 16 家，包死上交利润、超额按比例分成 6 家，风险抵押承包 3 家。村集体不承担经济风险，将有名无实的重组挂靠企业全部脱钩。

第五章　商业与服务业

第一节　中华人民共和国成立前集市

清末民初时期，大沙地区自然形成小集市 2 个：鱼珠圩和文冲与横沙、下沙村之间，称乌涌圩（又称“旧圩”）的集市。乌涌圩由于靠近乌涌河，盗贼较多，加之各村各自为政，无法管理圩市。1947 年 5 月 24 日，文冲与横沙发生械斗时，该旧圩被大火烧毁。

在文冲渡头形成之时，因有廻龙古庙（玉虚宫）的存在，文冲村“二圣公”理事会成员陆德煊、陆拔英、陆华山、陆灼棠等人，根据村民建集市的意见与要求，经商议后，上报官府，于清道光九年（1829）在文冲东坊东南侧征用共 60 亩的荔枝基、杨桃基、蕉基用地，填土兴建成“廻龙市”，建起一条南北向的商业大街，内含果行大街、桥头街、牛地街，后来又开辟专门买卖水果的生果基。据统计，兴盛时期的廻龙市内设有百货店 3 家，茶楼 3 家，小食店 5 家，酱料门市部 3 家，打铁铺 1 家，妓院、鸦片烟馆各 2 家，米铺 2 家，药材店 2 家，跌打正骨诊所 1 家，理发店 4 家，缸瓦铺 3 家，猪肉、鸡、鱼铺各 3 家，小百货地摊档 2 个，寿板（棺材）铺 1 家，赌场 4 家，杂货铺 1 家，米机铺（碾米机）1 家。

在渡头街开设酱料果子加工场各 1 家，后来又在乌涌圩开设果子加工场 1 家。

由于水陆交通方便，圩市客商来自四乡八里，有姬堂、萝岗、双沙、庙头、横沙、下沙及番禺南村、沙路、化龙等地的村民和商家。廻龙市圩期为农历每月二、五、八日（即上旬初二、初五、初八，中旬十二、十五、十八日，下旬二十二、二十五、二十八日）。平时生意兴隆，圩期更众，特别是水果收成季节，前来进行水果交易的更是人山人海，一片繁荣景象。

第二节　中华人民共和国成立后商业

1951—1953 年，文冲农村完成土地改革。1954 年，组织起农业生产互助组。1955—1956 年，成立初级农业生产合作社。1957 年，成立高级农业生产合作社。

中华人民共和国成立初期，农村百废待兴，为了发展农业生产，中央政府在全国农村建立“三社”：农业生产合作社、农村信用合作社（金融）、供销合作社（商业）。这“三社”是当时促进农村经济发展的三大支柱。20 世纪 50 年代，经过合作化运动，农村商业归供销社统一管理，农村个体经商户渐少。

1961 年，实行商业体制改革，在商业战线恢复商业三条渠道（国营商业、供销合作社和合作商店），以利市场发展需要。1972 年 6 月，实行农村商业体制改革，将黄埔商业管理处划分为下属东圃、鱼珠、港湾、文冲共 4 家中心店。文冲中心店设在廻龙市。1974 年，成立黄埔区商业局。同年 10 月 5 日，宣布各行业体制机构设置，进口业务归公社管理。当时，文冲生产资料店划入黄埔人民公社管理；文冲百货店划给黄埔区百货公司管理；文冲食杂店、文冲糖饼店、文冲酱料加工场划给黄埔区食杂专卖公司管理；文冲茶楼划入黄埔区饮食服务公司管辖。

该时期的改革，导致供销社经营网点减少，经营商品单调，经营行业不配套，农资商业无法满足为农村服务的要求，更无法在市场竞争求得生存和发展。1984—1988 年，随着改革开放的深入，市场竞争激烈，商业中心也随着市场变迁和商业网点的转移，廻龙市商业中心随之转移。

1975—1978 年，与文冲毗邻的广州石油化工总厂在本厂生活区建立起商业网点，在马路旁建成商业服务街，并建起农副产品市场。文冲村委会在该厂生活区对面兴建“好又多”超市、东方街市，个体商业迅速发展，各片村民自办个体商业，经营糖烟酒、食杂、日用百货等商品。据 1990 年统计，村属糖烟酒店有 90 家，饮食服务业店 15 家，理发店、发廊 20 家，装修较豪华。饮食业有百鲜海鲜鱼翅酒家、南洋海鲜酒家、云龙酒家、云香酒家、文华夜总会酒家、溜冰场、卡拉OK夜总会和舞厅，深受顾客欢迎，文冲地区商业服务业又出现繁荣兴旺景象。

建加油站 1986年，先后建成中穗加油站及华德加油站。中穗加油站由文冲村农工商公司和石化厂中穗公司合股经营，双方派员组建中穗加油站董事会，年终按股分红；华德加油站，由第十七生产队（社）与广东省石油公司合股经营，并双方派员组建成董事会。中穗、华德加油站的干部和职工实行工资制，年终按超额完成任务比例发放奖金，经济效益可观，双方收益可观。

建商贸大厦 1995年9月18日，文冲商贸大厦竣工交付使用，集商业和农贸市场于一体。4—8层建商业住宅，挂大沙镇骏鸿房地产公司出售，经济效益较好。商业和农贸市场公开投标出租。2001年，台商租下用作商业用地（1—3层），开设黄埔第一家超市——“好又多”黄埔店，合同期为20年，经济效益好。商贸大厦1—3层商场，投标承包者合同未到期，为保障承包者的利益，是年5月，兴建一层新的商业、农贸市场给原中标承包者经营。后来，中标承包者自建1座商业住宅楼，称之为“东方街市”住宅楼，取得大沙镇政府所发的《农村宅基地使用证》。继后，大沙东北侧“肥羊王”酒楼入驻经营2—3年后，由广州新华书店——黄埔店继续营业，至城中村改造拆迁。

购铺位出租 2001年，文冲村经济发展公司（原农工商公司）在黄埔怡港小区购买黄埔区第二建筑工程公司的临街铺位。商铺由该村经济发展公司派专人管理，负责铺位出租，效益较好。

1990—2001年文冲村经济发展情况表

表3-5-2-1　　单位：万元

年份	收入	税金	利润
1990	484.4		
1991	1008.4		
1992	2339.76		
1993	3317		
1994	4593	74	778.8
1995	5798	90	1066
1996	24723		
1997	8901	202	1662
1998	7386		
1999	11237		
2000	26091		
2001	28615		

文冲村村级企业建筑面积（含与镇、队合作的物业）一览表

表 3-5-2-2　　单位：平方米

企业名称	建筑面积	与镇队合作	备注、地址	企业名称	建筑面积	与镇队合作	备注、地址
编织袋厂	5000		原农械厂	高桥商铺	2000		填涌建造
编织袋厂	3000	和个人合作	省土方队东侧	东坊街市	5000		
油厂	500 地 1000		状元山脚	新发达	地 2000 3500		
沙围码头	堆场 37000		沙围	新宝城	1000		
加油站②	4000		黄埔东路	新市场	建积 8000 地 12500		10 社与个人合作
实业公司	商铺 100 住房 7000 厂房 5000	镇开发公司	派出所 2 份 1	大建木业	6000		
好又多	17000 26000	商铺 17000 商住 26000		欣錩鞋厂	地 4960 12000	镇、村合作占一半	高桥以南
肥羊王	5370			蜡烛厂	1500	补	1、2、3 社
三和公司	28333	下沙、横沙、大沙镇占 4 份 1	石化厂侧 170 亩	莫兆记铝厂	18000	补	1、2、3 社
丰乐南商铺	800	二建公司转让	丰乐南西侧	康泰饮料厂	1800	补	江东
文苑花园	商铺 2760 住房 28000	和个人合作		声光电子厂	3000	补	江东
17 社集资房	5000		肥羊王对面	大坦围仓	20000		
18 社协成厂	6000			泰盛染织厂	2000		
利邦制衣厂	1500			六社码头	2000		
百鲜酒楼	4000			云龙酒家	2000		
合　计	187303			合　计	107260		
总　计	294563						

2003 年前文冲村生产队（社）级所建的物业（含已拆除的物业）情况表

表 3-5-2-3　　单位：平方米

物业 队别	厂　房	商铺 商住	仓库 码头	酒楼 饮食店	写字楼 办公楼	车场 堆场	土地出租	
1						21000		
2						42000		

续表 3-5-2-3

物业队别	厂房	商铺商住	仓库码头	酒楼饮食店	写字楼办公楼	车场堆场	土地出租	
3	2000	900		5000				
4		2800		320		1500		
5		3900				6900		
6		12600			2210	10000		
7	3800	6500	8800	10000	3300			
8	11000					30000		
9					1157	7944		
10		900				5000		
11		200				1000		
12		1600				32000		
13		3700	600		1980	4800		
14		20000		10000	25000	3000		
15		18000	800	850				
16		5000						
17		4200	2300	500		1000	8000	
18		10000		4000	4000	6200		
19			6700			9000		
20		7000	11000			4000	8000	
21	4000	1500	2100	1000		4000		
22		1000						
合计	20800	99800	32300	31670	92897	189344	16000	累计 482811

说明：1. 2003 年前，村、社所建的物业（含已拆除、征用、置换的物业）；

2. 各生产队（社）自报物业

文冲村各生产队（社）级、村级物业情况表

表 3-5-2-4　　单位：平方米

物业名称	厂房	商铺商住	仓库码头	酒楼饮食业	写字楼办公楼	车场堆场	土地出租	累计
村级	73300	107060	32000	9370	9500	51333	12000	294563
生产队级	20800	99800	32300	31670	92897	189344	16000	482811
合计	94100	206860	64300	41040	102397	240677	28000	777374

第三节　供销合作社

20 世纪 50—70 年代，作为集体所有制的供销社在商品流通供应和农副产品购销都起着积极和主渠道作用。1956 年后，在迴龙市所经营的百货、日杂、副食、药品、水果等生产资料都由供销社组织统筹供销，还受国家委托，迴龙市内设粮油、菜、水果等农副产品收购站，圩内还设有废旧物品收购站。

1952 年，成立黄埔供销社，于 1958 年间并入国营商业，成立黄埔商业管理处。1972 年 6 月，黄埔商业处分设 4 个中心店。文冲中心店设在迴龙市，成为文冲商业群经营百货，从事专卖食品、糖饼、水果、国药、土产、日杂、农业生产资料、茶楼、饭店等业务，肉食店由食品公司直接在此设点经营，负责采购和发放所供应票证等。1974 年 11 月，实施“五司一社”方案。原文冲百货店划给黄埔区百货公司；文冲食杂店、文冲糖饼店、文冲酱料加工场划给黄埔区专卖食杂公司管理，文冲茶楼划给黄埔区饮食服务公司管辖。“一社”是黄埔人民公社供销社，管理文冲生产资料店。

这个时期，供销社也抽调人员到其各部门，供销社出现经营网点少，经营商品单调，农贸商业无法满足为农村服务的要求，供销社在市场竞争中无法求得生存和发展。黄埔商业局又将文冲原供销社管辖的文冲商业群和文冲酱料加工场划回给黄埔供销社管辖。

1980—1988 年，随着改革开改的深入发展，市场竞争激烈，农贸市场和商业中心的转移，文冲迴龙市以关、停、并、转的方式进行大调整。1980 年后，文冲商业群由迴龙市迁移到石化生活区，文冲迴龙市糖饼店、食杂店、酱料加工场相继停业。文冲百货店并入文冲生产资料店，文冲茶楼于 1981 年 9 月迁往大沙地东路 13 号 2 楼经营，易名为“茗香楼”。1992 年 5 月，文冲生产资料店为避开迴龙市萧条冷落的“死市”迁往文冲石化路并入文冲综合商场经营。

随着改革开放深入发展，对一些长期亏损的店、仓，采取个人承包或租赁形式经营。

总之，农村供销社的建立，提供商品供应，对繁荣市场、稳定物价，给文冲城乡人民生活服务和农业生产资料供应发挥效益起着重要作用。

第六章　金融业

第一节　中华人民共和国成立前的金融业状况

一、货币

中华人民共和国成立前，文冲地区没有金融组织机构。1943 年，市面流通纸币关金券，当时有中央银行、中国银行、交通银行发行的关金券，面额有拾元、伍元、壹元。当时，除了关金券，其他货币也同时流通。1948 年，国民政府又发行一种纸币叫金圆券，后来又增发大洋一元银币。纸币种类繁多，就大洋银币分有“大头”和“细头”2 种，“大头”面上镌刻袁世凯头像版，而“细头”面上镌刻的是孙中山头像。

国币金圆券流通后，却不断贬值。当时，市面交易多以港币或以谷物为单位。1948 年年底，面额 10 万元的金圆券也沦为细钞，在市面上只值一角钱港币。上午，市民拿到工钱，下午，却买不到白米 1 斤。甚至全部钞票成为“湿柴”（即不值钱的零钞），且很快不通用。本地迴龙市较大的商号自己发制信用小钞，加注商号公章，“暂作 X 角”在本地通用。如钊记茶楼、兴记友杂货铺发行的小信用卡，在迴龙市面流通使用。

日本侵华，广州沦陷，汪伪政府期间，市面上使用日本军票，该地区也通用。当时，十多圆军票方能购买稻谷 25 多公斤。光复后，市面上又发行储备券。储备券发行后，军票逐渐回收 。

二、当铺

清朝至民国期间，兴旺的迴龙市开设有私营的当铺 2 家，文冲地区富有村民私设的。是当地贫困的村民出现经济困难时，就拿出家中的物品到当铺典当。当铺柜台伙计看物议价，双方情愿定价后，当铺付款给物主，开出押票单，典当期有 3 个月、半年、1—3 年不等。典当物品可随时赎回，利息不固定。总的来说所押物品越贵重，押期越长，利息反而越低，押期越短的或平贱物品，则利息越高。经营当铺的老板既无风险又可赚钱，过期物主不来赎回，当铺还可变卖。

三、民间信贷（典当）与高利贷

（一）民间信贷。民国时期，民间信贷多为私人借贷，大多兄弟朋友或亲属间互通，一般为互助性质，也有收取利息的。民间借贷用钱，有以房屋、田地抵押，到期赎回或无法赎回的都有。

（二）高利贷。中华人民共和国成立前，有许多贫苦村民逼于无奈，向高利贷者借款，这是一种沉重的剥削手段。放高利贷者（本地区叫放头家），借款利息甚高，如借稻谷 50 公斤（计折银）为期 3 个月的，到期本利共还谷银 75 公斤，利率 50%，逾期难以还款者就被“利滚利”，利息更多。

（三）民国时期，民间资金融通叫做“会”。“会”有各种名称，有“日会”“月会”“年会”等，通常有一定的利息，属互助范畴，亲戚朋友间“埋会”，每当要拿钱用时，就“冲会”，资金周转，到期本息归还。

第二节　中华人民共和国成立后的金融业概况

一、货币发行

中华人民共和国成立后，货币统一由中国人民银行发行，其他组织无权发行。

1953年，市面上使用第一套人民币，其他货币一律禁止使用。1955年3月1日，全国发行第二套人民币，旧人民币同时回收，旧币换新币：1万元兑换1元，1千元兑换1角，100元兑换1分钱。1964年，发行第三套人民币。1987年，发行第四套人民币。

二、金融机构

1951年，大沙地区建立中国人民银行郊区营业所，这是第一家银行营业机构，后该营业所改为中国人民银行黄埔支行。50多年来，文冲地区的金融机构不断增加。至2001年止，文冲村范围内的金融机构有：中国农业银行文冲支行、中国工商银行石化支行、中国建设银行石化支行、中国银行、中国邮政储蓄银行石化营业所。每家银行都办理各种信贷，解付侨汇及储蓄存款（含外汇），兑换外币等多项经营业务。此外，1953年后，各乡分别办起农村信用社，文冲乡办起文冲信用社。

三、农村信用合作社

农村信用社为村民服务，对社员贷款发展经济，起着重要作用。中华人民共和国成立初期，农村建立信用社，1952—1953年，文冲、双沙、姬堂3个村，首先办起1家联社，地点设在文冲。1955年3月，文冲信用社发动群众入股，每股定为2元，当时规定贫下中农成分的社员才可入股。文冲信用社保持600—800股，同时，中国农业银行注入资金（货款），靠部分群众存款或集体存款为办信用社资金。当时，文冲村民食粮由文冲信用社低息借款购米，后困难户可减免利息。农村信用社的建立，对于支持农业生产，促进互助合作运动，打击高利贷等方面，帮助村民解决生产、生活上的困难；配合春耕生产，通过贷款解决肥料、农药、耕畜、农具等一大难题；扶持群众生产、生活及村镇企业的发展，解决必要的生产资金；为村发展工企业（第三产业）等方面起到较大作用。

第七章　乡村建设

第一节　乡村布局、结构

中华人民共和国成立前，村民房屋大多数都是砖木结构的平房。一般都是“三间两廊”格式，即进门是2个厨廊、1个天井，正屋是一厅两房。地面一般是铺“阶砖”，有很多是没有铺“阶砖”，只是泥地。村民居住平房有80%是泥墙瓦房，一家大小都挤住一座窄小屋里。到雨水季节，有部分危房到处漏水，出现倒塌，街巷高低不平，生满杂草，猪屎鸡屎满街巷，坑渠积水，成为蚊蝇孳生地。文冲村较为重视环境卫生，是比较好的一个村。在大节日前，每家抽出人力将全村街巷清洗 1 次，雨水、坑渠水流入鱼塘。塘水涨满到一定程度，从排水口自动排入河涌。该村内河涌每隔 1—3 年全面清理 1 次，使河涌不致淤塞。涨潮的河水可供村民、廻龙市的商客、茶楼饮用。村内街巷的猪屎、牛屎、狗屎及主街道卫生清理，由村民以投标方式取得，出钱高者得（当时农村耕种缺乏肥料，所以要投标），投标所交款项纳入村的公尝作祭祀等费用。

20 世纪 50 年代，乡政府发动民众除“四害”（老鼠、蚊子、苍蝇、蟑螂）。除村民外，工商业、饮食业的职员齐齐参与搞卫生。社员打 1 只老鼠记 1 工分，所拍苍蝇装满 2—3 个火柴盒的记 1 工分。统一在傍晚时候，村中各家各户都用“蚊蟋杷”（野生植物）、“六六粉”（公家发放）、堆火熏蚊。早上 5 时左右，全村男女老少用木棒敲打铁盆、铜盆、铁罐、铁桶之类的家具，称作“敲铛铛赶麻雀”，麻雀被吓得无处躲藏。

1987—2001 年，全村兴建房屋 1572 套，总面积 241763.14 平方米，平均每户 2—3 间。墙上贴马赛克、洗石米或贴瓷砖。布置讲究，装修豪华。高档家具，家用电器已进入大多数家庭，有些楼房还有小花园，亭台楼阁、停车房等。村住宅建筑大部分以社为单位，规划成片土地给村民建房，有“香园”“北街”“西苑”“南园”，形成具有时代特色的新农村住宅群。

1987—2001 年文冲村民建设住房情况表

表 3-7-1-1

年　份	建房屋户数（户）	建房屋数（套）	建筑面积（平方米）
1987	21	22	1659.8
1988	109	109	6369
1989	68	60	3076
1990	64	64	3242
1991	60	60	3117
1992	42	43	1950
1993	91	91	5421
1994	84	84	12182.74
1995	94	94	13546.61
1996	175	175	21481.55
1997	78	78	14073.48
1998	200	200	44195.54
1999	276	276	65029.66
2000	134	134	33188.88
2001	82	82	13229.88

20世纪90年代初期，六队建起“力均公寓”；十三队建起“康都楼”“康达楼”；十四队、十七队分别建起“农民公寓”。1995年，村委会选址在石化路西侧、文冲村东北侧（土名叫东村背）建成1栋高8层文冲商贸大厦，集市场、娱乐、住宅为一体的商住楼。该楼总用地面积为12177平方米，建筑面积为43651.5平方米（其中1—3层为17146.5平方米，4—8层商品房26505平方米），总投资3500万元。“文苑”花园住宅楼位于107国道（黄埔东路）文冲路段南侧开发土地面积13333平方米，村委会投入土地，个体商人投入资金，按楼宇出售利润分成。该楼宇建筑面积为2.8万平方米，总投资3千万元。

村民对居住环境的绿化、美化也开始重视，建成文园山公园、牛山公园、西坊西苑等绿化景点，面积共750平方米；各自然村都建设“体育路径”，方便村民（居民）锻炼身体。随着社会经济的发展，到2001年，文冲村基本实现小康目标。

第二节　乡村街、巷建设

文冲各自然村的布局，由于历史原因，街巷弯弯曲曲，排污不畅，如遇雨天，污水横溢。中华人民共和国成立前，乃至20世纪五六十年代，各自然村没有建公厕，家家户户都是靠痰盂、粪桶如厕，然后把粪水倒入鱼塘或挑到自留地淋蔬菜。70年代初，各自然村在村鱼塘建起露天吊楼厕所，只供男士使用。

改革开放后，村委会为改善村民的居住环境，建起14座公共厕所，分别座落在江东村大塘东边、江东村大塘西边、江北中约大塘西边、江北西约塘南边、东坊十四社庄田塘边、东坊十七社祠堂基、东坊十五社龙船基塘边、西坊二十社社址旁边、西坊二十一社老人乐园旁边、文园禾坑尾、文园大塘东边、文园大塘西边、文冲中学和文冲小学内。

按国家卫生城市指标与文冲村完成情况的对照值为100%；城市水冲式公厕普及率：国家指标为75%以上，村对照值为100%；水冲式厕所各类设施完好率：国家指标为95%以上，村对照值为100%。村内的街、巷均设立照明灯，并成立水喉（管）组、电工组、有线电视管理组，维修、保养村内相关设施，管理有序，村民赞同。由于硬件的投入与管理，村容村貌有了明显改变。

1996年之后，文冲村委会投入1180万元，建设文明村的硬件设施；投入2831.619万元，搞精神文明建设，抓2个自然村的环境整治，建设部分“小景点”，做到以点带面的全面改造。

对突出脏、乱、差地段实行村、社两级管理，分别投入462657元，整治龙船基老桥头涌边砌石、村贝路的排水系统、西坊牌坊路段等多处；并投入57078元，改善东坊老人乐园周围塘边护栏花基，坚持各自然村清扫街巷，垃圾日产日清；投入9205元，除“四害”。

1995—1998年间，该村委会投入500多万元，把各自然村的进村道路、街、巷全部铺设水泥，建暗渠排水系统，改变臭水横流、街巷高低不平、杂草丛生的落后状况。全村各片共建立46座垃圾池，改建一批符合标准的公厕，在进村的主要街道建设花基，种上花，绿化环境，美化村容村貌。

1996年年初始，村委会确立整治“脏、乱、差”目标，分别投入40多万元，兴建小景点和绿化工作；投资110万元，整治村排水系统及道路建设。铺设水泥路面街巷14条，改造下水道13条；投资130万元，改善生活用水；投资30多万元，全面整治西苑新村。

为实现“三年一中变”（至2001年8月止）的整治目标，文冲村清拆广新路两旁的临时商铺约8000平方米，复建3000平方米；改造黄埔东路两旁商铺约1万平方米；石化路口两旁的临建清拆后，建成2栋合计面积约8000平方米的商住楼；新建休闲景点2个，分别在江北东约祠堂前投资5万元，建成1个集健身、休闲于一体的300平方米的景点；投资12万元，在文园上街旧禾塘建成1座集健身、娱乐于一体的休闲景点。

整治居住小区3个，分别是：在文冲北街，投资150万元，统一铺设水泥街、巷合共4000平方米，改造下水道900平方米，绿化景点1000平方米，建围墙4000平方米；投资30万元，墟坐新村、庙口新村、咸田新村分别铺设水泥街、巷及改建下水道。完成道路改造3条，分别是：投入80万元，改造江东路，该路长800米、宽6米；投入45万元，改造状元山路，该路长400米、宽6米；投入8万元，改造文园街路面，该街长100米、宽6米。

投资135万元，整治改造河涌2条；投资30万元，清理村内河涌坑渠2000米；投资580万元，在大沙东路近北街前兴建1座新市场，面积5300平方米；每年投入45万元，清扫街巷，清理卫生死角20处；支付10万元，处理淤泥垃圾500吨；完成关闭采石场的工作，垦复绿化点1座，共5000平方米；清理占道市场2处，安排专人清理和监管广新路文冲路段的乱摆卖点。东坊、西坊、文园、廻龙市基本安装街灯。

第三节　房地产开发

1993年，文冲村农工商公司与大沙镇骏鸿房地产开发公司合股开发房地产。1994年4月29日，正式签订合同，并成立该项目董事会，双方派员组成工作班子，开展工作。1995—1996年，由于房地产开发处于低潮，村农工商公司退股，房地产项目开发由大沙镇骏鸿房地产公司继承。

第四节　创建精神文明村

一、硬件建设

1982年，文冲村开展“全民文明礼貌月”活动，由各自然村布局。根据村布局的实际情况并结合村民反映，制定整顿农村卫生规划，提出“净化农村，绿化家乡”的口号，全体村民齐动员，大打“清理”“扫除”“植树”3个战役（扫除和清理村前一切杂物；家家户户屋前屋后，街街巷巷扫洗；村前植树绿化），清理大街11条，修好3条通道，积集垃圾肥2万担。东坊、西坊、江东先后种上花树400棵，全村种上酸稔树10万棵、荔枝树2300棵。

1991年，文冲村创造条件，抓好“十好”工作：经济建设好、党政工作好、村风民风好、社会治安好、文化生活好、教育和科技普及好、村容村貌好、完成任务好、计划生育好、社区服务好。以江东第一、二、三社为先创点，开展文明卫生村建设，村、社以5 ∶ 2 ∶ 3比例集资16万多元，将厕所硬底化。大沙镇、文冲村投入9.45万元改建厕所，清理余泥路障，整理排污渠道等。是年，该村投资3.08万元，清理东坊大塘边余泥垃圾100多吨，建石化路口南路段100多米下水道，整治黄埔东路口排污沟等。开展创评“三户”活动，“文明新风户”987户，达总数80%；“遵纪守法户”939户，占总数90%；“卫生户”达973户，达90%；标兵户有22户。

至1996年8月底止，文冲村农（居）民户：农民1358户、居民319户，共1677户。文明户：农民1321户、居民217户，共1538户，文明户占全村总户数91.71%。

国家卫生城市部分指标与文冲村完成情况的比值一览表

表3-7-4-1

项　　　　　目	国家指标（%）	村对照值（%）
中、小学健康教育开课率	100	100
健康知识知晓率	90以上	95
健康行为形成率	80以上	94
居民健康知识知晓率	75以上	98.5
企业健康教育普及率	95以上	95
环卫设施完好率	98以上	98
城市街巷清扫保洁	98以上	95
垃圾清运率	100	100
厕所合格率	100	100

国家卫生城市部分指标与文冲村完成情况对比值比对表

表3-7-4-2

项　　　　　目	国家指标（%）	村对比值（%）
城市水冲式公厕普及率	75以上	100
水冲式所各类设施完好率	95以上	100
城市绿化覆盖率	25以上	25

1986年下半年始，文冲村共投资550多万元，将各自然村的街巷全部铺设水泥路面及暗渠整理硬地疏通化；兴建自然村的垃圾池和花基。投资10万元，分别建起垃圾收集中转站（点）。

文冲各自然村垃圾收集站（点）统计表

表3-7-4-3

地　点	数量（座）	地　点	数量（座）
江北东约	3	廻龙市	3
江北中约	4	东坊片	11
江北西约	1	西坊片	10
渡头街	2	文园片	7

1976年，投资5万元，兴建青年之家和青年文化室；1978年，兴建村办公大楼和会堂（1980年落成交付使用）；1982年，广州石油化工总厂及个人出资100多万元，为江北三约、文园每家每户安装自来水；1983年，投资25万元，建起花园式敬老院；1988年，投资15万元，兴建西坊、文园坊老人乐园；1970—1994年，投资146万元，建学校、教师宿舍。通过文明村、文明户的评选活动，增强村民的现代观念、法制观念、环保观念等，提高村民文明素质，文明之花在文冲开花结果。

二、成果

1985年，西坊连续三年被评为“黄埔区卫生美化环境先进村”。1990年、1995年，文冲村被评为“文明村”。文冲小学，1990年被评为“广州市爱国卫生运动达标单位”，后被评为“模范单位”；1991年，被评为省先进集体。少先队大队部被评为“红旗先进大队”。1985年，村调解工作被评为广州市先进集体。

（一）民兵建设。1982年，文冲村民兵排被命名六〇迫击炮排，参加广州警备区军事表演观摩会，取得优秀成绩，被广州市警备区、黄埔区武装部评为“先进集体”；1983年，被评为“民兵先进集体”；1986年，文冲党总支部被广州市委评为“先进党组织”。

（二）治保工作。1994年开始，文冲村治保会连续被评为“黄埔区群众治安保卫工作先进集体”；同年，在全广州市开展大型评比“百强村”中，文冲排列全市第二名；是年，文冲档案室经省、市档案局考评以82.6总分达“省一级档案管理达标单位”。

第四篇　文　化

第一章　文物

第一节　祠堂

吉州梁公祠　江北吉州梁公祠，位于江北东约大街7号，与民宅相连，据称公祠建于明代（1368—1644），经历2次重修。乾隆岁次丙年吉旦以公尝出资重修；第二次在1991年，由江东联社出资重修。（约出资4.5万元）

吉州梁公祠

坐东北向西南。3间2进，面阔11米、总进深21.3米，建筑占地总面积234.3平方米。硬山顶、人字封火山墙，灰塑平脊、碌灰筒瓦，青瓦当。青砖石脚。前为大街、水塘，左、右侧，祠后均为民宅。

头门面阔3间11米、深2间7.4米，共9架，建筑面积81.4平方米。前廊双步梁，梁上施木雕驼峰。2根石檐柱上有木檐枋与山墙相连，上施木驼峰、斗栱。大门为石门夹，石门枕、石门额刻“吉州梁公祠”，无上下款。木板门彩绘门神秦叔室、尉迟恭，为传统式样。明间内设中门，门扇已佚失。

头门后为天井，两侧为2廊6架卷棚顶，连后堂。

该祠堂号为“福厚堂”，木匾今不存。

另祠内据传有清代同治十年状元、顺德梁耀枢之“状元及第”牌匾，及多幅楹联，俱已佚失。梁耀枢，号斗南，晚年号叔简，广东顺德县光华乡人，清同治辛未科状元。

曾任翰林院修撰，湖北主考官，詹事府詹事等职。

此处亦为江北三约轮流供奉金面洪圣王之地。东侧另建有厨房，族人于此开会、婚庆、宴请宾客之地。

该祠为文冲街文物普查登记保护单位。

陆氏大宗祠 文冲陆氏大宗祠位于文冲村西坊南大街2号，宗祠始建于清康熙十一年（1672），时九世祖置有产业，由十世祖兴建此宗祠。道光元年（1821）重修；1999年12月，由村民募捐100多万元重修。

陆氏大宗祠

宗祠坐北朝南。3间3进，2个天井，阔12.4米、进深42.4米，建筑总面积为525.7平方米。硬山顶，封火镬耳山墙，灰塑平脊，木雕封檐板，青砖麻石脚，前面为旷地、大街、池塘，左边为绍山书院，右为长胜巷道，后为民宅。

头门面阔3间12.4米、深3间7米，共9架。前廊施四步梁，上刻博古图纹。大门石门夹，彩绘门板，石门枕，石门额阳刻“陆氏大宗祠”。2次间筑塾台；2次间各立2根方形花岗岩柱，虾公梁上施如意形一斗三升石雕。两侧墀头有“双龙戏珠”和“仙童进寿”的砖雕。后廊上施四步廊梁，瓜柱连接。左侧墙上镶嵌有2000年9月重修时新立的石刻“泰泉祖谱牒”“泰泉祖裔分居考”“募捐修缮陆氏大宗祠碑记”“庚辰年重修陆氏大宗祠”，右侧墙上有“募捐修缮陆氏大宗祠芳名”石碑，文字均为陆氏宗祠修缮委员会撰。前、后廊墙上端有“五桂联芳”“松龄鹤寿“等山水花卉壁画。

中堂面阔3间，深3间10.4米。堂内有4根木柱，石柱础支承。明间后设屏风式6片隔扇门。另前后各有4根檐柱，次间之前檐有花岗石栏杆、栏板。堂上高悬刻有“昌后堂”的木匾，原匾已佚失，现匾为今人梁锦英书。中、后堂为天井，两侧有6架卷棚廊。中堂前为天井，花岗岩石地面，两侧无廊。

后堂面阔3间，深3间10.45米，共13架，建筑面积12.96平方米。4根木金柱，石柱础。前檐立2根石柱支撑。明间后部设神龛，供奉祖先牌位。此处原挂有多幅对联，因故已不存在，今据旧族谱特录一联，以知其概，文如下：“洛水源深派洐浩瀚清流之间茭塘开穗石；郁林干固枝垂阴森奕叶本由从化发文冲。”后堂前为天井，花岗岩石地面，两侧有天架卷棚廊连中、后堂。”

该祠为陆氏供奉始祖陆泰泉之宗祠。据祠内碑刻所载，陆泰泉为唐代诗人陆龟蒙十四传孙。为族内议事、喜庆设宴、族人活动之处。

2005年9月，该宗祠公布为广州市文物保护单位。

东溪陆公祠 位于文冲东坊大街36号。据传始建于清康熙十九年（1680），并于光绪十八年（1892）重修。坐东北向西南，3间两进，阔10.8米、进深21.9米，建筑面积为236.5平方米。人字封火墙，硬山顶，灰塑龙船脊，碌灰筒瓦，陶瓦当滴水剪边，前门上装有雕花封檐板，两墀头灰雕已破损。祠前为东坊大街，左、右、后为民宅。

东溪陆公祠

头门面阔3间，深2间为8.2米，共11架。前廊三步梁分心墙承重，前立2根石檐柱，柱与墙间为石虾公梁连接。大门为石门夹、石门枕。石门额阳刻“东溪陆公祠”，无款识。后廊为7架梁，立2根红砂八角形檐柱。2根木柱下以覆盆红砂岩柱础支承，木柱间设中间，无门板。

两进之间为天井，天井两侧设4架卷棚廊。右廊壁开1扇门，属东坊7巷。后厨房，有1口水井的水可饮用。

后堂面阔3间，深3间8.5米，共11架。4根木金柱支承，下为覆盆红砂岩柱础。2金柱有长联，上联：“七世接开祥裕后恢前应识本源来有自。”下联：“四房同启瑞允文乃武相承经纬递无穷“。联中所称“四房”指祠主有四孙，即：梅川、梅宾、约斋、衢野。

该祠为黄埔区文物登记保护单位。

仪羽陈公祠 位于江北中约大街5号之一，建于清朝乾隆三十年（1765）。由陈氏第八世孙出资兴建。1990年，江北中约（四社）出资加以重修。

该祠坐北向南，3间2进，西阔12.4米、进深22.5米，建筑面积279平方米。硬山顶，人字封火山墙，灰塑龙脊，碌灰筒瓦，陶瓦当。木雕封檐板。青砖石脚。前为大街、池塘，余三面为民宅。

头门面阔3间12.4米、深2间7.5米，建筑面积93平方米。前廊三步梁，2根石檐柱，檐柱与山墙间之石虾公梁已改换为混凝土质梁。大门石门夹、木板门绘门神，石门枕，石门额刻“仪羽陈公祠”，落款“乾隆岁次乙酉（即乾隆三十年，1765）孟春吉日立”。石檐柱、梁架已改为混凝土结构。明间设中门，门板已失，仅存门框。

后堂面阔3间12.4米、深3间9米，共13架，建筑面积111.6平方米。2根石檐柱、4根石金柱。明间上悬“光裕堂”木匾。后部神龛已毁，新设红木神案。

两进之间为天井，两侧有6架卷棚廊，其梁架、斗栱已改为混凝土构件。

该祠除部份木质构件改为混凝土质构件后，余尚保存完好。

陈氏宗祠 位于江北中约大街2号之一。始建于清嘉庆十三年（1808），1991年重修。宗祠坐北朝南，3间3进，祠面阔13.5米、进深30.2米，建筑面积为407.7平方米，硬山顶，人字封火山墙，灰塑龙船脊，碌灰筒瓦。陶瓦当。墀头灰塑如意图案。青砖石脚。前为大街、池塘，其余三面为街巷、民宅。

头门面阔3间13.5米、深2间8米，共11架，建筑面积108平方米。前廊三步梁，博古梁架上雕有寿桃、腾龙图案。2石檐前柱以木檐枋与两侧山墙相连，上施驼峰、斗栱。大门石门枕、石门夹。木门板绘门神。石门额阳刻“陈氏宗祠”，据称为派人至江门外海陈姓祠堂拓回字迹的翻刻，原为明代大儒、新会白沙乡陈献章之茅笔笔法。上款刻一篆印“嘉庆戊辰”（1808），下款有上下2方篆印，上“暮春”，下“鼎建”。明间内设中门，现仅余门框。

第二进为仪门，4根柱子、3间3楼砖石牌楼，庑殿顶，上施博古脊、碌灰筒瓦、陶瓦当。檐下灰塑3层莲花托。

仪羽陈公祠

陈氏宗祠

明间2根柱之间阔2.6米，2根石柱前施抱鼓石，石门额正面刻“德星会聚”，背刻“对越在天”，门额上横石枋灰塑梅花，已残缺。2次间门额改为水泥批荡，左书“蹈和”、背书“崇本”，右书“履中”、背书“报功”，均为后人仿书，非原迹。其石柱两侧受损，包砖围护。

仪门所在位天井，两侧为6架卷廊，梁架已改为水泥构件，地面改铺水磨石。

后堂面阔3间13.5米、深3间10.3米，共13架，建筑面积139.05平方米。2根石檐前柱、内4根金柱已改为混凝土圆柱，柱面批石米，混凝土柱础。明间挂木匾，上刻正楷“静远堂”，落款为“道光丙午（1846）仲春吉旦”“香山鲍俊书”，为1991年重修时仿造仿刻，原木匾现置于祠内。神龛已毁，仅余石案。案上置1块木匾，上书“钦点探花及第，光绪五年乙卯公元一八七九年臣陈伯陶恭承”。为今仿刻品，原件不存。据传陈氏及第后返祖祠拜祭时曾留木匾。

后堂内镶有石刻的本支陈氏子孙字派，曰“秉懋邦家喜庆长，翼为明听焕文章；虞夏殷周汉唐宋，六经世受绍其芳；从来作述敦仁礼，万代声明启俊良；志据依游克念力，丕承祖德永光扬”。

“静远堂”书者鲍俊（1797—1851），字宗垣，号逸卿，别号石溪生。香山山场乡（今属珠海）人。道光二年（1822）中举，次年举进士，授翰林院庶吉士。工诗词书画。著有《吟塘榕馆诗钞》《倚霞阁诗钞》等。书法以榜书为著。

陈伯陶（1855—1930），字象华，号子砺，晚年更名永焘，又号九龙真逸。东莞人。光绪五年（1879）中解元，十八年（1892）会试、殿试，得一甲3名（探花）。授翰林院编修，国史馆总慕等。三十三年（1908）任江宁布政使。辛亥革命后避居香港。其墓今位萝岗金峰岭。

该宗祠保存完好，现为金面洪圣大王供奉之地。

观德陆公祠 位于文园村南街13号。始建于清朝嘉庆二十年（1815），十七世传人筹建祠堂，由乡绅等发动群众，筹集资金建成，该祠至今已有200年历史。2000年5月，村民募捐80多万元拆除，原地重建，次年6月竣工。

祠堂坐东北向西南，总面阔11.2米、总进深27.5米，建筑面积308平方米。硬山顶，镬耳封火山墙，灰塑龙船脊，碌灰筒瓦，陶瓦当。木雕封檐板。青砖石脚。墙上端有壁画及诗文。前为禾坪（地堂），其余三面为民宅。

祠前广场原立旗杆夹一对，以清光绪辛卯年（1891）恩科本村副贡陆秀书得中举人而立。今不存。

头门面阔3间、深2进8.6米，共13架，建筑面积96.32平方米。前廊三步梁。梁上施驼峰、斗栱。2次间设包台，台上各立石檐柱，虾公梁一侧立墙体支承，梁上施木质驼峰、斗栱。大门石门夹、石门枕，石门额刻“观德陆公祠”，落款为“大清嘉庆岁次乙亥”（二十年，1815）、“季春丁酉吉日建立”。门两侧有木联，为“文章传世泽，诗礼振家声”。两墀头有“添丁增寿”等题材人物砖雕。后廊立檐柱，瓜柱梁架。明间设四扇中门，门板上部为楼空横披，下部雕有花卉等。

头门与后堂间为天井，两廊为6架卷棚顶。

后堂面阔3间11.2米、深3间10.45米，共15架，建筑面积117平方米。4根木金柱，明间上悬“福荫堂”木匾。后部设神龛，供奉陆氏祖先牌位。

原两对金柱均有楹联：

其一：五世接文冲祖德光前克勤克俭永绍箕裘弗替，

廿传开福荫孙谋裕后肯堂肯构常陈俎豆维新。

观德陸公祠

其二：创基址于文园五代音容仰视洋洋而对越，

接渊源于洛水一堂昭穆行看跻跻以趋跄。

该祠保存完好。现为老人活动场所。为黄埔区文冲街文物保护单位。

衢野陆公祠 位于文冲西坊南大街24号。据传始建于清嘉庆二十四年（1819），民国二年（1913）重修，由廿世孙陆达生负责。坐东北向西南。3间两进，阔9.2米、进深19.4米，建筑面积178.5平方米。人字封火山墙，硬山顶，灰塑平脊，碌灰筒瓦，两墀头的灰塑花卉部分已损毁。祠前为西坊南大街，左、右、后为民宅。（已迁至东坊大街）。

衢野陆公祠

头门面阔3间，深2间5.4米，共9架。前廊施三步梁，前两石柱与山墙用石虾公梁连接，梁下以雀替支承，梁上有石狮驼峰，异形斗拱。2次间设塾台，大门为石门夹、石门枕。门额阳刻“衢野陆公祠”5个字，上款为1方石印章，下款为2方，均漫漶不清。后廊施四步梁，设2根石檐柱，明间设中门，门上部有木格框。

二进之间为天井，两侧建有4架卷棚廊，连通前后堂。后堂面阔3间，深3间7.2米，共11架。2次间之前檐筑有清水墙，各开拱门与2卷棚廊连接，堂中立4根石金柱，前2根石金柱连枋，底部有缠枝花饰。后2根石金柱，左柱上阴刻“嘉庆岁次己卯”，右柱阴刻“十七传孙永邦敬奉”。

清嘉庆己卯，是年为二十四年（1819），按习俗及常规，祠堂落成之年，送匾、刻联当在是年，是故该祠始建之年或亦在嘉庆二十四年。

祠内地面原为泥地，据传此祠所在地为蝙蝠形，以风水形家之说，蝙蝠能藏于泥地，若铺以砂浆水泥，则于鼠不利，有碍子孙。现思想进步，地面方铺以新材料。

祠内有对联多幅，如：

永昌有祚源流远，锡福无疆奕叶长；

学著郁林开圣教，书传越国启儒宗。

文凤陆公祠 位于文冲西坊南大街6号，左侧为长胜巷，右侧为民宅，前为大街、池塘，后为民宅。坐北向南。面阔1间，凹斗门，进深2间，面阔8.3米，进深17.1米。据乡人介绍，始建于清嘉庆年间（1796—1820）。据广州市第四次文物普查（2004—2006），专家组认为，此建筑有明代建筑特点。

文凤陆公祠

头门面阔1间，灰塑平脊、硬山顶、碌灰筒瓦、滴水剪边、墙脚以二、三层红砂岩作基础。凹斗门，以青砖砌门框，上以麻石作门额。原有木匾额，上书“文凤陆公祠”，今不存。前有封檐板，上刻卷草花纹。门前有石阶3级，两侧护以石鼓状石板。后廊4架梁，以青砖所砌之柱及前墙承重。

二进间为天井，天井两侧为卷棚廊，4架。封檐板刻以回纹。廊尽处以清水墙门洞通后进。

后进阔3间，平脊、硬山顶、瓦面如前进，13架梁。4根金柱、前清水墙，后墙支承。原设之神龛等已不存。

全屋保存完好，现为西坊村民摆放舞狮队、龙舟队器物之用。

秀宇陆公祠 位于文园西大街10号，坐北向南，左、右、后为民宅，前为大街。面阔1间9.6米、深2进15.9米，原为清代建筑。于1986年重修。

头门面阔1间，灰塑平脊、碌灰筒瓦、凹斗门，以青砖、红砖砌筑，墙脚以4层大红砂岩石砖叠砌，以木作门框，凹斗门、木门板，无石匾额，5层石阶，6架梁。后廊以两砖柱及侧墙承重，存屏风的2根柱及地脚石板，2扇屏风门已不存。

秀宇陆公祠

两进间为天井，两侧原为卷棚顶，重修时拆去，以水泥板平铺作连接进之廊，后进筑清水墙，开圆拱门以相通。

后进已全拆改建，以水泥板平铺，无神龛等物。

全屋除头进、二进前清水墙外，全已改建。不复旧貌。

现为文冲村第八社集体使用。

达松陆公祠　位于文冲东坊大街44号。左为仁和里、民宅，右为和庆里、绍山书院，后为民宅，前为大街、鱼塘。据称始建于道光十一年（1831），民国三十五年（1946）重修。坐东北向西南。3间2进，面阔10.4米、进深16.2米，建筑占地总面积168.48平方米。硬山顶，人字封火山墙，灰塑平脊，碌灰筒瓦，青砖石脚。

达松陆公祠

头门面阔10.4米、深2间4.4米，面积45.76平方米。前廊檐墙承重。凹斗门、石门夹、石门枕。石门额阳刻“达松陆公祠”，无上下款。后廊五架梁，明间设中门，门框尚存。左次间筑墙间隔1间小堂。

后堂深3间8.7米，共13架，建筑面积90.48平方米。4根木金柱，下支承后柱础。2根后檐柱。2次间前檐筑清水墙，并开拱券门与两廊相连。原挂木匾“承春堂”。堂中原有神龛，罗列众祖神位，今不存。

头门与后堂间为天井，两边为4架卷相廊。右廊开一门与青云卷相通。

公祠门原有木联：座对青山擎宝树，门临绿水起文澜。

木联亦已佚失。该祠为黄埔区文物保护登记单位。

绥亭陆公祠 位于文冲东坊大街14号。据族人介绍，始建于清光绪十八年（1892），于1992年最后修葺。坐北向南，3间2进，总面阔16.7米，总进深24.7米，建筑占地总面积412.5平方米。硬山顶，人字封火山墙，灰塑平脊，碌灰筒瓦，陶瓦当滴水剪边。前为东坊大街、池塘，左、右、后为民宅。

绥亭陆公祠

头门面阔3间16.7米，深2间9.25米，共11架，建筑面积154.48平方米。前廊三步梁，梁底有缠枝花卉雕饰，梁上有驼峰，雕刻精美。大门石门夹，木板门，石门枕有瑞兽浮雕；石门额刻“绥亭陆公祠”，无上下款。2次间设塾台，塾台正面石脚有洪福吉祥浮雕。前4根石檐柱，虾弓梁上有石狮、斗栱，梁下有雕饰石崔替支承。两墀头砖雕下半部已损毁。墙上端有1992年修葺时重画的壁画。后梁7步梁，瓜柱连接。

头门与后堂间为天井，两侧设6架卷棚廊，博古梁架，雕刻精细考究。

后堂面阔3间16.7米，深3间10.3米，共13架，建筑面积172平方米。前有2根檐柱，后有4根木金柱，花岗岩石柱基。堂前设3级石台阶。

祠堂保存完好，现为老人活动场所。

廷亨陆公祠 坐落在文冲东坊大街43号。始建于清宣统元年（1909）。

祠为四世传人陆应湖和陆应廉兄弟俩从外洋赚钱回来兴建的，乃为纪念祖父廷亨及其后人聚会之场所。现主体保存完好，土地改革时期为文冲乡政府办公所在地。

祠堂坐北朝南，大街前是1口开阔的大池塘。3间2进，总面阔10.7米、总进深16.8米，建筑面积为180平方米。硬山顶，人字封火山墙，灰塑平脊，

廷亨陆公祠

碌灰筒瓦、陶瓦当、滴水剪边。木雕封檐板，前为东坊大街、池塘、左、右、后为民宅。

头门面阔3间10.7米、深2间5.5米，共9架，建筑面积58.85平方米。前廊三步梁，2根方形花岗岩石檐柱抹角刻竹节，虾公梁上施石狮、斗栱，梁下有雀替支承。两挑头有福禄寿人物石雕饰。石门额阳刻“廷亨陆公祠”，上款：“宣统元年季夏”，下款：“朱汝珍书”。墙上端有壁画，笔法苍古，为李萝峰手笔。后廊四步梁，瓜柱连接，分心墙承重。后廊设中门。祠前砌三级石台阶，两侧设抱鼓石。

头门与后进间为天井，两侧为4架卷棚廊，木雕博古梁架，木封檐板外雕花鸟、瓜果。

后堂面阔3间10.7米，深3间8米，建筑面积85.6平方米。堂上原挂有“怀德堂”木匾，已失。4根木金柱，下以花岗岩石柱础支承。2根金柱对应刻有对联，联上下端刻有洪福图饰。

前2根木金柱上联为：“高士抱清吟矫矫人群诒谋自远”，下联为：“名臣留奏议绵绵世胄崇拜弥殷。”上款：“貤赠大夫廷亨陆公新祠，落成志喜”，下款：“拣选知县丁酉科举人区述曾顿首拜贺”。

后2根木金柱上联为:“节持越岭气壮崖门先哲肇渊源尚冀书香绳祖武”,下联为:“近接狮洋远连羊石禺山钟灵秀留兹庙貌慰孙曾”。上款：“貤赠大夫廷亨陆公新祠落成志喜”，下款：“赐进士及第记名遇缺题奏侍讲衔翰林院编修朱汝珍顿首拜贺”。

明间后墙前所设神龛已不存，余石案、拜桌。后两金柱间有木雕饰架，雕饰精美。堂前砌石台阶，两侧护以祥云涌月抱鼓石。

朱汝珍（1870—1942），清远人，清光绪三十年（1904）末科榜眼，授编修。曾到日本深造，1909年，奉命创定商律。翌年，任第一次法官考试贵州省主考。后奉派编修《德宗实录》。1930年，南归。著有《词林辑略》《词林姓氏韵编》等。善书法，工词翰。

祠堂保存完好。

梁氏宗祠　位于江北东约氹园街39号，据族谱记载，宣统元年（1909）冬兴建，1999年重修。宗祠坐北朝南，3间2进，阔12.85米、进深23.7米，建筑面积304.5平方米。硬山顶，人字封火山墙，灰塑龙船脊，碌灰筒瓦，木雕封檐板。青砖石脚。前为大街、水塘，左、右、后为民宅。

头门面阔3间12.85米、深2间8米，建筑面积102.8平方

梁氏宗祠

米。前廊四步梁，木雕博古梁架。2根石檐柱，虾公梁上施石狮，梁下两端施石雀替承托，两墀头砖雕寓“花开富贵”。大门为石门夹、木门，门板上绘门神秦叔宝、尉迟恭。石门枕。石门额刻“梁氏宗祠”，上款为“宣统元年冬”，下款为“凤浦口口书”。2次间筑塾台。后廊7步架，分心墙承重，上施瓜柱梁架。明间内设中门，已缺门板，仅余门框。

后堂面阔3间12.85米、深3间9.9米，共15架，建筑面积127.22平方米。前位2根红砂岩檐柱，4根石金柱。明间上挂“善庆堂”，木匾，墙前神龛已不存，仅余石案。

2进间为天井，侧为2廊，6架卷棚顶。

整体保存完好。

仕杰陆公祠 坐落于文冲西坊大街24号，坐东向西，前为大街，左为居仁里、民宅区，右为福善里、民宅区。后为民宅区。面阔1间9.9米、深2进15.9米。全屋以石板砌筑墙脚。清代建筑。

仕杰陆公祠

头门面阔1间，凹斗门、灰塑龙船脊、碌灰筒瓦、滴水剪边、封火山墙，墙前端以灰塑成飞檐翘角，两侧前端以灰塑3层花托状装饰，原有木匾额阳刻“仕杰陆公祠”，现已佚失。在青砖墙开门，门顶横放厚木板，封檐板刻有花、鸟、草诸物，涂以金粉、黑底。9架梁，4步梁。后廊以4根方石柱支承。下以后柱承托，后边为屏风，以石柱为两边框，下以石板为门槛，6扇门。

后为天井，两侧为2廊、卷棚顶，4梁。后进开清水墙，门相通。两侧为封檐板，雕以麒麟、走兽、花纹，黑底涂金。

后进阔2间，灰塑龙船脊、卷草纹、碌灰筒瓦、滴水剪边，4条金柱及前后墙支承，11架梁。原有神龛，已不存。

在本次城中村改造时，为保存该祠历史整体，采取整体原貌移建的方法，迁移至“文冲古炮楼”旁边。

丹涯陆公祠 位于文园南大街1–1号，坐北向南，前为大街。左、右、后为民宅区，面阔1间9.7米、深2进17.8米，硬山顶。为清代建筑，始建年不详。

头进面阔1间，灰塑平脊、碌灰筒瓦面、屋檐端原有灰塑饰面，已脱落难辨原貌，凹斗门，以青石板砌筑门框，石匾额阳刻“丹涯陆公祠”。以灰砂等物封铺，故不辨上下款，前面以3层红砂岩大石砌筑墙脚。

二进间为天井，两侧为2廊，中间多有杂草等物。

后堂灰塑平脊、碌灰筒瓦面，已无神龛等物。

整间以头进保存尚属完好，两廊、后进略有破损。

为文冲第七经济合作社使用。

丹涯陆公祠

辉岳陆公祠　位于西坊大街10号，坐东向西，前为大街。左为民宅区，右为聚星门楼，民宅区，后为民宅区。面阔1间9.3米、深2进8.4米，碌灰筒瓦、平脊、5架梁。清代建筑。始建年不详。

头门面阔1间，凹斗门，碌灰筒瓦、平脊，以石板作门框，门额阳刻“辉岳陆公祠”。无上下款。

两进间为天井，两侧为廊，接前后进。

辉岳陆公祠

后堂为面阔3间，2根金柱及后墙承重，17架梁，原有神位不存。

全屋基本保存完好，为私人使用房屋。

文炳陆公祠　位于文冲东坊大巷（南埠里）四巷6号。据称，祠始建于清朝中期，民国十四年（1925）孟冬修。坐北向南，3间3进，阔12米、进深29米，建筑面积为348平方米。硬山顶，封火镬耳山墙，灰塑平脊，碌灰筒瓦，瓦当滴水剪边，左、右为街巷，前为文冲碉楼（鹩哥楼）。

头门大门开于西（右）侧，前廊一檩出檐，分心墙承重，大门石门夹，凹斗门。后廊为4架卷棚顶。

中堂面阔3间12米、深2间7.2米，共11架。前廊一檩出檐，檐墙承重。大门石门夹，石门枕，凹斗门，上悬木匾，白底黑字，黑边框，正中书“文炳陆公祠”，上款为“民国己丑孟冬重修”，下款为祠主之子孙名。后廊9架梁，瓜柱承接，立2

文炳陆公祠 1

文炳陆公祠 2

根石檐柱，2 根木金柱，下承以石柱础。木立柱间原设中门，已失。

后堂面阔 3 间 12 米、深 3 间 9.2 米，共 11 架。前施 2 根石檐柱，堂内立 4 根木金柱，以莲花石柱础支承。堂号为“宏远堂”， 木匾已失。门前 1 副对联：衣冠承世泽，诗礼绍家声。

二、三进间之天井两侧为 4 架卷棚廊，梁上施木驼峰、斗拱。

陆文炳为陆氏十三世，因其在当时富甲一方，故谚曰：“文冲陆文炳，茅岗周亚银”。

该祠为文冲 16 社社址，今空置。

兰泉陆公祠 位于文冲西坊大街 18 号。始建于民国三年（1914），座东南向西北。3 间 2 进，面阔 10.6 米、进深 22 米，面积为 233 平方米。前为西坊大街，左为钟灵里、民宅，右为青云巷祠堂厨房，后为民宅。（已迁至东坊大街）

兰泉陆公祠

头门面阔 3 间，深 2 间 7.75 米，共 11 架。硬山顶，人字封火山墙，灰塑平脊，灰碌筒瓦，陶瓦当滴水，前廊有木雕封檐板。前廊三步梁，博古梁架。前立 2 根石檐柱，2 次间上以虾公石梁连以石柱、侧墙，梁上有石狮、斗栱。墀头墙雕略有损毁。大门石门夹，石门枕，石门额阳刻“兰泉陆公祠”，上款为“民国三年孟冬”，下款为“星兰梁澄书”。后廊六步梁，瓜柱承接，明间原设中门，已不存。

二进间为天井，两侧为6架卷棚廊相连。

后堂面阔3间，深3间9.5米，共13架。前立2根石檐柱，后立4根木金柱，下以石柱础支承。明间后部神龛已毁，仅存石神案。墙上端四周略见有壁画。堂号为“光裕堂”，木匾已失。全祠保存尚好。祠主为陆泰泉子观源公房七世孙。

该祠原为西坊20社社址，现空置。

第二节 庙宇

文冲地区的庙宇只有玉虚宫1座。玉虚宫俗称文冲大庙，位于文冲墟地街40号，即迴龙市街口西南侧，建于清代光绪十一年(1885)。

玉虚宫

庙坐北向南，3间2进，面阔11.6米、进深22.3米，建筑面积258.68平方米。硬山顶，人字封火山墙，灰塑平脊，碌灰筒瓦。青砖石脚，两墀头砖雕残缺。前为旧广深公路，左为果行大街，右为店铺，后为民宅。

头进面阔3间、深2间8米，共9架，建筑面积92.8平方米。前廊三步梁，博古梁架雕刻人物。大门石门夹、木板门，石门额刻“玉虚宫”。上款：“光绪十一年冬月立”，下款：“五邑云昶书”。石门夹两侧为石门联，于石板上凿刻出门联框式，联高1.38米、宽0.45米，上下联为：帝德汪洋跡著武当存赫濯；神功灏瀚泽沾廻市沐恩光。

后檐6架。设中门，施屏风板。

头门与后殿间为天井，两侧为两廊卷棚顶。

后殿面阔11.6米、深3间10米，共13架，建筑面积116平方米。偏殿位后殿右(西)侧。

此庙原供奉太上老君、北方真武玄天上帝等诸神；偏殿置太岁、土地等。农历每年逢十月，廻龙市打蘸拜神亦于此进行，因门临大路，故逢二月的波罗诞，广州、佛山、番禺、顺德、南海、从化、花都等地前至南海神庙之香客，亦顺道一至，香火甚为鼎盛。

中华人民共和国成立后，该宫曾为派出所、农会、乡政府及生产管理大队等机构办公之地；亦曾为红木家具厂厂址。为黄埔区内定区级文物保护登记单位。

第三节　书院与家塾

一、书院

绍山书院　位于文冲西坊南大街2号。该书院入载清同治十年《番禺县志》卷十六·建置略三，故始建年当在同治十年（1871）前。原为书院，后改设神案，改奉“洪圣王”（即南海神）。坐东北向西南。3间2进，总面阔7米、总进深19.7米，建筑占地总面积137.9平方米。硬山顶，人字封火山墙，灰塑博古脊，碌灰筒瓦，青砖石脚，红阶砖铺地。前为西坊南大街、池塘，左为和庆里，右为青云巷、陆氏大宗祠，后为民宅。

绍山书院

头门为凹斗门状，宽7米、深2间6.75米，共9架，建筑面积47.25平方米。以分心墙分为前后廊，前廊两檩出檐，墙上端绘有山水、人物之彩画；两墀头为梅树灰塑。大门以2根石柱作门框，木门。石门额上刻“绍山书院”，无上下款。后廊7架，明间设中门，梁架以瓜柱承托。

头门与后堂间为天井，两侧为4架卷棚廊。

后堂面阔3间7米、深3间9.40米，共13架，建筑面积为65.8平方米。左右侧次间筑清水墙，开拱券门与天井侧之两廊相联连通。中间供奉有洪圣王像。

书院现保存完整。

二、家塾

三锡家塾　位于文冲东坊大街28号。据村民反映，该建筑建于清末民初。

家塾坐北朝南。1间2进、面阔5米，进深13.6米，建筑面积68平方米。硬山顶，人字封火山墙，灰塑平脊，碌灰筒瓦，木雕封檐板。青砖墙，石板墙脚。前为东坊大街、池塘，左为大巷，右为冲彝家塾，后为民宅。

头门面阔1间5米、深2间3.55米，梁7架，建筑面积17.75平方米。前廊两檀出檐，檐墙承重。大门以石条作框及石门额构成，木门板，石门枕，石门额刻“三锡家塾”，无上下款识。门侧两墀头的砖雕为人物、花鸟，工艺精细。后廊4架梁，明间设中门，已不存，所遗仅中门柱、门框、石柱础。

后堂面阔1间5米、深1间7.7米，梁11架，建筑面积38.5平方米。前后堂前下设2级石阶。

三锡家塾

头门的后廊、天井两廊、后堂的墙上端均绘有山水、人物、花鸟等精细绘画；封檐板上的木雕亦细刻精雕，艺术价值较高。

翰章家塾　位于文冲西坊大街26号。据2005年村民介绍，该家塾原名松万家塾，始建于清光绪年间（1875—1908），民国31年（1942）由陆翰章之子陆杏堂改名为翰章家塾。坐东南朝西北，1间2进，面阔5.5米、进深14米，建筑占地总面积77平方米。硬山顶，灰塑龙船脊，人字封火山墙，碌灰筒瓦，木雕封檐板，青砖石脚。前为西坊大街、池塘，其两侧、屋后为民宅。

头门面阔1间5.5米、深2间3.3米，共7架梁，建筑面积18.15平方米。前廊一檩出檐，大门以石为框，木门板。

翰章家塾

石门额上刻“翰章家塾”，上款为“民国三十一年壬午岁冬立，陆杏堂□建，徐戒踰拜书”，无下款。门前两侧墀头之砖雕甚为精美，左侧完好，右侧略缺损。后廊5架梁，分心墙承重。

头门与后堂之间的天井以花岗岩铺地，两侧为4架卷棚廊。

后堂面阔1间5.5米、深1间7.2米，共11架梁，建筑面积39.6平方米。前檐为两檀卷棚顶，檐墙承重，正中开门。两侧檐墙上施竖条状砖雕花窗，顶部施走马通花板。堂内新筑墙间房，地上铺红阶砖。

永耀家塾　坐落在文冲东坊东埠大街 19 号，坐西向东，前为大街。两侧、后为民宅区，面阔 1 间 5.2 米、进深 2 间 11.8 米，硬山顶，碌灰筒瓦、平脊。据陆礼昭称，屋筑成于清宣统二年（1910）。

永耀家塾

头门上方原画有彩画，现已斑驳不清，两墀头灰雕已脱落，以石板作门框，上门额阳刻“永耀家塾”，无上下款。墙脚以麻石砌筑，7 架梁，后墙承重。后墙开正门，两侧另开清水墙门通天井。现后墙正门已封堵。

天井两侧建斜廊，连道前后进。

后进碌灰筒瓦、平脊，15 架梁。

全屋保存尚好，现堆放杂物。

三、书室

伯奇书室　位于江北东约大街 11 号，座东北，向西南。面阔 1 间 6.9 米、深 2 进 10.4 米。前为江北东约大街、池塘，左侧为江北东约 10 巷，右边及背后为民宅。据门额之款为“咸丰戊午”立，戊午为咸丰八年（1858），书室当建于此年。

伯奇书室

头进为凹头门，前檐 2 架梁，碌灰筒瓦，滴水剪边，博古脊。两墀头基本已被毁。左廊房向前突出，与檐平行。大门靠右侧而开，木板门，石额上刻“伯奇书室”，上款为“咸丰戊午季秋吉旦立”，无下款。

头、2进间为天井，左侧为廊房，开有侧门，向天井。后进宽6.9米、深5.3米，11架梁。檐前两侧砌清水墙，墙宽约1米，上开长形框墙窗。

此建筑虽称“书室”，据乡人介绍，实为江北东约梁氏支房之祠，作供牌位、岁时祭祀之用。现保存尚好，作堆放杂物之居室。

第四节 碉楼

古碉楼（鹩哥楼） 古碉楼座落在文冲东坊大巷南埠里四巷7号，楼长18米，宽11米，高19.2米，占地200平方米，坐北向南。硬山顶，灰塑平脊，碌灰筒瓦。前为巷道、民宅，左为篮球场，右及后为民宅。

古碉楼（鹩哥楼）

该楼始建于明末，由于战事频繁，百业萧条，碉楼荒芜，杂树丛生，不少“鹩哥”鸟在楼上结巢而栖，故俗号“鹩哥楼”。

据村民介绍，该楼始建于明嘉靖四十五年（1566），此后经两次修葺，一次是在清代，另一次是民国18年（1929年），成为黄埔惟一的古碉楼。

古楼建筑坚固，视野宽广，易守难攻，底部由番禺所产的红砂岩石垒成，高达4米，红砂岩石之上为青砖砌筑。第二层是体积硕大的明代青砖。第三层明砖和青砖混合各半。第四层则是民国后的砖块，上述砌体材质坚固，完全经得起矢石的射击与敲打，即便是现时的轻武器亦难以伤其墙体。碉楼结构颇具匠心，楼层全由4根支撑柱托起，与墙体分离，一旦外墙受损，而楼层结构物依旧安然，至于发射孔（枪眼口），按外窄内宽修造，取难攻易守之功效。

古碉楼一段时间曾是文冲大财主陆文炳为保卫家园，守卫大巷内10多间石门屋的私人财产，当时碉楼为村中最高的建筑。站在楼顶上俯视，文冲村内外景物尽收眼底。碉楼集看更、报警、防卫于一身，非常时期则偏重报警，一旦情况出现，便鸣锣聚众，村中壮男应声登上碉楼发讯号，保卫家园，务求御敌于村外。

人民公社成立后，在楼上装上广播大喇叭，宣传党的方针政策，报道村内事务。大跃进时期，村干部在楼顶上指挥消灭“四害”，赶麻雀。后为东坊善群堂狮队习练之所，是文冲人学艺耍武之地。

古碉楼现保存完好。

第五节　门楼

文冲门楼　俗称大更楼，位于文冲东坊大街。始建于清乾隆五十九年（1794），于光绪十八年（1892）重修。坐西朝东。门楼1间面阔5.7米，进深6米，建筑面积34.2平方米。硬山顶，人字封火山墙，灰塑龙船脊，碌灰筒瓦，陶瓦当滴水剪边，木雕封檐板，青砖石脚。前为民宅，后为池塘，左为民宅。

文冲门楼

门楼以分心墙为前后廊，前廊以分心墙承重，两侧墀头砖雕较完整。大门以两柱为门框，石门额刻“文冲”2个字，三款为“乾隆甲寅仲春”（乾隆五十九年，仲春，为旧历二月），下款为“东约合建”。大门原设有竖圆木栅，已不存。

后廊因分心墙较前置，故面积较前廊大。北侧之墙嵌有清光绪十八年立的《东约重修街路碑志》石碑（可参“石刻”章）；另又有于1987年立的《文冲东坊锦龙赞助金芳名石碑》。后门亦为石门夹，原有横栏栅，已不存，仅余有用于穿横杆的3个孔石脚立于石门两侧。地面铺花岗岩石。

大更楼为文冲村进入东坊所必经之地，昔日更夫的驻地，与外村械斗或非常时期，即以此设卡盘查，为一村之门户。

和庆里门楼　该门楼位于西坊南大街。巷南北向，门楼坐北向南，右为绍山书院，左为达松陆公祠。宽为2.3米、1间深3米。

灰塑平脊、碌灰筒瓦、青墙，墙中开门，上横置石匾额，阴刻“和庆里”上款“嘉庆岁次乙亥”（二十年，1815），下署“孟夏吉旦重修”，5架梁，后廊梁、桁略有破损。

和庆里门楼

现仍为村人道遵的必经处所。基本完好。

仁和门楼 位于文园西大街，始建年不详。坐东向西，面阔1间，以分心墙面分出前后廊。硬山顶，碌灰筒瓦，平脊。面阔4.4米，总进深5.7米，建筑占地总面积25平方米。前后为大街，两侧为民宅。

仁和门楼

前廊二檩出檐，石夹门，门额石质，横刻“仁和”2个字，无上下款。石板墙脚，前施3级石阶。

后廊7架，以分心墙隔出，右墙上镶有1块石碑，为清道光壬辰年（1832）所刻。上有碑名：“本坊修筑街道勒石”。为修路募金记名之石，内容为捐金人名、数目。

整座门楼略有残损，但基本面貌完好，现仍为村民出入主要通道。

文冲大巷门楼 位于文冲东坊大街东坊六巷南端巷口。始建年代不详，清光绪五年（1879）重修。坐北向南。面阔3.8米，深5.5米，建筑占地面积20.9平方米。硬山顶，人字封火山墙，灰塑平脊，碌灰筒瓦，陶瓦当，前廊有封檐板，青砖石脚。前为东坊大街、池塘，右为三锡家塾，左、后为民宅。

文冲大巷门楼

门楼以分心墙隔为前、后廊。前廊一檩出檐，分心墙承重，以两长石板作门框。石门额上阳刻“大巷”2个字，上款“光绪五年乙卯季秋”，下款“吉丑重修”。门后横石板凿1个孔，作立门板之用。

西侧墙嵌有石碑1块，石高0.58米、宽0.42米，碑记全文如下：

门楼之设，由来尚矣，凡所以栖神护宅而蓄流，以□□财。时既久，岁月异，风雨飘摇，瓦垣颓坏，此亦后人所当因而新之也。于是踊跃乐签，将见蒙神福祉，南风□财，庆洽一门，此亦一方之所以欢欣，聿观厥成者也。是为序。 南阜公撰□（以下捐金人名、数目从略）

光绪五年己卯岁次孟秋吉日　约斋祖包建勒石碑祀记

江东 9 巷门楼　位于江北东约大街，为江北东约 9 巷门楼。坐东北，向西南，两侧均为民宅，前临大街、池塘。始建年代不详。伯奇书室在其侧，故门楼当亦建于清代。

门楼宽 2.56 米，平脊，碌灰筒瓦，后檐 4 架梁。

整座门楼以红砂岩叠砌而成，两侧各宽 2.02 米，墙厚 1.13 米。墙体以 10 层红砂岩（俗称“红米石”）相叠而成，每层厚 0.47 米。正门上端横架石梁，石梁下镶木条板，板下开 6 孔，孔可竖立木柱，为防盗之用。

门楼虽小，但整体显得雄浑厚重。现保存完好。

江北东约 10 巷门楼的材料，建筑风格与此相同，或亦为同时所建。

江东 9 巷门楼

第六节　墓葬

一、个人墓葬

陆泰泉墓　位于姬堂村将军山北侧。坐南向北，全墓用花岗石构筑，部分由坟头、山手、平台、护岭等组成。

墓前后纵深长 12.5 米，最宽处 9.45 米，总面积约 116.13 平方米。墓前 2 级台阶。两侧各有石狮子、石鼓各。正中设 1 块雕神龛，两周及上端刻如意纹、祥云诸饰，中嵌 1 块碑，高 0.62 米、宽 0.43 米，碑正中竖刻“皇宋七上舍始祖考泰泉府君陆公妣淑德李氏安人墓”，两侧另有有小字（见本书“石刻”章。前有拜石。始建于南宋（1127—1279）末。

据文冲陆氏泰泉祖裔陆氏族谱编纂委员会编《泰泉祖裔陆氏族谱》卷三·观源祖田谱牒，陆泰泉为唐代著名诗人陆龟蒙之十四世孙。世居姑苏（今苏州），值五代之乱，迁抚州金溪（今江西金溪县）。曾祖迁于岭南南雄珠玑巷。陆泰泉以治《易》补太学外舍生，后升上舍。宋开禧二年（1206），以金兵南下而徙至从化沙溪，后与子慕全迁至番禺禾坑尾（今黄埔文冲文园西北）。其子孙散居黄埔的文冲、新溪及车陂、石门、番禺小谷围穗石等地，海内外亦有分布。

墓于清咸丰八年（1859）十二月重修，至今完好。

陆泰泉墓

梁公妣廖氏、曾氏安人古墓　江北村梁氏三世梁奎正之配室廖氏、曾氏安人之墓，座落在黄埔区文冲乌石山。整座墓按南宋时期墓葬形式，用花岗岩（麻石）砌筑而成，分山穴、山手、月台、护岭、兜肚等部分组成，距今有800多年历史。该墓按界定占地约为200平方米。

坟前有台阶3级，两边石鼓1对，坟头一般用花岗岩石砌筑半圆形的石墙，正中立1块青碑石，上书“梁公妣淑德廖氏、曾氏太公安人墓”。廖氏生于宋庆元戊午年（四年，1198）正月初六日，卒于宋度宗咸淳甲戌年（十年，1274）。碑前摆1张拜桌，坟头3级护岭，工艺精雕细琢，年代久远，部分已毁。

1999年，由江北东约、姬堂莲塘、增城江贝、茅岗塘口村、天河马坑园村的梁氏族人出资，按原貌重修。

每年清明或重阳节，有来自黄埔、天河、增城等各村及分散在全国各地和港澳台、海内外的梁氏后人专程前来祭祖扫墓。（此墓已不存在）

庄存斋墓　位于文冲飞鹅岭（据清阮元《广东通志》称此地为龙窟岗）。据其墓志载，墓建于清乾隆十年（1745）。整体为灰砂质的交椅状墓，由坟头、山手、平台、月池、前后护岭等组成。保存完好。

坟头至前护岭最长距离约12米，前后宽12米。正面为以灰砂夯成之墙，中嵌墓碑1块，花岗石质，碑高1.45米、宽0.8米、厚约0.3米，竖刻“皇清例赠中议大夫光禄寺卿先考存斋府君庄公之墓”，无上下款。碑两侧刻云龙纹饰，上为祥云涌月。碑前为月池，置拜桌。

月池前左右方有对应的石狮、华表各 1 对。石狮用鸭屎石雕刻而成。雌雄相对，左右相距约近 20 米。狮身长 1.15 米、宽 0.54 米、高 0.83 米，造型生动，刀法流畅。狮身下有座，呈长方状，高 0.45 米，四面以如意纹浮雕，四角刻竹节纹。狮前约 10 米处立两华表，鸭屎石质，平面呈八角状，高约 6.8 米、圆周 1.45 米，上雕蹲坐石狮。

墓右前约 50 米处，立有“庄府封坐正北界”石 1 块。

1998 年，黄埔区文化部门在文物普查时，有关人员于墓前发现盗墓者盗挖此墓时所丢弃之墓志碑，碑石全称为“皇清例赠中议大夫光禄寺卿先考存斋府君庄公之墓志”（可参本书“石刻”章“庄存斋墓志碑”），以志文知墓主为清乾隆四年（1739）已未科状元庄有恭之父。

该墓与其侧之庄有恭墓于 2002 年 7 月公布为广州市文物保护单位。

陆受卿墓 为文冲文园村陆氏祖坟。墓位于黄埔区文冲街文冲郭七岭，又名琵琶形（石牛岭）。该墓于清乾隆十一年（1746）仲夏二十一谷旦重修。为灰砂修建的抄手墓，由坟头，山手，前台，扩岭兜肚组成。自坟头至兜肚最长 16 米、墓台宽 9 米，整座墓穴 154 平方米分 3 级用灰砂夯成。墓首被盗。

墓正中高处下立 1 块青石碑，上书“皇元岁进士显四世祖考受卿陆公府君合葬之坟墓。妣凌氏太老安人，妣梁式太老安人”。碑两侧上刻“始祖泰泉公之曾孙国安公之次子也，安人凌氏、梁氏望子 3 人，长观仪、次观德，观源与安人合葬于本都郭七岭，坐申向寅兼坤艮大水戊兜金水放丑。乾隆十一年岁次丙寅仲夏望二十一丙辰谷旦，小宗子卓贤重修立石”。碑前有 1 张花岗石拜桌 120.60 厘米。

整座古墓立在郭七岭上方，属清朝墓葬。2008 年发现该墓穴前被山坭、树木草丛覆盖，故广州市第四次文物普查未发现上报。2009 年 7 月，申请为文物古墓保护单位。2010 年，由文冲陆氏昌后堂出资 2 万多元作一般重修。该古墓现为广州市黄埔区文物保护单位。

庄有恭状元墓 位于文冲飞鹅岭，土名龙窟岗，今称状元山。墓建于清乾隆

庄有恭状元墓 1

庄有恭状元墓 2

三十二年（1767）。坐东南向西北，为灰沙质抄手墓。由坟头、山手、平台、月池、前后护岭等部分组成。

墓前后护岭距离 19 米，墓前平台分 3 级，山手分 3 级，渐次向外伸展扩宽。墓正中嵌花岗岩石碑 1 块，高 1.4 米、宽 0.8 米，厚约 0.9 米，中竖刻“皇清诰授资政大夫、赐状元及第、福建巡抚、前太子少保、刑部尚书、协办大学士、显考滋圃府君庄公之墓”。墓碑两侧建筑部分被损，墓碑前、后及左侧曾有挖掘之迹，曾被盗挖。

墓右侧约 50 米处，为其父庄存斋墓。墓右前方处立有“庄府封茔正北界”石 1 块，墓后约 10 米处另有 1 块。

庄有恭（1713—1767），字容可，号滋圃，祖籍福建晋江，其父奕仁（字存斋）定居番禺（今广州仓边路凌霄里）。乾隆四年（1739），庄有恭状元及第，任学政，及江、浙、闽巡抚共 28 载。为广东清代所出 3 位状元之一。《清史稿》《清史列传》有专传，宣统《番禺县续志》载钱大昕为其所撰墓志铭。

2002 年 7 月，该墓公布为广州市文物保护单位。

陆士昭墓　位于广州市原萝岗区永和街永岗社区余坑（旧称土名杉山），坐丁向癸兼午子之原。该墓葬建于清嘉庆二十四年（1819），距今约 200 年历史。

陆士昭墓，系按清朝古墓葬形式，用石质（麻石）材料砌筑而成。分山穴、山手、台阶、护岭、兜肚等部分组成。墓前后总长 11.5 米、前台宽 9.5 米，坟前分 2 级台阶。正中处立 1 块青石碑（碑高 0.65 米、宽 0.48 米），上书“皇清显考士昭陆公府君墓”。碑前有 1 张拜桌，左有挂榜之碑，石质，文阴刻，是修墓时立，碑文为墓主之妻黄氏之叔撰，故称士昭为姪婿，称受墓主之子委托。（主碑及挂榜碑文见本书“石刻”章）。

据《泰泉祖裔陆氏族谱》，该墓主为文冲陆氏始祖泰泉公之十六世孙，讳宁，字士昭，号乐耕。世居番邑鹿步司文冲乡。迺恩授登仕郎世奇公之次子，配安人本邑本司敦美黄氏。生于乾隆乙酉年（三十年，1765），正月十七日丑时，卒于嘉庆丁丑年（二十二年，1817）九月十六日辛时。其去世后，因如形胜家所称风水原因，故买地葬于远离文冲之清代属增城县的清湖杉山（即今址）。

陆仕昭墓为萝岗区登记文物保护单位。

陆士昭墓 1

陆士昭墓 2

二、合葬墓

乌涌清官兵合葬墓 位于乌涌（今文冲）牛山（“文化大革命”时称红山）的山麓，墓已半毁。据2005年文物普查所见，原墓坐北向南，有墓碑一块，刻有墓志曰：“湖南、广东、广西、各标忠勇官兵之墓”，今只存墓后的“本山后土之神”碑石1块。

立于墓前侧的文物保护标示石

墓前有石牌坊，2根柱1间，冲天式，横石坊2.82米长、柱高3.8米，柱顶各蹲着1只狮子，坊额正面镌刻楷书“圣旨”两个字，背面镌刻篆书“圣旨”两字。墓原建于道光二十一年（1841）后数年间。

该墓正中的碑石已半毁，原拓片现藏黄埔区文化局。2010年，黄埔区对该墓重修，现已焕然一新。

修葺后的清官兵合葬墓

重刻的墓碑

墓前“圣旨”牌坊

立于墓前的石牌坊（背面）

1993 年 8 月，乌涌清官兵合葬墓（含牛山炮台）由广州市政府公布为广州市文物保护单位。

乌涌是地处狮子洋水道进入广州的重要关隘。鸦片战争前，清廷在这里修筑乌涌炮台等防御工事，以备“虎门有失，为第二重守御计”。道光二十年（1840），鸦片战争爆发。

1841 年 1 月 7 日，英军突破大角、沙角炮台，副将陈连升父子等人战死；17 日，道光帝下令宣战。2 月 25 日，英军占领虎门下横档岛；26 日，虎门炮台失陷，关天培战死。27 日，英军迫抵黄埔乌涌前之珠江江面，时英舰有加略普号等七艘战船。驻守于乌涌炮台之官兵为广东兵 700 人、湖南援军 900 人、广西 1 人，由满洲正黄旗之湖南总兵玛佳·祥福率领，仓卒应战。炮台为土建，位于珠江边，今不存。该役战死共 446 人。

“乌涌清官兵合葬墓”重修前原碑文拓片，原碑文应为“广东、湖南、广西各标忠勇官兵之墓”。原碑不存。拓片现藏于广州市黄埔区文化局

据《清宣宗实录》卷三四八道光二十一年三月辛卯(初六,1841.3.28)杨芳奏:“抵粤查明，前此湖南官兵，在乌涌与贼相持…… 阵亡镇将备弁三十一员，兵丁四百一十五名……。”共阵亡 446 名。

另又见同书同卷同年三月庚寅(初五,1841.3.27)“谕内阁……，原湖南镇筸镇总兵祥福…… 均照该部所议赐恤……　着该督、抚于事竣后，即在遇害地方，建立专祠，以慰忠魂而彰节义”。

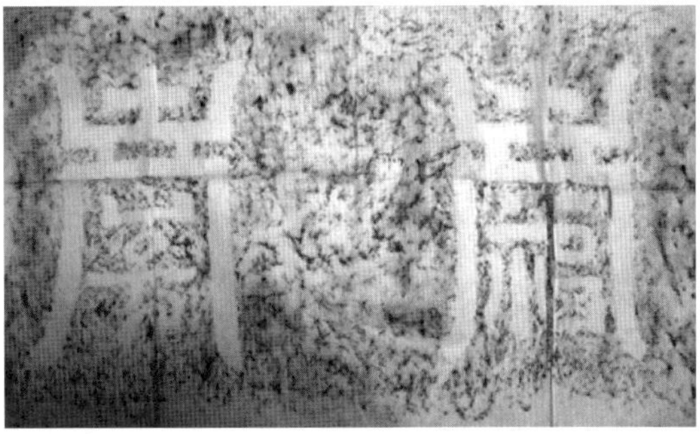
“乌涌清官兵合葬墓”前石牌坊之石刻正面拓片。牌坊正面刻“圣旨”二字

所建“专祠”即“祥镇军祠”，在牛山脚下。1993 年 8 月，广州市政府公布该墓为广州市文物保护单位。

第七节　“万人坑”

坐落于文冲牛山的“万人坑”，原是清朝牛山炮台的一条堑壕坑，在今文冲村及文船宿舍附近。

抗日战争时期，广州沦陷。1938 年 10 月，日军入侵，黄埔沦陷至 1945 年 7 月。

在此期间，日军曾在该堑壕坑杀害无辜百姓近万人。

当年，文冲也有村民在此遭杀害。被害者由日军宪兵用军用卡车押至“万人坑”，行刑的刽子手饮过烈酒壮胆，然后将无辜百姓强拉到“万人坑”边下跪，用锋利的指挥刀架在颈上一拉致死或用枪杀，最后用脚踢落坑内。因这个大坑埋葬被日军杀害的百姓以万人计，故史称其为“万人坑”，是日军侵华罪行的历史见证。

牛山万人坑

1989 年 12 月，“万人坑”被公布为广州市级文物保护单位。

第八节　遗址

一、炮台遗址

乌涌炮台　在第一次鸦片战争中起到防御工事作用的乌涌炮台，位于珠江黄埔文冲段北岸。此地段在今乌涌河与珠江合流的乌涌东侧，原有一支流向东面与珠江平行，绕一长形地段，于文冲船厂船体车间处复与珠江汇合，此段支流于清代亦称乌涌，北为牛山(见清光绪十年重修《广东舆地图说》卷一·番禺：“乌涌之北为牛山，在珠江下流北岸，正接四沙尾，当狮子洋内驶之路，为长洲、鱼珠前面屏蔽，形势扼要。”)。由珠江及乌涌所夹的狭长地带形似鱼，清宣统《番禺县续志》称其为“乌涌围”（卷一·舆地志）；文冲人称其为“鱼头围”，又称“沙围”。鱼头围在乌涌口，鱼尾围在文冲船厂，石化路自北而南所穿之地，为“鱼颈锁”。今河段之东被文冲船厂封堵，西段被广东省外运

乌涌炮台遗址

黄埔仓码公司填平。乌涌炮台即置于“鱼尾围”的地段上。文冲人称“大炮台”。

据时任钦差大臣的琦善奏折称，乌涌炮台于道光二十年（1840）十二月初四日筑垒完竣。督办者为署督标中军副将祺寿、永靖营都司翟士亮等。除筑炮台外，并包括有调集舟师、填石沉船、扎立木筏等项准备工作（见中国第一历史档案馆编《鸦片战争档案史料》）。

乌涌炮台的形状，具体已不可考。据当时的著述，有两种说法。据英人宾汉《英军在华作战记》（载《鸦片战争》，中国史学会编，1954 年第 10 版），“在河套的湾内，有一座长形的泥砌炮台，钻有 44 个炮眼……（1841 年 2 月 27 日）……当大军开近的时候，看见一座长列临江的野战工事，驾着 47 门重炮，侧面还有炮台”。

另一种说法为清人梁廷楠，称“乌涌沿河唇延垒土墙，穴墙置炮，墙尽处不复更为横筑，墙缺大开。”（见《夷氛闻记》卷二，中华书局 1959 年版）

英人称其为一座长形的泥砌炮台，钻有炮眼；清人说筑起一条长长的土墙，在土墙上开洞，炮架在洞里。

乌涌炮台筑好后，湖南镇筸镇总兵祥福率湖南兵 900 名经广州增援乌涌，道光二十一年（1841）二月初五日，时已被解两广总督职的林则徐，半夜二点开船，早上八点前在乌涌检查炮台情况。《林则徐集·日记》有记述：（道光二十一年二月）“初五日……丑刻解缆，辰刻抵乌涌，登岸观军垒。”（中山大学历史系编，中华书局 1962 年版）。

当时乌涌炮台的守军有广东籍兵 700 人，湖南籍兵 900 人，广西籍周枋 1 人，共 1600 余人。

2 月 27 日，英军舰队在占领虎门下横档岛，攻陷虎门炮台后，大约在中午时分，由加略普号、先锋号、鳄鱼号、硫磺号、摩底士底号，另有武装轮船复仇神号、马答加斯号组成的舰队，向清军驻军的乌涌炮台进攻。

经过激战，英军驾小船从乌涌小河登陆，从乌涌炮台后向清军进行夹击。清军部分战死，部分溃退。而负责看管乌涌小粮仓的候补知县瑞宝在逃过乌涌桥后，即命令抽取桥板，致令清军部分溃退者溺死于乌涌（见梁廷楠《夷氛闻见记》卷二）。

在乌涌战役中牺牲的清军官兵，据参赞大臣杨芳统计，阵亡的湖南籍官兵 446 人，其中包括镇筸镇总兵祥福、游击沈占鳌、守兵洪达科；广西籍有周枋 1 人；广东兵伤亡未见统计（据《鸦片战争档案史料》，中国第一历史档案馆编；《清宣宗实录》卷三四七）。

在乌涌围（即前称鱼尾围，今称沙围）中部北侧靠乌涌河处，旧存有 1 个四方的土台，高约 2 米余，边长约七、八米，乡人称为“大炮台”，今已不存。20 世纪 80 年代尚见，现已不存。

牛山炮台 位于文冲东郊文园村之东北，“文化大革命”时名红山。该炮台濒临珠江，俯控狮子洋面，是光绪十一年（1885）建造的新式炮台，依山势高低建造，共 7 座，其中山麓 3 座，山脊 4 座，原设有外国制造的后膛炮 7 门。

牛山炮台是中法战争时期修筑的防御工事，为虎门至广州的第二重防守关隘。

牛山炮台遗址

山麓左、中、右3座炮台，作扇面形结构，灰沙钢筋混凝土结构，依次面向东南、南和西南。中炮台为圆形，直径10米，深2.6米。壁上排列着藏弹洞21个，根据炮弹形状设计，上窄下宽，形似半截橄核，最宽处0.3米、高0.66米。炮位于东北西约3米，有2.2米×0.78米的阶梯口。从阶梯口下去，进入各个炮位的暗巷道（形似战壕），是用青砖砌墙和壁拱的，宽1.98米、高2米。藏兵洞今已用砖块堵塞。炮的射角为120度左右。左炮台距中炮台13.2米，椭圆形，周长30.06米、深2.3米。炮台周围地面有2.7米宽排水斜坡。炮台前沿部分已崩塌，显露出钢筋石沙。炮台壁有暗巷道，巷道口高2.16米、宽2.4米。

走进几米后，巷道高度降低，逐渐斜向中炮台。巷道已堵塞，巷道两侧，排列着藏弹洞13个，形状大小均与中炮台相同。右炮台已填塞，杂草丛生。

山脊的炮台在山麓炮台的西南方，距离约400米，4座炮台一字排开，依次面向南和西南的珠江。山脊炮台一样有暗巷相通，还有藏兵洞和藏弹洞，但多处已被破坏，倒塌。

上述7座炮台的炮和道轨现已全部拆毁。上述炮台，形势险要，当时由总兵李光义新部广胜军驻守。宣统《番禺县续志》记载牛山有6座炮台，经现场勘察，实为7座。

清同治十三年（1874），法国胁迫越南签订《柴棍（西贡）条约》，拟将其纳入为附属国，然后企图沿红河而上，入侵我国云南。光绪九年（1883）三月，清廷与李鸿章、左宗棠、张树声、刘长佑等筹划加强边境防卫。光绪十年，刘永福率黑旗军与法军战于河内，击败之。同年七月，清朝对法国宣战。广东处我国东南，海防极为重要，早在光绪九年，清廷即派彭玉麟入粤，筹办海防，故广州黄埔的长洲、鱼珠、蟹山、狮山、牛山等炮台，其督造多在光绪十年、十一年间。据宣统《番禺县续志》建置志称，牛山炮台在光绪十一年（1885）建造。

1993年8月，牛山炮台与乌涌清官兵合葬墓合并被公布为广州市文物保护单位。

牛山炮台现已改为牛山炮台公园。该园环境幽静、林木花草扶疏，为人们休息之地方。

二、古渡头遗址

古时的珠江，波涛涌、江流急。在黄埔地域，以南海神庙为中心，东为扶胥港，西有黄埔港，是我国水路进出的要地，而浩瀚的珠江，宛如一张白色的河网，撒向其四面八方……

这张河网，撒进水乡文冲四邻，形成网爪状的纵横涌滘。文冲有一条主流涌滘，叫乌涌，从珠江边的南涌口开始，向北延伸至村内几条河道，正是这些河道，也是古时文冲水运交通的重要枢纽，形成了一个重要的码头，这就是文冲古渡头。人们于此营生、聚居之地即如今的文冲渡头街。

文冲古渡头，一河两岸，均有荔枝林相拥，两岸多为水上人家搭建的临水“疍家棚”，其世世代代居住生活在这些木棚里，棚柱上各缚着一两艘小艇，大户人家有数十吨重的大船。水上人均靠撑船开艇、打渔搭客为生。古渡头中心点为1座开阔的石板码头，一级级的麻石板从涌底一直铺设到岸上，方便来往客船停靠上落客和上落货。人多了，船多了，慢慢形成一个小街市，街上买卖海鲜、河鲜的人很多。街上还兴建了1家大型果子加工及酱料场，名叫“源源”，码头成为其凉果、酱料装船运销外地的发货地。

原来的渡头两岸是没有桥梁相通的，过对岸要坐小艇，后来在这里居住的人多，渡头四周已有数十家人在涌边搭木棚居住，两岸来往既为方便道行，建起木板桥1座。

棚屋住客多来自番禺、顺德、东莞的水上人，也有来自番禺大山、专门为当地农民做散工的“大山佬”，其都靠体力挣钱，农忙时上岸做帮工（如驶牛、插秧、收割等），平时下河捕捉鱼虾卖钱，置有船艇的人还会去搞点小运输，水上人来自四面八方，姓氏也较复杂，主要有叶姓、陈姓、梁姓、陆姓等。

有的较大的运输业务则由文冲村的商人负责。据同治《番禺县志·建置略》，清代同治间，文冲往广州省城的东炮台（约今东濠涌出珠江口）的轮渡2班，由陆姓人承置，晚上开船，后改为日轮。如每天开船一次的较大型运输船（约数10吨货位）叫“文冲渡”，每天出入广州1次，从文冲到广州有10多公里的水路，从渡头出发，走一趟都要四、五个钟头。解放前夕，开渡的有本地人叫陆林福（肥仔福），其一家人都在渡船里做事。当时，文冲陆上交通不大方便，农村中许多货物都由水上的渡船去运载，如水果、农产品；也代村民从广州买、运日用品回来，很是方便。货物交接就在文冲古渡头。这些渡轮装有小马达，在河涌内开小马达或摇橹做动力，一出乌涌口，渡轮就在水面上等待过往的拖轮，好让拖轮把这些渡轮用长缆拖往广州，回来也是由拖轮拖回到乌涌口的，这样可以更快捷。由于当时禺东械斗的历史原因，文冲村与邻村也发生械斗，平时村民互不来往，也互不走过各村的地头。有一段时间，文冲人出广州也不能走过邻村地头，只好到古渡头坐船到鱼珠，再从鱼珠坐汽车出广州。回来也是这样，文冲运货渡轮也成了“客轮”。

解放初期，由于农业生产的发展，农产品及生产资料增多，为适应城乡运输的需要，文冲在渡头街成立水上运输社，拥有10多艘大小运输船艇，社秘书就是陆仪庭，其曾在珠江南岸的小谷围穗石村教书10多年。这样，形成一条沟通城乡的水上运输线。如今，兴旺一时的文冲古渡头因现代水陆交通的发达而隐退衰落。

三、庙宇遗址

文园观音庙 在文园村东面，古时建有1座观音庙，庙内除供奉南海观世音菩萨之外，还于偏殿供奉1尊华佗灵帝，华佗为三国（220—265）时名医，人们奉为神灵，于庙内供奉拜祀。

文园观音庙的建筑也是按文冲华光庙、观音庙的高度、面积等规格形制而建，坐北朝南，始建年代不详。

该庙分正殿和偏殿，正殿中间天井设有1个焚香鼎，东面设门官位，入门前座设1扇“挡风屏”。屋面灰沙脊，碌瓦筒，后座脊顶加有鳌鱼戏水。青砖墙，花岗岩石脚，庙前石板地块。正殿供观音菩萨神像，东偏殿是华佗灵大帝塑像。传说当时华佗灵帝十分灵验，古时的穷苦人，有病无钱医，便去求神，求华佗灵帝，乞得药方，按药方吃药，都能治病，百灵百验。

除本地人信奉外，番禺各乡也有人到这里来求签求药的。

虽说是求神问签，事属迷信，但传说中与亲身经历者都认为华佗药签十分灵验，帮助过不少穷苦大众。中华人民共和国成立后，随着文化普及医疗事业的发展，有病都到医院诊治。

文园观音庙在高级社时期，大园山建沼气发电站，把观音庙全部拆除。砖块、石头用来修发电站，最后发电未成功，设施拆除。

迴龙古庙 迴龙古庙，又名观音庙，位于黄埔石化路西文冲桥头坊一巷的3—5号之间，今不存。

该庙坐南向北，其规格结构按江北西约的华光庙（金花庙）而建，面积约82平方米，是文冲“二圣公”地区为采龙气而建。庙前地面铺花岗岩石板，前有小溪，溪接庙东、北边的山坑水，并转入文冲榕树头，绕村四周流入乌涌河。

庙为两进，青砖墙，花岗岩石脚。头进石门额刻“迴龙古庙”4个字，并有门联1副（不详）。碌灰筒瓦面，梁架为杉木，均涂黑色，头门后廊有屏风设置。二进之间为天井。东侧附建偏殿。西侧安1尊官神位，天井立1座焚香鼎。

后进亦为碌灰筒瓦面，脊顶为灰塑鳌鱼戏水。正殿供奉观音菩萨神像，两侧为仙童侍者。有长联1副（不详）。

据相传，庙前东侧种有桄榔树1株，村民拜神求去灾疾者，以一衣挂在树上，有病者去疾甚速。由于桄榔树一条芯，故年青人亦多拜树祈求夫妻和睦，一心为家。

1949年后，村民将洪圣王坐像置于后进次间，与北帝像并立，该庙在“大跃进”时期（1958）被拆，至1966年“文化大革命”时，破除“四旧”，有人将观音、北帝、洪圣王神像放在庙前焚毁。后村民在此另建房屋，庙迹不复存在。

江北华光古庙　位于江北西约叶姓村之西，坐北向南，庙前有池塘，果木成荫，景色怡人，已有几百年历史（始建年不详），是江北三约共有的神庙，持有税田20余亩，是当时集资兴建的。

神庙分前、后进，头门与正殿中间隔以天井，入门前座挡“屏风”。西侧附建大房、客厅、小房，整间青砖建造，花岗岩石脚，庙内梁架是上等杉木。屋面灰沙脊，碌瓦筒；后座脊顶加有鳌鱼戏水雕饰。头门的石额阳刻“华光古庙”4个字，工艺精湛。前座西边安1尊官神位，天井置一焚香炉。后正殿华光大帝菩萨坐镇，西边坐的是金花夫人，其余位置坐各神灵（侍者）。

每年农历九月二十八是华光大帝诞辰，此日所举行的庆诞活动经费由庙内所掌的田亩收入作抵支，聘请厨师、杂工备制各类祭品，供奉神明，并敬请三乡老人宴食。

农历四月十七是金花夫人诞辰。是日，邻近村乡，善男信女，奉祭品到庙内诚心叩首、参拜神灵，祈求庇佑子女听教听话，合家安康，多子多福，灾祸不侵。时天刚破晓，便有大批信士、孩童来往途中，庙内香火旺盛，人们又称其为“金花庙”。该庙于“大跃进”时期被拆毁。1974年，该地块由广州石化厂征用。

四、乌涌火车站遗址

文冲火车站，又名乌涌站，位于文冲地域北面。广（州）九（龙）铁路自西北向东南横贯文冲地域，并在这里设置一小站。此站的月台置于今石化路与广深铁路相交的西面。

据清人薛福成《出使四国日记》光绪十七年（1891）正月载，当时有动议在广东创建铁路，线路从香港九龙深水埗始，至东莞石龙，过河，越大墩村而入番禺县界，至牛山炮台，出乌涌至省城天字码头止，全程约360市里。后此事搁置。

至清末，广九铁路修成贯通。据宣统刊本《番禺县续志》载，光绪三十三年（1907），清廷的内务部与中英公司订立合同，确定路线，自广州的东堤东大马路起，经番禺（辖文冲）、增城、东莞、深圳的线路，由清方负责。自深圳至九龙路段由英方负责。光绪三十三年七月动工，宣统三年（1911）八月，两段路于深圳汇合，全线通车。

当时设乌涌站，东距南岗站16里，西距吉山站10里。置站长1人，警员2人。

中华人民共和国成立前，因此地是有名的水果之乡，附近萝岗、姬堂、华坑等地盛产著名糯米糍、桂味、柳橙、白榄和乌榄。各地客商来往众多，乌涌火车站就此成为客商人流，货物运输的枢纽。

此站一直沿用至新中国成立后。

1974年，广州石油化工总厂动土兴建，广东省内各建筑、设计、施工、安装的队伍入驻位于乌涌站北端的工地，人数最多时约有1.5万人，人员的进出流动，除部分由单位卡车接送外，多由火车承载出入乌涌站。

当时广州—九龙的列车在文冲一段不停靠。此处另设有广州　夏园短线车，早晚2班。火车在6点半自广州站开出，至乌涌站，大批建设者由此下车，人数占乘客的99%，车至夏园站即返回广州；傍晚5点半自文冲开往广州，需时约1小时。

20世纪70年代中至80年代中，为乌涌站的鼎盛期，随着广州石化厂的建成投产，大批基建人员撤场，石化厂职工上下班由厂的自备客车接送，火车广州—夏园线因客源骤减而取消，乌涌火车站亦随之退出而闲置。

五、圩市遗址

据清同治版《番禺县志》所载：迴龙市位于黄埔区文冲之东，文园之西，于清代道光己丑年（道光九年，即1829），由2个村的陆姓族人承建。当时，乡绅陆拔英、陆华山等人组织人力，筹集资金，将大片杨桃、荔枝等果木砍伐，用船运砂石填土，建成2条街的商铺40余间。因该圩市附近有沙浦、双岗、华坑、姬堂、笔村和火村等自然村，东西横贯有乌涌大道，南端渡头街，水陆两路运输便捷，是较为理想的土特产贸易集散地。

迴龙市繁盛时在1945年，该市成为附近乡村生果等农产品销售之地。街口前建有鱼南路（广新路），水道有大庙码头，通文冲古渡头，出乌涌口直达鱼珠、广州。后商铺增加到120余间，生意兴旺。果品加工场有4—5家（江北也有），当时酒楼、药店、烟铺、杂货店、饮食店……等，烟花馆和赌馆样样齐全，来往行人络绎不绝，成为人们寻花问柳之地，也是水果、猪、牛、羊、鸡、鹅、鸭及柴草买卖的集散地。

文冲渡头街的捕渔船靠岸，到该街市上买卖河鲜，此处还有“子洞艇”“黄埔艇”停泊，大型运输船“文冲渡”，每日出入来回广州1次，其为文冲水运交通重要枢纽，市道十分兴旺。

20世纪五、六十年代，人民公社建立供销社，商店开几十间，大量收购水果销往外地，迴龙市又兴旺起来。

1974年始，广州石油化工总厂在文冲村东北部兴建，又在迴龙市东北部建起大批宿舍（生活区），圩市东侧的文加公路改作石化路，并多次扩宽。路两旁各种商铺陆续设立，致使迴龙市日渐衰落。1990年后，该市内商铺多数歇业，供销社商店撤走，改作民居，部分平房改建3—4层现代建筑，形成文冲村一个片区，但大多数仍保留旧有原状，漫步其间，依稀可辨昔日墟市商贸的一些风貌。

第九节　地券

陆念存买地券　该地券出土于明代。因国家征地，文冲村西坊陆姓有关人员到天河东圃玉树村尖峰山木星冈，将先人墓葬迁出，墓主为陆念存。墓中出土有铜钱、买地券等物。内有2块瓦，上有用墨手写的字。瓦高0.23米、宽0.24米，据其中一块瓦所写内容，应为“买地券”。

关于地券的年代，据券文所称“大明”“明皇”（应为“皇明”），可定为明代。具体年份不明，因券文落款为“明皇辛巳年三月”。查明代有建文三年（1401）、天顺五年（1461）、正德十六年（1521）、万历九年（1581）、崇祯十四年（1641）5个“辛巳”年。据《泰泉祖裔陆氏族谱》所辑《文冲陆氏族谱.观源公墓表碑记》：“公讳澄波，字锦江，号观源”，为文冲陆姓五世祖，同治《番禺县志》卷十一·选举表二·永乐朝贡生：“陆澄波 九年岁贡”，即陆观源（澄波）于明永乐九年（1411）为贡生，据文冲陆氏人称，地券主陆念存为陆观源后人，故可排除券文写于建文三年（1401）辛巳年的可能。具体年代尚须详考。瓦券原存于仕杰祠内，现佚失。

从券文中可见，“文冲村”地名即早见于明代，并沿袭应用至今。

现将券文抄录如下：

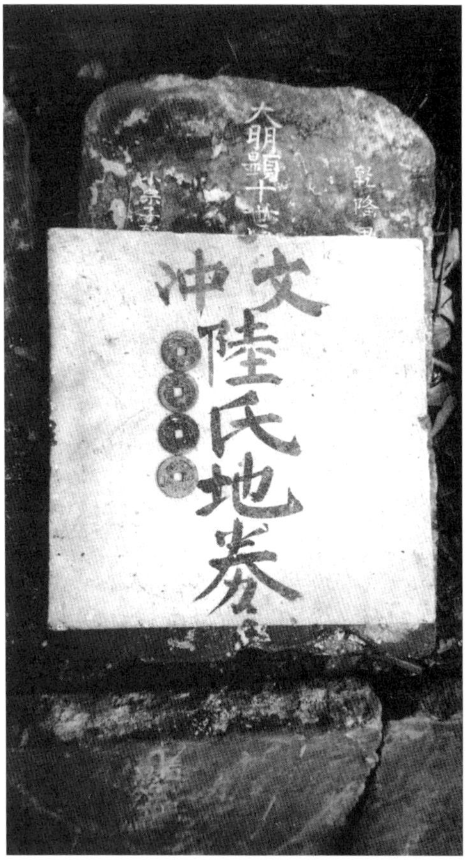

陆念存买地券

天皇匕匕地皇匕 大（似“天”字）明土（似“玉）字）罔厝□来□

广州府番禺縣鹿步司（有三字模糊）文冲村西向居住

陆念存庙敬焚香 忽遇仙仁（与“人”字同）赐酒三盃 回归大醉 一梦南柯，今得葛仙仁寻到蟠龙天（似“大”字） 一所坐落土名木星冈朗 地主婊娍（斌）王卖（买）得蟠龙天地一穴 坐辰向戌安葬 常作千年風水興旺 萬代兒孫 左青龍 右白虎 前朱后玄（疑缺“武”字）四至明白 上至青天 下至地府 如有别神忽至盖起 九牛大将先斩后奏 照依天律地府 今恐毋（无）凭 即日出卖 地契一并交与孝男收讫（訖）人 示遠為照

明皇辛巳年二月（余下约有5个字模糊）

第十节 墓志与碑文

一、墓志

庄存斋墓志 此墓志刻于清乾隆十年（1745）。墓志石原置于状元山（清代称乌涌乡龙窟冈，又称飞鹅岭）。20世纪90年代广州市第三次文物普查时，发现该墓被盗，墓志石被移出而弃置于墓前，后被运回暂存于黄埔区文化局内。根据专家意见，2007

年，该墓重修时原石放回墓内，另仿刻1块石志置于墓前。

庄存斋，为清乾隆四年（1739）己未科状元庄有恭之父，原居广州仓边路旧仓巷灵霄里，后因其子故而得封中议大夫、光禄寺卿，去世后葬于此。

墓志石高0.75米、宽0.54米、厚0.02米，篆额2行，每行22字，上书“皇清例赠中议大夫光禄寺卿先考存斋府君庄公墓志”。志文楷书，志文共34行，每行35个字（不计落款）。墓志所载庄氏家世极为详细，为研究清代广州惟一的状元庄有恭的重要材料，并可补《清史稿》《清史列传》之不足。

全文录如下：

庄存斋墓志

皇清例赠中议大夫光禄寺卿先考存斋府君庄公墓志

府君姓庄氏，讳承辅，字奕仁，后以字行。存斋，号也。本闽之普江青阳古山公十五世孙。曾祖讳应龙，妣蔡氏。祖讳殿采，泉郡庠生，世修儒业，有隐得，皆葬于闽。父讳振骞。生丁耿逆乱，始废书，后入粤卒，葬于博罗之小罗浮鸡公坑山，阁学忝斋黄先生志其墓。援礼，别子为祖，谓别子当自君始者也。妣臧氏先卒，亦葬于闽。生子六，府君行次三，幼岐嶷，举动异常儿，孝友出于天性，虽贫窭极人世所难堪，而甘旨必供，终不忍与季析爨，生平尢嗜读书，自恨成童失恃，遭家多难，不克卒业，虽流离播迁，志不少挫。比入粤卜宅，即奉先王父定居；追理前志，督不孝有常等力学，故番禺会城东之有庄氏，自府君奉先王著籍始。而寒家盛衰升降，绍往开来，实以府君为一大关键。然刻苦辛勤，历艰难百折而后济坎出险，府君亦良瘁矣。持家严而有法，闺门肃然，处世谦慎有守。不孝有恭、有信先后通籍，例得晋中议大夫封，府君惟日杜门课子孙，以种德惜福，继书香为训。昊天下吊，遽降悯凶，以乾隆九年八月初二日亥卒，距生于康熙十八年三月二十八日酉时，享年六十有六。

初娶林淑人于闽，再娶吴淑人于粤。后林淑人先卒，先王父以吴淑人有妇德，乃命府君命以母众子。庶母：林孺人，刘儒人。

子七：有常，广府学庠生，娶李氏。有恭，已未赐进士及第，光禄寺卿，娶杨氏，俱吴淑人出。有德，娶袁氏，香山庠生名圣公女，林淑人出。有信，壬戌赐进士出身，翰林院清书庶吉士，娶廖氏，广府学庠生名垣公女，林孺人出。有豫，太学生，娶谢氏，增城学庠生讳秉礼公女，吴淑人出。有文，娶高氏，有昌聘陆氏，俱刘孺人出。

女二：长适蔡茂瑞。次许字太常寺少卿陈名大玠公子太学生金朝。

孙九，自有常出者；士晋、士齐、士宽俱未聘；士开，聘王氏太学生名世启女。自有德出者：士本、士灿俱未聘。自有信出者：士隆，聘陈氏太常寺少卿名大玠公孙女、署吉水县、庐陵县县丞名金骏女：士奇未聘。自有豫出者：士登，未聘。孙女八：自有常出者三，俱未字；自有恭出者二：长未字，次许字沭阳县知县罗名士瓒子永楠；自有德、有豫、有文出者各一，俱未字。

今以乾隆十年（1745），岁次乙丑十二月十四日申时葬于番禺乌涌乡龙窟冈，坐巽向乾，兼巳亥三分庚辰、庚戌分金。不孝有常哀慕攀号，重惟府君一生劳瘁，不孝有恭、有信虽窃禄于朝，不获尽一日之养，终天抱恨，百死何赎。谨叙次世系梗概，刻而掩诸幽，且请有道而文者表其隧。昊天罔极，呜呼痛哉。

襄事孤哀子：庄有文、（庄）有恭、（庄）有常、（庄）有德、（庄）有豫、（庄）有昌，齐衰期服孙：士奇、木本、士开、士齐、士晋、士宽、士隆、士登、士灿仝稽颡勒石。

二、墓碑

陆受卿墓碑 立于清乾隆十一年（1746）。陆受卿墓位于文冲郭七岭琵琶形，该石碑立于墓前。碑石质，高 0.3 米、宽 0.2 米，为墓主与两位夫人的合葬墓。

据碑文及与文冲《泰泉祖裔陆氏族谱》所载《文冲陆氏族谱》，墓主受卿为始祖陆泰泉的曾孙、三世祖陆国安之次子，墓主即为文冲陆氏的四世祖。所载世系清晰，可供民间谱系的研究。

现将碑文录如下：

皇元岁进士显四世祖考受卿陆公府君 / 妣凌氏太老安人 / 妣梁氏太老安人合葬之坟墓

（左侧）始祖泰泉公之曾孙、国安公次子也。配安人凌氏、梁氏，生子三人：长观仪、次观德、观源。与安人合葬于本都土名郭七岭，坐甲向寅兼坤艮大水

陆受卿墓碑

戌兜金水放丑。

（右侧）乾隆十一年，岁次丙寅，仲夏望二十一丙辰谷旦，小宗子卓贤重修立石。

陆士昭墓碑 立于清代嘉庆二十四年（1819）。该墓位于广州市萝岗区永和街永岗社区余坑（旧称杉山）。碑高 0.65 米、宽 0.48 米，石质。因年代久远，文字略有漫漶不清。

据碑文称，墓主为文冲陆氏始祖泰泉之十六世孙，其去世后，因如形胜家所称风水原因，故葬于远离文冲之清代属增城县的清湖杉山（即今址）。

现录原文如下：

（正中）皇清显考士昭陆公府君墓

（上款）公讳宁，字士昭，号乐耕。世居番邑鹿步司文冲乡。迺恩授登仕郎世奇公之次子、始祖泰泉公之十六世孙也。配安人，本邑本司敦美乡黄族。公生于乾隆乙酉年正月十七日丑时，终于嘉庆丁丑年九月十六日辛时。

敬卜嘉庆己卯年闰四月初六日未时之吉，承慈命，奉柩葬于增邑清湖都，土名杉山，坐丁向癸兼午子之原。

（下款）嘉庆岁次己卯四月初六日丁酉谷旦，承嗣男炳振、（炳）富，孙聚全、（聚）山仝立石。

（中左侧）仝业家先生扦

陆士昭墓碑 1

陆士昭墓碑 2

左挂榜碑　碑石无著刻立年，为陆士昭墓左挂榜之碑，即同时修墓时立，亦当立于清嘉庆二十四年（1819）。石质，文陰刻。高 0.5 米、宽 0.36 米。

该碑文为墓主之妻黄氏之叔所撰，故称士昭为姪婿。称受墓主之子委托，按寻吉穴而觅到该地；勉励墓主二子谨守家风而行善，日后当发。

现录原文如下：

溯自三月青苞之说，金斗书著行于世，而形胜诸家，遂各出刀圭，以为□铿。不知地理，不能偏执强求，诚□□者期然□□□。

士昭姪婿一身朴素，惟自治产计，不为二竖为灾。忽溘然长逝，即呜呼，众人悲矣。

嗣子当苫次稍暇，请予谋及吉壤。一时履迹，所到本穴，遂觉得心应手，真有不明然而然者也。然则得地为造福之墓，必使后人积德以培之。尔兄弟二人，果能凛守家风，广行善念日者，一坯之灵，骏发无穷，即乃父离□死之日，犹生之年也。勉旃其无忍。

国学生，外叔黄□卫谨立。

左挂榜碑

右挂榜碑　碑石不著刻立年，为陆士昭墓右挂榜之碑，当立于清嘉庆二十四年（1819）。石质，文阴刻。高 0.5 米、宽 0.36 米。

该碑文为墓主姪孙、戊寅（嘉庆二十三年，1818）恩科举人陆殿邦所撰。碑文大半部分因碑石风化剥落而缺失，所余后半部分赞诗亦略有不全，其后人幸抄有此诗，与原碑相校，约略相同。

现据抄文录如下：

（碑文）……赞曰：

（抄文）太祖壬峰起凤楼，黄旗次祖互绸缪。少微后枕梅花脑，地应金钟结穴毬。九曲明堂形势合，砂明水秀四山收。先人积德流光大，骏发分明在后头。

（碑文）戊寅恩科举人、姪孙殿邦谨志

右挂榜碑

陆泰泉墓碑

陆泰泉墓碑 立于清咸丰八年（1858）。陆泰泉墓位于大沙街姬堂村将军山北侧（可参该条），墓石嵌于墓前。石高0.62米、宽0.43米，正中上刻“皇宋七上舍显始祖考泰泉府君陆公 妣淑德李氏安人墓”，两旁另刻有文字。

据2000年修《泰泉祖裔陆氏族谱》载，陆泰泉为唐代诗人陆龟蒙后裔，卒于南宋绍定年间（1228—1233）。

现将该石文录如下：

（下中）皇宋七上舍显始祖考泰泉府君陆公妣淑德李氏安人墓

（左侧）公号泰泉，宋七上舍。迺我陆氏之始祖考，淑配始祖妣李氏安人，生子慕泉、宋九宣义。公与安人合葬于本山，土名将军地，坐午向子，兼丙午巳辛亥分金。公自宋季由从化始迁，居于文园之禾坑尾，后居文冲，遂为文冲人。至三世孙国聚公分居下沙，五世孙观德公分居文园，六世孙仕俊公分居松波山尾暹冈，八世孙耕隐公分居菱塘司小箍围之穗石。其余玉树、新溪等处皆由文冲分居。自宋季迄今六、七百年，先茔如故。兹咸丰戊午集议重修，则焕然一新，诚足以迪前光而昭后世。

乃铭曰：

（右侧）发祥此地，大德开基。前承忠孝，后启诗书。蓥裘百世，俎豆四时，緜緜瓜瓞，预祝铭词。

教授文林郎、高州府教授、戊寅恩科举人、十九传孙殿邦稽首拜撰

候选训导，十八传孙秀书顿首拜书

咸丰八年岁次戊午十二月廿九日

瓱孙正叶督修，祐江秀波序　　□□□立□

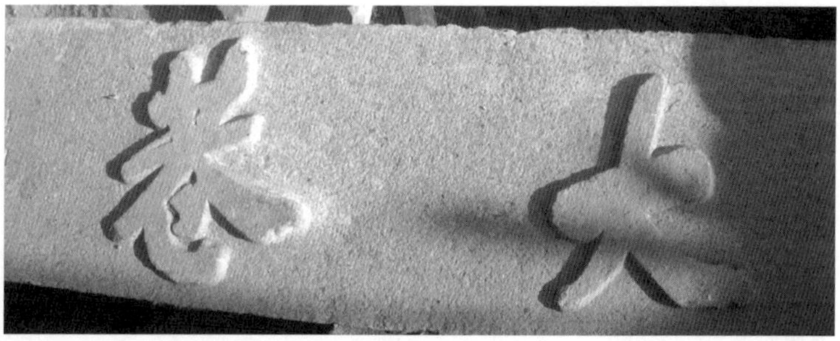

大巷门楼横额石刻

大巷门楼重修碑记 此碑立于清光绪五年（1879）。文冲村东坊六巷南端巷口设有门楼1座（可参该条），其中侧墙上即嵌有该碑记，记述门楼重修始末。碑记高1.38米、宽0.22米，碑首无额名。

现录原文如下：

门楼之设，由来尚矣，凡所以栖神护宅，而蓄流以□□财。时既久，岁月异，风雨飘摇，瓦垣颓坏，此亦后人所当因而新之也。于是踊跃乐签，将见蒙神福祉，南风□财，庆洽一门，此亦一方之所以欢欣，聿观厥成者也。是为序。南阜公撰□。

（注：捐助芳名略）

光绪五年己卯岁次孟秋吉日

约斋祖包建勒石碑祀记

增建祥镇军祠添置祀田碑记 原立于红山街牛山脚下的祥镇军祠（详见《乌涌清官兵合葬墓》）内，祠于抗战时被毁。

碑立于光绪十二年（1886），1963年被征集，现置于广州博物馆（镇海楼）碑廊内，碑高1.51米、宽0.73米。正文14行，每行64个字。碑题横列，楷书，撰文者为周德芬。

碑文上部分谓道光辛丑（1841），英人进犯广州，时湖南镇军祥福统兵驻守乌涌，“击退英夷者三”，因海潮暴涨，遂至全军牺牲。下半部分叙述钦差大臣彭玉麟、两广总督张之洞、鱼珠统领邓安邦倡仪修葺，扩充祥镇军祠，各人捐资、祠宇修筑情况。

碑文叙述战况，与清道光《筹办夷务始末》及中国第一历史档案馆编《鸦片战争档案史料》内所记有差异，可相互参看。

撰文者周德芬，黄埔茅岗人，道光二十年（1840）乡试举人。

碑文全文如下：

尝谓祠庙有废兴，人事有代谢，惟忠臣烈士，其精灵浩气，充塞宇宙。故一建专祠，有举莫废，虽历劫而不容泯没，且愈久而愈发其光，若祥镇军祠，有足称焉。溯道光辛丑，英法犯顺，省垣戒严，镇军由湖南统兵来粤，调防乌涌一带海旁。甫到防地，

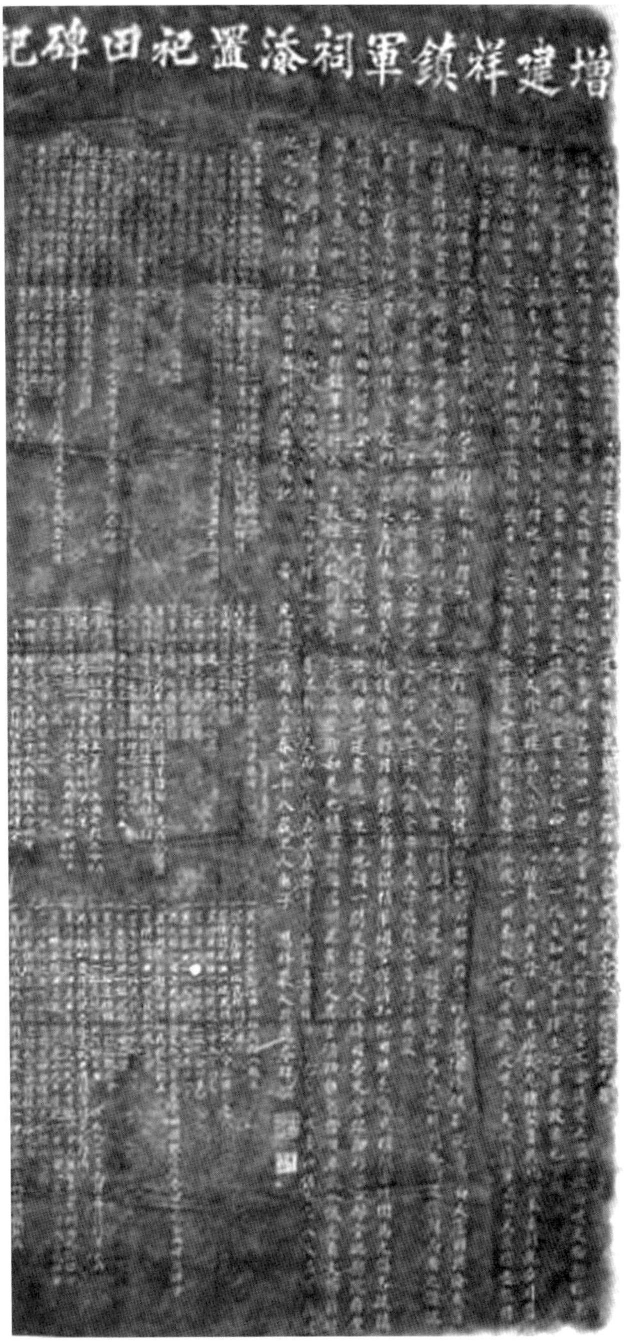

《增建祥镇軍祠添置祀田碑記》拓片（原拓片现藏广州市文物考古研究所）

周视旧筑营垒，不合法度，正议迁改，而英夷轮船猝至轰击，全军奋勇敌忾，击退英夷者三，不料海潮骤涨，苦无舟楫接应，遂至慷慨捐躯，军士皆致命效忠，无一逃者。知镇军素得士心，军威政肃也。事闻朝廷，矜悼褒恤，诏立专祠于黄羊山麓，军士皆得附祀焉。所有军士忠骨，又於山腰為大茔礼葬而坊表之，典至隆，恩至渥矣。

光绪间，署广协邓奉委到鹿步司属办理团局、捕匪事宜，晋谒镇军祠，目睹栋宇荒颓，恻然者久之，思即重为修葺，爰命书记录存名衔位次一册。未几而后座毁于火。嗟乎！夫以镇军义烈天生，精忠报国，虽古之忠臣烈士，公侯干城，何以加之。朝廷诏建专祠，岁修祀事，宜千秋勿替矣。乃仅数十年间，而颓废荒凉，行道且为叹息，其何以慰忠魂而昭旷典乎？协台邓捕务粗毕，旋省禀白大宪，因与僚友商议签捐，约得白金数百余两，即嘱鹿步局绅督理修葺。仍旧两座，以其浅也，辟深八尺，塑像以肃观瞻。右旁前建小厨，后建祭祀、更衣之所，门外祠道复辟而广之。余银置业及发永顺当生息，为清明祭扫、司祝工食经费，此固事之不容易已也。

迨光绪九年，法人蚕食安南，大肆鸱张，各省海口戒严。钦差大臣彭来粤防御，自长洲鱼珠以至添虎门筑炮台，往来巡阅。鱼珠统领广协邓因导宫保晋谒镇军祠，宫保询知祀田缺乏，慨然捐银壹仟圓为之倡，各提、镇、统领、道、副、参、游各营官，踊跃捐助，共得白金数千余两。于是增置祀田，加修祠宇，添建东厅一座，土地祠一间，并招僧人住持司香火。宫保即移咨督部堂、抚部院存案，制军张又喜而加捐焉。此皆由祥镇军忠肝义胆，果毅性成，故闻风者莫不感激乐助如是也。

镇军讳福，满洲正黄旗人，其宦迹功勋暨当日率众敌忾忠贞大节，前碑详悉，无庸多赘。惟是祠宇几废而复振兴之，祀田缺乏而更增益之，所云历劫不磨，久而愈盛大者，其在斯乎？今而后，春秋匪懈，享祀不忒，以妥以侑，垂之永久，不可无以纪之也。爰勒贞珉，俾仰遗徽者有所观感焉，是为记。

时光绪岁在丙戌孟春 七十八岁里人庚子恩科举人周德芬拜撰。

钦差大臣太子少保办理广东防务兵部尚书世袭一等轻车都尉彭玉麟题银壹仟圓。

兵部尚书兼都察院右都御史总督两广等处地方军务兼理粮饷张之洞题银叁佰圓。

广东水师提督展勇巴图鲁方耀题银柒佰圓。

头品顶戴记名提督署广东陆路提督印务潮州镇总兵额腾依巴图鲁郑绍忠题银叁佰圓。

右营提督衔总兵熊高望、前营提督总兵唐得胜、前直隶提督统领庆宁全军娄云庆共题银伍佰圓。

右营记名提督熊铁生、后营提督衔总兵龙澡琦（均庄字营）、前湖南提督统领振字全军王永章共题银叁佰圓。

前营副将衔参将章其俊、头品顶戴记名简放提督军门统领老湘合字各营博奇巴图鲁陶定升共题银叁佰圓。

右营尽先副将彭怡盛（均合字营）、提督衔记名总兵统领树字全军刘树元共题银贰佰圓。

总兵衔补用副将管带左营黄大胜（均树字营）、钦差总理营务处统领毅安春字等军二品衔督粮道署理雷琼兵备道王之春题银壹佰圆。

总兵衔赤溪协副将捷勇巴图鲁吴迪文题银伍拾圆。

广东顺德协副将骠勇巴图鲁利辉题银贰佰圆。

潮州镇总兵署广州协副将锐勇巴图鲁邓安邦题银叁佰圆正。

署番禺县正堂裘伯玉捐送印契银两。

禺东书院题银拾大圆。

茅冈六德堂题银五佰圆。

督修绅士凌楷题银贰拾圆。

督修绅士罗大善题银叁拾圆。

值事绅士钟炳奎题银陆圆。

值事绅士潘恂题银陆圆。

署广州协右营员井汛把总补用守备邓恩题银陆圆。

广州协右营暹冈汛外委把梁肇华题银叁圆。

广州协右营尽先外委罗炳坤题银通栏标题叁圆。

已上合共收银叁仟壹佰叁拾玖两玖钱正。

本祠坐艮向坤兼丑未之原。

增建本祠砖瓦石工匠器用共银伍佰陆拾伍两柒钱伍分陆厘。

建醮升座共银壹佰拾玖两柒钱肆分捌厘。

添置祀田共银壹仟捌佰陆拾叁两柒钱肆分。

置业中人银贰拾陆两。

丈量田税寻桩共银拾叁两壹钱肆分。

泐碑二石并奠土共银叁拾柒两壹钱伍分陆厘。

已上共支银贰仟陆佰贰拾伍两伍钱肆分。

其土名开列：

置石冈墩古濑涌田二丘民税捌亩正。

置安墩田丘民税肆亩正。

置竹园尾田一丘民税贰亩壹分贰厘叁毫。

置沙鱼洲田一丘民税壹分伍厘肆毫。

置沙鱼洲一丘民税叁亩玖分肆厘肆毫。

置安墩田一丘民税叁亩捌分伍厘壹毫。

共置七丘一契，共民税贰拾贰亩零柒厘贰毫，田价银壹仟壹佰柒拾柒两肆钱肆分。

置石冈墩桑园尾田一丘民税贰亩正。

置秧地头田一丘税壹亩贰分。

置安墩田一丘民税叁亩陆分。

置安墩坦田一丘民税叁分三厘。

置官口田二丘连坦脚民税贰亩贰分。

置安墩田一丘民税贰亩陆分柒厘。

俱收入簸箕九图另甲祥镇军户内。

共七丘一契，共民税壹拾贰亩，田价银陆佰贰拾肆两。

置祠前左便田直玖丈横壹丈陆尺伍寸，税壹分叁厘柒毫，价银捌两贰钱伍分。

置祠前右便田直伍丈，横壹丈叁尺伍寸，税壹分壹厘壹毫，价银陆两柒钱伍分。

置祠前左便地上下二级连树，税肆分，价银贰拾陆两叁钱。

置祠前右便地上下二级连树，税叁分，价银壹拾叁两。

置祠东北西北地二级、西南菜地一级，税壹分陆厘叁毫肆，价银捌两。

光绪十二年岁次丙戌孟秋之月上浣谷旦邓安邦立石。

东约重修街路碑志　立于清光绪十八年（1892）。文冲村东坊大街东入口处有文冲门楼更楼一座（可参该条），始建于清乾隆五十年（1794），《碑志》即嵌于门左侧墙上。黑石质，高 1.38 米、宽 0.72 米。

全文见录如下：

东约重修街路碑志

尝当读诗“即景乃冈，相其阴阳”，则公刘之择地迁豳，居九荒后有继起而兴者，不亦谋之其臧乎？

我太祖开基之始，莫不法古，而奠厥攸居，其街道若不广拓，以壮观瞻，何有子孙千亿？迨至世远年湮，实逼处此，渐而创辟，尤而相效，竟致大失其真。兹少长咸集，议将街道扩而大之，一举其事，而众悦解囊，捐有千金。不日甃就，非我祖之世泽流长，余风未艾者，曷克臻此？

观斯世也，恢宏如初，有条不紊，当必更有旺其丁财，增其科甲者矣，岂独观瞻一壮已哉？是为记。

（注：捐助芳名，略）

光绪十八年岁次壬辰仲夏中浣吉旦值事等同立石

东约重修街路碑志

第十一节 额与匾

一、石额

江北东约门楼石额 刻于清代道光十三年（1833）。江北东约为江北自然村三约之一，处该村之东，原置有更楼，石刻即嵌于东约更楼之上。石额宽0.95米、高0.32米、厚0.1米。

江北东约门楼石额

该更楼已拆除，石额现置于江北东约伯光祖祠内，保存完好。

现将该石额文字录如下：

江北东约

（上款）：道光岁次癸巳

（下款）：季夏吉旦重修

江北西约门楼石额 石匾位于江北西约门楼，刻立于1948年。匾横宽2.1米、高0.3米，中阴刻数字，隶书：

江北西约门楼石额

江北西约

（上款：）中华民国三十七年冬月吉旦

（下款：）严家骥书

该匾原置于江北西约村之东，嵌于村口门楼上，城中村改造时门楼拆除，石匾暂置村委，今建独立小屋，籍以供奉洪圣王，石匾即重新嵌于门额上。

“安定”门楼石额 刻于清代咸丰三年（1853）。江北东约之东原立有门楼1座，门楼上即嵌有该石额。现门楼已拆除，石额现置于江北东约伯光祖祠内。石额横宽0.9米、高0.41米、厚0.1米，字阴刻，保存完好。

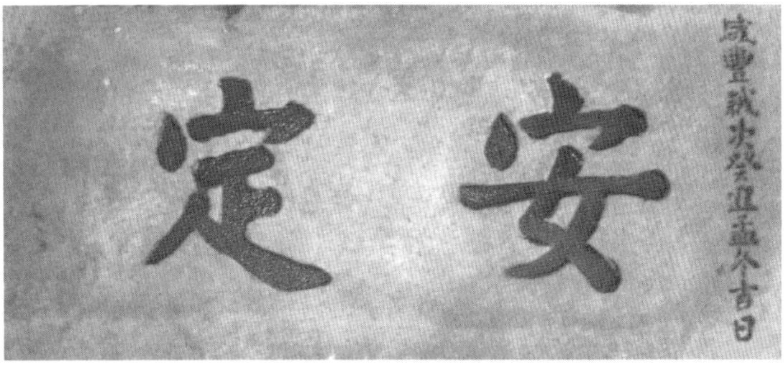

“安定”门楼石额

现将该石额文字录如下：

安定

（上款）：咸丰岁次癸丑孟冬吉日

二、石匾

文园石匾 刻立于清代道光十四年（1834）。石横宽0.83米、高0.36米。正文阳刻，楷体；无上款，下款阴刻。

文园更楼石匾

石原立于文园村南大街一号之一的更楼上。1968年，该更楼拆除，石匾取下，现置于丹涯陆公祠，即今文冲第七经济社内。现保存完好。

该石匾的存立，可纠正现今该村如门牌“文元”等各种标示之误，为今后的更正工作提供了可贵的实物证据。

现将石匾文录如下：

文园

（下款）道光甲午八月建

江北中约石匾 原立于江北中约村中，村内建筑几经改造，石匾所在门楼被拆，匾现弃置于村中的羽仪陈公祠西侧的附设厨房内，作案板之用。

仪羽陈公祠西侧存放的“江北中约”匾

匾石横阔2.1米、高0.45米、厚0.1米，字陰刻，楷书。上下款均漫漶不辨，据村民反映，石刻立于清道光年间（1821—1850）。

石文如下：

江北中约

（上、下款不辨）

江北中约石匾

祥镇军祠石匾 石匾于2005年4月24日出土于黄埔区文冲街文园鱼塘北侧路基。原为纪念于第一次鸦片战争中牺牲之湖南镇筸镇总兵祥福而建之祠堂门额。祠于抗日战争期间被毁，原位牛山脚下，今文冲船厂生活区西区宿舍北侧。石匾现暂置南海神庙仓库。祠建于道光二十一年（1841）后，石匾刻期与建祠同时。

祥福，行迹见《清史稿》卷三七二：

"祥镇軍祠"石匾

祥福，玛佳氏，满洲正黄旗人。由亲军累擢冠军使，出为湖南宝庆协副将。从提督罗思举平江华猺有功，靖宁夏、镇诸镇 总兵。（道光）二十年，率本领兵援广东，二十一年，守乌涌炮台，与虎门同时陷，祥福死之。予骑都尉世职，祀忠祠。寻诏与关天 培同建专祠。子喜瀛，袭世职。

三、木匾

"静远堂"木匾 写刻于清代道光二十六年（1846）。该木匾原置于江北中约大街二号之一的陈氏祠堂内，1991年，祠堂重修时用仿制品换下，现仍藏于祠堂内。匾木质，高0.6米、宽2.2米、厚1厘米。

"静远堂"木匾

匾上书刻"静远堂"3个字，楷书，落款"道光丙午（1846）仲春吉旦"，"香山鲍俊书"，略有破损。

鲍俊，清代粤中著名书法家，据汪兆镛《岭南画征略》卷九："鲍俊，字宗垣，号逸卿，又自号石豁生，香山人。道光二年举人；三年，二甲第二名进士，翰林院庶吉士，改刑部山西司主事。以工书名于时，辇金乞书者接踵于门"。有别墅在今广州农民运动讲习所东侧的芳草街内。鲍氏除此书匾外，于黄埔长洲街上庄村的曾氏宗祠内，亦写有"明德堂"匾。

第十二节 联文

一、石刻联文

玉虚宫门联 刻于廻龙市圩地街40号。玉虚宫，俗称大庙，位于廻龙市东南侧，门联即刻置于大门两侧，石质，门联高1.38米、宽0.45米。撰写人不详，无落款。石门额上款："光绪十一年（1885）冬月立"。此石门联亦当立于此年。

玉虚宫内所供奉的是道教的北帝，为水神。对联称北帝之灵迹彰显于湖北之武当

玉虚宫门联

山，而恩泽如雨露沾濡于文冲之廻龙市。萝岗水西元贝村有玉虚宫，其石刻门联亦与此相仿，文称“德昭元贝约，灵接武当山”，可作参考。

门联之文录如下：

帝德汪洋迹著武当存赫濯

神功灏瀚泽沾廻市沐恩光

二、木刻联文

廷亨陆公祠木联 刻立于文冲东坊大街43号的廷亨陆公祠后堂金柱上，有2副。

一副为朱汝珍撰书。木联宽0.45米、高3.68米，楷书，馆阁体，落款未署年月。据该祠头门石额朱汝珍所书之落款为“宣统元年季夏”，可推知该木联亦为同时所撰书，即木联撰写期为1909年。

该联溯源陆氏入粤，有宋代陆秀夫秉持气节，拥宋帝昺于新会崖门抵抗元兵，开其家族忠节之先河，祈盼子孙能诗礼传家；继叙文冲之地理位置，与狮子洋接近，远与五羊石（广州）相连，灵秀聚此，祈望此祠能聚合子孙。

朱汝珍（1869—1943），字玉堂，号聘三，晚号隘园，清远人。光绪十八年（1892），考入广雅书院，取得广州府试第一，专治经史之学。廿三年（1897），考取拔贡。廿四年，朝考一等，钦点七品京官，分刑部江苏司学习，治法律之学。廿九年（1903），应顺天乡试，中举人。三十年（1904），甲辰科会试一甲第二名（俗称之榜眼），赐进士及第，授翰林院编修。宣统元年（1909），修《德宗实录》，年六十归广东。民国二十年（1931），香港大学聘为哲学、文词两科讲师。二十一年（1932），香港孔教学院聘为院长兼附设中学校长。三十二年（1943）卒，享年74岁。著有《词林辑略》4册。

此木联之书作典雅凝重，为朱汝珍长联于黄埔地区所仅见，弥足珍贵。

现将该联文字录如下：

上款：貤赠大夫廷亨陆公崇祠落成之喜

节持越岭气壮崖门先哲肇渊源尚冀书香绳祖武

下联：近接狮洋远连羊石禺山钟灵秀留兹庙貌慰孙曾

下款：赐进士及第、记名遇缺题奏、侍讲衔、翰林院编修朱汝珍顿首拜贺

廷亨陆公祠木联

另一副木联亦位于后堂金柱上，置于朱汝珍所撰木联前。撰书者为区述曾。

该木联宽0.4米、高3.34米。楷书，落款未署年月，当亦与朱汝珍为贺“廷亨陆公崇祠落成之喜”而同时撰写，则撰写期为1909年。

上联举称唐代诗人、隐士陆龟蒙为“高士”，弃俗欲而归隐，其识远出人之上；下联称颂唐代名相陆贽，于德宗朝屡屡上疏切谏，以民生为首任，于《陆宣公集》内，谏议之文受后人瞻拜。

区述曾，宣统《番禺县续志》卷十六称其为“（光绪）二十三年丁酉科举人”（选举志二），为番禺县人，此前为光绪朝“岁贡”，故下联落款为“丁酉（光绪二十三年，1897）科举人”，木联题款与史载合。生平无考。

现将该联文字录如下：

高士讬清吟矫矫人群贻谋自远

名臣留奏议绵绵世胄崇拜弥殷

拣选知县丁酉科举人区述曾顿首拜贺

第十三节　已拆除文物

文冲街主要祠堂、庙宇、保留文物情况

文冲村历史悠久，开村已有千年，保留着丰富文物，明代到民国时期宗祠13座、家塾10座、书院1座，清代门楼12座，清代乾隆年间更楼1座，以及明代嘉靖年间的古碉楼1座，清道光年代玉虚宫1座。清代陆泰泉墓、状元庄有恭父子右墓葬各1座和乌涌清官兵墓等，除有文字简介外，已拆除的文物详见表4-1-13-1列表记载。

2002年后文冲村拆除古建筑文物一览表

表4-1-13-1

文物名称	年 代	类 别	地 点
约斋陆公祠	清代	古建筑	原文冲东坊大街5号
安承陆公祠	清代	古建筑	原文冲东坊四巷2号之一
权英家塾	清代	古建筑	文冲东坊大街16号
傅亭家塾	民国	古建筑	文冲东坊大街18号
冲彝家塾	清代	古建筑	原文冲东坊大街30号
鹤浦家塾	清代	古建筑	原文冲东坊大街32号
尔雨家塾	民初	古建筑	原文冲西坊大街8号
永业家塾	清代	古建筑	原文冲东坊大街8号

第二章　名胜

牛山炮台公园　所在地为牛山，位于文冲村区域内东南面，形状如牛，故名牛山。该山南临珠江，江东南而下为狮子洋，为广州与外洋之间的主要通道，形势险要，扼守于此可制约进出广州之通道。

牛山炮台公园

牛山占地面积12公顷，为文冲村所辖之地域。20世纪70年代，部分地块为文冲船厂所征用。

2001年5月1日，牛山由黄埔区政府投资建成公园，定名为“牛山炮台公园”，正式向游客开放。公园定位为社区休憩纪念性公园，园内绿树成荫，鸟语花香。保护得良好的森林丛带，带有浓郁的历史人文气息。

公园所依托而命名建设的古代建筑遗址，为于光绪十一年（1885）建造的炮台，炮台依山势而建，山麓3座，山脊4座。光绪九年（1883），中法战事起，时法国拟自越南进窥我国云南。清政府从自身利益出发，为加强防范，派钦差大臣彭玉麟来粤防御，自长洲、鱼珠与虎门，沿江添筑炮台。牛山炮台便是在中法军事对峙的背景下而修筑的（可参本书专记“牛山炮台”条目）。

公园的南面、牛山的西南山脚，有“乌涌清官兵合葬墓”。道光二十年（1840），英国侵略者挑起了第一次鸦片战争，二十一年（1841）二月初五日，多艘炮舰向位于牛山南、珠江北岸沙围的乌涌大炮台进攻，清军进行了抵御，于此阵亡者为446名。由清道光帝下令礼葬。今山麓尚存大墓及“圣旨”牌坊。（可参本书“乌涌清军兵合葬墓”条目）。

牛山西侧现尚存一壕沟，为抗战时期，日本侵略军于此杀害中国的爱国志士、平民，掩埋尸体的地方，称为“万人坑”。（参见本书文物篇第二章墓葬“万人坑”条目）

1927年，文冲与双岗村械斗。1967年，“文化大革命”中两派械斗也发生在牛山。

公园内的牛山炮台、乌涌清官兵合葬墓、万人坑均为广州市市级文物保护单位。

公园内设置的景点有：牛山活动区、山顶活动大平台、眺望台、环山路及多处休息亭廊。

牛山炮台公园是黄埔区“爱国主义教育基地”。

文园山公园 占地面积5.6公顷，由文冲村提供公园用地，由广州市人民政府和黄埔区人民政府与文冲社区共建，是广州市“青山绿水”工程建设项目，工程总投资320万元。公园于2001年开始建设，于2005年5月1日建成。是文园村民重点保护的后背山。

公园内设置的景点主要有：东南门入口广场景区，山顶观光亭；设有环山路、百步梯和多处休息活动平台等，上有杜鹃山、观景阁；是居民晨运，行山，体育活动和休憩的地方。

还有唱歌台、环山路灯、厕所灯设施等。

第三章 新联与诗韵

第一节 楹联

一、宗祠楹联

(一)陆氏大宗祠楹联7副：

郁林日暖千珠秀

洛水源深万派长

祖德宗功具贝贻谋远大
孙贤子肖乃能继述绵长

献柳颂以庆春王跻跻跄跄此日并行虎拜
进屠苏而谒元旦雍雍肃肃今朝共拟凫趋

栋宇霭春晖看凤鸟冲霄直向和风舒采翮
山河凝曙色知龙驹逐电还从丽日发霜蹄

惟积善以贻厥孙谋亿万世之箕裘确乎不拔
必愤书以绳其祖武廿五传之堂构展也大成

洛水源深派洐浩瀚清流支问茭塘开穗石
郁林干固枝垂阴森奕叶本田从化发文园

华国有文章洛水衣冠荣百代
传家惟孝友堂前俎豆绍千秋

（二）东溪陆公祠楹联5副：
瑞启三元昌洛下
祥开四叶盛云间

七叶诗书流泽远
四时兰桂满庭芳

先代贻谋由德泽
后人继述在书香

日映凤毛夸济美
春生花萼羡相辉

七世接开祥裕后恢前应识本源来有自
四房同启瑞允文乃武相承经纬递无穷

（三）衢野陆公祠楹联 2 副：

永昌有祚源流远
锡福无疆奕叶长

桂茁兰芽千载秀
竹苞松茂万年芳

（四）兰泉陆公祠楹联：

光前勋百代
裕后播千秋

（五）文炳陆公祠楹联：

衣冠承世泽
诗礼绍家声

（六）观德陆公祠楹联 3 副：

文章传世泽
诗礼振家声

五世接文冲祖德光前克勤克俭永绍箕裘弗替
廿传开福荫孙谋裕后肯堂肯构常祖俎豆维新

创基址于文园五代音容仰视洋洋而对越
接渊源于洛水一堂昭穆行看跻跻以趋跄

（七）江北东约楹联 2 副：

江北物华天宝
吉州人杰地灵

安居日日年安日
安享年年幸福年

（八）吉州梁公祠楹联 2 副：

美味招来云外客
清香引出月中仙

吉星高照迎百福
春光辉耀纳千祥

（九）陈氏宗祠牌坊祠横额：
正间：丽日祥云。正间后：甘露和风。
左次间：腾蛟。
右次间：起凤。

（十）江北中约、仪羽陈公祠楹联：
光前传万派
裕后发千枝

二、其他楹联

（一）文冲大更楼门联前后有5副：
文明风化家声旧
冲射斗牛气象新
（作者不详）

文韬称陆逊
冲阵有文龙

文风超世界
冲劲撼山川
（张超佐　作）

文笔描绘山河秀
冲水营造大地新
（陆化成　作）

文书昌盛繁荣赋
冲往和谐富裕乡
（陈镜仁　作）

（二）文冲村委会楹联2副：
文书颂昇平汉满蒙回共谋国事

冲玉帐南望陈梁陆叶合建家园

（苏镇泉　作）

文笔挥动描尽特色旗帜
冲劲改革推动科学发展

（陆椿兴　收集）

（三）玉虚宫楹联2副：
玉虚至道护境圣恩远播垂千古
三清妙法安民德泽遐施普众生

帝德汪洋跡著武当存赫濯
神功灏瀚泽沾廻市沐恩光

（四）江北中约洞门楼祠楹联：
洞外桃花含雪放
门前芳草向春生

（五）江北中约东更楼对联、横额：
青得祥光临胜地
龙来紫气到名门
横额：青龙

（六）江北中约巷口楹联：
真真心乐不怕居屋细
系系安身何用家富贵

（七）文冲牌坊楹联2副：
文采风流先辈辛勤开越地；
冲霄气派祖德承泽耀南天。

（陆国松　作）

文采飞扬锦绣华章传万世；
冲霄壮志辉煌传业播千秋。

（陈镜仁　作）

第二节　诗歌

（一）韵文冲、江北会景：
二月十五文江会，龙虎旗幡现七彩。
真枪打响当鞭炮，红圣大王八汉抬。
鸣锣开道十三下，观光人潮忙迈腿。
灵巧女孩挑花篮，举扇大姐惹怜爱。
群仙贺寿蓬莱境，嫦娥奔月站方枱。
飘色独特技精湛，婉转悠扬乐器队。
鼓声喧天醒狮舞，学生步伐展未来。
扮演古将骑骏马，巡游刚过客还追。
（陆礼昭　作）

（二）赞美诗：
文冲是个好地方，青山绿水好风光。
大窿山大又高峰，参天绿树重叠翠。
一行白鹭绕林中，山上黄鹂树林鸣。
山峰野花甘菊香，丛丛茂盛小杂树。
随人砍取无限量，不怕疲劳与苦辛。
登山过岭不辞苦，尽选适用才砍取。
遍山选砍脚步忙，收拾捆绑成一担。
下山返家心舒畅，明天市上易钱财。
青山财源取不尽，身上无钱大窿寻。
（陈国焰　作）

（三）韵文冲绿水：
珠江水源远流长，河水清澈碧连天。
涨潮浑然成一体，带来资源取不尽。
围堤内涌深又宽，河畔两傍青草滩。
芦花盛放白茫茫，海鸥一群浮水面。
大涌深处聚鱼群，虾公小蟹及蚬螺。
任人捕捉自安排，留心牢记聚鱼处。
一艘鱼舟二人同，渔民抛网三四丈。
捕得鲈鱼五六尾，七八潜鳞齐入网。
九斤金鲤十斤鲂，变换钱财又做餸。
辛勤换来收获多，绿水资源济困穷。（陈国焰　作）

（四）文冲大山名胜趣事。

1. 大山名胜趣事多，绿水青山上高峰，“大田山”连“飞天凤”，名胜依旧在，趣事各不同。

2. “正铺顶”最高山峰，晨雾遮盖山容，“谷围石”口朝文冲，中间“麻鹰石”“蟾蜍石”向东。

3. “将军晒革”够威风，“神仙脚印”大石，在登上路途之东，来樵夫牧童。回家山风送。

4. “大窿山”有“头门槛”，二门槛“新妇房”，专是土匪巢穴地，山中小杂树，任砍自变通。

5. “猪岭坳”“竹篙窿”，与其他村连界地，从来和谐无争议，相见笑点头，话别喜欣欣。

6. 古传趣事越千年，都尽付笑谈中，知己相聚聊往事，其乐也融融，故人喜相逢，互说多珍重。

（陈国焰　作）

（五）韵文冲梅林园诗 6 首：

文冲的确好村庄，大山远离无压感；
小山环抱如护障，沙石泥质土山岗；
农田分开两支山，都种梅树连一片。

榄树荔枝桂木果，本地人叫大树果；
春暖开花结实多，果期长到秋天过；
文冲村有大果树，资财源源来不尽。
前人智慧极周详，间距空隙种梅树。

今日梅树已成林，隆冬到来寒气生；
北支山梅花开放，树树花朵白如雪。
淡黄花蕊放幽香，冉冉随风飘远方；
岗上梅花白茫茫，游人已到开心地。

羊肠小路回环转，当时只顾赏梅花；
忘了来时原路径，前望看见二人来。
请教来人路怎行，直朝南去不转弯；
地势低平容易认，景物焕然又一新。

落花满地铺白雪，游人各去寻佳景；

远处一片红梅树，盛开粉红色花朵。
花枝上端绿叶开，红花相衬美如画；
南北山岗白梅林，配合红花成美景。

黄昏游人尽返家，小鸟高歌相欢送；
如此美景很少见，文冲梅林独显现；
明天才是十月中，等待明年此日时；
美景能否再见到，未知，未知！……

（六）韵文冲水果诗3首：
霏霏微雨近黄昏，仲夏初临暑未生；
风送荔香和肺胃，灯光如画惹蝉鸣。
荔园佳景向晚新，老少欢愉一样情；
宿鸟已随环境就，游人行近也不惊。

岭南佳果选荔枝，文冲荔枝品牌多；
“水东”“黑叶”果子大，皮壳鲜红人喜爱。
肉爽汁甜带荔香，“桂味”“米枝”“妃子笑”；
核细汁多肉软滑，一顿饱齿颊留香；
日间一食情未了，夜里梦话荔枝甜。

（陈国焰　作）

文冲四季有佳果
木瓜荔枝甜龙眼，青梅香蕉甜桔橙；
柿蔗杨桃有菠萝，黄皮鸡果乌白榄。

（陆耀池　作）

（七）端午佳节诗2首：
锣哨声声鼓频传，轻舟竞发箭离弦，
炮竹飞红洒江天，骄龙破浪指云端。

同邑乡邻齐击水，文冲健儿好身手，
游龙过处兆丰年，捧得金猪奏凯旋。

（陆汉雄　作）

（八）文冲童谣 2 首

昔：鸡公仔，尾弯弯。
做人心抱（媳妇）甚艰难，
晨早起身又话晏，
眼泪未干到下间。

今：鸡公仔，尾婆娑
做人媳妇笑嘻呵，
迟早起身无所谓，
化妆扮靓又唱歌。

（陆礼昭　收集）

（九）韵文冲特色：

又有龙船又有戏，
又有蚬汤荫饭微，
麻虾蟛蜞鲜又靓，
黑叶荔枝甜又美。

（陆三喜　收集）

月光光，照地堂，年卅晚，摘槟榔。
槟榔香，买子姜，子姜辣，买蒲达。
蒲达苦，买猪肚，猪肚肥，买牛皮。
牛皮薄，买菱角，菱角尖，买马鞭。
马鞭长，起屋樑，屋樑高，买张刀。
刀切菜，买箩盖，箩盖圆，买只船。
船沉底，浸死二个番鬼仔！

（陆礼昭　搜集）

（十）黄埔旧地名歌谣：

“横沙”对面是“茅岗”，落来“沙浦”过“双岗”。
年年有个波罗会，“沙井”“坑田”“六德堂”。
邻近“新溪”“南有约”，十分高兴各村场。
“半街”过去“南湾”麦，行前几步是“珠江”。
“文冲”“隔水”到“黄洋”，“石门”过去“夏园乡”。
“墩头”“墩尾”“东湾”去，“文园”上头“江北庄”。
“正心街”大小“塘头”，“观音约”是“鸡公廊”。

"华坑""马武""庙头"张，"沙涌""鹿步""南岗乡"。

（佚　名）

（十一）新歌谣赞文冲荔枝园：

荔枝园，朝南面，易接纳东南风，酷热天，不相干，荔荫清暑气。

文冲地，荔枝多，桂味米枝甜香，水东果，妃子笑，黑叶肉清甜。

（陈国焰　作）

第四章　文化体育

第一节　中华人民共和国成立前文娱体育设施及村民活动

中华人民共和国成立前，文冲地区开展群众性的文娱体育活动项目，主要是赛龙舟、舞狮子、降八仙、抢炮、行会（洪圣大王游街）等。

春节期间，狮子贺岁：东坊（善群堂）狮子队、西坊（醒志堂）狮子队，两坊青壮年都是自筹资金，聘请师傅（教头），拜师习武学艺。到各村庄以及增城、萝岗、塘头、姬堂、珠村等地探亲访友（开盘），曾名扬各地乡村。西坊陆正佳一脚粉碎几个方砖成佳话。

农历二月初二为门官土地诞（迴龙市有土地庙）。每年当日，该村有烧炮、抢炮活动。"炮"由烟花、炮竹等组成，在炮竹（火箭炮）上加竹篾圆环结扎而成。

在指挥台上，点燃烟花药引后，随即炮头上升，炮圈环飘飘降下，人们成群结队，蜂拥而上去抢炮圈，这叫烧炮、抢炮。抢到第一、二炮为好意头，将会生仔、发财，日后福禄寿三星拱照。到次年二月初二还炮，人们把抢到的喜炮再拿到土地庙拜祭后，边放鞭炮贺炮，边把喜炮送回炮会，酬谢神恩，然后宴请大家吃饭。

烧炮、抢炮活动中，炮声喧天，人山人海，群众聚集迴龙市圩地，吸引外地村民前来观看，热闹非凡，男女老少还去东坊大巷口观赏放烟花。

农历正月初十至十五，一连几个晚上为青少年男女降"八仙"。男性降"八仙"，女性降"仙姑"。男性降成仙的会打功夫、唱歌。若女性降仙成功，除会唱歌外，还会游地狱，问鬼神显灵。据目击者称：有的人能降成仙，有的降不成，即用香茅、鸡屎藤的水洒至各人身上，然后各自散伙。

农历二月十五，是文冲洪圣王诞（江北三约供奉金面洪圣王，文冲村供奉粉面洪圣王），人们抬着洪圣王神像游街，俗称"行会"。每次都吸引不少男女老少前来参加。

行"小会"较为简单，一般60多人参与活动。分正副香手2人、头牌2人、担灯笼2人，头锣4个、彩旗13支，打铜锣1人、乐队8人、刀枪武装10人，长龙虎幡旗1对，叶扇1把，10人轮流抬着洪圣王，还有4—8位小女孩挑花篮，老人走在前，全队的行会行列都显得庄严浩荡，规模宏大。

行“大会”比行“小会”的规模隆重得多，除上述人员装备外，还要加上多种游街行列，其中有马队，由活马10—20匹组成，马上之人扮演神仙、帝皇、将相等各种人物。还有小童扮演古代各种有名英雄人物的“飘色队”，惟妙惟肖。此外，还有持枪队，每到一个“贡点”，入村时向天空鸣枪13响，以示威风。“八音”锣鼓和狮子队伍、乐队随后，有500多人参与活动。其活动经费大多自筹，除群众捐助外，不足者再由公尝款买单结算。

在“行会”当天，村民各家各户、大街小巷门户同样摆上烧猪肉、鸡、粽子和砌成塔形的棋子饼，果品、酒，点燃长寿香，恭迎洪圣王出巡，善男信女虔诚跪拜，新媳妇挂毛巾、玉镯。是日，各家各户亲朋戚友趁此来探访观光，人群川流不息，全村喜气洋洋，充满节日气氛。

农历五月初二是文冲传统龙舟节，以龙舟与外村亲友结缘已有二、三百年历史。中华人民共和国成立前，一直保持龙舟3—4艘。每年五月初一到初五，有龙舟表演活动。一般每隔2年出外探亲访友1次。初一，到庙头、双沙、南湾、夏园一带活动；初二，在村内助庆招景。当天，邀请附近乡村的龙舟莅临，共度端午；初三，扒着龙舟往车陂、琶洲、棠下，入深涌、塘口、莲溪、宦溪、珠村、黄村一带探亲；初四，往番禺东溪、柏堂、水门、草堂等村乡；初五，开船到杨箕、寺右、石牌、潭村、猎德、员村一带访友，有跟尾艇和炮仗船随后；初六，安排小朋友学划龙舟（扒泥龙）；初八后，龙舟酬神，把龙舟藏在泥土里以作保存，到来年再挖起。每艘龙舟有100多人参加活动。

组织龙舟外出纪律严明，有村里乡绅在龙舟上指挥，才能安全出航，以免发生事故。

扒龙舟是村民十分喜爱的体育活动。从小孩开始学习划泥龙（简单无旗彩的舟）。这样大人教小孩，一代一代传承下去。只要龙舟鼓一响，人心一动，放下农活去划龙舟的大有人在。有一次，西坊村民陆木祥去离村较远的大方田除草，忽然听见村里传来龙舟鼓响，便装作肚子痛要回家，实是一走过铁路没人看见时，便飞跑回村划龙舟。此事成为佳话。凭爱好还吸引江北三乡的兄弟也积极参加活动。每年的活动经费先由各龙舟头上门求捐助，不足部分由公家开支。划龙舟的膳食一般是简单三几个菜式，吃龙舟饭，人人开心，图个好意头。

文冲还有一班热血青年，接受新事物快，成立文冲旭社，定期开展各项体育活动，以陆惠苏、陆耀池、陆炳坤为首组织篮球队，开展有益的文娱体育活动。中华人民共和国成立后，这班青年人大多参军参政，表现良好。

第二节 文化阵地体育设施的建设与管理

一、文化阵地建设与管理

20世纪50—60年代，文冲村的文化事业主要根据上级有关要求，由村党组织或共青团组织布置各坊自然村建立文艺组、文化室和老人活动中心，以及龙船组等，开展文化活动。

1978年，文冲生产大队在广新路大庙旁边投资50万元，兴建“青年之家”文化室，共青团和基干民兵定期在这里组织活动。

80—90年代初，文冲村委会组织各坊自然村分别自筹资金，建立老人活动场所。较健全的有江北联队投资建立的老人活动场所；西坊投资16万多元建起有名的西坊老人活动中心；东坊联社投资13万多元修缮祠堂建成东坊老人乐园；文园村投入几万元在文园祠堂建立老人文化娱乐场所。东坊、西坊和文园聘请专人管理，老人活动场所有制度和规定，依时开放，搞好清洁卫生，配置报纸，购置图书专用柜、乒乓球台，灯光、音响、风扇、电视、桌凳等设备；还购置麻将台。每天活动人数20—30人。中老年人有空闲时就往这个活动场所，开心地休憩娱乐。

1983年，文冲生产大队投入25万元，建成1座面积约300平方米、2层10个套间15张床位的花园式老人院，让“五保”户和独居等一批老人转到该院安度晚年。老人院设施齐备，房间内设置灯光、风扇、洗衣机、电视机、家具和一些玩具等。还聘请专人照料，村赤脚医生定期为老人们检查身体和看病，人们赞口不绝。

二、体育设施建设与管理

1996年，东坊自筹资金，加建灯光篮球场，晚上，让年青人进行蓝球训练。东坊灯光篮球场处于东坊“鹩哥楼”脚，由东坊联社耗资8万元，建成1个面积12×30平方米的灯光篮球场。1998年，江东联队集资6万多元，在梁氏宗祠前空地建起了1个面积14.5×26.5平方米的灯光篮球场。这些灯光球场初时每月开放1—3次，主要是满足青年人晚间练球及举行篮球友谊赛的需求。篮球场的建立、管理主要由各坊选人负责。

第三节 文娱体育

一、中华人民共和国成立后群众体育活动

中华人民共和国成立初期1949—1951年，文冲村有一群进步学生建立 “文冲旭社”，该社有由13—15人组成的篮球队、乒乓球队、游泳队和诗歌队。活跃在附近乡村。

这些人勤学习，办好事，做好人，个个表现良好。后来这班青年人大多参军、参政。

20世纪60年代初，东坊成立1支以下放干部为教练的“东锋”篮球队共20多人，以精湛球艺参与各村赛事，成绩甚佳，名震禺东附近乡村。后来，文园、江东和东坊也相继组织篮球队。1969年，文冲生产大队的篮球队参加黄埔人民公社组织的篮球比赛，获得第二名。

改革开放后，坊、片、社经济收益提高，江东和东坊分别建成灯光篮球场，提供给青少年晚间练习球艺的需要。2个坊分别组成篮球队与外兄弟单位进行友谊赛，其中最高层次的友谊赛是2000年10月与黄埔交通中队的友谊赛事，比赛结果是72 ：68分，东坊队胜出。2001年10月，与萝岗火村蓝球队比赛，比分为68 ：60，文冲联队输8分；参加黄埔区组织的篮球赛，姬堂对文冲，结果文冲输6分。此外，不定期地与其他单位举行一些友谊赛，气氛活跃。

2001年，江北、西坊、东坊和文园分别组成10—20人的业余足球队。村委会组织各片足球赛，历时1—2个月，结果西坊队夺得冠军。此外，文冲还有一支由10—20人组成的游泳队伍到珠江河练习游泳，游泳技术得到提高，每年有8—10人参加广州市横渡珠江的活动。

二、群众性的文化娱乐活动

（一）场地建设。1957年，文冲生产大队在廻龙市圩地街兴建露天影剧场，场内有数千平方米可容纳5000多人看粤剧和电影。电影场每周1—2次，有300—500人观看。

1979年，文冲生产大队在石化路旁建设1座大剧院，有1700多个座位。曾邀请省粤剧院和广州市粤剧一、二团名老倌来村演出，深受村民欢迎。

（二）组建粤剧社。20世纪五六十年代，村曾组织有腰鼓队、歌咏队、舞蹈队参加公社活动。当时以陆春禧、陆继延为首，组建文冲粤剧社，有30—50人。自筹资金，主要是靠赞助和票房收益。添置乐器、道具、租借戏服、音响，参与社会演出。排练演出优秀剧目有：《柳毅传书》《愁龙苦凤两翻身》《刘永福》《胡不归》《刘备过江招亲》《孔雀东南飞》《春风秋雨又三年》《三帅困肴山》《搜书院》《包公审国槐》等群众喜爱的传统剧目。还到外村演出，很受群众欢迎。“文化大革命”时期，文娱活动逐渐淡化，粤剧演出曾一度消退，以语录歌、忠字舞、“革命样板戏”取而代之。

（三）组织曲艺“私伙局”。80年代中后期，文冲村由20—30人组建“私伙局”（曲艺乐社），恢复演唱广东曲艺，遍布各自然村。每周活动2—3次，自筹资金，自带乐器，自选场地，自弹自唱，自娱自乐，并经常与其他村乐社相互调演，以乐会友。还参加区、镇的一些文艺专场汇演和开展“送戏下乡”活动，都得到村委会资助。1991年12月，参加广州市文艺汇演，乐社陆焰棠唱的粤曲《七月落微花》获二等奖。

1992年，在黄埔区纪念毛泽东《在延安文艺座谈会上的讲话》发表50周年活动中，大沙镇曲艺队共演唱14个曲目，文冲村乐社获优秀乐社奖。同年，代表黄埔区参加广州市民间音乐曲艺（私伙局）在广州市文化公园中心台举行的交流汇演，文冲乐社获好评。

1997年8月，乐社部分骨干，参加黄埔区曲艺协会组织的演出队，到沧联、沙浦、姬堂演出曲艺，受到群众欢迎。

（四）成立妇女太极队。文冲村有一支20多人组成的妇女太极队，既坚持每天早晚锻炼跳街舞，又参加村、镇组织的活动。还组织腰鼓队参加村内“洪圣王”大巡游，还参加黄埔区波罗庙会表演，受到群众欢迎。还学习扇舞、剑舞和太极舞，参加一些专场演出。2000年7月，在乐捷图广场演出太极舞、剑舞、扇舞，观众反应良好。

第四节　民间传说与文学、文艺作品选载

一、洪哥求救解危困传说

中华人民共和国成立前，黄埔地区的乡村械斗不时发生，曾发生过有名的“禺东大械斗”。民国十六年（1927），文冲与别村的械斗非常激烈，当时曾有一句谚语：“水不通，陆不通，四周围着打乌涌（文冲）”。那年，对方购买许多枪枝弹药和煤油，扬言要火烧江北，捣毁文冲。文冲四面受围困。

传说，当时幸得有一位头戴草帽，身穿长袍，红光满面，玉缕长鬓，自称洪哥的老人到从化等地报讯。说：“乌涌村四面被围攻，情况危急，你们速派援兵去解围吧。”传话说完，转身就不见人影，大家觉得很奇怪。

后来，得到从化、汤村、仙村、龙门、萝岗塘头、井头、横迳、木古、夏园等兄弟老表集中人马速速来解围。结果反败为胜，这场乡村械斗就此告终。

事后，文冲的父老问来解围的兄弟和世交老表：“你们为何得知我村被围困的消息？”都异口同声地回答说：“是一个叫洪哥的老人前来报信求救解围的。”

众人猜想，这洪哥者就是村里的洪圣大王呀！

二、悦山公下棋得官路山

文冲陆氏世祖陆悦山，博学多才，能言善辩，喜爱游山玩水，谈古论今，曾往江西拜师学艺。

其购有英骏大白马1匹，骑着马到处游览名山大川，欣赏大自然风光。多年前，华坑村是本地最早开发的村落，村民们在本地拥有大量土地。有一次，悦山公经过华坑村时，在村前树下休息乘凉，当时，华坑村主简氏族长也在此纳凉，见悦山公所骑白马，赞叹不绝，非常羡慕，想买下此马占为己有，悦山公不肯卖，在闲谈中，华坑

村主欲与悦山公对弈象棋。公曰：好，怎样弈法？村主说齐头并进。两人弈棋打赌，如赢了，你的白马让给我；公又问，如果我赢了你，又怎么办？该村主说：“随便你要什么！”当时，悦山公赢了想不到要什么，只把手一摆，直指远处那座山头的北面官路山。当下双方立下字据，双方说：永不后悔。经过多盘博弈，华坑村主输棋，输得心服口服，便无条件地奉送官路山给悦山公。从此，官路山就由文冲村拥有。并留诗一首：

公乘白骏野游间，回途休息小涧坑（华坑）；
巧逢树下该村主，两人相聚共倾谈。
中意坐骑多赞美，眼见心谋起贪婪；
弈棋村叔赢不了，双手奉送官路山！

三、大窿山新妇房

大田村北面的大窿山，地处荒僻，山中有一大堆乱石，天然堆砌成像一座房屋，有廊门、正厅门，并有门槛样，是天然石岩生成，能遮日防雨，是个很好的自然棲身地方。古时，常为土匪、盗贼、绑架者的藏身之所。

有一年，文冲有一女子因不满封建婚姻制度的压迫，不愿意出嫁，由于父母包办婚姻，新娘子在花轿临门之前设法出走，逃到大窿山这座石房里。后来也有一些逃婚女子，躲在这座乱石房子，住上一两夜，逃过花轿的迎娶，避过“吉”时，然后远走高飞，到别处谋生。后来，人们便把这座石房子，叫做“新妇房”。

四、鸡啼坐

东坊南面有一条小路，邻近村边塘坐，塘坐隔邻有一条小基堤小道，从西至东南的走向。过去，凡是从陆路到波罗庙的人，必经此基堤小道。

有一年波罗诞，适逢天降大雨，仍有不少游客到南海神庙祭拜。有一位广州游客，到波罗庙拜神后，买了一只“波罗鸡”，在返城的路上，途径文冲此基坐，遇大雨倾盆，其手上的“波罗鸡”，因是用泥巴、纸朴、鸡毛做成的，经大雨一淋，已变形，稀里巴烂，虽有羽毛，却不成鸡样，于是就随意丢在基坐附近的草丛中，舍之而返。谁知，当晚深夜 3 时，文冲东坊附近村民听到基坐上有雄鸡啼叫，其声嘹亮，大家都在猜想：“谁人把鸡放在基坐上呢？”翌日天明，众人到基坐寻找这只公鸡，却找不到。谁料，当晚半夜，大家又听见鸡啼声，第二天再找鸡，还是找不到。如是者，延续几个月，人们百思不得其解。后来有人无意中在基坐草丛中发现那只纸泥朴鸡的骨架，上面还有“波罗鸡”的形象。这样一来，人们就认为连月来所发生的深夜鸡啼声，原来是出自这只被遗弃的“波罗鸡”。

从此，每年波罗诞，人们都争购“波罗鸡”。都想行好运。这个习俗，历久不衰。

文冲村人也把东坊前面的那条基坐称为“鸡啼坐”。

五、屈马氹

文冲有条自然村叫江北，这个村有叶、陈、梁姓氏族人居住。最早定居的是叶氏族，依次而来的是陈、梁氏族。陈氏族人聚居于江北村大方山之东南面1座小村落。村子背靠西北，面向东南，村前有一条江河，村西南与村北各建一座更楼是村民进出村的地方。村后有一条官道，是古时从广州府通往惠州府之途，中经大田坳（禾叉窿）向西而去的一条较宽阔平坦的大路，叫“官路”（中华人民共和国成立初期尚存在）。沿着陂头岭山脚而下经农田堤坐的走向到文冲土名 “力元下”中的一段，曾发生一件事。

在宋朝年间，有一天，惠州府台大人派来一位官差，往广州府送公文，驰马途经官路时，正是申时时分（下午3—4时），时近黄昏，突然，天空乌云密布，电闪雷鸣，下起滂沱大雨，马儿受惊吓，蹶蹄而失陷在一烂泥氹里，无法自拔，送文官差遂连夜步行到广州把公文（书信）呈上府台大人，并向当地官府报告，请求帮助。翌日天明，一队官兵随着官差指引回到泥氹边去救马时，却不见马的踪影。原来，当官差离去后不久，时近酉时（下午5—6时），雨过后，江北陈氏有位青年农民到田里放水，路经这里，发现马儿陷入泥氹，便回村召集一伙人把这匹马救上来，拉回村去。当时，村民饥饿，便商议连夜把这马宰了，大家分吃一顿，把马皮和缰绳丢在村东更楼旁边。这时官兵搜至陈氏村庄，发现遗物，极为愤怒，立即下令拘捕村民，就地审问。村人个个答非所问，慌作一团。官兵队长正高举皮鞭要打人逼供时，忽来一位40多岁的男性村民，呼叫一声：“停手！”只见其不慌不忙，神情镇定地向官兵言禀宰马实情：“村民无知，误杀马儿，宰马分吃，实为无奈，若把全村陈姓人斩尽杀绝，也无补于事，让我来顶罪吧！”此人是江北陈氏族长——陈天常。官差听其言之在理，随即全部放人。此时，官兵将族长枷锁，押解往广州府衙去……。翌日，开庭审讯，陈天常跪在天阶下言禀事发经过，请求府台大人施恩赦免村民与其家人死罪，留在村庄务农过日子。经杖打30大板后，再发配充军。杀马案到此告终。但村中主人公自充军远去后，死在服役地，因找不到其尸首，村民便拿其衣服等物葬于“曹家庄”（今为天河区棠下村，墓地被征用）。

此后，该村传人，对这件惨痛的历史，刻骨难忘，把陷马深渊的地方，改为“屈马氹”。

六、大田山的蟾蜍石

大田山麓有一块巨石，酷似一只大蟾蜍，嘴朝东，正向着东莞麻涌某村的一条巷口。过去，这条巷里的男女老少常有皮黄骨瘦和大肚鼓胀之病发生。后请来风水先生看风水，发现西北方向有一道怪氣直冲此地。于是，请风水先生一路跟踪到大田山麓，见到此大石，形象似蟾蜍，大口朝着该村方向，实为不吉祥，村中权威人士遂请风水先生化解。风水先生建议：派人偷偷把此蟾蜍嘴打断，就可以逢凶化吉了。石嘴打断后，说也奇怪，此巷中的人从此再没出现肚鼓胀大、皮黄骨瘦的毛病。至今大田山的蟾蜍石尚在，但嘴形石已不见。

七、华佗灵帝

文园村东头，古时建有一座观音庙，庙内除供奉南海观世音外，还在偏殿上供奉一尊华佗灵帝。华佗是三国时代的医学大师，医道精湛，深受黎民爱戴和信奉，故而立其塑像，奉为神灵，于庙内拜祭。

古时的穷苦黎民百姓，有病无钱医，便去求“神”。相传，只要华佗显灵，向其乞得药方，百病驱除，非常灵验。当时，村中有一绅士，名叫达用堂，收藏着治病的医书和华佗汤头药方 100 张，每张药方内容不同。按其书中药方内容，复制许多份，编上号码，制成小咭片，名为“药签”，然后用竹筒盛上竹签 100 支，各编上号码，交给庙祝公，置于华佗神像案前。有人来求签问药，就跪着摇动签筒，跳出一支后，按号码问庙祝公索取药方，然后按此方到药铺抓药，或按方上内容去寻找草药。当时，人人说华佗灵帝灵验，按药方吃药，能药到病除。除本地人信奉外，番禺各地也有人到这里求签问药。

有一次，有个重病人面黄肌瘦，肚腹肿胀，求医不治，精神萎靡，奄奄一息，也到庙里求签，所求得“医签”内容是服食一定量的毒虫药。病人拿着方子到药店抓药，药店伙计吃惊地说：“这么重的份量，毒性很大，会毒死人的。”当时，病人对自己百医不愈的病，已无信心，抱着一线希望，孤注一掷地按神灵的方子药剂服用此毒药，并说：“不过我会在神前服食，真的是死，也死在神灵手里就是了。”于是，买了毒药，回到华佗像前，煎水服食下去，谁料，病人在神前睡上 1 晚，第二天腹泻几次，拉出数百条寄生虫，从此病痊愈。

八、黄花塘的由来

古时候，乌涌村是个多姓氏的村落，有陆氏、陈氏、伍氏、颜氏、简氏、李氏，更有鲜为人知的黄氏。

黄氏所居住的地方是现今桥头大街北侧，即桥头和未过榕树头一带，有多户人家（发现埋藏地下有多块凿黄宅界字样的石碑），由于当时社会环境原因，大部分黄氏迁往他处，只剩下 1 家，名字已无人知晓，村民称其为黄老伯。黄老伯为人老实，勤恳和蔼，但其妻离他而去，生下一女，取名阿花，父女相依为命，以耕塘养鱼为生计。

阿花年青时聪明、能干、知书达礼，做事大方得体，能孝顺父亲，更有一颗善良可亲之心。曾有很多男家向他家提婚。其女说："如我出嫁从夫，老父孤苦伶仃无依靠，于心不忍。"阿花定下心肠终身不嫁，一心一意侍奉家父。阿花之父舍女而去之后，女承父业，继续耕塘养鱼，虽是女流，却能做男儿所能做之事，请人网鱼，从不拖欠工钱，买卖公平，童叟无欺，多次接济比其更穷苦的人家，得到村民的赞颂。但好景不长，阿花终老离世。村民为其做后事，其鱼塘归属村民所有。村民为纪念阿花这个孝女，把其养鱼的塘，命名为"黄花塘"。

第五节　农谚

一、气象谚语

乌云行东，不是落雨就是翻风。
东闪日头红，南闪好南风，西闪长流水，北闪雨重重。
芒种夏至，雨水淋漓。
立秋有雨秋秋有，立秋无雨甚担忧。
麻雀担草鸡拉窝，不到三天雨滂沱。
大寒牛湇湴，冷死早禾秧。
莳田莳到立夏，莳唔莳都罢。
朝虹晚雨，晚虹晒草皮。
朝看东南，晚看西北，是晴是雨，看看便得。
初九廿三，朝返晚返（指文冲地域的潮涨时间）。
旱天多雨色。芒种菌，夏至笋。
冬（至）在尾，冷甩耳。冬在头，无忧愁。
春寒雨至，冬雨汗流。
小暑大暑，有米懒煮；小寒大寒，赶狗不出门。

二、廿四节气歌谣

春雨惊春清谷天，
夏满芒夏暑相连，
秋处露秋寒霜降，
冬雪雪冬寒又寒。

不吃五月粽，寒衣不敢送，
吃了五月粽，不够一百日又翻风。

农历六月十二，彭祖亚公忌，沉风大雨打沙梨。
农历七月初一，八月初二，大雨淋漓蟛蜞上树。

三、四季节气与种植业

今年“立春”是晴天，“雨水”节令好时年，
连绵细雨纷纷下，“惊蛰”“春分”犹未停，
寒气反而有添增，“清明”“谷雨”水满田，
夕阳斜照双飞燕，农夫心内喜欣欣。
“立夏”节气风和暖，“小满”鱼塘浪滔天，
“芒种”瓜菜吃不完，“夏至”佳果荔枝甜。
“小暑”“大暑”莲花开，清香漫散随风去，
蜜蜂采蜜蝴蝶舞，解暑祛邪莲花香。
“立秋”“处暑”农事忙，摘果割禾又插秧，
“白露”“秋分”“寒露”至，此时天气渐转凉。
春日才看杨柳绿，“霜降”到来菊花香，
酒客醉卧黄菊下，性情闲逸赛陶潜。
十月天时起北风，迎面吹来觉微寒，
“立冬”节令在其中，“小雪”“大雪”收割忙，
“冬至”日晷复初长，“小寒”“大寒”瑞雪降，
周而复始顺自然，日丽风和艳阳天。

四、四季歌

（一）一年各月份天气状况对农业影响。
正月，岁朝蒙黑四边天，大雪纷纷是旱年，但得立春晴一日，农夫不用力耕田。
二月，惊蛰闻雷米似泥，春分有雨病人稀，月中但得逢三卯，到处棉花豆麦佳。
三月，风雨相逢初一头，沿村瘟疫万民忧，清明风若从南起，预报丰年大有收。
四月，立夏东风少病遭，时逢初八果生多，雷鸣甲子庚辰日，定主蝗虫损稻禾。
五月，端阳有雨是丰年，芒种闻雷美亦然，夏至风雨从西起，瓜蔬园内受熬煎。
六月，三伏之中逢酷热，五谷田禾多不结，此时若不见灾危，定主三冬多雨雪。
七月，立秋无雨甚担忧，万物从来一半收，处暑若逢天下雨，纵然结实也难留。
八月，秋分天气白云多，到处欢歌好晚禾，最怕此时雷电闪，冬来米价道如何。
九月，初一飞霜侵损民，重阳无雨一天轻，月中火色人多病，若遇雷声菜价高。
十月，立冬之日怕逢壬，来岁高田枉费心，此日更逢壬子日，灾殃预报损人民。
十一月，初一有风多疾病，更兼大雪有灾魔，冬至天晴无雨色，明年定唱太平歌。

十二月，初一东风六畜灾，倘逢大雪旱年来，若然此日天晴好，下岁农夫大发财。

（二）农谚四季歌诀。
春甲子雨，地赤千里。夏甲子雨，撑船入市。
秋甲子雨，禾生两耳。冬甲子雨，牛羊冻死。
春已卯风树太空。夏已卯风禾太空。
秋已卯风禾里空。冬已卯风袖里空。
西北雨，落不过田埂。
快雨快晴 ，骤雨不终日。
重阳无雨，一日冬晴。
罩雾罩不开，戴笠披水衣。
二月二，打雷稻尾较重鎚。
空心雷，不过午时雨。
六月初一，一雷压九台。
七一打雷，一雷九台来。
雷打秋，冬半收。
冬至天阴无日。
大寒不寒，人马不安。

五、生活谚语

禾怕寒露风，人怕老来穷。
老牛怕过冬，干部怕运动。
使铜银，夹大声。
人在做，天在看，举头三尺有神明。
不怕不识货，最怕货比货。
朝鱼晚肉，比不上饭初熟。
饭后百步走，活到九十九。
开心每一天，健康每一年。
天睡我睡，天醒我醒，长命百岁。
芒种节，瓜菜食唔切。
夏至狗，无地方走。
冬在初，冷唔多。
冬在尾，卖了黄牛来置被。

第六节　广播、电影、电视

一、广播

1960年后，广州郊区黄埔人民公社（大社）及各生产大队集资兴建广播网。公社播音室设有2台扩音机，分别为250瓦至300瓦，设有广播专线，收播范围遍及黄埔人民公社各生产大队、文冲生产大队各生产队。

1961年后，黄埔人民公社广播室设在横沙乡。广播设备有专门扩音机，挂舌簧喇叭1500只，分布于各村乡及文冲自然村各个角落。1973年，黄埔人民公社扩大广播室，播音效果更好。1979年3月，黄埔区广播站建立。1983年4月，城市小喇叭开通，各自然村能直接收听区广播站的广播。

1983年6月，区广播站使用小调频发射机传送广播节目，文冲生产大队用专门接收机接收，再接通全村广播网。这样，各生产队除能接听中央、省、市广播电台的广播外，也能听区广播站的无线广播节目。

1987年以后，随着大沙镇人民政府对有线广播的重视及推动，文冲村委会把有线广播作为传递党和政府方针、政策的重要途径，将通报村镇生产经营信息和宣传村内的好人好事，以及通知各种事项，作为一项重要工作来抓（当时电视、电话尚未普及）。镇政府还经常派专人检修文冲村的线路和维修扩大机，使村内有线广播覆盖率达到98%以上，收到较好效果。

随着经济发展，人民生活水平的提高，收音机、录音机、电视机在农村普及，人们接收外界信息的渠道逐步扩宽、增大，形式多样。20世纪90年代初，农村有线广播逐渐衰退。1995年后，电话、电视、电信普及家庭。农村有线广播逐渐被有线电视和固定电话移动通信所取代。

二、电视

20世纪70年代，文冲地区只有几台电视机，大都放在生产队队部和学校公众地方，人人争着去看，逐渐扩展到少数农户也有电视机。80年代，许多农民有电视机，通过自设鱼骨天线接收省、市电视台的节目，由于距离远，视频接收效果较差。1986年10月，黄埔区的有线电视共用天线系统投入使用，文冲村也能接收到多频道的电视节目。

1990年，文冲村委会在文园山顶安装天线系统并投入使用，闭路电视网建成后，各自然村均能接收到多个频道的电视节目。

2001年，有线光纤电视网已扩展普及至黄埔地区各家各户，在全村范围内人人可看到100多个频道各电视台节目。

三、电影

20世纪50年代，村民能观看到一场电影，视为享受一次文化盛宴，如放一场电影，文冲地区大多社员群众一吃过晚饭后，就跑到文冲船厂生活区、球场或大沙地看电影。1953年，自广东省电影教育工作会议召开后，上级部门开始派电影队到农村巡回放映，受到社员群众欢迎。60年代，文冲生产大队首先在廻龙市圩地建起固定的露天电影放映场。电影放映队1—2个星期来放映1次电影，每人收费1—2角，每场都有300—500人观看。如无电源则放映队自带小型发电机。一般电影队有3个人一组，分为发电员、放映员、宣传员。那时，许多社员听不懂普通话，不少群众连电影人物都搞不清楚，由电影队宣传员虞允兰在放映过程中适当进行映间解说，也在放映前自制幻灯片作时事宣传或影片内容简介，村派员1—3名协助维持秩序，卖票、收票入场，深受社员群众欢迎。70年代，电视尚未普及，文化娱乐活动又相对较少，人们能看上一场电影，被视为极好的文化享受。

进入21世纪后，电视普及到每个家庭，文化娱乐场所卡啦OK遍布城乡，农村文化娱乐活动多姿多彩，在新形势下，露天电影放映则显得萧条萎缩。随着人们生活水平提高，大多数人都到影剧院看宽银幕电影。

第七节　档案管理

长期以来，文冲生产大队文书档案资料由文书掌握和管理。由于档案管理不够规范与完善，有时疏忽大意，致使部分文书资料未能立卷、归档、保存，不少有历史价值的资料因此遗失。

经上级有关部门宣传推动，村干部认识到档案是历史真实的反映，是人们社会实践与辛勤工作的结晶。1993年，村委会首先投入6万多元，开展档案上等级的工作。首先建立档案库房，购置必要的档案柜（箱）、用具和装备。

1994年年初，黄埔区档案局领导亲临指导和派员帮助，将村内有历史价值又未建档的资料拿出来全面整理立卷、归档，初步建起村档案室。为使村档案工作升级达标，经过4个月努力，于同年12月，共建立永久档案163卷、长期档案65卷、短期档案37卷。经上级评审，达到“省一级档案综合管理单位”，并发给证书，编号为012073。此后，村委会在人力、物力、财力方面给予逐年投入，在档案库房安装空调机，确保档案资料得到完整、安全的保管。

初期，档案室设在办公楼205房，档案工作室与库房连在一起，空间层次不够大。1998年，搬到新办公大楼五楼，分设2个室，库房面积32.8平方米，查阅资料的阅览室和办公（工作）室都有3.8平方米。共投入10多万元，安装2台空调机、4支光管，购置资料箱142个。成为上档次的村委会档案室。

村委会档案工作由村委会办公室主任分管，配备专职工作人员管理。每年档案资料，按永久、长期、短期立卷原则整理。

文冲村委会档案管理制度：

第一，档案保管。按区档案局指定的名类、顺序上箱排列；

第二，档案箱管理。柜要插上卡片，注明存放档案的全宗名称、年宗号、案卷号和目录号；

第三，归档档案自检。每年要对档案数量、质量和保管、上档情况检查 1 次，发现问题及时处理、报告；

第四，按规定鉴定、销毁档案，做到认真仔细鉴定，对不符合归档要求的档案，经领导审批后由 2 人以上签名注销；

第五，做好工作交接。档案人员调动工作时，必须交接清楚后方能离开岗位。此外，还制订“综合档案查阅档案资料制度”和“档案资料室管理制度”，使档案管理、服务的工作日臻完善。

2002 年，档案室拥有荣誉、照片、声像、科技、文书、设备、人事、基建、合同、计生、财务（会计）等种类多、涵盖面广的重要历史资料。并设有荣誉柜、目录柜、图书资料柜。将库房、阅览室和办公（工作）室分开。

第五章　教育

第一节　中华人民共和国成立前教育概况

明末清初，文冲地区的教育均以私塾办学为主。一般由各自然村个人开设私塾，教学设备简陋，多在村中祠堂开办，学生以供谷米给先生（教员）作学费，自搬桌椅入学。收取男生为主，教师一般为男性。

20 世纪 20 年代，文冲新式学堂兴起，是继私塾之后由村筹款（靠公家的收益或公尝等）兴办的新型学校，设有校董会管理机构，进行管理。开始兼收女生，也有女教员任教。有发奖学金，学生免费入学等措施。男、女教员 3—6 人，领薪（以谷物折算）任教。

30 年代，村办起 2 所学堂，一所是禺英小学，校址设在陆氏大宗祠；另一所是文园村兴办文江小学，校址设在观德陆公祠。

中华人民共和国成立前，除私塾书室外，乡有书院和私塾各 1 所。文冲大多子弟都以农耕为主，一般只读几年“卟卟斋”（即私塾），就下田干活，基本无什么读书之人。

一、书院与私塾

（一）文冲书院。据同治十年版《番禺县志》载：文冲陆氏建有绍山书院。

清朝效法宋、明的书院制度，以地方公尝收益为办学经费。清雍正四年至乾隆四十年（1726—1775），由国库每年供白银20两给书院办学，也有富商、绅士或进入仕途的生员捐助兴学，而绍山书院全靠文冲乡的祖尝拨银兴办。

清代以八股取士，主读“四书”“五经”。“四书”：《大学》《中庸》《论语》《孟子》，五经：《易》《尚书》《诗》《礼》《春秋》及史书；钻研八股文；诗词歌赋；学法律、理学。各个书院设置科目不同，以主讲科目为主，其余时间学生自学。入书院读书的目的是参加科举考试，进身仕途。学生年龄多在12—20岁，具有一定的古文水平。

（二）文冲地区的私塾。中华人民共和国成立前，文冲地区有家塾9所，书室1所，其中有文园村的容康家塾和凝香书室；文冲村的永耀家塾、永业家塾（长房）、权英家塾、傅亭家塾、三锡家塾、冲彝家塾、鹤浦家塾、爾显家塾、翰章家塾和江北东约伯奇书室。记忆中有塾师陆仪庭（兆联）、陆灿文、陆凤仪、张正昭、徐务初、彭汝清、莫师孟等人。

20世纪20年代，文冲“二圣公”范围设有书塾5所：东坊私塾（设东溪陆公祠）、西坊私塾（设绍山书院）、文园私塾（设在观德陆公祠）、江北中约私塾（设在陈氏宗祠）、江北东约私塾（设在梁氏宗祠）。30年代，只剩下私塾3所，每所私塾的学生10余人，最多不超过30人；塾师只有1人。

清末民初，私塾逐渐定型，主要分为两类：专馆，由宗族出资聘请塾师、教授本村族中子弟；散馆，由塾师自行开馆，招收附近学童就读，学童按月交费。当时，私塾的设备非常简陋，学童大多自备桌凳，塾师备一副纸笔墨砚，教鞭及戒方各1件，教珠算则加算盘。开学时，先拜先师孔子。

入学年龄不很严格，启蒙课本用《三字经》《千字文》《成语考》《唐诗三百首》等。塾师多为教授尺牍，教学童写信及请帖等实用文。塾师大多不用讲解，只令学童朗读、背诵、默写或作八股文、吟诗作对联等，还教写毛笔字，先描红、后临帖。

私塾对学童要求严厉，一旦犯规，轻则受训斥，重则挨硬木方打手心、受藤鞭笞打，甚至罚跪于孔子圣人像前。

私塾以每年农历正月下旬开课，十二月十五日息馆结束。逢清明、重阳及农忙时都放假，有事必须向塾师报告。

（三）文冲村学堂。建立于20世纪30年代，村中开设学堂2所，村办起文冲小学，民国二十九年（1940）后，改名禺英小学；文园村建有文江小学。

禺英小学教师有五、六人，学生100余人，分初小、高小，设6个年级。桌椅大小高矮不一。办学经费源于公尝及由廻龙市的“祥生馆”管理收费开支。当时成立学校董事会，推荐名誉校长关心管理学校。

据西坊老人说：禺英小学校长陆惠龙，开学时有以他的名义，发书包1个（藤笈）。学校对成绩好的学生给予奖励，凡考上第一名的，可免收当学期的学费（25公斤稻谷），奖品有书、簿、文具；考上第二、三名的只奖励书、簿、文具，不发助学金。

（四）文江小学的兴办。中华人民共和国成立前，文园是个穷村庄，文化落后，没有办学能力。据老乡长陆咸妹说："当时，政府曾委派一名姓郭的教师到江北一带农村办学、教识字。"有经费拨下来，文园村陆正举等人得悉此事后，决心在文园观德陆公祠开办学堂，建立文江小学。初办时，学校桌椅、教师工资与一些办学经费由政府支付，公家只承担其他经费开支。后来实际是由文园村集资兴办。文江小学四年制，教师2人、学生40人。

第二节　中华人民共和国成立后教育事业的建设和发展

中华人民共和国成立初期，文冲地区没有幼儿、中等和成人教育，只有小学教育，对少年儿童只要求达到小学的基础教育。成人教育以成年人扫盲教育和村民素质教育为主。

一、小学教育的发展

中华人民共和国成立后，各村原有的私立小学（含私塾和学堂），逐步改变为乡立小学。文冲乡除文冲小学外，还开办江东小学和文园小学。办学经费由各自然村负责。

1950年，文冲小学曾成为横沙乡第二中心小学，后正式命名为文冲中心小学，设教学班6个，学生125人，教师10人；文园小学和江东小学分别设教学班2个，1—3年级教师3人。

20世纪50年代，学校基本上以祠堂作校舍，设备简陋，课室昏暗，地面潮湿，外来干扰很大。初开办时，没有配公办教师，由各村聘请民办教师。教师工资和办学经费由各自然村支付，成立学校董事会，选派名誉校长管理学校。

1953年，该地区学校纳入广州市郊区管理，教育经费由政府支付，并派校长、教师到学校。首批有几名师范生（梁仲生、戴初、赵秀霞、彭树华等人）到校任教。随着教育事业发展，学生人数增加，校址由陆氏大宗祠迁至绥亭、约斋、安承公祠。文园、江北两校为分校，统归文冲中心小学管理。

江北东约村民担心初入学儿童年纪小，路途远，上学不便，江北联社自愿集资办分校、请教师，四年级学生才到文冲小学插班入读，直到1964年才取消江北分校。

1958年，成立人民公社，上级教育部门实行两条腿办学方针。在同年8月，大队抽派几名青年参加教师培训班，经学习后，筹建文冲民办小学，在江北中约设1个班、江北东约设2个班，解决大批少年儿童入学问题。

1964年，由于该地区工农业生产不断发展，学生急增，遂将公、民办学校合并，实行统一领导，统一管理，分点设教。学生人数增加到1200人，公办教师20多人，民办教师12人。公、民办教师共同上课，由余居松校长统一领导，共同提高教学水平。因校舍不足，另新设6个教学点上课。

二、普通初中教育

1969年前，文冲村小学毕业生只能考入附近中学就读。1969年起，按上级布置，文冲小学附设初中班（改名为文冲七年制学校）。随着形势的发展，1974年又改名为“文冲八年制学校”。把原来小学六年制转为五年制，初中用二年或三年时间完成初级中学课程。

1972年前，原文冲小学的校址设在村中3座祠堂内，至此，已不适应时代的要求，大队筹集资金12万多元，因陋就简，村民砍松木，师生运砖瓦，在文园村的大园山兴建3座面积达1.2万平方米（有操场）平房的新校舍。后发现有白蚁蛀蚀，大队及时改建成钢筋水泥结构2层的教学室。1973年后，在政府支持下，村加大投入资金，加建成1幢3层6个室的教学大楼，初步建成有新校址的文冲小学。

“文化大革命”时期，文冲学校因师资、设备、设施等办学条件不足，该校在学校旁边养猪、种蔗；师生走出校门到远离8公里多的大窿办农场，种木薯，还去学工、学农、学军。学生学习课时严重不足，劳动量较重，还要交肥料，忽视教学，教学质量得不到保证，成绩下降，与学习年级不相称。

1985年后，为了解决文冲、姬堂这2个边远地区学生的初中入学问题，经大沙区公所领导分别与文冲乡和姬堂乡共同协商，先后由大沙区公所及区、村投资145万元，筹建兴办文冲初级中学，校址设在文冲乡岭顶。用地20.81亩，建1座4层教学楼共24个课室。每个课室为54平方米，共1296平方米。还建有厨房、食堂、厕所共200多平方米。建校舍共划出地块13875平方米。

资金来源：筹建时，由黄埔区政府拨款30万元、教育局拨20万元、大沙区公所拨55万元、姬堂乡拨10万元，文冲乡拨款30万元和无偿提供土地及负责青苗补偿款，文冲中学土地权归文冲乡，产业权归投资者（含青苗）所有。

建筑工程交回文冲和姬堂的人施工，并成立筹建文冲中学领导小组，文冲、姬堂各有1名干部参加。主要招收文冲小学和姬堂小学的毕业生。

1986年秋，文冲中学建成，将原来文冲小学的附设初中班学生含文冲、姬堂等和初中的教师划入文冲中学。创建时，该校拟设初中3个级，每个年级6个班，但只开设11个班，在校学生共451人，教师57人（含职工）。

1987年，大沙镇政府成立，镇设文教办公室，负责管理全镇教育事务。镇政府进一步完善三级办学的管理体制（区级只管业务），由镇、村、社一起办学。文冲村每年都拨几十万元，甚至上百万元资助学校。

由于上级、村社领导重视，学校陆续购置、添设适应学校发展的各种设备、设施，学校的面貌与教学质量得到改善。1998 年，文冲小学成为广州市级电教达标学校；1999 年 9 月，文冲小学被黄埔区委、区政府授予教育系统先进单位称号。

1950—2001 年若干年文冲办校情况表

表 4-6-2-1

年 份	班 额	学生人数	教师人数	备 注
1950	6	125	10	文冲小学创办于 1949 年
1959	6	230	14	
1969	12	580	30	
1979	20	850	76	中学生 495 人（八年制学校）
1990	12	528	35	
2001	20	865	43	

说明：文冲小学前身禺英小学创建于 1940 年

三、文冲民办小学

1958 年人民公社成立后，为了解决村中少年儿童入学问题，上级教育部门实行两条腿走路办学方针。1958 年 8 月，文冲生产大队抽派陆椿兴、陆显能、陆继延、陆启泰等 5 名知识青年参加短期教师培训班。经培训学习后，参与筹建兴办文冲民办小学。发动家长、动员学生自带桌椅、制黑板、亲自动手开门窗、揭瓦面取光线，建校舍，从无到有，逐渐发展壮大，分别在绍山书院和冲彝家塾办起 3 个班，人数 120 多人，使从未入读过学校的少年儿童（特别是女孩子）全部动员入学，分甲、乙、丙班（即分年龄段），江北设 2 个分校，人数每班 30 多人，解决读书入学识字问题。

初时，民校教师工资低，每月只有 13 元，后不发现金转记工分，参与生产队分红。民办教师不计报酬，边教边学，购买教学参考书，日夜干在学校，刻苦钻研业务，努力提高教学质量，受到上级和公办学校一致好评。1959 年，文冲民办小学被评为公社、广州市郊区办校先进单位。

文冲生产大队积极办学，且成效显著。1960 年 5 月，该大队党支部书记陆流如和民办小学负责人陆椿兴光荣出席在中山纪念堂召开的广东省文教战线群英会，文冲民办小学被评为广东省文教战线先进单位。

1964 年，公、民办学校合并后，分点设教，公、民办教师一起任课，由公办学校统一领导，统一管理。1971 年起，民办教师分期、分批转为全民所有制的公办教师。

为了继续办好教育，充实教师队伍，提高教育教学水平，文冲生产大队选用“知青”担任民办教师。1974—1978 年，该大队党支部先后选派陈月华、陈小燕、康玉梅等 32 位“知青”到校任教，充实教师队伍，提高教学质量。1978 年，升中考试，有 6 名学生考入广州市第八十六中学（区重点学校）就读，后有不少学生因成绩优异而进入市八十六中学就读。

四、教师的报酬、福利

（一）民办教师。1958 年，人民公社成立，民办教师工资每月 13 元，后民办教师的收入，每年年终由生产大队按当地社员收入情况定出分配额，年底一次性结算支付。20 世纪 70 年代初，大队聘请本村部分具有初、高中文化的知识青年任民办教师。民办教师实行民办公助工资待遇。80 年代后期，经区教育局批准，民办教师分期分批转为全民所有制的公办教师。1976—1994 年，民办教师已全部转为公办教师，工资按公办教师一样定出工资级别，由财政统一发放。至此，文冲村 10 名民办教师待遇问题全部得到解决。

（二）教师的福利待遇。1985 年，教师和国家行政干部一起实行工资改革。

1987 年，首次开展教师专业技术职称评定，职称与工资挂钩，并在标准工资的基础上增加 10%，以提高教师的工资收入。

1994 年年初，又按专业技术职务标准改革教师工资，教师退休后的工资福利待遇与国家行政干部享有同等待遇。还根据镇、村、社经济发展，不断提高教师的补贴，每位教师各年的补贴是：1989 年 842 元，1991 年 1470 元（退休教师年补贴 875 元），1992 年 1996 元（退休教工年补贴 1106 元），1997 年 18897 元（退休教工年补贴 10890 元）。

区、镇政府部门积极采取措施解决教师住房问题。1995 年，先分配给文冲村 3 位老教师的住房。后来区财政补贴，镇、村自筹资金建房，在大园山兴建教师宿舍，解决部分教师住房问题。

实施货币分房政策后，黄埔区则按货币分房政策给予教师购房补贴，一次性 10.8 万元。2000 年，文冲学校教师住房困难户已得到解决。此外，给予教师房屋物业修缮补助 1450 元。

另外，教师孩子的入托、上学等也给予照顾和优惠。

第三节　文冲幼儿教育简介

中华人民共和国成立前，文冲地区没有开设幼儿园、托儿所，各家幼儿自已管理。中华人民共和国成立初期，也未有兴办幼儿教育事业。随着农村生产力的发展，人民生活水平和生活质量不断提高，幼儿教育事业从无到有，不断发展。

1956—1958 年，由高级社过渡到人民公社、文冲生产大队掀起生产大高潮。因村民要参加农田基本建设和兴修水利，有孩子的妇女都参加本村田间生产劳动，工作繁忙。先在各村自然村的祠堂办起托儿所 6 所，其他生产队也分别自办托婴室，早、中、晚都由家长亲自接送。

20 世纪 60 年代，托儿所变化不大，均由生产队派员给记工分计报酬。每日托管所得工分 6—8 分不等（一般每个大工农民为 10 分），参加生产队年终分配，一直延续到1972年。

1959年3月，文冲生产大队曾在文冲大祠堂办起中心幼儿园，分3个班，幼儿100多人，由文冲女青年陆妙贤任园长，聘请3—5名农村女（文化程度大多是小学）青年任教职工。当时，设施简陋，一般教唱歌、玩游戏，谈不上师资的配备。1959年5月，由于祠堂神台倒塌，导致1位幼儿被砸死在园中。20世纪90年代初，幼教管理体制基本理顺，把幼儿教育工作的责任和权力交给地方政府，幼儿教育工作纳入镇教育办管理，使之与当地经济和社会发展相适应。每村均派1名管妇女工作的干部抓幼儿园工作。

1986年后，文冲村投资48万元，兴建新型规范的文冲幼儿园，地址在大沙地东路东村背（地名），占地面积3000平方米，建筑面积1500平方米，设置教室12个，2层高楼房可开办8个班。该幼儿园已达到每个班有活动室、人人有桌椅、室内有玩具，而且幼儿园内开有中午餐膳食，每周的食谱按幼儿营养配置供应。文冲幼儿园还设有符合防疫卫生标准的厨房，还配有休息室，膳后幼儿可午睡，每人一床一被，室内装有风扇，并配有保育员。教学设备较完善，课室、音乐室、操场基本达到要求。文冲幼儿园还建有游泳池，配有手风琴、录音机等教具。幼儿园使用广州市统一教材。幼儿教育纳入市、区、镇幼儿教育管理，文冲村还抽派孔桂婵等2位小学民办教师，分别担任幼儿园园长、副园长，教职员工最多时有25人。师资队伍的儿童观和质量观在区教研室和镇幼教专干指导和协助下，水平不断提高。1992年9月，文冲幼儿园儿童接待广东省广播电视台来园拍摄《农家娃娃乐》获好评。多次参加区、镇幼儿文艺游戏大赛表演，都获得好成绩，曾获3次奖，其中受区表扬2次，镇表扬3次。文冲幼儿园在教学上、管理上较为规范，入园幼儿数不断增加。

1995—2001年文冲幼儿园和教职工统计表

表4-6-3-1

年　份	1995	1996	1997	1998	1999	2000	2001
班级数（个）	4	5	6	8	7	8	8
在园幼儿数（人）	140	210	220	230	216	300	335
教职工数（人）	12	18	20	20	23	24	25

2001年文冲幼儿园基本情况表

表4-6-3-2

班级（个）	在园幼儿数（人）	教师人数（人）	其中学历			职　　称	
			小　学	初　中	高　中	中　级	初　级
8	335	21	2	9	10	2	8

说明：1988年3月，文冲幼儿园由村开办。2001年以后，由教师集体承包续办

第四节 文冲小学简介

文冲小学前身是禺英小学，该校设在文冲陆氏大宗祠，校长是陆惠龙。中华人民共和国成立后，校长是陆干柱。初办时，只有教师 6 人，在校学生不足 100 人，设 6 个班级，分初小、高小，学生课桌大小高矮不一。办学经费源于公尝，设校董会管理，由村中父老推选热心教育事业者任名誉校长，管理学校。

1949 年中华人民共和国成立后，禺英小学改名为文冲小学。此外，还建有文园小学和江北小学，教师增至 10 余人，学生约 300 人，教育经费仍由各村公尝支付。土改后，人民政府接管该校，校长教师由政府委派，教育经费亦由政府支付。文冲小学改名文冲中心小学，校址由陆氏大宗祠迁至东坊绥亭、安承、约斋 3 座陆氏祠堂。文园、江北 2 所小学作为文冲中心小学分校管理，归该校统管。

1953 年，为合理使用师资，节约人力、财力，充实班额，撤销文园、江北分校，学生直接就读文冲小学。当时，江东村因路途遥远，江北联队自行集资办学，校名江东小学（初小在江东，高小转入文冲小学），直到 20 世纪 70 年代广州石油化工总厂建成后，因广辟道路，撤销江东小学，直接并入文冲小学。

1958 年，贯彻两条腿办学方针，兴办文冲民校初小班。当时，文冲小学 13 个班级，学生 500 余人；民校 6 个班，学生 200 人，两校共有教师 30 人，学生 700 人。

1964 年，公、民办学校合并，学生激增，校舍不足。于是实行分点设教，统一管理。先后设立旧民校点、旧文化室点、旧信用社点、东头基点、江东点和蔗站点，教师 30 余人，学生增至 1000 人。在因陋就简的办学条件下，分设校舍曾出现过险情 2 次。一次在陆氏大宗祠内（即旧民校点），这天适逢周末，师生休假，上午雷雨交加，祠堂后座左侧上盖龙船脊被雷电击中坍塌，二年级教室书桌尽毁，室内传电、线路如同刀切，如这天照常上课，师生难免遇难；另一次出现在蔗站点，因榨季已过，学校向蔗站借用办公大厅上课，时为三、四月春夏之交，大雨滂沱，瓦面加重，金钟架折断，全座坍塌，巧遇已放午学，师生才幸免于难。

1973 年冬，文冲生产大队筹集资金 12 万元，在大园山兴建 1 座 3 层 6 个课室的水泥结构教学楼，并在旁边建 1 座体育场地，加建学校围墙，文冲小学雏形形成。

当时，文冲八年制学校的中、小教学班 32 个，中、小学生增至 1400 多人，教师 57 人，新建的 32 个教室不敷使用，只能新旧两校并用，才勉强解决校舍问题。1981 年，文冲生产大队又拨出 16 万元，将原来砖木结构的 16 个课室，全部改建成水泥结构；并建立统一办公的校务处，增建音乐室、物理室、少先队大队部室、教师宿舍和体育室。1982 年，生产大队又拨出 13 万元专款，建会议室和 2 个教室，使文冲小学校舍日臻完善。1983—1985 年，文冲乡共投资 12 万元，不断完善校舍和教育设施。

1986 年秋，大沙区公所属下文冲中学的建成，将原来文冲小学的初中生和初中教师划入文冲中学，并将旧校舍全部设备搬入大园山新校址。从此，文冲小学成为一所六年制小学，并办起学前班。是年，全校有 17 个教学班，学生 700 余人，教师 35 人，成为一所完整的新校。1986—1987 年，文冲村先后拨款 59 万元，建起学校厨房，新辟体育场所，不断完善学校设施，美化环境，使该校成为一所设施完善、环境优美的校园。

1988—1989 年，该校被黄埔区教育局评为群众体育运动先进单位，并先后获得黄埔区小学田径运动会团体总分第二名、第三名；1988 年，获得黄埔区中小学文艺汇演奖第三名；1988—1990 年，分别获得大沙镇文艺汇演一等奖、二等奖，还被评为黄埔区文明学校。

1992 年，在该校还设 1 个特殊教学班。

1994 年，文冲村投资 30 万元，兴建 300 平方米的语音室和电子琴室，改建足球场等。同年，文冲小学被评为广州市的卫生模范单位和区的校园文化先进单位；毕业班升学统考中，成绩明显提高，摆脱英语成绩在镇内几年排名置后的局面。1998—1999 年，文冲村又投入教育经费 230 多万元，解决教师的住房问题等。1999 年 9 月，文冲小学被黄埔区委、区政府授予教育系统先进单位称号。

1999 年，文冲小学与区教研室共同开展专题教研活动，还与区直属小学开展教研活动，互相听课，共同提高。

2000 年，文冲村委会出资 1200 万元，在文园大园山重新兴建占地面积 20 多亩的新型校舍的教学大楼，并建有塑胶运动场，以及配置电教室（配电脑 40 台）、生物园、计算机房、自然实验室等。还设有会议室、少先队队部以及美术、音乐、舞蹈、合唱、阅览、手工、展览和雕塑室。

2001 年后，文冲小学一直遵循教育、教学的规律，坚持“以人为本，全面发展”的办学理念，坚定“养成良好习惯，启迪聪明智慧，塑造健美品格”的办学目标，教师团队精诚团结，以爱施教，培养一批又一批的人才，成果飘香：女足勇夺黄埔区中小学足球比赛冠军，男篮也获得黄埔区中小学男子篮球比赛的亚军。拥有广东省一级学校、广东省安全文明校园两个省级称号；又是广东省第四批现代教育技术实验学校。

是年，该校发展到 20 多个教学班，在校学生人数 865 人，教师 43 人。

第五篇　社　会

第一章　民族（氏族）

第一节　族谱

文冲村各自然村各姓氏的族（房）谱成帙较晚，加上年代已久；经过“文化大革命”“破四旧立四新”，故各姓氏族（房）谱散失不少，只搜集到三四部，作以下简介：

一、陆氏《三听堂世谱》

《世谱》质为玉扣纸，宽 270 毫米、高 255 毫米，线装，无封面，扉页现为黄柏纸（防囊虫），1 册，墨钞本。每页 16 行，满行 22 字，共 160 页。未示修谱之年。

前为“汇集目录”，内有《世谱》原序、歌、考、引、悔词、谱碟、墓碑、诗、旌表等，为文冲陆氏一族之要文。

关于此《世谱》撰写年份，未记载具体年月。据目录所载之谱序撰年，依次为宋绍兴九年（1139），明万历四十八年（1620）、清顺治十七年（1660）、清康熙四十年（1701）、清嘉庆二年（1797）、清嘉庆二年丁巳（1797）、清道光二十九年（1849），为原谱序、钞录、续修之文。另据谱末十九传溶川，卒于清光绪廿四年（1898）十二月；另有记至廿一传者，则该谱所修之年，当为清末或民初。

整本谱书略为陈旧，页角有卷状，但大体完好，为村民陆泰祥保存。

二、《梁氏族谱》

该《族谱》为复印本，高 300 毫米、宽 210 毫米，分 2 册，面页竖列：《梁氏族谱》；右侧列小字为“戊寅年五月（公历 6 月）重修”。未列年代、年号、具体年份。据考订（见下文），为民国二十七年（1938）重修。

该《族谱》用墨笔抄写，竖排，每页 10 行，每行 26 字，楷书。凡以世次列名者，顶一格。内有世系图多幅，如梁氏一世至五世总图，五世至八世图等。

书前有序 7 篇，计为：明隆庆二年戊辰（1568），崇祯七年甲申（1644。十七年方为甲申，或抄误），清顺治十四年丁酉（1657），康熙四十年壬午（1702。四十一年方为壬午，或抄误），康熙五十六年丁酉（1717），乾隆四十六年辛丑（1781），道光二十年庚子（1840）。

关于《梁氏族谱》修订时间，仅于书前称“戊寅年五月重修”，所列“戊寅”，未示何代何年之干支。据谱内所列，最末者为二十一至二十三世，如“二十三世新苏，诚昆次于，生光绪二十三年丁酉三月二十一日”，此时之“丁酉”，为公元1897年，前所称之“戊寅年五月重修”之戊寅，“丁酉”后之所见者，唯民国二十七年（1938）。故此书重修之年可定为民国二十七年（1938）。

据《族谱》称，一世梁大厦祖籍福建清河口，于宋高宗绍兴二年（1132）迁至广州盐仓街（位今仓边路），后又迁至番禺茅岗塘口村，至七世福缘，携侄达初，入赘文冲江北村，娶陈氏女，定居江北东约，为此村始迁祖。时为明代。

关于梁福缘始迁江北东约之年，谱内未载，但据梁福缘与陈氏所生长子梁迪（字吉洲，号清庵）之年，为明洪武二十五年壬申（1302），则梁氏始迁江北东约之年，应约在明洪武二十三至二十五年（1390—1392）间。

此书有序多篇，谱系清晰，所载人物至宋高宗至清末（1132—1911），有极高的史学价值，亦为研究江北东约梁氏历史的重要文献。

此书现为梁氏族人梁敬威所存。

三、《文冲陆氏族谱》

该《族谱》，复印件，宽210毫米、高300毫米（A4规格纸）。原件以墨抄写。

封面上端横书《文冲陆氏族谱》，下竖书“同治拾叁年甲戌岁吉日”。同治十三年甲戌，为清穆宗载淳即位十三年，时为公元1874年。关于此谱之修订年，似应即清同治十三年（1874），然据谱末所载十九世考让，字鸿沾……生嘉庆九年甲子口 月，终光绪六年庚辰……，光绪六年（1880）。若此谱修定于1874年，则无记1880年事之可能。据此，此谱之修订年非同治十三年，只可称初辑同治十三年，续修于光绪六年后。

关于该《族谱》内容，前无常见之谱序，修辑凡例、目录、卷数、页码等均付阙如。全书谱分为2部分，前半为族系图，以“始祖陆泰泉七上舍，即监生”为首，以下竖线连二世慕全，又以竖线连三世国才、国安、国聚……，至十六世而止。下半部分为详记谱内各世诸人的讳、字、号、配夫人之氏及所自出何地；及诸人的生、卒年，所葬之地，间有简略的科举、任职记录。上述各项自始祖至八世的部分人，尚为简略或缺，于八世陆厚、字德淳始详细。

该《族谱》原件现藏文园人陆锦钊（8队人），复印件为陆椿兴所藏。

四、《泰泉祖裔陆氏族谱》

该《族谱》由泰泉祖裔陆氏族谱编纂委员会编纂，编纂负责人陆汉雄，编辑陆国松。谱本 32 开，除扉页、勘误、照片外，共 216 页。

全书为 5 篇，依次为：前言篇、宗谱篇、族谱篇、宗祠篇、杂记篇。所收旧谱之序甚多，故资料性为该《族谱》一大特点，如明万历四十八年（1620）“续修宗谱序”（《文冲陆氏族谱》）、清顺治十七年（1660）“续修《文冲陆氏族谱》序”（书同前）、清嘉庆二年（1797）“续葺文冲陆氏族谱序”（书同前）、清光绪二十年（1894）“南宅房修谱序”（《南宅房族谱》）、清光绪三十四年“重修穗石陆氏族谱小引”（《穗石陆氏族谱》）、清光绪二十四年（1898）“番禺穗石陆氏族谱序”（书同前）、清宣统元年（1909）“重修穗石陆氏族谱序”（书同前）等，为研究我国的宗谱学提供翔实而丰厚的资料。

此外，该《族谱》还收集众多的石刻类的墓碑，如始祖泰泉公墓碑、二世祖慕全公墓碑、三世祖国安公墓碑、观源公墓表碑记、穗石始迁祖耕隐公墓碑等，是了解陆氏南迁、支分叶散过程的基本原始资料。

该《族谱》所列图谱，仅至九世，今天陆氏所传者，已至 20 余世，故此点亦略为本书之不足，亦有待续纂。

五、陆氏《仕杰祖房谱牒》（泰泉祖裔陆氏族谱续一）

该《谱牒》为现代排字打印本，本署“陆汉雄编撰”（可参本志第六篇，人物篇），如书名副题所言，为《泰泉祖裔陆氏族谱》之续篇。

此《谱牒》编纂年份，书中前后未载，惟书后录有“始祖泰泉公墓志铭”为陆汉雄所撰，下题“公元二〇〇七年丁亥岁次”，由此推断《谱牒》是在该年之后所编。

该《谱牒》内文，无序，仅有“前言”“图谱说明”。内分谱系图、“仕杰祖房谱牒”2 部分。另附录“始祖泰泉公墓志铭”“玉树尖峰出土古墓（地券残篇）”2 篇。

“谱系图”以陆氏六世仕杰为始，自此分房而记以下各子、孙名至二十四世止。《仕杰祖房谱牒》则以文字记述六世仕杰始之讳、字等，配偶及所从出，生子几和葬处等。十五世前均缺生、卒年，至十五世方详载。但有疏漏，如十五世陆允举，生于康熙庚子五十九年……终于乾隆年十二月……

该《谱牒》为排印本，印数应较多。

第二节　姓氏来源及其分布

相传，文冲村始建于唐宋年间，最早时是一个多姓氏家族聚居的村落。初时，住民有刘、简、钟、伍、颜、黄、林、李等姓氏，共有几十户人家。

比文冲村还要早开村居住的是华坑村简氏。陆氏比江北三约人士迟来100—200年。宋天圣元年（1023），叶、陈氏由南雄珠玑巷迁来；宋绍兴三年（1132），梁氏自福建迁至广州，后辗转，再从茅岗塘口迁入；宋绍定四年（1231），陆氏祖公由从化钱岗南渡番禺禾坑尾（今文园禾坑尾），后移迁入文冲村至今繁衍至28代子孙。

清末民初，文冲十约姓氏分布有东约陆氏、西约陆氏、隔水约简氏、文园庙边约李氏、江北东约梁氏、江北中约陈氏、江北西约叶氏、蒲鱼岗约李氏、马岗约陈氏、文园约陆氏。

第三节 部分姓氏变迁

明末清初，其他氏族的人渐渐减少，迁走的迁走，逃亡的逃亡，也有不少与陆氏联婚的、改姓氏的，繁衍至今。陆氏成为文冲村人口最多的姓氏，发展到有几千人。

1945年年初，蒲鱼岗约被土匪洗劫后，该村李氏村民有的投奔到文园庙边约的李氏聚居地安居，有的则迁去新围村李氏棲身居住，从此蒲鱼岗约的村落消亡。

1962年，马岗村划入姬堂乡。广州石油化工总厂征用土地后于1996年把马岗村迁移到文冲江北东约南面（土名岭顶）重建马岗新村，建有东岳陈公祠。

中华人民共和国成立前，江北和文冲也供奉洪圣王（不属于供奉南海神庙洪圣王之十五乡范围），江北三姓供奉的是金面洪圣王，文冲三坊供奉的是粉红面洪圣王，故文冲、江北范围合称“二圣公”。

中华人民共和国成立后，文冲“二圣公”10约的村落只留下5个自然村：江北东、中、西约和文冲、文园，以及廻龙市桥头坊和渡头街聚居人数逐渐增多。按各自然村（片）经济社股民数计算：文冲东坊920人、西坊650人、文园600人、江北东约420人、江北中约350人、江北西约70人、廻龙市桥头坊350人、渡头街200人，共3560人；其他人员不计在内，本地户籍人口约6800人。

第二章 计划生育

20世纪60年代起，文冲生产大队组织各部门开展计划生育宣传教育，批判“多子多福”的封建思想，提倡计划生育，优生优育。1971年后，文冲生产大队根据黄埔人民公社党委指示精神，对生产队实行层级布置，采取必要措施和制度，把计划生育工作作为日常任务来抓，列入议事日程，把宣传工作落实到各家各户。根据国务院提出的“一对夫妇只生一个孩子，控制第二胎，不准生第三胎”的指示精神，该村建立计划生育组织队伍，制定具体措施，认真落实执行。

1990年起，文冲村成立计划生育办公室，由一位主要领导专职负责，落实管理措施和制度。各坊、片成立一支计划生育服务队伍，对计划生育知识和技术进行指导，及时发放避孕套、避孕药；进行查环、上环和日后跟踪工作。计划生育工作在政策法规、管理体制和服务培训等方面日趋完善，确保上级下达的人口和计划生育目标能实现。

文冲村计生工作多次获奖，曾获省市奖励2次，区、镇奖励4次。1997和1998年度，被评为计划生育合格村；1987、1990、1991、1995年，被评为广州市黄埔区计划生育工作先进集体；1983年，被广东省评为计划生育先进集体，受到表彰。

第一节　组织机构和人员队伍

1975年，文冲生产大队计划生育工作由妇女主任兼管。1976年，建立村计划生育办公室，设副主任1人，负责全面工作。1982年9月，增设（片）办事员4人。1992年起，还设有计生协会、计划生育服务所、计划生育专业队伍和流动人口计划生育协会，从各个方面去做好计划生育工作。

大沙镇政府成立后，随着管理机构的健全，计划生育管理和服务工作全面开展，管理人员队伍不断扩大。2001年，文冲村专、兼职管理人员43人。人员队伍包括医护人员和专业统计人员，各经济社妇委，村计生办配有户籍人口、流动人口的统计员和司机等人。

第二节　政策规定

为搞好计划生育工作，使国家的基本国策能真正落实，在开展工作过程中，制定能充分解决村民后顾之忧问题的措施：独生子女可享受双倍股份至小孩14周岁；凡符合计划生育政策，当年出生并入户的子女，村给予一次性奖励300元；凡属文冲户籍的出嫁女，出嫁后将户口迁出的，村给予一次性奖励1000元。凡办理独生子女父母光荣证的夫妻，双方或单方为文冲户籍且一方或双方均失业，可免费申请办理黄埔区独生子女综合保险。

一、提倡晚婚

20世纪70年代，文冲村根据黄埔人民公社规定，对适龄结婚的青年，提出一些指导性意见和措施，提倡晚婚。农民的结婚年龄为男子25周岁、女子23周岁，居民的结婚年龄为男子27周岁，女子24周岁，方可领取结婚证。规定农民每对夫妇只准生育2个小孩，每胎要相隔4年。

1982年，国家《关于进一步做好计划生育工作的指示》规定，按法定年龄（男22周岁、女20周岁）推迟3年以上登记结婚为晚婚。实行晚婚者增加婚假10天。此规定一直沿用至今。

二、对生育孩子规定

1974 年 1 月后，文冲生产大队对生育第三个孩子的家庭及成员订立相关措施，即孕妇的孕期检查、接生和住院费自负，新生儿不得参加合作医疗，农业户不按计划生育者不分给自留地。

1979 年，广东省颁发《广东省计划生育工作若干问题的试行规定》，每对夫妇生育孩子数量最好是 1 个，最多 2 个；凡生育第三个孩子及以上者，均征收计划外生育费，扣发夫妇双方工资 10%；凡超生和非婚生育者，3 年内不得提级、提职，不得评为先进工作者，不得奖励。

1980 年 10 月，贯彻黄埔人民公社党委的计划生育政策：一孩上环、二孩结扎、不准生三孩。号召共产党员和干部带头做到。

第三节　宣传教育

文冲村遵照党和国家关于各个时期计生工作的要求，开展计划生育宣传工作。20 世纪 70 年代，宣传晚婚少生，间隔长，批判“多子多福”的封建思想。80 年代，宣传“晚婚晚育，少生优生，一对夫妇只生一个孩子好”的婚姻生育政策；时代不同，生男生女一样可传宗接代。90 年代后期，向流动人口宣传计划生育作为村的重要工作来抓，计划生育宣传工作为经常性的宣传形式，有标语、横幅、印发宣传资料，广播、墙报；专题讲座、图片展览、计划生育知识有奖竞赛等。

在各种宣传形式中，“一校、一室、三栏”“一板”（板报）里得到很好的宣传效果；“一校”是指婚育学校；“一室”指 B 超室，是查孕、查环、查病；“三栏”是指计生政务栏、宣传栏和阅报栏。政务公开有利于密切干群关系，宣传栏张贴政策、法规工作任务，生殖保健等内容。阅报栏定期张贴《中国人口报》《广东人口快报》等多种报纸，“一板”是指人口与计生情况板报，随时反映全镇、全村的人口计划生育动态，反映人口与计划生育方面的政策法规和各地的经验情况。

90 年代起，该村计生办在位于人员流量多的地点设立“三栏”，并在江北东约篮球场儿童乐园、江北中约儿童乐园、文园儿童乐园、广新路农产品批发市场各设立宣传栏，宣传计生的政策与优惠措施。2001 年后，在石化路更换上新版的社区卫生阅报栏、计生宣传栏和社区卫生计生政务公开栏。

自该村计生办成立以来，每年将制定相关政策法规和计划生育优惠措施用宣传单的形式派发给居民，让村中居民能全面、正确了解计生内容和政策。

为了更好地普及计生政策优惠措施，每年计生办都会多次举办“五期”（青春期、新婚期、孕产期、育儿期、更年期）教育知识讲座。并在计生重点时间的各个节日前后，如三八妇女节、儿童节、世界人口日、艾滋病日等，在户外大街上设点，举行大型宣传活动，派发计生宣传资料与宣传日用品，向群众解读计生政策和优惠措施。

1998年起，流动人口逐渐增多，为做好流动人口计生管理工作，村计生办每年订购宣传品，向流动育龄妇女宣传计生政策，并经常上门动员流动计划生育对象积极配合计生工作；计生办为刚生育小孩的户籍育龄妇女订购宣传品，用作于产后回访。

2000年起，该村计生办每年均为村中育龄妇女订购宣传品，借此向育龄妇女宣传计生政策和最新的变动情况。2001年起，推行国家免费孕前优生健康检查项目试点。该村计生办还每年订购宣传品、礼品，在儿童节前发放到儿童手中，让少年儿童感受村委会的关爱。

该村计生办利用村的婚育学校办学习班，请上级计生管理人员、妇联和妇产科医师到班上辅导课，参加学习人员是新婚夫妇或基层计生人员及妇委；向学员宣传学习人口理论计生政策，节育避孕知识，新婚卫生和育儿知识等。通过学习都收到很好的效果。

第四节　措施

文冲村对于超生、无证生育、非婚生育、无节育措施等违反计划生育情况的处理作出明确规定。1987年起，对违反计划生育者，根据各时期情况变化，坚决执行《大沙镇关于计划生育奖罚问题的暂行规定》，对超生者除经济处罚外，在其他方面，亦作出具体明确的处罚措施。

一、严禁多孩生育

凡出现怀孕多胎情况的，村委会都能及时进行说服教育工作，经教育而不落实措施的，要采取相应措施。农村人口超计划生育者，对夫妻双方按各所在村上年劳动平均收入的一定比例，一次性征收7年的计划外生育增容费；如再超生的，对夫妻按乡规民约处理。

二、推行晚婚优生优育

1992年12月，文冲村继续提倡晚婚和一对夫妇生育1个小孩，符合规定条件的，可以生育第二个孩子，但需本人申请，经审查批准发给准生证后方可生育。间隔必须在4年以上。1998年，《广东省计划生育条例》第四次修订公布实施。该条例公布后，文冲村及时宣传贯彻镇人民政府指示，根据完善和修订原有的奖罚规定，确保人口和计划生育指标的实现。

三、做好流动人口的计生工作

1999年1月后，我国首次实施《流动人口计划生育管理办法》。文冲村和全镇一样，采取查“三证”（未婚证、节育证、身份证），上门巡查跟踪服务加强出租屋管理等办法，控制流动人口中的超生问题。

1990—2001 年文冲村领独生子女证情况表

表 5-2-4-1

年 份	1990	1991	1992	1993	1994	1995	1996	1997	1998	1999	2000	2001
一孩夫妇	367	475	472	454	469	468	484	499	497	450	494	560
已领证	162	162	135	135	135	83	83	71	71	224	235	428
领证率（%）	44.14	34.11	28.60	29.74	28.78	17.74	17.15	14.23	14.29	49.78	47.57	76.43

四、推行计生科学措施

1974 年起，文冲村推广科学避孕措施，坚持以避孕为主，自由选择。1979 年后，根据上级要求，提倡一孩上环、二孩结扎、计划外怀孕采取强制措施加结扎，并实行避孕药具免费发放，做到送货上门。1989 年，避孕药具供应改为经费包干。

第五节 管理

一、制订人口计划

1979 年起，每年 3 月份前后，文冲生产大队根据黄埔人民公社下达的人口生育指标，具体落实到生产队及生育对象，发给《生育通知书》。怀孕 4 个月后，持《通知书》到女方户口所在地的计划生育部门领取生育证。没有生育指标的育龄夫妇一律落实节育措施，否则作为超生处理。

二、建立育龄妇女档案

1983 年起，文冲生产大队设立育龄妇女卡、册，增加独生子女登记表，按时上报，并每年造册入档。20 世纪 80 年代末，育龄妇女卡、册档案管理工作基本做到规范化和制度化。90 年代后，开始应用电脑管理。2001 年，文冲村育龄妇女 1520 人，信息资料全部进入电脑。

三、生育证管理

1981 年起，文冲地区对已办理结婚登记的育龄夫妇，符合生育规定的发给生育证。

生育第一个孩子的，由公社、生产大队计生办核发生育证。农村户籍要求生育第二个孩子的，由区计生委审发生育证，对城镇户籍符合条例规定，要求生育第二个孩子的，报市计生委批准后，由区计生委发生育证。

第三章　医疗卫生

第一节　中华人民共和国成立前医疗卫生状况

中华人民共和国成立前，文冲交通不便，是地僻人稀的农村，医疗卫生事业十分落后，村民缺医少药，遇有疾病，轻者去找一些叫“午时茶”的草药煲饮。重者通常到圩市药材铺找几味中药或到医务所（西医）治疗。也请医生（中医、后有西医）出诊，诊断后开处方，奉以步金，然后由病人家属随医生到药铺买药，回家给病人服用。

1946年，廻龙市有私人开设的诊所：西医陆文初医务所，徐瑞屏开设的助产所；在中医药材铺有中医生坐诊的有：保生堂陆干柱、培春堂陆舜皆。

由于当地缺医少药，交通不便，加上乡村械斗，村民不敢到别处请医。也多有迷信思想，笃信神（巫）婆之言，求神拜佛，以香灰神茶当医药，这对村民身体健康造成一定影响。因此，文冲地区病人死亡率较高，尤其是婴儿，生下几天夭折的更多，据查：村中约有30%人家的婴儿夭折。

民国时期，文冲地区的疾病主要有：流行性感冒、天花、痢疾、霍乱、伤寒、白喉、肺病等。一遇上这些病都十分麻烦。疑难绝症固然医治无门；就算一般性疾病，在生活贫困、医疗技术落后的情况下也成为不治之症，死亡率较高。

中华人民共和国成立前，该村人的寿命达70岁以上者甚少，根据文冲陆氏族谱有关记载：文冲不少族人40—50岁便告终老。

第二节　中华人民共和国成立后医疗卫生

中华人民共和国成立后，人民政府对医疗卫生十分重视。20世纪50年代初期，把私营医务所的医生（主要是中医）组织起来建立联合诊所。文冲有2个联合诊所，设有西医、中医、内科、外科、骨科和产院，集中为病人治病。1953年以后，初步建立新的医疗卫生机构，培养卫生技术队伍，开展卫生防疫保健工作，改善农村卫生条件。

60年代后期，得到上级卫生部门支持，文冲村建立卫生站，培养本地“赤脚医生”5人，充实农村医疗卫生队伍，生产大队卫生站免费为社员诊病配药。

70年代，农村开始推行合作医疗制度，社员每人每年交3元医疗费，在大队卫生站免费诊病配药；若到外地医院看病，凭卫生站介绍信，其医疗费则回本村（大队）报销 50%；住院的可报销 70% 医疗费。90 年代，随着卫生事业的发展，医疗卫生与大医院挂靠，加上交通条件好，村民有病就医方便。做到小病不出村，大病到大医院。

90 年代初，文冲村又投入 40 多万元，在广新路（鸭乸基）建成 1 座 530 多平方米的 2 层园林式文冲卫生站，村中医疗条件进一步改善。该医疗站所设科目有：骨科、内科、儿科和防疫保健。医疗设备有：无影灯、输液架、输氧袋、小型手术室、手术床等。文冲卫生站的任务既治病又做防疫保健工作。

2001 年始，村民就诊的医疗机构除本村卫生站外，还有本地区的黄埔区人民医院、黄埔区中医院、黄埔区妇幼保健院、防疫站，附近还有广州石油化工总厂医院、文冲船厂医院和港湾医院等，这些机构形成完善的医疗网络，村民的健康有保障。

第三节　农村合作医疗

20 世纪 60 年代后期，黄埔人民公社卫生院派出医务人员到村建立卫生站，充实农村医疗卫生队伍，满足合作医疗卫生的发展需要。自农村开办合作医疗后，卫生站除诊治病人外，并为到医院看病者开具介绍信和报销医药费。70 年代初，文冲开始实行农村合作医疗。1975 年，参加合作医疗人数占应参加人数的 92%。当时属本生产队户口的社员群众（含子女），若参加合作医疗，先在生产队上报名单，经生产队长同意，生产大队审核后方可加入。每人每年交医疗费 2—3 元。若到别的医院就诊，在本大队卫生站开介绍信，其医疗费回本大队报销 50%。

1978 年，农村合作医疗转为社队联办。1983 年起，卫生站实行承包制，合作医疗缴费也有所改变。缴费规定，无论在本村卫生站或到外地医院看病，只要是门诊，一律自费。住院治疗则报销 50% 医疗费（除去自费药、输血费、床位费等）。

90 年代后期，文冲村对参加合作医疗人员的资格和住院范围及医疗报销比例都有明确规定和要求。

2001 年，文冲全村农村人口参加合作医疗人数，占应参加人口总数的 97%。

一、参加合作医疗的资格

文冲村村民参加农村合作医疗的资格有 7 个方面：

第一，必须是现在已享受社区和经济社两级股份百分百分红的股东。

第二，股东是否参加合作医疗是以自愿为原则。

第三，原享受合作医疗的股东因结婚或工作将户口迁出后，即取消合作医疗的资格。

第四，原享受合作医疗的外嫁女，户籍不迁出的自结婚登记满一周年后，即取消合作医疗资格。

第五，随夫入户本居委户籍，原享受合作医疗的股东，离婚后再婚的（嫁本社区居民的除外），即取消合作医疗资格。

第六，随妻入户本居委户籍，原享受合作医疗的股东，离婚后再婚的（丧偶后再婚的除外），即取消合作医疗资格。

第七，中途新参加合作医疗者，要经联社同意。

二、住院范围及医疗报销规定

参加合作医疗村民的就医，医院范围和医疗费报销有明确规定。

（一）住院规定范围。区内有中山医科大学黄埔医院、港湾医院、亿仁医院（原石化医院）、黄埔中医院共 4 所。

市内有华侨医院、市儿童医院、市眼科医院、市正骨医院、市肿瘤医院、胸科医院、市中山一院、市中山二院、市中山三院、广东省人民医院共 10 所。

（二）在外医院就诊报账规定。超出上述（一）项规定范围 14 所医院外住院的，要经上述其中一所医院确诊，并有转诊意见证明后方可办理报销。

（三）报销的手续。办理报销时需凭本卡、住院收费收据、住院费用明细清单、住院病历和出院证明（或疾病诊断证明），到文冲社区居委会民政社保办办理报销。

（四）报销医疗费的项目及比例。入院当日的门诊费用和住院期间的医院费用按合作医疗制度可报销范围内（药费、治疗费、手术费、诊金、检验费、注射费、护理费、诊疗费等），参保人员个人支付的医疗费 60% 计算。输血费、护工费、材料费、伙食费以及其它所有自费项目费用均不属报销范围。

（五）计划生育方面的报销规定。女性股东政策内生育子女，生育期间的住院医疗费用，要在股东落实长效避孕节育措施（一孩上环、二孩结扎）后方可报销。

第四章　人民生活

中华人民共和国成立后，农民摆脱封建土地制度的剥削和压迫，实行土地改革，耕者有其田。农村个体、社的经济逐步发展，农民生活稳步提高。中华人民共和国成立初期，文冲人均年收入 400 多元，村民温饱基本得到保证。2001 年，人均年收入 12263 元，比 1979 年增长 48.1 倍，比 1990 年增长 3.4 倍，与解放初期年均收入有大幅度提高。

中共十一届三中全会后，实行改革开放，农村实行家庭联产承包责任制，解放生产力，调动广大农民积极性，在耕地面积不断减少情况下，发展多种经营，积极发展“三高”（高产、高质量、高效益）农业；同时，发展村、镇企业，实行第一、二、三产业并举方针，在村社集体经济发展的同时，鼓励个人承包企业和个体经营，还请有外工，社队积极发掘潜力，建仓库、租场地，增加收入。

由于集体经济和个体经济迅速发展，股民分红增多，社员的收入也不断提高，生活水平不断改善。朝鱼晚肉煲靓汤，各家各户改建房，村中规划建设有小区新农村，村民住上几层高的新楼房，电话、电视和电器化进入家庭，供水、供电充足，家家户户用上“液化气”，电动单车、小汽车进入寻常百姓家庭，家中电冰箱、空调、消毒柜、微波炉、洗衣机样样齐备。手机通信连70岁以上的老人也随身带。手表饰物人人有。

农民除分红外，还有年年增加的社保款；村民实行合作医疗，小病不出村，大病到医院不用愁，医药费可报销，自己出钱少。65周岁以上老人乘坐车船交通不用钱（市内）；70岁以上老人发放长寿金。公园、休闲娱乐景点免费开放。村民家居早已步入城市化和现代化，2001年已实现小康目标，并过上较为富裕生活。

据说，20世纪50年代，文冲东坊陆树昌购有黑色“的士”1辆；改革开放后，文冲西坊陆火留拥有第一台嘉陵牌“摩托车”；80年代初期，文冲西坊陆镇康、陆永森已拥有大型运输车（孖担）运货；文园陆志华、陆锦添，西坊陆卓钊已购解放牌、红卫牌汽车搞运输。据不完全统计，2001年，文冲村个人拥有小汽车共120多辆。

过去，文冲人耕田种地，现在大多数人耕“楼”（即出租房屋），房屋租金收入多，社保、医保买齐。随着经济收入增加，人民生活不断提高，买股票、买基金、存款，不少村民还天天到酒家喝早茶（吃早餐）；人们的消费观念在改变，出外旅游增多；探亲待客都上酒楼。

（可参考本志第二篇第七章第三节“分配制度改革”）

第五章　民情习俗

第一节　礼仪风俗

一、嫁娶

中华人民共和国成立前，婚姻嫁娶由“父母之命，媒妁之言”来决定，男女青年婚姻没有自由恋爱权利，大多是“盲婚哑嫁”，婚后夫妻无幸福无感情可言，有许多人为维护家庭美满，勉强生活下去，但也有因为性格不合，感情破裂离异而导致痛苦一生。文冲地区在封建婚姻制度下，没有婚姻登记制度，整个嫁娶过程，是通过所谓过大礼的“三书、六礼”（“三书”：婚书、礼书、请书；“六礼”：聘礼、彩礼、迎礼、拜礼、敬礼、回门礼）。手续是：拜过祠堂、斟过茶算是合法夫妻。否则就视为无媒苟合。每对夫妇婚嫁的程序是：相亲（相睇）—做文定（订婚）—过大礼—迎娶—回门（即回娘家）。

相亲（相睇）由父母找媒人牵线，双方家长议婚，男女见一次面。在不大明朗的情况与场合下，男女双方偷看对方的容貌五官，看看是否合意。由于封建买卖包办婚姻，有时光凭“大话媒人”的花言巧语（俗称媒人讲大话，补锅用泥搽），往往出现“顶包、替身”的现象，到日后结婚时方知受骗上当，造成夫妻感情不融洽。

经过“相睇”，双方有意后，还要把男女的生辰八字求占卜先生占算一下，看两人的“八字”有无相冲，谓之“合年庚”，然后由媒人从中活动。双方家长议婚，女方向男方索取礼金、酒席（款）、礼饼等的食物；男方向女方讨妆奁。议成后，初步用聘笺利市（红包）把婚事定下来，谓之做“文定”，表示双方已订婚，其中有男家除要送一封利市到女家外，还要送茶叶、果饼给女方，若女方收受，即是收了男家的“茶礼”，证明就是男家的人了。婚期由男家决定（女方无权选日子）。

迎亲前10天，男家把议定的彩礼、礼饼、食物、礼金等开列礼单，将这些食物、礼金用礼盒装好，托人挑到女家，谓之过大礼；女家亦于婚前一、二天把陪嫁的妆奁、衣物 、家具送到男家去，谓之搬嫁妆。

大礼过后，还有一小插曲，男家择吉日嵌新床，新郎的姐姐担喜担贺床，迎亲前几天，待嫁的女子不出房门，整天坐卧于床或櫈子上，真哭假嚎地以民间通俗歌词哭心中之苦，此为嫁前之“开针”（哭嫁）。这几天几夜，有同村相好姐妹们都来相伴，陪坐陪哭，直至出嫁为止。

迎娶时，男方敲锣打鼓吹着“的打”（唢呐），抬着花轿，由媒婆、喜娘等，挑着1只单盒，放利市、扁柏，放1只鸡或鹅和1个猪肚，以及饼、水果等前来迎亲。女方在这些酒担内回赠一定的礼物，其中有脸盆1个，内盛给新娘新鞋1双，下面压着一些扁柏，取其“同偕到老”之意。出嫁新娘由“大妗”（喜娘）侍奉着穿上红大襟衫，盖上红头帕，由其父亲或哥哥（再没有就由大妗姐代替）背着上轿撒米。轿子抬出村时，由新娘之弟扶轿相送，送到村外而回。新娘在轿中，到男方村前，必须停止啼哭，否则，认为不吉利。

过去的习俗，新郎迎娶新娘一般是不去的，这段时间，在村中由一班同辈青年陪着到本族祠堂祭祖，挂喜帐，然后由族中祠堂返回家中。后来跟着的伴兄弟（伴郎，下同），人人手持竹枝、木棒，追打新郎的小腿，新郎要走得快，以免被打，走到家门口为止，这个习俗谓之“赶猪郎”。随后，花轿临门，新郎即到轿前踢轿门，喜娘或大妗把新娘背起走到住宅正厅门口时，新郎站在高凳上，用摺扇柄，轻轻敲打新娘的头3下，才背入洞房。新娘更衣、装扮，由姑嫂及众妯娌带着，在喜娘或大妗的搀扶下，与新郎一起，随着锣鼓“的打”喧天，鞭炮齐鸣，被众人簇拥到村中拜祠堂，接着拜厅堂，及各房近亲的祖先。凡遇此吉庆良辰，村人围观，争相观看新娘（此是村中的风俗习惯），继而回到新居喜堂上。随着龙凤呈祥的曲调，新人双双跪着奉茶给新老爷和新奶奶，如新郎还有祖父母的先向祖父母敬茶。尔后，新郎、新娘到新房内食“暖房饭”——即是“合卺交杯”。

一切礼成后，男家大宴亲朋，酒席设在祠堂厅所内。新郎、新娘在众人入席前，还有许多如“定席”等繁文缛节，不胜其烦。据云：新郎舅父（家人）一定要坐首席（左上方，伴兄弟坐右上方），继而按辈份依次逐一排坐。如舅父不入席上坐，同村的父老乡亲、同宗兄弟等都不能入坐开席（饮酒）。酒席后，新翁领着新郎及伴郎到每席敬酒，新姑、妯娌、大妗领着新娘到每席敬茶（人人封红包给新娘）。酒过三巡，到散席时才鸣放鞭炮，以示庆贺。

新娘回到新居家中与妯娌、小姑们等一起用膳，其实新娘是陪坐。当时的俗例，大多数的新娘不肯吃男家的茶饭，无论婆婆、妯娌们如何相劝，都两手十指相扣，总不肯掂一掂她们递过来的饭碗。因为如果吃过男家的饭，甚至掂过饭碗，婚后就要马上“落家”（即是到男家生活）。过去，妇女没有婚姻自主权，对这些包办婚姻不满，不愿那么快到陌生的男家过活，故有此举，这已成为当时当地的风俗习惯。至于新娘这几天的饮食，由新娘同乡姐妹、姑姐相熟或近身侍婢（近身佣人）带新媳妇饭给新娘吃。新娘饭后封回红包，以示谢意。新娘在当晚筵席散后，许多同辈青年还要前来闹新房，即在厅堂上“玩新娘”，一直闹至深夜。有些乡村在娶亲后的第二天，男家亲属提送新妇茶，还喜欢由伴兄弟玩新娘、新郎，要他们到祠堂去拆喜帐，当晚还要“猜全盒”（即猜礼盒上装的礼品是什么）等等。

婚后第三天，新娘回娘家，俗称三朝回门。女家还设宴请新郎饮酒，叫做请新女婿（女方父亲发请柬来请新女婿及陪郎）。这天男家要送整头金猪和礼品到女家去，以示新娘贞洁。新郎到女方家当新女婿的同样要敬拜祖先、亲戚，以示尊敬有礼。

以后一段时间，新娘都不肯再回男家去住，有些到两三年后（有些甚至四五年后）才“落家”。但一年中的主要节日如春节、中秋节等，由男家派人请新娘回男家住几天，但一年都不回男方家一次的极少。封建婚姻无感情可言，婚后双方只可以在互相探望（相处）的情况下培养感情，所谓“嫁鸡随鸡”，日后共同创建这个家庭。

中华人民共和国成立后的 1950 年 5 月 1 日，《中华人民共和国婚姻法》颁布，婚姻习俗上有很大改革，废除“父母之命媒妁之言”和“三书六礼”等封建式繁琐礼节。婚姻法规定，男女恋爱自由，只要双方自愿，并到民政部门登记取得结婚证后，不论摆喜酒与否，都成为合法夫妻，受到法律保护。至于迎娶举办的结婚仪式，男方长衫马褂，新娘凤冠霞珮已简化或改变，没有人吹“的打”、没有花轿坐。

20 世纪 50—70 年代，还推行勤俭办婚事，移风易俗，只是由自家亲属共同吃餐便饭了事。还有许多人新事新办，举行茶点会，请吃喜糖、花生等，有些人旅行结婚。

70 年代，亦有不少人按自己乡村的习俗，还保留迎亲这一道程序，但迎娶的仪式改变不少。中华人民共和国成立初期，坐花轿变为新郎到新娘家去迎娶；有的夫妻双双步行回男家的，70 年代用自行车，继而摩托车迎娶，再用拖拉机接新娘，改革开放后用上面包车、轿车。

结婚的装束。新郎新娘都穿民装、中山装（文装）；80 年代，一般喜欢穿西装、礼服，女的穿套裙，极少人用褂裙和长衫马褂作礼服。90 年代起，新娘子也穿婚纱、晚礼服等高级时装。

陪嫁的妆奁，从数量到质量都随着生活的好转而改变（统一时代服式），与中华人民共和国成立前有极大的差别。最为突出的是，婚姻不再是女家向男家索彩礼，男家也不向女家要嫁妆。

许多未婚的夫妻，婚前有计划共同储蓄，共同购置结婚所需家具、床上用品及电器等。

另外，新时代婚礼取消许多繁文缛节封建色彩的仪式，但一些传统礼节，如叩拜公婆、敬茶、请亲友饮喜酒（上酒楼）等还保留下来。

请帖格式与书写内容示意图

图 1

结婚通知书（男家）

令媛

兹拟订于　年　月　日为男

举结婚礼

特此奉商此致

先生
夫人

鉴

率

鞠躬

（女家）覆书

令郎

承示订于　年　月　日为女

举行婚礼

敬表同意此覆

先生
夫人

鉴

率

鞠躬

图 2

男家结婚请期帖

预报佳期

谨詹

年 月 日 时

迎娶大吉

乔春弟　率男　鞠躬

女家于归回帖

乐成佳礼

谨遵

佳期

乔春第　偕内　氏同鞠躬

图 3

新外父请女婿帖

詹　年　月　日治茗

恭候

光临

愚外舅　鞠躬

请亲家帖

詹　年　月　日洁樽

恭候

光临

姻弟　鞠躬

请陪郎帖

詹　年　月　日洁樽

恭候

光临

列位案友

姻生　鞠躬

图 4

男家结婚请酒帖

詹 年 月 日为儿 受室敬备薄酌

恭候

光临

诚邀

席设

某处

鞠躬

女家结婚请酒帖

詹 年 月 日为几女于归敬治薄酌

恭候

光临

诚邀

席设

某处

鞠躬

图 5

男女婚书

乾造 年 月 日 时生

坤造 年 月 日 时生

囍

订婚书

文定吉祥

谨具

婚书成通 花金成封

德禽四翼 春元成盒

喜酒两双 豕肉成方

果饼成盒 鞋金成封

茶叶成包

奉申

聘礼之敬

乔春自教

弟

鞠躬

二、丧葬

中华人民共和国成立前，文冲地区的人死后，一般都用木棺材入殓土葬，孝男孝妇（女）要理发、洗头，服式要清一色白的。

遗体停放在大厅一边，不设白帐。床脚右下方点长明灯，或白蜡烛，地上放着香冥纸钱。族人、邻居、亲友来吊祭，孝心者并陪死者亲属守夜，孝男孝妇等床前席地而坐。到子时（晚 11 时），家庭上香，悲伤哭诉，用粥、寿面拜祭。

（一）孝服。妇女穿白衫白裤，麻背心，腰下系一麻布，头上披白布或麻布盖头，以毛巾掩面；孝男用麻布包头，披麻戴孝，腰系白长带，手持哭丧棒；孝男、孝妇的亲疏者用白头巾上不同的标记而区别，或以腰带、黑伞为区别，一般亲友等人发白毛巾。中华人民共和国成立前，一般人家办丧事，孝男孝妇不穿鞋，赤足或只穿白袜。中华人民共和国成立后，孝男孝女都穿白鞋上山。

（二）办丧事一般程序。

1. 买水净身。孝子孝孙择吉时到河边取水为死者遗体净洗身。仪式是：一队“的打”佬（吹奏者）吹奏哀乐，引着这小队孝子孝孙亲属，领头一个（长子）手捧瓦罐，上盖葵扇，孝男的堂兄手握灯笼（纸钱）到河边舀水（葵扇抛下河边），妇女停跪于地，待孝男队伍取水回来，再由仵作工人为死者“净身”。

2. 煮寿饭。随着吹奏“的打”哀乐声，孝妇悲切哀哭，孝子孝孙围着一小锅用稻草开始煮寿饭。事后，放火种，孝男方向内、外嫁女方向外放。

3. 小殓。用白布（或白绫）作被，盖在遗体上，谓之“铺被”。这种仪式是由死者的外嫁女儿、侄女、媳妇等奔丧时购买白布被加铺上去时的一种仪式，当然，每次都会“哭”和奏哀乐。

4. 大殓、入棺。让仵作工人为死者净身后换上寿衣装（陪葬衣服）后，将遗体用白被裹住，以仰卧姿势放入棺中，棺内四周用牙灰、金银纸作枕头，把遗体垫平固稳，上盖大被，谓之衣。然后，用红线“钓金鱼”（一种测视尸体在棺中是否放得平正的方法），然后盖棺。这时，持黑伞的女婿等人遮棺材头，然后仵作工人清理丧家杂物丢放到指定的地方，家属亲友，街坊邻里都在遗体前奠酒诀别。

5. 出殡。有钱人家雇人举铭、旌、彩扎的开路牌，抬着大小绢亭（有 12 座、8 座、4 座不等），各色旗伞，歌郎前导（即代哭之人），孝子扶棺，孝妇女眷们则坐上轿、车等在后哭送。中华人民共和国成立后，一般劳动人家（村民）出殡时，村中还保留着由族人手提 4 支长幡（插山头幡），边放纸钱先行，提灯笼的堂兄弟在后，孝子在族人搀扶下，左手拿葵扇，低着头担着内容为“三魂常在”“七魄犹存”、中间写上显考 XX 世祖（X 氏）、某某公正魂的一支幡而行，众孝男及送殡人群（男的）紧随，4 位或 8 位仵作工人抬棺，后面是女眷，头盖下以巾掩面，悲伤嚎哭，出殡行列出到村外，停棺于村外旷野宽地上，众人绕棺一圈拜别，谓之“运财”（发利是）。女眷们便扯下白头盖，返村回家，到丧家门口燎火跨步而入。孝男们及男性亲朋，则随棺跟上墓地。

6. 安葬。20 世纪 70 年代后，仵作工人把墓穴挖好，孝子们待于墓穴旁看着仵作工人把棺材放下，摆弄平正，孝子们有抛土仪式，以示让死者入土为安。泥土填满后，开正山穴，4 个角插上山头幡，拜祭一番（奏哀乐）。然后，整个行列随着“吹的打佬”（蓝衫出红袍返）返家。此形式至今还有人用。

7. 安灵。将死者安葬后，死者亲属于家里厅中设一小灵堂（灵位），摆着祭奠果品、香茗，香烛不断，油灯长明。并在纸扎店里买些纸扎冥品，扎 2 个童仆丫环，手捧巾芦毛，侍立于灵堂两侧，家中孝妇，在早、午、晚拜祭。分成“头七”“二七”“三七”……拜四十九日（七旬，每 7 日为一旬）。一般有钱人家，“头七”请僧人做道场，“二七”请道士打斋，“三七”请和尚念经，一直做够“七七”49 天。而一般人家多拜祭到“三七”或“五七”。

8. 上主。“三七”或“五七”时，到冥衣铺扎些纸扎的金桥、银山、房屋、汽车、用具等。这一天，请喃呒先生念经咒，追悼死者亡魂，亲人在上服（即上孝）并写神主牌，供于祖先灵位上神台，叫做“上主”。丧事宣告结束（有些人家趁着“上主”之日全部脱孝，也有些在一个月内满月上主的）。

9. 招魂。人死后 8—12 天，有谓“魂归”。在晚上摆祭品，为死者回魂供用。如果人于旅游中丧生或客死他乡，要回乡安葬，就要为死者“招魂”。“招魂”时，主祭之人把一截连枝带叶的青竹尾上挂一件死者的衣服、神符之类，请喃呒佬（主祭、念经者）代为念咒，从死者去世的地方开始，一路招唤，把“魂魄”召回来，连同尸体一起安葬。

中华人民共和国成立后，一般办丧事的人家，把殡葬的许多俗套，繁琐而迷信之举删去，删繁就简，早日殓葬。但很长一段时间，文冲村人奔丧，仍保留棺木土葬和一些俗例。

1970 年，人民政府号召火葬，初期推行移风易俗，实行火葬。火葬后，由生产大队（村）支付一定的殓葬费。使民众消除封建迷信思想。经广泛宣传和推行，火葬形式渐渐为村民大众所接受，大多数办丧的人家，已使用火葬形式。90 年代后，人民政府禁止土葬，从此，办丧事全部移到广州殡仪馆进行。但到 21 世纪，丧主办丧事一般程序去繁就简地略有保留。

三、村民生育

文冲地区村民婚后，女方如已怀孕，只作一般照顾，不做粗重活，并到娘家报喜，男家备好姜醋，待孕妇产后饮用补身。产后，如生的是女孩，则在门前挂上香茅、鸡屎藤和 1 双红筷子。如生的是男孩，要多挂 1 块姜。门前挂物件表示屋宇内有妇女产后坐月，示意街坊邻里不要在门前附近劈柴、大声喧哗及外人不得随意大声进宅，以免惊动初生婴儿。

婴儿弥月时，主人家派红姜、姜醋给亲朋，请街坊邻里吃红鸡蛋，一般人家送红包、小儿新衣服；有甚者，送金银、玉器、手镯等。为酬谢亲朋，无论添丁或添千金，同样请亲朋好友、街坊邻里喝满月酒或百日宴，以示谢意。中华人民共和国成立前，按乡村传统习俗，参加二月二的“炮会”，如添男丁后，要挂一只玉镯在“炮台”上，酬谢神恩。改革开放后，人民生活改善，村民的婴儿满月，摆酒设宴庆贺，款待亲朋戚友。

四、祝寿

（一）初生日。文冲村民在婚后第二年，不论男女均可做生日，谓之“初生日”。男家在结婚第二年的出生日期由女家请亲属送“生日担”，帮女婿做“初生日”。此时，男家的兄弟、姐妹、亲戚朋友及伴郎，亦送美酒、红包等礼品祝贺，主人家设宴款待，共庆一堂。

（二）做大寿。大寿年龄：60虚岁（为花甲）、70虚岁（为古稀）、80虚岁（为耋岁）、90虚岁（为耄岁）、100虚岁（为祺颐）生辰。结婚数十年后，儿女长大成人（结婚），就可做大寿。俗话说，男、女大生日，做“齐头”（40、50岁），年老时做“九”（即59、69、79、89……岁），谓之儿孙满地走。大生日祝寿，有钱人家讲排场，宴请社会名流，送祝寿词或红对联。寿星公设寿宴款待，儿、孙、媳妇、侄儿等成群结队跪着敬茶，寿星接过敬献礼品后回赠利是（红包）。随后，各亲朋、邻里、友人也来祝寿（敬茶、敬酒），热闹非常。一般人家做大寿，较为节省，冲好靓茶，煲好鸡蛋、莲子与百合糖水，加上美点、寿麦面敬寿星，献拜神灵，谓之孝道。随后，一家人或好友同在宴席上吃饭，欢聚一堂。现时，许多人家还一直保持着这些程序。

五、家规、族规

在中国传统的社会里，每个乡村宗族都有一套系统和严格的管理制度，谓之无规矩不成方圆。文冲地区各氏族谱中一般都有记载“重纲常、祭祖宗、孝父母、友兄弟、尊师长、训子孙、睦邻里、肃闺阁、慎婚姻、严家教、尚勤俭、力本业、多节约、完赋税、息争讼”等族规。需规范、遵从者主要有以下几点：

（一）孝顺父母。“人之身非藉父母何能生成也”，则为人子女者，不知孝顺父母亲，不为人；倘有忤逆父母者，尊长必要严惩以家法使之认罪改过。若有不率（不服，不遵从），则签名上控，治以官法。

（二）敬重伦常。伦常者乃叔、伯婶娘，姑嫂、姐妹各有名份，不可紊乱。《孟子·离娄上》：“男女授受不亲。”礼也。若男女混杂，虽隐幽之事，勿谓人不知，除非己莫为。倘有出性事，传播人间，一身受污，为通族羞辱，此人永不许入宗祠。为父母家长者，何不先自严行训戒。

（三）勤读诗书。读书益人，其神智甚深且远也。为父母家长者不可不教子弟读书。语云：家无读书子，官从何处来。不论是婚姻、聘礼、新友往来，何日不用书帖或拟领契据，何件不用文字？诚恐荒贫。

（四）专务正业。士、农、工、商要各执一业。家散了，岂能养家育儿。且曰：大富由天，小富由勤。又曰：勤能一业足，懒散坐食山崩。苟不务正业，则上有父母，下有妻儿，养给其何恃也，不求勉力上进，枉为人。况勤则上人，怠则下人，各宜自奋。

（五）尊敬衿耆，教考训弟。明礼道义是衿者之职。苟不知此则非衿者尔，是以要导之敬之。今日强恶小辈，往往多以言语冲撞，甚者，有拳脚相加衿者，力微势弱者，亦无如之何也。诸衿老闻之，当齐集宗祠议处，大则闻官正法，小则乡亲惩治，勿恃强凌弱。

（六）严禁赌博。人之丧良败行，皆赌博致之，则赌博可不严禁。其首罪，因在开场窝赌，其放赌之人罪尤为其甚，若有此辈，则衿耆必齐集宗祠众议责罚。如抗不认罪，则联名报官究治，决不轻贷。如衿耆、父兄有苟私退缩不前者，不得入养尊之列。

（七）窃盗贼脚。盗窃之为患，小而贼脚之为患大，虽有大小之分，而均为害人间，其不可禁止乎？倘有被害之家，拿得真赃贼现，轻则众议惩罚，重则送官究治，联名出攻，决不轻恕。或身既为盗罪，有知难退而死命图赖，众知真情，必当扶公正论，不可偏而坐视。如查得贼脚其家有证据者，鸣锣通知，水火交加所不辞也。

（八）毋拐诱逃害。人家有子女、婢妾，无故而被拐诱逃去。而拐诱所得无儿而拐之，家其祸害甚大，何不痛惩严责乎，倘查得确有实际，送官究治，衿耆联名攻之，永不许入宗祠（入村）。

（九）无胡作非为。非为之事，所关甚巨，奸淫、邪盗皆非为所致，一念不慎，祸患随之，如丧身败家，形辱缧绁，连累妻小、兄弟、父母及乡党朋友，其可不慎乎。

（十）和睦乡里。群居相处，以扶持帮助者，无如乡里，其可不和睦乎，苟不和睦，则强梁者凌之盗窃者侵之，甚或一时有急奔走，帮扶者皆无所措，孤寡何法立于世。乡有不平，当解纷息，免伤和气，必须大事化为小事，小事化为无事，斯为仁厚，俗之风化也。

总之，乡规民约，由村中衿耆于祠堂议事执行；盗窃者，由村中老更执罚。

第二节　陋习

一、禁忌

（一）禁用“三娘煞”。农历每个月的初三、初七、十三、十八、廿二、廿七这6天都叫“三娘煞”，是以前人们心目中最忌的日子。凡是嫁娶、开张、迁居、入伙、开学、动土、建房、出殡安葬、探病、出行办事等，都尽量禁忌选用这“三娘煞”的日子，怕有冲煞。

（二）有人过世的一些禁忌。

1．禁观看死人入殓。村习俗是在死人入殓“钓金鱼”时，禁忌任何人观看，相传是如果某人观看了，某人的魂魄影子就容易被摄入棺中。所以人们避看盖棺入殓。

2．禁怀孕猫经过尸体。人死后停床时，尸体仰卧在床上，最禁忌大肚猫（怀孕猫）在上面经过床边。认为如果大肚猫从死者床头经过，会引起尸变或尸体起身。

3．禁与仵作工人往回走。死人安葬后，死者亲戚及送殡之人从墓地回来时，忌讳与仵作工人同走一条路，要各走各路，外亲戚不跟送殡队走。

4．禁走横后私路。出殡时抬棺材，一定要从正街正巷走，忌讳走横路、后路、私路。

5．禁探亲访友。家中有丧事，孝子、孝媳禁忌到别人家中串门、探亲、访友，如果有要事寻人，只能在人家屋外商谈，不踏进别人门槛。

（三）禁翻碟上鱼。这是渔民忌讳吃鱼时在碟上把鱼身翻转。人们认为，翻转鱼身是不吉利的，会招致船艇遇风浪而翻沉的灾害。

（四）门前屋后禁种竹子。一般民房的屋前屋后，相沿禁忌栽竹，如在正厅堂看到正前方竹梢摇曳（因竹尾为招魂所用之物）似招魂，极不吉利。

（五）禁冷脚。家中有人分娩（生小孩），门前要挂一块生姜和一撮扁柏或鸡屎藤，叫做“禁冷脚”，禁忌路人、外人随便进入，以免惊扰产妇及婴儿。

（六）划龙舟时禁妇女门外梳头。龙船出外海（珠江河），当天家中有人去划龙舟，禁忌该家妇女门外梳头，认为会招致出事。

（七）禁忌宴席上“七碗”。餐台用膳，忌讳上菜七碟。认为家中办丧事才“吃七”。不吉利，人们点菜不叫“七碗”。

二、劣习

（一）烟、赌、妓。中华人民共和国成立前，廻龙市、乌涌墟都设有烟馆、妓馆和赌馆，很多村民种植鸦片（罂粟），多在山谷地、塘瓦坑和九龙种植。吸鸦片烟的人以致倾家荡产；廻龙市有赌馆2家，有牌九、番摊、麻将、白鸽标、字花、鱼虾蟹等，赌博形式五光十色。很多人沉迷赌博，不务正业，甚至有妇女也因买字花、搓麻将而抛家失务，影响家计。不少人因赌而卖田卖地，典当房屋、拆屋梁以致倾家荡产，贻害终生。

中华人民共和国成立后，人民政府强行戒毒，铲除罂粟种植地，对贩鸦片及吸毒者绳之以法；没收赌具，对参赌、开赌场者拘留，教育聚赌者；封闭妓馆，收容教育妓女，安排就业，治疗有性病者；不时清查黄、赌、毒娱乐场所。嫖、赌、吸毒之风基本被禁。20世纪80年代，这些劣风陋习死灰复燃，还有一些人“买码”（六合彩）、嫖娼、吸毒。政府执法部门不断扫荡和整治黄、赌、毒，以保障人民身心健康。

（二）外姓人没有继承权。在旧社会，文冲陆氏的习俗是异姓孩子没有继承权。如陆氏人终生没有生儿子，到别处抱（收）养一个男孩，族人不承认被抱养男孩是本族人，没有继承产业的权利，在村内受到村中族人岐视与欺凌。如果一定要抱养男孩，族例规定，必须把同宗、同房的侄子承继过来做继承人，或与同房侄儿同拜同跪才可被本族人认可。死后，承继侄子就有权继承产业的权利。

中华人民共和国成立后，这种陋习已被摒弃，男女都有继承权利，但不时会受旧社会封建思想的影响。

（三）浸猪笼。即对同村同姓同族通婚或通奸之男女，装入长竹笼（原作装猪用）抛入河中浸死。清代，大沙地区某些村有些村规，村中凡有男女通奸（同族通婚）被人发现，村中耆老有权作出惩治的决定，由族人（或老更）将抓获的男女当事人，强行捆绑，再分别装进大猪笼里，抛入珠江河，活活浸死。据说文冲“浸猪笼”，是用船把猪笼内之人载到珠江河边乌涌口、或在灯楼附近，然后再把人装进猪笼抛入江中，因为那里河水最深，猪笼抛下，笼中之人必死无疑。民国初年，文冲地区有一例同姓相恋结婚，结果逃往外地生活。从此，就再没有这种恶习发生过。

（四）游刑（酷刑）。清末至民国时期，文冲和别的村一样，普遍流行“游刑”这种劣习，村中如果有人偷摘水果与农作物或入屋盗窃，被老更抓获后，村中耆老、族长或老更头派人将偷盗者剥光衣服、赤着身子，然后用绳子五花大绑，游街示众（严重的拉去枪杀。据文冲村规，文冲东坊陆某。因为在廻龙市吃了 2 碗云吞没钱付款，结果被老更拉去枪杀了）。游街时，持鞭人走在偷盗者身后，当锣声响一下，持鞭人手上的鞭子就向偷盗者抽一下，锣声二下就抽二下……一边抽打，一边循村中大街走去让村人观看，并且还要自己报犯何罪状，绕村一周后，再回到祠堂松绑，这种刑罚，叫做“游刑”。

第三节　宗教信仰

文冲村民信仰的宗教主要是佛教，大多民众求神拜佛，早晚上香，时节烧香烛、衣纸并叩拜，祈求菩萨保佑诸事平安。

此种宗教信仰，实际并无何种佛教经典典籍的理论支持，村民的祭拜者也未有进行系统性的诵读、研究以及相互间探讨，其注重者，在因果轮回、善恶报惩、许愿祈福方面对神像进行膜拜，并以许愿祈福为最终目的。

另外，村民的供奉对象除如来、观音等佛教菩萨外，尚还供奉北帝、南海神 ...... 这种传统的宗教信仰实际是一种供奉对象的混合体，多以佛道内容为主要成分，亦混杂以佛道以外的祖宗崇拜、天地诸灵、社稷等有关家庭、宗族、村庄的神灵崇拜。因此，在各自然村的庙宇内，并无专一独尊的神祇供奉。

在多种信仰中，以村民信奉南海广利洪圣大王最笃，最少一年参拜 2—3 次，活动地点：“二圣公”。2 个洪圣王前（即文冲村绍山书院及江北三约轮流供奉的某一祠堂内），请佛门弟子开光颂德，打斋祈福，人数约 100—120 人。男丁每位神捐 10 元，取斋 1 份、碗 1 个（香符）。每年农历二月为祝福时间，吸引众多妇女向洪圣大王烧香、烧纸钱、银鼎祈福许愿，祈求菩萨保佑家人身体健康，万事如意。

第四节 传统节日与民间节日

一、小年晚——谢灶

农历十二月二十四是人们的习俗“小年晚”。是日晚饭后，大多以男人为主，用清水1碗、酒3杯、黄糖2片、柑橘和果蔗作祭品，烧香烛及灶君衣纸来谢灶，后放鞭炮作为酬谢灶君神爷，祈求灶神爷赐给家人饮和食德及安康。随着经济发展，社会进步，家家户户用煤气炉煮食，谢灶之事逐步淡薄，少人知晓。

二、团年

农历十二月二十八至三十，文冲地区的家家户户都有“团年”贴红对联的习惯。“团年”时，奉神用烧肉或猪肉、鸡、鱼、茨菇、生菜等食物作祭品。烧肉代表红皮赤壮，猪肉寓意为诸事大吉；鱼是指年年有余，鱼为龙，鸡为凤，合起来就表示“龙凤呈祥”；茨菇、生菜之意是“添丁发财”。烧香烛、衣纸、放鞭炮，完毕后，晚上一家大小齐齐吃“团年饭”。在外地工作的人都赶回来吃“团年饭”。

三、除夕

农历十二月最后一日，为传统的除夕日。在各地，上至帝王将相，下至黎民百姓，家家户户都贴上吉利的红春联。964年，后蜀主孟昶（后蜀广证二十七年）在桃符板上写上对联：“新年纳余庆，佳节号长春”（清，梁章钜《楹联丛话》引《蜀梼杌》，原文认为是辛寅逊作），写春联的习俗从此延续下来。

中华人民共和国成立前，除夕晚，各家男女小孩，每人拿着1只鸡蛋、点上清香，高高兴兴地出门“卖懒”、撒娇。年代不同，小孩都跟随父母或大人游花街去。除夕晚，长辈们给后辈“压岁钱”，有放在孩子的床头上，让其听教、听话，长命百岁。除夕，各家各户忙着用柚子、茨菇、柑橘、苹果摆放在果盒里（摆果盒含意是：大吉大利，儿孙满堂，大富大贵），供奉在神灵前，待到正月十五后才收回果盒。

有孝顺的子女还通宵不睡，为守年岁，庆贺新春降临，保佑父母长命百岁的习俗。改革开放后，很多人改为在广场上“倒数”时间，迎接新春到来。

四、春节

农历正月初一为传统节日——春节，文冲家家户户都习惯摆斋饭及茶3杯，每杯红枣1颗，奉神，祈望神灵赐福添寿，丁财两旺。放鞭炮后，早上一家人齐吃斋饭，早上第一餐一般不食肉类、不扫地，吃斋敬佛，要有好心肠。

新年伊始，村民大多换上新衣裳、新鞋袜，示意新年万象更新。改革开放后，有的人上茶楼饮茶（早餐）、吃饭，有的在家打麻将，有的串门去拜年欢聚，有的出外旅游活动。村中炮竹、锣鼓响，狮子贺岁到单位、商户人家拜年祝福，显得村中新春气氛欢乐祥和。经济困难时期，在新年期间没有这种新年气氛。

五、开年

大年初二为村中开年日，妇女们忙着清洁扫地，用洁净的芹菜、生菜、生蒜、茨菇、橘子、猪肉、鸡、鲮鱼或活生生的鲤鱼拜神“开芽”。示意勤能生财，精打细算，添丁发财，鱼跃龙门，诸事大吉。事后，一家大小出门到亲属家拜年，人来人往，热闹非常。

此外，文冲地区还有一习俗，由正月初九至正月十六为“灯日”（正月十六为结灯日）。已婚男女，如生男孩的，必须在这几天内到宗祠、巷中 “上灯”。还有些人家设酒席，邀请亲友来贺“灯头”，谢客人。“文化大革命”之后，贺灯渐渐淡薄。

六、元宵

正月十五为传统元宵节，村中张灯结彩，舞狮子、敬老人、贺元宵。燃放烟花爆竹闹元宵。晚间，一家高高兴兴吃汤圆，寓意合家团圆。

七、堆蒸满

正月三十为蒸满日，表示喜气洋洋的正月圆满结束，一般人家用生蚬蒸满一钵或一盆，叫作蒸满。大家围坐一席，用姜、蒜蓉或酱油作佐料齐齐吃蚬。晚饭后，清扫屋里屋外，把自己门庭邻里的禾草、杂物垃圾及蚬壳收集，用火烧成灰作肥料。这两种做法合起来称作“堆蒸满”。中华人民共和国成立后，堆蒸满习俗渐渐消失。

八、土神诞

农历二月初二是文冲地区门官土地诞。中华人民共和国成立前，廻龙市横街土地庙香火鼎盛。每年二月初二，有“烧炮”“抢炮”的习俗。“炮”即近似烟花之类的火箭炮竹，炮竹上加上一个直径为5厘米的竹笏圆环或藤环，在场中央用火点燃烟花炮竹，圆环随着炮竹烟花上升，后从半空掉下来，人们就蜂拥而上去抢那个圆环，这就是文冲人的“烧炮”和“抢炮”活动。

当时，文冲成立有多个炮会，由各自然村自由组合，炮会经费自筹，届时炮会构扎成一座多层，高 1.3 米、宽 0.8 米的“添丁发财炮”“福禄寿三星拱照炮”“八仙贺寿炮”“郭子仪祝寿炮”等多个名称的炮号。是日上午，各炮会成员捧着一座座炮号的正身，由多个成员一路放鞭炮，先到土地庙拜祭，然后把炮号送到廻龙市圩地按总炮会安排的位置上，叫做“还炮”。接着，“烧炮”“抢炮”开始：由总炮会选出一位长老上指挥台“点炮”。点炮前有人宣布这是第几炮，炮号名称是什么。然后大家商量好，想要抢到什么炮号就拼命地去抢。一旦抢到喜欢的炮后，就在场上放鞭炮祝贺，非常热闹。“抢炮”结束后，各会人员把抢回的炮号抱去土地庙拜祭，然后才接“炮号”回会址供奉。如果某炮会成员那年添丁、发财、吉利，主人家就会设宴招待村民，以此表示愉悦。

夜幕降临，男女老少去东坊大巷口看烧烟花，这是文冲地区的传统活动，中华人民共和国成立后再没有举行过。

九、人日

农历正月初七为民间的“人日”。这表示新的一年伊始，迎来人人生日之意。家家户户都做粘米团、糕、包点，煲鱼粥、肉粥、鸡粥吃，取其意丰衣足食。特别精制粉果进行拜神祭祀，祈求在新的一年里人们的生活愉快、身体健康，是美好的开始。

“开门大吉新岁月，举目迎来好时年！”人日一过，百业开张，人们结束春节假日，该去上班的去上班，工作如常，商店开张，农民亦开始备耕春忙。

十、洪圣王诞

农历二月十五，为文冲地区的洪圣王诞。该地区洪圣王不属波罗庙所供奉的洪圣王，但也供奉南海广利洪圣大王。江北三约供奉的是金脸洪圣王，文冲则供奉泥扑塑的粉红面洪圣王，故文冲和江北三约合称为“二圣公”。

每年农历二月十五，洪圣王都要移驾出巡，这样叫“行会”。这一天，为文冲、江北三约的会期。“行会”分为“小会”和“大会”。

（一）行“小会”。仪式较为简单：设正、副香手，身穿长袍，一手捧“玉如意”，一手捧大长寿香，行在前排；有 2 人各举“肃静、回避”的头牌并行；一对长柄灯笼；龙虎旗 4 面或 8 面，边锣 4 个分 2 行走（打边锣 13 下），彩旗 13 支（是王的暗示），长幡 1 对；4—8 个灵巧小女孩挑花篮；选出 8—15 个年青力壮者抬洪圣王（不时替换）；1 人高举罗伞，走在洪圣王面前，后面选 2 位貌美少女，手举叶扇作伴；武士队 18 般兵器，狮子队、锣鼓队、腰鼓队跟随。鞭炮声、锣鼓声、音乐声同响，各种旗帜迎风飘扬，整队行列，显得庄严、浩荡，一派娱乐昇平的景象。

（二）行“大会”。这比行“小会”隆重得多。除具备行“小会”的内容规格外，还要加上长老行列，长老双手打躬作揖相迎；放鞭炮人群还加持真枪队，到一个特定地点向天鸣枪13响；男女青年化妆成古代各色人物扮相（自由组合，费用自付或投标），如“八仙贺寿”“嫦娥奔月”“三国演义”的人物，各执兵器，骑在高头大马上或坐在四轮车上英姿焕发、栩栩如生的队伍。此外，还到外地请来“飘色仔”，一同行“大会”，十分壮观（资金自筹）。洪圣大王起驾游街，行遍江北三约和文园、廻龙市，以及文冲东、西坊大街。各地耆老、妇女热情接待游行队伍。当天的“行会”是传统习俗，各家各户仍有包粽子拜祭洪圣王的习惯。

改革开放后，江北三约共举行过洪圣王起驾游街的“小会”2次。

十一、清明节

每年农历三月的清明节，是人们祭祀、悼念先人、扫墓祭祖的日子，这已成为中华民族的传统习俗。从清明节那天起，一个月内，村民都会择日，带上纸衣、纸钱、香烛出去祭祖扫墓，摆上各种祭品、鲜花，对祖宗冥冥的思念。这一传统习惯从未间断停息过。

在旧社会，拜山扫墓是男丁的事，不让女人上祖坟，只有男子上山联宗祭祖，男人按人头分包、分猪肉，这是农村俗例。

中华人民共和国成立后，男女平等，凡是氏族后裔都有纪念供奉拜祭祖先的权利和义务。为此，清明节被称为民族祭祖扫墓节。

文冲学校组织师生、少先队员到烈士墓前献花圈吊祭英魂，继承烈士遗志，向英烈学习。这些活动已成为文冲学校的传统习惯。

十二、端阳节（端午节）

农历五月初五为端阳节，亦称端午节。文冲地区民众一向非常重视这个节日，和广州郊区各地一样，都有传统习俗划龙船，非常热闹。素有歌谣曰：“五月初五是端阳，朱砂黄纸写符章，香包挂在襟头上，绸裤纱衫好在行。睇见龙船长十丈，锦标罗伞共辉煌，鼓声振动冲波浪，水色娇妍艇内装。紫洞船头绷布帐，游河公子坐船舱，渡头岸上人来往，热闹奢华又一场。”文冲是个水乡，交通、耕作、货运、生活，多与船艇有关，所以端午节扒龙舟传统习俗，诚如民谣所表述一样，五月初二的文冲龙舟节，赛龙舟更是热闹非常。

赛龙舟除纪念屈原之外，人们还赋予不同的寓意，文冲人也有自已特点的各类仪式活动。

（一）龙舟制作与保存。龙舟制作与保存十分考究，龙舟多选用数米长的原枝坤甸红木制作。坤甸木质坚韧，也要选请技艺精湛的制作师傅。

每年龙舟活动结束后，都要将龙舟埋在村边河涌的淤泥里或专门建造龙舟坞埋藏在水里，直到次年农历四月初八后，举行一个拜祭仪式，将龙舟挖起出水，洗擦干净将龙舟上床，再抹上一层猪油、画花，然后放到水中试划位之“镇水”；再在龙舟首尾处各扎一棵青禾苗，取其五谷丰登之意，叫做“采青”。

（二）龙舟活动。划龙舟一切工作准备备好后，在农历的四月三十到五月初八的9天内，各地都均有龙舟景，尤其初一至初五，各乡村将经过精心打扮的龙舟，配备舵手（头、尾艄公）、桡手、鼓手，划着龙舟，相互探访，以龙舟会友。文冲龙舟景定为五月初二，文冲人多龙舟也多，是日最为热闹，专门迎接各水乡游龙的到来，共度端阳。

各乡招景亦有传统规定之日，从初一到初五都有招景日，五月初一是天河珠村景；五月初三是天河东圃车陂坑景；文冲龙舟去赴景。此外，初四往番禺化龙，初五往广州一带趁景。

1960年经济困难时期，村民连饭都吃不上，没有能力划龙舟。1962年5月，社员经济收入稍有好转，活动恢复。文冲有龙舟3艘，五月初一造访夏园、南湾、庙头、双沙等友好邻村。

2000年之前，大沙镇曾在文冲龙船塘及乌涌河、文冲船厂新船坞未建之前举办过3届龙舟赛，文冲龙舟都有参加，文冲西坊龙舟取得名次。文冲村也在沙围与葵蓬尾围之间河段曾举办过5—6届龙舟赛，西坊龙舟曾多次取得名次。

文冲的龙舟景日以金鼓为号，当日罗伞旗摇曳，放鞭炮，沿着河涌划艇招呼造访的邻村龙船，主客之间，热情招呼，打躬作揖，进茶献饼，向各地会友“趁景”。

（三）文冲龙舟简介。文冲龙舟历史悠久，陆姓原有龙舟3艘，到2002年，各片自筹资金造新龙船，现有8艘。每3—5年外出访友1次。

文冲龙舟美观大方，划手统一服装，色彩鲜艳，龙舟上画花，显得古色古香。划手们头戴清代龙舟帽——“竹煞帽”，身穿勇士服、短裤。船面人、梢公、鼓、旗手，均统一服装，长袖白线衫，草绿色背心，身束红腰带，配上白草帽，精彩夺目，名震广州、番禺一带。曾参加多次大赛，2002年5月，3只龙船参赛时获广州国际龙舟邀请赛彩龙竞渡1—3等奖。

初六至初八几天内仍有活动，多是让村中少年或小学生们练习划龙舟。初九后为谢龙日，龙舟入水作“藏龙船之举”。

端午节期间，村民们除自己争相观看龙舟竞渡外，还邀请亲朋戚友前来观看龙舟，会客、吃饭。家家户户包粽子、挂菖蒲、贴朱砂、神符，让小孩身上的衣袋内贴上“朱砂”符，于端午节正午时分在室内点上驱蚊香或硫磺之类的东西，据云：可以辟去一切蛇、虫、鼠、蚁及驱邪魔。大人们还喜欢带孩子们到江边洗“龙舟水”。意谓洗浸过龙舟水，不会生疮、疥，快高长大。

十三、乞巧节

农历七月初七是乞巧节。民间传说是董永与仙女七姐一年一度的鹊桥相会，亦即牛郎织女相会于银河。

清末明初，大沙地区有部分乡村，妇女们在这个节日里有“拜七夕”之举。在七月初七夜，供奉稻秧 2 盆、绿豆芽 2 碗、水果、饼点等，摆设民间制作的工艺品和贡品，特制一个大型“七娘盆”（内有大小梳状用具），向银河遥拜，这是每年一次参拜“七娘”传统活动。几年一次摆“大七娘”。妇女们用足一年时间，用彩色纸、纸通、芝麻、大米在师傅指点下，制作出许多手工精致、纤细、轻巧的工艺品：有人物、山水、用具摆设，各具特色，别出心裁，各显巧手，尤以英雄人物或戏曲里的人物居多，如“牛郎织女会银河”“八仙贺寿”“三国演义”“西游记”“红楼梦”里的人物等一套套，一座座形象，神态惟妙惟俏，栩栩如生。七月初七晚，拿到祠堂设案摆设，女青年穿着古服式，有序地举行大型“拜七夕”之礼，届时古乐齐鸣，仪式隆重，欢迎附近“三乡”，远方亲朋戚友、宾客等来参观，场面人山人海，热闹非常。行礼时，有司仪、主席、耆老观礼。妇女们焚香参拜，遥敬七姐，参观典礼的全是女儿家，还在堂上跪着穿针线，看谁家穿得快、准。这叫做“乞巧”，所以七月初七称“乞巧节”，又称“七娘诞”。

村内较为有名的拜“七娘”工艺师傅有陈树章（又叫女人章）、叶灿尧、陆树华和陆椿禧 4 人。

文冲地区曾摆设过大型拜“七夕”活动 2 次。1946 年，参观人数有 1 万多人、师傅 4 人；1953 年，文园摆过 1 次，参观人数 3000 多人、师傅 2 人。

随着社会变革，生产力发展，大多妇女都参加生产劳动，没有空余时间作“摆七娘”（分大小七娘）的准备。因此，不少手工艺失传，这种民间传统活动早已没有举行。那些难能可贵的精湛民间传统工艺（师傅已早逝或被请到珠村等地当师傅）几近绝迹。改革开放后，茅岗村部分妇女在该村祖祠摆设过“大七娘”1 次。近年来，天河区珠村所摆设的“大七娘”，无论从规模上、质量上、规格上也远远比不上 1946 年文冲摆设“大七娘”时的庆典盛况。

十四、盂兰节

农历七月十四是盂兰节，亦称“鬼节”。这天文冲地区的民间传统习惯是：村民于当天傍晚在家门口、十字路口拜祭祖先举行焚烧元宝、衣纸、纸钱、冥币，撒铜钱，设水饭、生果之类的形式，以广祭鬼魂，俗称“烧衣”，求得平安。自清朝至今，民间对此节日颇为重视，家家“烧衣”。每到七月十四，按上述仪式的传统习惯拜祭鬼魂（祖先们）。

十五、中秋节

农历八月十五中秋节是民间一大节日。十五夜，一般为全年月亮最圆、最明亮，故又称团圆节，自古至今，民众都非常重视。中秋节期间，民间喜欢吃月饼，从八月初一至十五，月饼市场购销两旺。群众争购月饼，馈赠亲友，出嫁女取月饼回娘家庆贺节日，已成为传统习惯。

改革开放以来，人民生活水平有很大提高，中秋之夜，村民各家都搞一些美酒佳肴或到酒楼用餐吃团圆饭。明月当空时，还习惯摆设月饼、果品、花生、芋头之类食物拜月赏月。村民在中秋节晚上有边吃田螺边赏月的习惯，认为看明月吃田螺能使人眼睛明亮。许多人家晚上外出到别处贺中秋，以看电视、唱卡拉 OK、喝酒等方式代替赏月。

十六、重阳节

农历九月初九是重阳节。自古以来，人们都喜欢重阳登高，民间都有登高、秋游、放风筝的传统习惯。不少民众亦利用这个秋高气爽的日子，到祖先坟前扫墓拜祭，是为清明、重阳春秋二祭，所以重阳节也是思亲节，正所谓“每逢佳节倍思亲”。

那一天，当地还有一些习俗，如要办一些迁坟、“执骨”、修坟等事，就不需要再择其他日子。也有人在重阳节后几天扫墓祭祖。

相传：清代光绪丙申重阳节扫墓，文冲、穗石陆氏兄弟曾雇 11 艘船，载 247 人，从文冲解缆开船上从化（沙溪），经历 4 天行程到达从化太平镇，再上从化铜锣岭集体拜祭远祖。中华人民共和国成立后，人们破除旧有观念，无公尝款开支，无人带领秋祭祖宗。秋祭习俗因而终止。

九月初九时值深秋，天高气爽，是秋季郊游的好日子，村内有大田山、文园山、飞鹅岭等大山，男、女青年和广州四邻的民众，总喜欢在这一天（其实初八晚上就已开始）到这些山头登高，借登高而取意“行好运”。各山头在初八晚上 11 时前就有人登山，热闹非常。

中华人民共和国成立后，为防止山火，保护森林，以及防止登山人多拥挤登山造成伤亡，所以文冲地区既保留这一民间传统习俗，又采取必要的安全措施，使登山活动逐步形成新的习惯。20 世纪 90 年代后，文冲村委会重视每年重阳节登山活动，每次都派出干部及安保人员守山，维持秩序，做好安全防火保卫工作，特制定规章制度，严禁燃放烟花炮竹、烧香和在山上烧烤等，使之从没有发生过事故。重阳节当天，家家户户仍有“烧衣”拜祭习惯。后来，政府把重阳节定为老人节，号召各单位在此期间开展尊老敬老活动。2001 年起，东坊联社在九月初九重阳节开设老人餐，款待老人。

时代不同，现许多民众喜欢到省内各景点如丹霞山、白云山、莲花山及丹水坑等地登高，各山头人山人海，热闹非凡。

十七、冬至

农历十一月中旬左右（元旦前 10 日）为冬至，这是农事 24 个节气中的一个大节。民间有“冬至大过年”之说。村民非常重视这个节日，沿古至今。文冲地区内各乡村民，尤其新媳妇要接送回郎家过冬，在家妇女们，做糕点、糯米团之类食品用于拜神，晚餐多加菜式，菜肴丰盛，一家团聚吃饭或到酒家聚餐。旅行在外的人们，都有尽量赶回家同父母一齐过冬至的传统习惯。

第六篇　人　物

文冲村历史悠久，人杰地灵，曾涌现出许多可歌可泣的人和事。此志特设专篇，记载8类人物简历。2002年8月1日撤村改居之前，全村已发现符合入志条件，并提供个人材料的共84人，其中：人物传14人、人物简介共70人，含行政人员15人、市级及以上先进人物8人、中级职称及以上技术人员11人、参加过较为著名战役的参战及接到出战命令而未参战待命的解放军官兵21人、村中社会知名人士9人、为村发展做出贡献的香港同胞5人、体育尖子运动员1人。符合入志条件而没有个人材料的，只以列表形式记载。也许仍有未发现符合入志条件的人物，给予遗漏掉，这只能是一种遗憾。

第一章　人物传

按生不立传原则，符合立传人物共14人，其中：历史名人6人、现代名人6人、革命烈士2人。

第一节　历史名人

陆泰泉（1174—？）　乃唐代陆龟蒙公之14世孙。是唐朝高宗时代丞相陆元方后裔，祖居姑苏。由于中原战乱多故，遂迁至南雄珠玑巷安家。约出生在宋淳熙元年。

陆泰泉聪慧异常，年轻时凭借对《易经》的研究，入选太学外舍生。宋嘉泰年间，因面临外忧内患的困境，目睹宁宗皇室朝廷衰败，其毅然和同窗汪某一起上书进谏言，但未能得朝廷的回应，惟恐祸及家庭便辍学回乡，不理世事，躬耕陇亩，过着隐居生活。

开禧二年（1206），金兵分道入侵中原，宋朝君民震惊。泰泉携同家人由珠玑巷迁徙至从化沙溪洞（今从化太平镇钱岗）。由于战乱，其父子11人流离失散，后与妻子李氏及排行第九的儿子慕全南逃迁至乌涌禾坑尾，筑室隐耕，落籍为番禺乌涌人。

泰泉自南迁后，子孙们受其爱国精神的教诲，子慕全曾与六兄等5人一同加入忠汉军，在保卫家乡战斗中以英勇而闻名，都被授予“宣义郎”的称号，当时人们称呼其兄弟5人为“五郎官”，慕全排行第九，人们都叫其“九宣义”。当金兵大举南侵，南宋许多州先后失守，慕全的二哥等被调至江淮一带御敌，兄弟自此失散。

尔后其孙陆国安，自少很有志气，以忠义作为做人的宗旨。景炎二年（1277），国安带领村中的热血男儿，跟随宋制置使张镇孙收复广州。因作战英勇，被授予迪功郎。后又追随陆秀夫，继续抗击元军。

其后人听从祖公遗训，惟勤惟耕，乐于农业，并以捕鱼为生，勤读诗书，棲身立命于番禺乌涌。

陆秀书 男，文园人，生卒年月不详。陆秀书从小勤读诗书，聪明过人，为“副贡”。于清嘉庆二十三年（1818），参加乡试，中举人，由此受人尊重，成为村中绅士。

道光二十年（1840），鸦片战争爆发，英国侵略者入侵我国。时为石冈书院绅士的陆秀书，约同姚材、钟逢庆、周瑞生等绅士，向四乡发出玉柬，要求大家“消除夙怨，解释旧仇“，组织乡勇，共御外侮。于道光二十二年（1842）十月，共商于石冈书院，发挥其绅士组织能力与作用。

在光绪六年（1880）间，其组织文园有关乡绅成立“洪恩会”，后又名“成基会”，其为堂主。会员 13 人，是村中创建派。组织村民修围田、筑鱼塘，开建荔枝基。在清光绪十三年（1887），其为村中又做一件大事。把单造水稻田改为双造水稻田，第一期成功地改造 “枱脚围”“大坦围”。光绪十一年（1885）间，又规划咸田尾的低洼田，筑建起荔枝基。荔枝成林后，又制定出一套管理制度；谁违反要重罚，为日后文园荔枝基的管理打下良好基础。基内的荔枝生长茂盛，果实累累，出产有名的黑叶荔枝。在其教诲和影响下，一个又一个的杨桃基、荔枝基和围田建立起来。

陆德煊 男，汉族，生卒时间不详，东坊人。其参加洪秀全领导的农民起义，旨在推翻满清皇朝。起义失败后，被清朝廷杀害。其生前在村组织过“十八组”（泛指各自然村）的父老乡绅创出一条发展商贸经济的门路。

关于廻龙市的开设，还有一段故事，当时已有乌涌圩，因商贸需要，拟在今市址建市，但两市圩址略近，势为官府所不准，后来发现有座古庙，写着“廻龙古庙”4 个大字，还有一个门楼写着“廻龙古市”。于是，经陆德煊与众人商议，开设以买卖水果为主的文冲市场——廻龙市，并由文冲陆拔英到官府处说服官府，由官府判准在文冲邻近设廻龙集市。原乌涌圩摆卖蔬菜、鱼、肉等商铺不变。廻龙市摆卖水果、谷米和猪、牛及“三鸟”等。设集市后，市场兴旺。这都有陆德煊的一份功劳。

陆拔英 男，东坊人，知名人士之一。生卒年月不详。清朝道光九年（1829），陆拔英与陆德煊等人商议计划开设迴龙市。并召集 “二聖公”父老乡亲商议，为解决水果销售出路，筹办创建商贸集市——迴龙市。

据说：当时乌涌河边已有乌涌圩，有人知道将要建设一个新圩市，于是告发到官府，官府下令不准再设集市。陆拔英亲自上府衙申辩。其口齿伶俐，心明快语，将拟设圩市后的商贸发展理由陈述清楚，官府判决：乌涌圩设鱼、肉、菜市场，迴龙市设水果、谷米类和猪、牛、羊、“三鸟”市场。（现存果行大街、牛地街的名称）

开设迴龙市场后，水果铺位约有 40 余间，市场一派繁荣兴旺。当时，果品加工场就有 3—4 家，20 世纪 50 年代至 70 年代，发展成为 2 家大型水果加工场。果品运销广州、佛山和东南亚一带。为“二圣公”的地区创出一条经济发展门路。

陆榕安（1837— ？） 是陆文佩公裔孙，生于道光十七年（1837）。其一生勤劳，忠厚诚实，对人和颜悦色，是一位德高望重的乡绅父老。

清代时期，文冲地区已盛产乌榄、白榄、青梅、荔枝、三稔等水果，还有水稻、花生等农产品。当时，为了打开销路，陆榕安有勇气和无畏精神，在迴龙市果行大街的东北地方，首创简易农产品加工场，专门腌制白榄、青梅、三稔及制作豆（面）豉油、榄角等成品，畅销广州和其他地区，得到村民的好评和敬仰。

在民国二十二年（1933），广州海珠桥建成，“海珠桥”3 个字由国民政府官员胡汉民题写。时年九十六岁的陆榕安得到地方官员的推荐，受民国广东省府的邀请，祖孙父子三代同堂，参加海珠桥剪彩典礼。剪彩后，由警察陪同，陆榕安带着儿子金成，拖着孙子基悌（12 岁）、基汉、细娓、格丹共 6 人同步走过海珠桥。

参加剪彩典礼活动前，由市政府评选出广州 3 位杰出乡绅耆老。陆榕安被评选为第 3 名，由时任国民政府广东省省长陈济棠用一米多长的大红纸题词，再用玻璃镜架镶嵌成牌匾。时代变迁，牌匾已毁，题词内容已遗忘。

剪彩典礼完毕后，陆榕安一家男女老少，由当时省府接待处招待，用游船载去酒家赴宴，欢聚一堂。

陆榕安祖孙父子三代人，受国民政府的邀请参加广州海珠桥的剪彩典礼，是文冲当时的一件特大的喜事。

自陆榕安所处年代开始，已看到当时文冲地区，农业生产稳步向前发展，商业经济不断繁荣，其首创简易果子加工场，为文冲水果生产的发展奠定基础。

陆桂芬 男，汉族，生卒时间不详，东坊人。曾任国民党军舰“芭罗亭号”舰长。该舰专载长洲黄埔军校的校长和教员来往于中山大学与军校之间。曾与周恩来、蒋介石等人合影存照。曾被派到惠州攻打陈炯明叛军。之后，陆桂芬未随军北伐，在广西桂林当邮电局局长，直至退休。

第二节 现代名人

陆 尧 外号“七鸡尧”，又名“元帅”。男，汉族，生卒年月不详，西坊人。1912 年，加入国民党。同年，参加陆兰清部。深得陆兰清赏识，职位连升三级，升为副师级，曾任国民党两广缉剿匪总司令部代理师长，实为独立团的团长。年老返家乡后，在家居去世。

陈荣基（1909—1990） 男，汉族，1909 年 8 月出生，江北中约人，小学文化，知名人士（懂跌打医术）。1940 年，陈荣基与抗日联军联系，熟知制造枪支技术，曾造枪支给抗日游击队，2 次与珠江纵队负责人郑少康会面。其性情刚毅、坚强，临危不惧。1944 年 3 月被捕，日军宪兵队把其押解至黄埔审讯，拒不招供，被押解到牛山"万人坑"处陪杀，幸得生还。从此，其落下一身伤残，于1990年2月病逝。

陆广墀 男，汉族，东坊人，初中文化，国民党军官。

陆广墀是国民党舰长陆桂芬的长子，一直在广州市就读，于1928年中学毕业后，参加军界，表现较好，后升至国民党陆军某部炮兵独立团团长。1939年12月，加入中国国民党。1967年10月，被遣返家乡，为受管制的"五类分子"，接受劳动改造。后因病去世。

郭炎彬（1921—1995） 男，汉族，1921年11月11日出生，廻龙市人。高小学历，原大沙区公所（镇）巡视员（副处级）。

1933年，就读于禺英小学。1937年1月，在华坑村当雇工耕田、放牛。1939年1月至1951年4月，在文冲过着农耕生活。1951年4月至1953年，任乡农会副主席（其间：1953年2月，加入中国共产党）。1954年9月至1958年9月，任乡党总支部书记、横沙乡党委副书记；1958年9月至1966年3月，在黄埔人民公社任党委副书记、副社长兼文冲生产大队党支部副书记；1966年3月至1967年12月，任黄埔人民公社党委常委、政治处主任、文冲生产大队党支部书记；1968—1969年，在东圃人民公社卫生院疗养。1970年11月至1976年2月，在黄埔人民公社分别任党委副书记、革委会副主任（1972年9月任）、党委书记（1975年11月任）。1976年12月至1977年12月，在黄埔区农林局任副局长。1978年1月至1983年12月，在黄埔人民公社任党委副书记。1984年7月至1988年12月，任大沙区公所（镇）巡视员（1988年11月起，按副处级干部管理）。

1989年1月12日退休。1995年4月12日病逝。

陆流如（1928—1990） 男，汉族，生于1928年6月，卒于1990年7月，文园人，相当于小学文化程度，曾任文冲生产大队党支部书记多年。

1938年2月至1941年9月，在文园文江学校读书。1941年10月至1947年12月，从13岁起先后在文冲、文园地主、富农家当长工。1948—1952年，在广州光塔街"胜记茶楼"做店员。在土改时期的1952年，响应政府号召，回乡参加农业生产，投身土改运动，并积极参加农业合作化运动，当上文冲村共青团总支部副书记。1956年，参加中国共产党，由于工作做得出色，从1960年起被选为文冲党支部副书记、书记。积极带领村民一起走合作化道路，当时《广州日报》登载赞扬其是《深受群众爱戴的当家人》的文章。1974年，调到黄埔区工商局和黄埔区园林绿化组工作。

其自当干部后，生活艰苦朴素，密切联系群众，工作、生活在文冲生产大队部里。由于平易近人，亲自接触各阶层人民群众，且接受新事物，大力支持文化教育活动，并积极参与排练演出，深得村民赞赏。农村"四清"运动后，任劳任怨，积极工作，直至积劳成疾而去世，终年62岁。

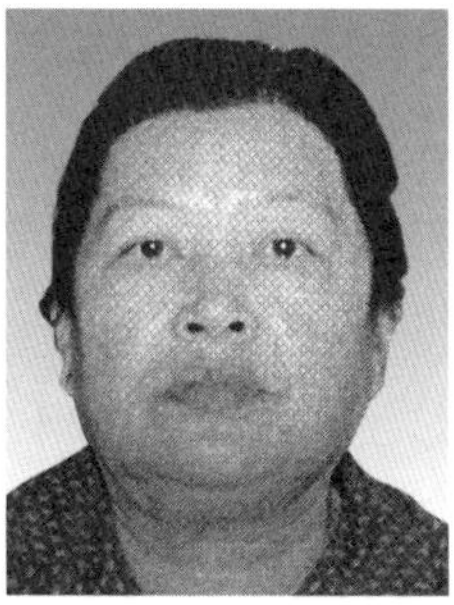

陆流妹（1932—2003） 女，汉族，1932 年 7 月 18 日出生，文园人，小学学历，曾获广州市第三届三等劳动模范。

1944—1949 年 9 月，在广州市当保姆，并就读小学。1949 年 10 月，回乡务农。1952 年，参加文冲乡土地改革运动；8 月，加入中国新民主主义青年团。1953 年，在横沙乡搞“土改”复查工作；2 月，加入中国共产党；下半年，在家乡任初级农业生产合作社社长。1954 年，任文冲乡妇女主任兼第三农业社社长，因成绩显著，1955 年 3 月，被广州市人民委员会授予“广州市第三届三等劳动模范”，发给奖章、奖状。1955 年，任乡副乡长。1956—1958 年，当选为文冲大乡副乡长兼妇女主任；被选为广州市第三届人民代表大会代表；广州市妇联执行委员会委员。1959—1960 年，任黄埔人民公社党委委员、妇女副主任，被派往横沙、下沙 2 个生产大队任党支部书记。1961—1962 年，任黄埔人民公社党委委员兼妇女主任。1963 年，派驻文冲生产大队兼任党支部书记。在公社、大队任职期间，被称为算细账有名的“红管家”。1964 年，在黄埔人民公社东圃片主管妇联工作。1965—1969 年，在东圃供销社当干部。1969—1985 年，在黄埔供销社任社务委员、工会委员兼管妇女工作。1980 年 7 月，任黄埔区政协第一届委员。

1985 年 8 月退休。享受广州市劳动模范荣誉津贴。2003 年 12 月 11 日病逝。

第三节　革命烈士

朱炳球（1932—1953） 男，汉族，1932 年出生，籍贯与出生地不详，居住在廻龙市，初中学历，革命烈士。

1940—1946 年，就读于文冲小学；1948 年 12 月，参加中国人民解放军；1951 年，参加抗美援朝战争，在中国人民志愿军三十一师九十二团一营一连当战士。1953 年 7 月 2 日，在朝鲜战场上作战壮烈牺牲。广州市政府授予朱炳球革命烈士称号。

陆炳其（1951—1970） 男，汉族，1951 年出生，西坊人，高中学历，革命烈士。

1958 年 9 月至 1964 年 7 月，就读于文冲小学；1964 年 9 月至 1969 年 7 月，就读于黄埔港中学（后为广州市第八十六中学）。1968 年加入共青团。高中毕业后，回乡参加农业生产劳动。1969 年，参加中国人民解放军海军，在 4478 部队当战士（部队卫生员）。1970 年，因公上山采药，染上钩端罗旋体疾病，在部队医院抢救无效而牺牲，被部队追认为革命烈士。广州市政府授予陆炳其革命烈士称号。

第二章　人物简介

2002 年 8 月 1 日，撤村改居时止，该村在世符合入志条件人大代表与行政人员共15人，其中：广州市人大代表1人、行政人员14人（含副处级及以上的退休人员5人、在职人员2人、科级退休人员2人、在职人员5人）、先进人物8人（含国家级1人、省级1人、市级6人）、技术人员11人（含副高级及以上6人、中级5人），参加过较为著名战役及接到出战命令而未参战待命的解放军官兵20人（含参加志愿军赴朝鲜参战4人，南海西沙保卫战时，接到出战命令待命未参战11人；参加对越自卫还击战参战2人、接到出战命令待命未参战4人）、社会知名人士9人、对村发展做出贡献的香港同胞5人、体育尖子1人。

第一节　市人大代表

陈惠林　男，汉族，1944年10月26日出生，江北中约人，初中文化。

1952年9月至1959年7月，就读于文冲小学；1960年1月至1961年12月，在黄埔人民公社新塘农业中学就读；1962年1月至1972年，回第四生产队参加农业生产劳动（其间：任第四生产队队长、指导员等职；1966年1月，加入中国共产党）。1973年1月至1974年，任文冲生产大队民兵营营长，出席广州市“社会主义革命和社会主义建设事业”先进集体、积极分子代表大会；广州市第三次民兵代表先进集体积极分子大会。1974年10月至1976年，任大队民兵营营长（其间：参加黄埔区第一批社教运动工作队，到黄埔人民公社渔业生产大队工作一年多）；1976年，任大队党支部书记；1976—1984年，任文冲生产大队党支部副书记；1984—1996年，任文冲村民委员会党总支部书记。1996—1999年，任文冲村委党委书记；广州市第九届、第十届人大代表（其间：曾出席广州市农村先进村委会代表会和广州市档案工作先进单位代表会议）。

其是文冲村的老书记，深受群众和干部爱戴。2000年6月退居二线。

第二节　行政人员

一、副处级以上人员

（一）退休副处级人员

陆汉英　男，汉族，1935年9月9日出生，西坊人，大专学历，广东省高等教育厅原副巡视员（副厅级）。

1941—1951年1月，就读于文冲小学、省立文理学院附中；1951年2月至1952年7月，就读于华南联合大学理工学院工程技术班土木工程专业。1952年7月至1958年9月，在广东省水利局、省水利厅当技术员，从事水利及房屋工程的勘测、设计、施工（其间：1954 年，加入青年团；1955 年 9 月至 1956 年 9 月，在中共广东省委“肃反”复查工作队工作；1956 年 8 月初，加入中国共产党）。1958 年 9 月至 1959 年 6 月，在广东水利电力学院党团办公室当干事。1959 年 6 月至 1960 年 12 月，在广东教育学院政治理论专科脱产学习。1960 年 12 月至 1968 年 12 月，在广东水利电力学院、广东工学院当党委秘书（其间：参加韶关地区农村“四清”运动，任工作组副组长）。1968 年 12 月至 1969 年 12 月，到三水县广东省南边“五七”干校劳动学习。1969 年 12 月至 1975 年 12 月，在广东工学院政工组工作，后任宣传办负责人（其间：1974 年，在中山大学省高校系统中层干部读书班学习半年）。

1975 年 12 月至 1980 年 10 月，在广东省高等教育局人事处负责高校毕业生分配工作（其间：1978 年起，对中华人民共和国成立以来受错误处理的广东省高校学生进行复查平反、落实政策，解决一批历史遗留的学历问题）。1980 年 10 月至 1983 年 12 月，在广东省人事厅从事高校毕业生分配工作。1983 年 12 月至 1987 年 12 月，在广东省高等教育局人事处任副处长兼高校毕业生分配办公室副主任，主持毕业生分配工作。1987 年 12 月至 1990 年 5 月，任省毕业生分配办公室主任（正处级），曾主持制定《高校毕业生分配制度改革方案》，经广东省政府和国家教育部批准，在全国率先实施，开始实行学生缴费上学，毕业后在一定范围与用人单位“双向选择”的就业制度。1990 年 5 月至 1991 年 3 月，在广东省高等教育局人事处任处长兼省高校毕业生分配办主任（其间：脱产在广东省委党校学习）。1991 年 3 月至 1994 年 7 月，在广东省高等学校招生办公室任第一副主任（其间：主持全省高校和中专的招生工作。1994 年，主持制定广东省《高校招生制度改革方案》，经广东省政府和教育部批准在全国率先实施，将当时高校存在国家任务生、委托培训生和自费生三种招生形成合并为单一的招生形式，实行单一的录取分数线）。1994 年 7 月至 1996 年 3 月，在广东省高等教育厅任副巡视员（副厅级），其任内，主要写有《改革毕业生分配制度》《加快高校招生和毕业生就业制度改革的思路》《把握机遇，推进改革——广东省普通高校招生并轨改革的探索》《广东高校大力加强师资队伍建设》等论文。

1996 年 4 月退休。1997 年，被聘为省高校关工委委员，曾任《中国高校》一书编委。1999 年，入编人事部编辑出版的《中国专家大辞典（第十卷）》。

叶　克　男，汉族，1937 年 11 月 20 日出生，渡头街人，相当初中文化程度，任黄埔区民政局调研员（正处级）。

1945—1950 年 7 月，在文冲村读私塾、小学。1950 年 8 月至 1955 年 11 月，在其家乡务农。1955 年 12 月至 1960 年 8 月，应征参加中国人民解放军，在广州军区汕头军分区守备二十二师三连任战士、班长、排长、副指导员（其间：1958 年，获团部记三等功 1 次；同年 8 月加入中国共产党）。1960 年 8 月至 1962 年 6 月，在空军第三航空学校三团通讯连任见习副指导员。1962 年 6—12 月，在昆明军区空军指挥所蒙自空军基地场站汽车连任指导员。1962 年 12 月至 1964 年 9 月，在上海空军政治学院学习。1964 年 9 月至 1971 年 9 月，在云南省祥云县第十空军学校飞行三团任通讯营教导员、团政治处副主任、主任。1972—1984 年 4 月，在空军昆明指挥所思茅空军基地场站任政委。

1984 年 4 月至 1988 年 9 月，转业到广州市黄埔区小汽车公司任副经理、经理。1988 年 9 月至 1990 年 7 月，在黄埔区直属机关任党委书记（正处级）。1990 年 7 月至 1996 年 5 月，调到黄埔区民政局任局长（其间：被评为黄埔区 1991—1993 年度先进工作者；1994 年度区发展经济优质服务突出贡献先进个人三等奖；1995 年度发展经济优质服务先进个人二等奖）；1996 年 6 月至 1997 年 11 月，任黄埔区区民政局调研员（正处级）。1997 年 12 月退休。

陆三喜　男，汉族，1943 年 12 月 1 日出生，文园人。大专学历，黄埔区大沙街调研员（正处级）。

1952 年 9 月至 1958 年 7 月，就读于文冲小学。1958 年 9 月至 1961 年 8 月，在乡务农。1961 年 9 月至 1964 年 7 月，就读于黄埔人民公社农业中学（其间：1963 年 5 月加入共青团）。

1964 年 8 月至 1965 年 8 月，在花县狮岭人民公社联合生产大队搞“四清”运动（其间：1965 年 6 月加入中国共产党）。1965 年 9 月至 1966 年 7 月，在广州市郊区新滘公社仑头村搞“四清”运动，任组长、片长。

1966 年 7—10 月，在郊区黄埔人民公社“四清”分团负责共青团、青年工作；1966 年 10 月至 1973 年 9 月，任该公社团委书记；1975 年 11 月至 1980 年 6 月，任黄埔人民公社党委委员、党委常委、革委会（管委会）副主任；1980 年 6 月至 1984 年 12 月，任公社管委会委员、副主任。以上两任分管文教、卫生工作（其间：1976—1984 年，兼任文冲村党支部书记）1984 年 12 月至 1987 年 3 月，任大沙区公所副区长（副县级），主管社队企业、征地和房建工作。1987 年 3 月至 1992 年 5 月，任大沙镇党委委员、党委副书记、镇长（1987 年 3 月，为正县级；1988 年 10 月，按副处级干部管理）；1992 年 5 月至 1997 年 6 月，任大沙镇党委副书记、镇长兼任大沙经济开发公司经理（其间：主管镇政府全面工作，主抓发展镇村工企业、商业和第三产业。1989 年 4 月至 1990 年 4 月，在广州市农业管理干部学院进修；1992 年 9 月，被评定为助理经济师；1993 年，被评为区发展经济突出贡献先进个人一等奖）。1997 年 7 月至 1999 年 1 月，任大沙镇人大主席团副主席（正处级）；1999 年 1 月至 2002 年 7 月，任主席。2002 年 7 月至 2003 年 12 月，任大沙街调研员（正处级）。

2004 年 1 月 1 日退休。任《大沙镇志》副主审、大沙街退休干部协会会长。

陆国松　男，汉族，1937 年 1 月 7 日出生，籍贯与出生地广东省番禺县，五区横沙堡乡文冲村（现广州市黄埔区大沙镇文冲村），高小学历，新闻研究所副所长（副处级）。

1944 年 9 月到 1950 年 7 月，就读文冲小学。1951 年 9 月至 1952 年 3 月，在文冲小学当代课教师。1952 年 3 月至 1958 年 8 月，参加文冲乡土改复查工作（其间：1952 年 3 月，加入青年团；任文冲乡财粮文书；1956 年 7 月，加入中国共产党）。1958 年 8 月，广州市郊区黄埔人民公社成立后，任公社党委秘书兼办公室主任，兼任《南方日报》《羊城晚报》《广州日报》和广东电台等通讯员，多次被评为优秀通讯员。1960 年 5 月至 1964 年 6 月，在区委农村部当干事。1964 年 6 月至 1965 年 6 月，到花县赤坭人民公社搞“四清”运动，任赤坭分团办公室调研组组长。1965 年 6 月至 1968 年 5 月，调到广州日报社当记者。1968 年 5 月至 1990 年 6 月，在南方日报社任文艺部、政文部和广东农民报社任副主编；1990 年 6 月至 1997 年 1 月，在新闻研究所任副所长（副处级）。

从 1957 年起，多以黄埔区农村为题材，陆续撰写农村人物特写、乡土小说、散文、诗歌等作品，发表在中央、省、市和郊区报刊上。1957 年 2 月 21 日，其反映文冲村防寒事迹的代表作《当低温消息发出的时候》，在《广州日报》上发表；1961 年 2 月 3 日，其小说《夜猎记》在《人民日报》上副刊发表；1963 年 1 月，其散文《萝岗香雪为春来》在《羊城晚报》发表；1964 年 7 月，在《作品》发表万余字的报告文学《米岗人物志》。从 20 世纪 60—90 年代，其所写的散文《岭南果王传奇》《珠江三角洲的野味香》《红荔满枝头》《荔园流红》《边城沙头角》，小说《蛇王相亲》等，以及大批民间传说、人物特写、游记等文艺作品，陆续得到发表，人物特写《从“调皮仔”到企业家》，被花城出版社评为优秀作品。

1997 年 2 月退休。退休后，参加一些村志、抗日斗争史的编写工作，编写天河区棠下村的《我们走在大路上》一书。文学作品体裁多样，题材广泛，特长散文。编写出版记载自已生平轶事的散文专著《土记者传奇》。

薛彩珠　女，汉族，1942 年 7 月 7 日出生，籍贯顺德龙江镇，东坊人，中专学历，原黄埔区计划生育局属副局长级调研员（副处级）。

1951 年 9 月至 1955 年 7 月，就读于顺德龙江镇小学；1955 年 9 月至 1958 年 7 月，就读于顺德一中初中；1958 年 10 月至 1961 年，就读于江门市护士学校。1961—1964 年，在新兴县稔村公社卫生院当护士。1964—1972 年，在新兴县集成公社卫生院当护士。1972 年，在新兴县人民医院进修妇产科。1973—1979 年 3 月，在集成公社卫生院任妇产科医生。

1979 年 3 月至 1986 年 3 月，在黄埔区计生委当干部（其间：1984—1986 年，连续 3 年被评为市计生先进工作者）；1986 年 3 月至 1989 年 4 月，任区计生服务站站长、护理师，主管护理师(其间：1988 年，被评为区“三八”红旗手)，1984 年 4 月，任区计生委副主任（副处级）兼计生服务站站长，计生协会秘书长、副会长（其间：

1991年，获国家计生委颁发计划生育先进工作者荣誉证书和证章；1992—1996年，兼任区妇联执委；1995年，被评为市计生协会先进工作者；1996年，被评为市计生协会《人生》《人之初》杂志发行工作先进个人）。1996年7月至1997年7月，任黄埔区计生局副局长级调研员（副处级）。

1997年8月退休。

（二）在职处级人员

陆志强 男，1965年1月出生，东坊人，汉族。1983年8月参加工作，1990年7月加入中国共产党，本科学历。任广州市东山区大塘街党委书记（正处级）。

1972年9月至1979年7月，在东圃小学读书，1979年9月至1980年7月，在广州市第十八中学读书。1983年8月，在广州市师范学校毕业；同年，任广州市东山区东风东路小学教师；1989年6月，任广州市东山区教育局团委副书记；1990年7月，加入中国共产党。1991年7月至1993年2月，曾任共青团广州市东山区委副书记、华南实业总公司副总经理、云南省瑞丽市星火总公司副总经理兼星火木地板厂厂长(挂职)；1995年7月，任广州市东山区芳草工商联合公司经理；1997年6月，任广州市东山区芳草街党委副书记、办事处主任（正处级）；1998年6月，任广州市东山区大塘街党委书记；1997年9月至2000年7月，在广东省委党校函授学院97级经济管理专业学习；2000年11月，任广州市东山区大塘街党工委书记（其间：2000年9月至2002年12月，在广东省委党校函授学院2000级政法专业学习）。

梁松兴 男，汉族，1951年8月3日出生，江北东约，大专学历。任中国船舶燃料供应广州公司总经理（正处级）。

梁松兴原为普通农村青年，自当上装卸工人后，在党的培养下，加上自己的努力和奋斗，于1995年12月任中国船舶燃料供应广州公司总经理（正处级）；1999年2月，自离开国营企业公司之后，历任香港灏昌国际贸易有限公司副董事长兼总经理；珠海长友能源公司副董事长、总经理；穗鹤石油化工有限公司副总经理，现任安畅实业发展有限公司董事长。

二、科级人员

（一）退休人员

陆兆参 男，汉族。1935年5月15日出生，东坊人，初中文化，原广州市公安局一处行政科科长（正科级）。

1945年1月至1949年7月，就读于文冲小学；1949年9月至1954年8月，在第十六生产队务农。1954年9月，参加中国人民解放军，驻汕头部队工兵连，后在工程兵当班长（其间：1956年9月，参加中国共产党）。1957年8月（转业）至1995年5月，分配到广州市公安局一处工作，任行政科科长，在广州市公安局从事工作37年。1983年3月，被广州市公安局评为1982年度广州市公安系统先进工作者。

1995年5月退休。

陆溢彪 男，汉族。1938年12月23日出生，文园人，学历中师，原黄埔区教育局正科长。

1946年1月至1951年7月，就读于文园文江小学和文冲小学；1952年9月至1960年5月，在第六生产队从事生产劳动。1960年6月至1967年7月，为文冲民办小学教师（其间：1966年8月，加入中国共产党）。1967年8月，调任郊区黄埔人民公社教育办任黄埔教育工会基联会系统副主席、主席职务。1970年，在郊区师范学校进修学习一年；1971年，转为国家正式教师。1973年，黄埔人民公社与东圃人民公社分家后调回黄埔人民公社（大沙镇）教育办搞落实政策工作，任教育工会基联会副主席、主席，兼文冲小学革委会副主任；1976—1978年9月，任副教导主任。1978年9月，调到黄埔区教育局成人办搞教育工作。1985年至1990年，任黄埔区教育工会（系统）副主席，后为黄埔区教育系统工会主席（正科级）。

1999年1月退休。

（二）在职人员

梁干强 男，汉族，1953年10月3日出生，江北东约，大专学历，原黄埔区民政局社会福利科科长（正科级）。

1961年9月至1967年7月，就读于文冲小学；1968年9月至1971年7月，就读广州市第八十六中学；1972年1月至1974年10月，回第三生产队务农。

1974年1—11月，在大队任民兵营长兼出纳员（其间：同年10月，参加中国共产党）。1974年12月至1975年4月，在黄埔区临委运动办（区监委宣传部）吸收为国家干部，任科员。1975年4月至1986年9月，为黄埔街道办事处政工组副组长、党委办副主任、共青团委书记、工业公司经理、公司党委委员。1986年10月至1991年9月，调至红山街道办事处任工业公司经理、党委委员。1991年10月，任黄埔区民政局企业管理办主任兼穗红实业总公司副经理，后为黄埔区民政局社会福利科科长（正科级）。

陆敏华 男，汉族，1965年5月6日出生，文冲西坊人，大专学历，原珠江经济广播电台总监助理（正科级）。

1972年9月至1978年7月，分别就读于文冲小学和广州育鹰小学；1978年9月至1982年7月，在广州市第四十八中学读初中；1982年9月至1984年7月，在广

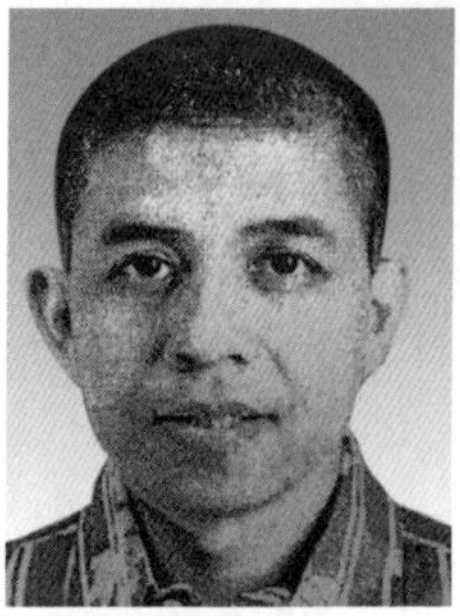

州市第二商业学校读中专。1984年7月至1986年10月，在广州外轮供应公司从事财务工作并任团总支部书记。1986年10—12月，在广东电视台工作；同年12月起，在珠江经济广播电台工作，成为中国首家经济广播电台——珠江经济台开播的第一代主持人。1986年起，任文学、戏曲、服务、新闻等节目主持人、节目监制（1986年，正科级）新闻编播室组长等。1991年，获"广东省最受听众喜爱的十大主持人"称号。1998年起，任新闻广播室组长。2000年，被吸收为广东省曲艺家协会会员。主编过大型画册《大医精诚》（省委宣传部、省卫生厅、广东电台等单位出版），参与编撰大型画册《珠江潮》等专刊专著。2001年，任广东广播第一代新闻主播；2002年，入选《中国当代广播电视主持人辞典》。

陈中山　男，1959年11月19日出生，汉族，东坊人，大专文化，科长。

1966年9月至1973年7月，在文冲小学读书；1973年9月至1975年7月，就读于广州市八十六中学；1975年9月至1976年1月，在第十一生产队务农；1976年2月至1978年1月，在文冲船舶修造厂轮机车间当工人；1978年2月至1983年1月，在广州军区（海南岛）54440部队通信连当战士、任班长（其间：1981年6月，加入中国共产党）。1983年2月至1983年10月，在广州市黄埔区外贸公司任干事、团支部书记、工会副主席。

1983年11月至1987年8月，在广州市黄埔区人民法院任书记员、助理审判员（其间：任中共广州市黄埔区委整党办秘书）；1987年9月至1995年10月，任广州市黄埔区委组织部干部科科员、副科长组织员、正科长组织员（其间：挂职任茅岗村党总支部副书记；1995年11月至1998年12月，任文冲村党委副书记、纪委书记；1999年1月起，任文冲村党委书记、经联社社长、村经济发展公司董事长；2002年3月，任大沙镇残联理事长；8月，在荔联街道办事处，任社会事务管理科科长、综治办主任、民政科科长正科级）。

陆少康　男，汉族，1950年10月9日出生，东坊人，中共广州市委党校大专毕业。原中共黄埔区委党史研究室主任（正科级）。

1958年9月至1964年7月，就读于文冲小学；1964年9月至1969年7月，在广州市第八十六中学就读，高中毕业后，回第十七生产队参加农业生产。1969年9月至1974年7月，在文冲小学任民办教师（其间：1970年5月，加入共青团；1972年9月，转为公办教师）。1974年9月，调任珠江小学革委会副主任，1975年3月，加入中国共产党。1975年9月，调至黄埔区（临委）革委会办公室任科员。1978年9月至1980年6月，调姬堂小学任副校长；1980年7月，调至中共黄埔区委党校任教员；1986年10月，调中共黄埔区委党史研究室任科员；1991年2月，任党研室副主任（副科级），1994年5月，为正科级。被黄埔区地方志办评为修志先进工作者。其在任期间，多次撰写有关党史文章和编汇《中共黄埔区历史》，获中央党史研究室颁发的《荣誉证书》。任黄埔区党建学会秘书长，党校工会主席，负责党校函授学历班的教务工作。曾获黄埔区工会积极分子，区工会财务工作积极分子，省委党校函授教育先进工作者，广州市党建学会先进工作者。

陆锦坤 男，1954年2月1日出生，汉族，东坊人。大专文化，广东新华发行集团南方物流公司副总经理。

1961年9月至1966年9月，分别在黄埔石岗小学及芳村红旗大道小学读书，因“文革”停学在家。

1970年4月，在海南乐东保显农场当“知青”；1972年12月，应征入伍；1974年1月，在对西沙自卫反击战时，接到命令在部队待命。服役期间，曾受师部嘉奖；1976年11月，加入中国共产党。1978年，退伍分配在黄埔区房管局工作。

1981年，调往广东新闻出版局，先后任广东省出版进出口公司珠江贸易公司副总经理、广州外文书店总经理、广东励耘教育图书有限公司总经理、广东省外文书店副总经理；1994年5月，任广东新华发行集团南方物流公司副总经理（正科级）。其间：1984年，参加省委组织的华南师范大学学习，“文秘”专业毕业。捐赠书刊杂志给原服役部队办起“锦坤书屋”。

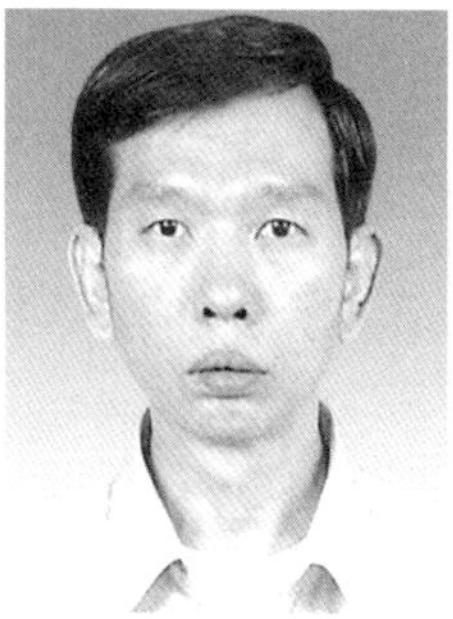

陆汇波 男，汉族，1962年10月出生，东坊人，中央党校函授本科学历，黄埔区信访局主任科员（正科级）。

1969年9月至1977年8月，就读于文冲八年制学校初中毕业；1977年9月至1979年8月，就读于文冲船厂十年制学校。

1980年2月至1981年12月，为文冲小学民办教师；1982年1月至1984年12月，在长洲镇文教办工作（其间：1981年3月至1985年1月，参加黄埔区教师进修学校函授中师）。1985年1月至1992年2月，在黄埔区政府办公室行政科工作；1992年3月至1998年6月，为黄埔区政府办公室副主任科员（其间：就读于华南师范大学行政管理业余大专毕业）。1998年7月起，在黄埔区政府办公室任主任科员（正科级，其间：1996年5月，获广州市1995年全国1%人口抽样调查先进工作者；1998年3月，被评为广州市1996—1997年度信访工作先进工作者；2002年1月，被评为广州市信访工作先进工作者。

第三节 先进人物

一、国家单位评选

陆沛涛 男，汉族，1966年1月10日出生，文园人，本科学历，获全国促进科

学技术进步工作中做出重大贡献三等奖。被国家单位评为先进人物。

1972 年 9 月至 1978 年 7 月，就读于英德县浛洸人民公社（后改为浛洸镇）小学；1978 年 9 月至 1981 年 7 月，就读于英德县浛洸镇中学，初中毕业；1981 年 9 月至 1984 年 7 月，就读于英德县中学，高中毕业；1984 年 9 月至 1988 年 7 月，就读于华南工学院（现为华南理工大学）焊接专业，本科毕业。

1988 年 8 月起，留华南理工大学任教师从事科研工作，在该大学与汽车工程学院焊接研究所任职，主要开展逆变机理、逆变式弧焊电源及智能授制和焊接过程自动化等方面的研究工作，其间：1998 年 9 月，被华南理工大学专业技术职务评审委员会评定为具备工程师（中级）任职资格。同年 12 月，获广东省教育厅颁发的“NZC6—ICBT 逆变式机器人弧焊电源设备”广东省科学技术进步重大贡献二等奖，7 人合作之一；同时，获省教育厅颁发该项目二等奖；1999—2002 年，负责筹建广州同城焊接设备技术有限公司（华南理工大学与广东火电工程总公司合资），并任总经理。1999 年 12 月，获广东省科学技术进步评审委员会颁发的“NZM-630 型 ICBT 逆变式高频方波脉冲弧焊电源设备系统，省科学技术进步作出重大贡献三等奖；2000 年 1 月，获国家教育部颁发的“火箭体用新型焊接设备的研制”“科学技术进步工作做出重大贡献三等奖；同时，获广东省教育厅颁发的“NZM-630 型 ICBT 逆式高频方波脉冲弧焊电源设备系统三等奖，5 人合作之一。

其主要承担研究项目与成果：国家基金“机器人脉冲 MIC 双丝高速焊接原理及装备基础研究”；省部级“大功率 ICBT 逆变式焊接电源及其控制技术”等科研项目 7 个；主攻的科研成果有“MZ-2000 型／MZ-1250 型 ICBT 逆变式埋弧自动焊机技术”及主要参加“NBM-630 型 ICBT 逆变式于嵌入式数字化控制的脉冲 MIC 自动焊接技术”“100KVA 级 ICBT 逆变式等，离子体发电火电源及其控制技术”等 7 个项目通过省、市专家鉴定，其中省级 4 个项目，达到国际先进、国内领先水平。《弧焊电源的数字化控制技术》等 18 篇论文发表在核心和统计源刊物上；参加编著普通高教“十一五”重点规划教材《弧焊电源及其数字化控制》，由机械工业出版社出版发行。

二、省级单位评选

陆锦洪　男，汉族，1956 年 7 月 10 日出生，西坊人，大专学历，黄埔区中医院门诊部党支部书记。广东省第二届白求恩白衣战士，被省级单位评为先进人物。

1963 年 9 月至 1970 年 7 月，就读于文冲七年制学校初中毕业；1970 年 9 月至 1972 年 7 月，就读于广州市第八十八中学高中。1972 年 7 月，在村当赤脚医生。1975 年 9 月至 1977 年 8 月，就读于广州医学院医疗系普通班。

1977 年 9 月起，在黄埔区中医院任西医内科医师；1979 年，在广州市第六工人医院进修内科半年；1981 年，在广州医学院附属一院进修内科一年；1983 年，参加广州市急救医学会举办的急救培训班学习半年，并在广州市第一人民医院急救科进修 3 个月。1988 年 7 月起，每年带教实习生、进修生及讲授专业技术课程。1985—1988 年，任黄埔区中医院副院长。1988 年 3 月起，任西医内科主治医师。1990 年，被评为黄埔区“学雷锋积极分子”。1995 年 12 月，加入中国共产党。1996—1999 年，任黄埔区中医院副院长。1995—1996 年，获省卫生厅评为广东省第二届白求恩白衣战士。

在《医师进修》杂志、《呼吸与循环》杂志等医学刊物上发表医学论文 7 篇，并被编入《中国当代医药名人》一书。1997 年，区中医院用其临床处方制成“急性咽炎Ⅰ方”“慢性咽炎Ⅱ方”制剂。1998 年 3 月，被选为黄埔区第六次党代会代表。

2001 年起，任黄埔区中医院门诊部党支部书记。

三、市级单位评选

陆椿兴 男，汉族，1937 年 9 月 16 日出生，东坊人，相当于高中文化程度，小教高级教师，曾被评为广州市优秀教师，被市级单位评为先进人物。

1945 年 9 月至 1951 年 7 月，就读于文冲小学，1951 年 9 月至 1952 年 12 月，就读于番禺三中（即广州市第十八中学）；1953年 2 月至 1954 年 12 月，任文冲小学见习老师，先后在鹿步小学、荷村小学当代课教师；1955 年 1 月至 1958 年 7 月，在从事农业生产（其间：参加扫盲工作，被评为广州市郊区和广州市扫盲积极分子）。1958 年 8 月至 1985 年 9 月，为文冲民办小学教师，曾任文冲民办小学负责人；1960 年，因在民办小学成绩突出，先后出席广州市郊区和广东省文教战线群英会先进代表；后参加广州郊区教师进修；1978 年和 1983 年 1 月被评为黄埔区教育系统先进工作者；1985 年 4 月起转正为文冲学校公办教师。多年来，为该校数学科教学骨干，小学毕业班数学教师，数学科教研组组长；1989 年 9 月被评为广州市优秀教师；1988 年 5 月，经评审为小学高级教师。

于 1994 年 9 月病退。

1995 年 2 月起，受聘在村委会办公室工作，并当选文冲村第二、三届居民代表。

退休后，当选为陆氏理事会秘书长，曾是第二届理事会副会长。参加《文冲村志》和《陆氏族谱》的编写工作。

陆燕嫦 女，汉族，1944 年 4 月 19 日出生，渡头街人，是文冲第十股份经济合作社社员，相当于初小文化程度。被市级单位评为先进人物。

1955—1957年，参加扫盲夜校学习。1958年8月，在黄埔人民公社文冲生产大队第十生产队务农，为文冲第十股份经济合作社社员。

1989—2000年，在石禾围及沙围自承包地开办一个面积3500平方米养猪场，专心钻研养猪技术，逐渐投入资金，引进良种猪，发展养猪事业（其间：1999年，被评为广州市农村种养能手，被评为广州市女能手标兵）。2001年，被评选为广州市“三八”红旗手。

陆惠松　男，汉族。1952年8月19日出生，西坊人，高小学历，原广州石油化工总厂建筑安装工程公司检修车间施工员。广州市政府授予广州市工业学大庆先进生产（工作）者，被市级单位评为先进人物。

1960年9月至1966年7月，就读于文冲小学。1967年至1974年12月，在生产队务农。1974年12月，因建设广州石化厂征地，被招为工人。1974年12月至1984年12月，在广州市建筑工程局当学徒、工人，其间：1977年，加入共青团；1978年8月，加入中国共产党；1977—1980年，连续4年被评为广州市建筑工程局先进生产（工作）者，出席先代会受表彰；1978年5月，出席广州市政府召开的广州市工业学大庆先进集体和先进生产（工作）者表彰大会，获市政府授予“工业学大庆先进生产（工作）者”称号，受到奖励；1978—1980年，连续3年被局团委评为“社会主义革命和建设积极分子青年标兵”；1978年6月，参加广州市第五次青年社会主义革命和建设积极分子代表大会，获团市委授予的“社会主义革命和建设积极分子”称号。

1984年12月起，在广州石油化工总厂检修分厂工作。1992年，任检修队队长；1995年，任总厂建筑安装工程公司检修车间施工员；1996年，被评为石化建筑安装工程公司优秀员工、被公司党委评为优秀共产党员。

陆翠芬　女、汉族，1969年7月23日出生，西坊人，中央党校函授本科学历。广州市优秀共青团干，被市级单位评为先进人物。

1976年9月至1982年7月，在文冲小学读书；1982年9月至1985年7月，在文冲中学读初中；1985年9月至1987年7月，在广州市第八十八中学读高中至毕业。

1991年2月至2002年7月，在文冲村委会工作，任播音员、打字员和档案员等（其间：1992年9月，加入中国共产党），曾任文冲居委会副主任，调委会副主任，村纪委委员和共青团总支部副书记。1997年5月，被共青团广州市委员会评为广州市优秀共青团干。

李少锐　男，汉族，渡头街人，1966年8月23日出生，大专学历，文冲经联社党委委员，文冲社区治保主任。被市级单位评为先进人物。

1972年9月至1978年7月，就读于文冲小学；1979年9月，在文冲中学读初中；1984年9月至1986年7月，在文冲船舶修造厂技工学校就读中技。1996年9月至

1999年12月，参加中山大学业余进修班学习，主修行政管理专业，大专毕业。

1984年7月至1986年12月，在文冲第十社务农。1987年1月至1987年5月，在黄埔进出口公司任装御工。1987年6月起，在文冲村委会工作，任治保会队员；2001年3月，担任文冲村委治保会代主任、治保主任（其间：1997年9月，加入中国共产党）。2002年8月，在文冲社区担任经联社党委委员，文冲经联社董事成员，文冲社区治保主任。

其长期深入基层，做好社会治安综合管理工作，以认真负责工作态度，多次受到上级有关部门表扬。1999年，被评为广州市社会治安综合治理工作先进工作者；2000年，被评为广州市群众治安保卫先进个人。2001年，被评为广州市十佳外来人员协管员。

陆丽冰　女，汉族，1976年7月4日出生，东坊人，学历大专，被市级单位评为先进人物。

1984年9月至1990年7月，就读于文冲小学；1990年至1993年7月，就读于黄埔区文冲中学初中毕业；1993年9月到1996年7月，就读于广州市八十八中学高中，1998年9月至2001年，广东职业技术师范学院会计专业，大专毕业。

1997年8月起，在文冲村委（文冲经联社）办公室工作。1999年5月起，任文冲社区共青团委副书记。2000—2001年，被评为共青团广州市委员会优秀共青团员。

第四节　技术人员

一、副高级及以上

陆国雄　男，汉族，1944年1月13日出生，文园人，大专学历，广州港务局中级机械工程师（中级）。

1951年9月至1957年8月，就读于文冲小学；1957年9月至1960年7月，就读于横沙中学（广州市第八十六中学）；1960年9月至1960年12月，在广州船舶工业学校就读；1961年1月至1964年7月，就读于武汉船舶工业学校。

1964年9月至1974年10月，在河南省洛阳市四零七厂任技术员；1974年11月至1985年2月，为黄埔港机修工人，任机械大队机械维修厂车间班长；1985年3月起，在广州新港港务公司任技术设备管理组长、新港公司卸油站副站长。1985年，被广州港务局评为中级机械工程师。

1996年和1998年，各被评为广州港务公司安全生产先进个人；1998年，获工会积极分子称号；2000年11月，获新港港务公司1999年度科技进步成果三等奖；2002年10月，获新港港务公司2001年科技成果四等奖。

陆铁铮 男，汉族，1939年11月14日出生，东坊人，本科学历，有色金属冶炼高级工程师（副高级）。

1946年9月至1947年7月，在禺英学校读一年级；1947年9月至1948年7月，就读于本村和江北村私塾；1948年9月至1950年7月，在茭塘司穗石村读私塾；1950年9月至1951年7月，在文冲小学读五年级；1951年9月至1952年7月，在番禺穗石小学读六年级，高小毕业；1952年9月至1955年7月，在番禺县市桥镇番禺师范学校就读，初中毕业；1955年9月至1958年7月，在广州市第六中学就读，高中毕业；1958年9月至1963年7月，就读于湖南省长沙市中南矿冶学院特种冶金系稀有金属冶炼专业，本科毕业。

1963年9月至1968年年初，在上海市有色冶金公司下属三英电业厂从事有色金属钴的冶炼技术工作，任车间技术员（其间：1965年5月，加入中国共产党；1965年9月至1968年2月，经组织委派，到上海市人事局外语干部培训班学习英语，至1968年初结业回厂工作）。1968年3月至1970年8月，在上海冶炼厂生产组从事技术工作，任技术员，负责筹建年产1吨单晶硅的车间。

1970年8月至1997年11月30日，调入广州冶炼厂（当时属广东省冶金工业厅管），从事有色冶炼技术工作（其间：1973—1978年，任该厂708车间副主任）；1979—1980年，任四车间党支部书记；1981—1982年，任厂企业管理办副主任（其间：1981年12月，获国务院科学技术干部局颁发的中华人民共和国工程师证书）；1983—1984年，任一车间主任；1984年5月，任副厂长（副处级）、厂党委委员。1985年11月至1986年5月，在江西省赣州市江西冶金学院参加全国有色冶金系统第二期厂矿长学习班，并以优异成绩通过考核；1988年4月，获中国有色金属工业总公司颁发的冶炼高级工程师（副高级）资格证书。1997年年初，任该厂助理调研员、厂党委委员。

1997年12月1日，经中国有色金属工业广州分公司批准退休。

梁灿炎 男，汉族，1937年12月出生。江北东约人，大学本科。副主任医师（副高级）。

1946年1月至1951年7月，就读于江北民办学校和文冲小学；1951年9月至1957年7月，就读广州市第四中学；1958年9月至1964年7月，就读中山医科大学医疗专业，本科毕业。1964年7月至1974年10月，在德庆县人民医院内科住院部任医师；1974年10月至1997年12月，在黄埔港湾医院任内科主治医师、医院副主任医师（1982年任）、内科主任、心血管专家（其间：1978年6月，参加中国农工党）。在职期间：出任中华医学会广州分会急诊学会委员，广州厂企医刊责任编辑，为黄埔区医疗事故技术鉴定小组成员。曾是黄埔区两届政协委员，多年来被评为港湾医院先进工作者；在省市医学杂志发表过医学论文 9 篇，其中《预激综合症合并心律失常的特点及治疗》《急性上消化道出血 202 例临床分析》2 篇论文。备受关注。

于 1998 年 2 月退休。

梁派强　男，汉族，1937 年 8 月出生，江北东约人，大学本科学历，前京粤电脑科技发展事业公司总工程师（副高级）。

1948 年 2 月至 1954 年 7 月，就读于江北民办小学和文冲小学；1954 年 9 月至 1957 年 7 月，就读于广州市第十八中学；1957 年 9 月至 1960 年 7 月，就读于广州市第六中学；1960 年 9 月至 1970 年 7 月，就读于广东工学院电力工程系工业企业电气化及自动化专业，学士学位毕业。毕业后，分配到广州市机电产品设计室从事自动化技术设计工作；1970 年 8 月，调入广州市机电工业研究所从事自动化技术研究，先后研究制造战斗机副油箱设备加工，命名“048”军事工程。参加广州军区的导弹发射基地设计，命名“750”军事工程。1982 年，被评为电气工程师职称；1985 年，调到广东省科委京粤电脑中心出任技术服务部主任；1994 年，晋升为计算机高级工程师。任职京粤电脑中心副总工程师和京粤电脑科技发展实业公司总工程师。

于 1998 年退休，退休后有 10 余年担任广州市安全监督局的考试工作。

陆涧桃　男，汉族，1941 年 9 月出生，西坊人，大学本科毕业，广州高等师范专科学院教育心理学副教授（副高级）。

1950 年 9 月至 1956 年，就读于文冲小学；1957 年 9 月至 1960 年 7 月，就读于广州市第十八中学和广州市培英中学（市第八中学）；1960 年 9 月至 1964 年 7 月，就读于广东师范学院教育心理学专业，本科毕业。1965 年，任教于佛山市半工半读第四中学，兼任学校负责人；1970 年 9 月，任教于佛山市第八中学，兼任教务主任；1976 年 9 月，任教于广州市越秀区教师进修学校兼学区“教学教研”组成员；1978 年，任教于广州市第九中学；1983 年 9 月，任教于广州师范专科学校，广州教育学院，广州大学兼任市教师自学考试办公室科长（其间：1992 年 7 月，加入中国共产党）；1995 年 11 月，获聘为广州大学教育学院教育心理学副教授。

于 2001 年 9 月退休。

其在职期间，曾在国家和省级刊物发表多篇论文和著作：《师范教育实习指导》专著，于 1993 年由电子科技大学出版社出版；《大胆开拓谱写继续教育新篇章》一文发表于 1994 年《中小学教师培训实践与探索》的刊物上；《广州教育学院中青年骨干教师培训的实践和探索》一文发表于 1994 年第 1 期的《智力开发》刊物上；《试论智力偏态》一文发表于 1995 年安徽教育学院学报上；《如何培养师专生的自我意识》刊登在 1995 年 8 月 30 日《广州日报》上。

陆倩娴　女，汉族，1946年4月1日出生，东坊人，大专学历，港湾中学原化学高级教师（副高级）。

1952年8月至1958年7月，就读于文冲小学。1958年9月至1960年8月，在文冲刺绣社学刺绣。1960年9月至1966年4月，就读于广州黄埔港中学(其间:1964年,加入共青团)。1966年5月，高中毕业后留校2年，参加“文化大革命”。1968年12月至1976年8月，当“知青”下乡到广东徐闻县勇士农场第四队务农。1976年9月至1978年2月，在该农场第一中学当教师。

1978年3月至2001年7月，在黄埔港湾中学当教师（其间：1980年9月至1983年6月，就读于广州教师进修学院化学专业，大专毕业；1993年8月，被评为中学一级教师；同年，被评为广州港教育培训中心工会工作积极分子；1994年8月，被评为广州港教育培训中心先进教育工作者；1996年8月，加入中国共产党；1998年9月,被评为广州港先进女职工;同年10月,被评为广州港教育培训中心优秀党员）。

其撰写《在实验教学中培养学生的思维能力》一文。1999年11月，被评为中学化学高级教师(副高级)。2000年6月,被评为广州港务局1997—1999年度优秀党员。

于2001年8月退休。

二、中级

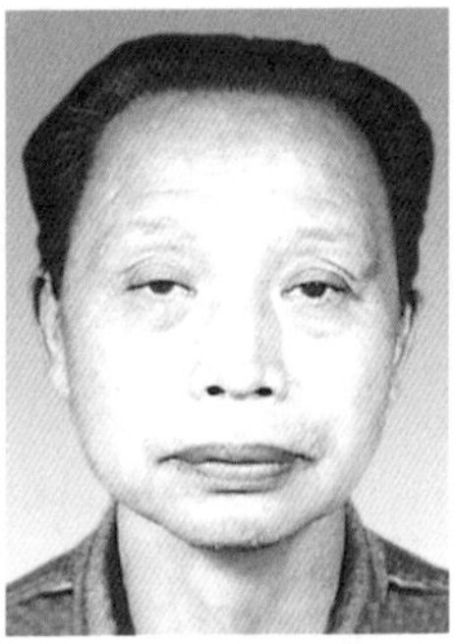

陆德良　男,汉族。1940年1月1日出生，西坊人，学历，中师，原文冲小学副校长，小学高级教师（中级）。

1950年9月至1956年7月，就读于文冲小学；1956年8月至1959年4月，在第二十生产队务农（其间：1958年2月，加入中国共产主义青年团）；1959年5月至1971年7月，在文冲民办小学当教师（其间：1963年3月，为民校负责人；1965年3月，加入中国共产党）。1967年1月至1972年，任小学革委会主任；1972年9月，转为国家正式教师；1972年10月至1978年5月，任小学教导主任；1978年6月至1996年，任小学副校长(其间:曾任小学党支部书记;黄埔人民公社教育办党总支部委员；文冲小学教育工会主席等职务）。1987年11月，被评为小学高级教师。

于1996年10月退休。

陆流应　男，汉族。1937年11月3日出生，文园人,大学毕业。原广州石油化工总厂物资贸易公司（供应处）办公室主任，任工程师（中级）。

1947年至1952年7月，就读于文园村小学；1952年8月至1953年9月，就读于文冲小学；1953年9月至1956年7月，在广州市第十八中学毕业；1956年9月至1960年8月，在广东省石油学校炼油中专毕业（其间：1960年3月，加入中国共产）。

1965 年 8 月，就读四川石油学院本科毕业。

1965 年 8 月至 1968 年 10 月，先后在湖南辰溪茂名石油公司湘西勘探大队和湖北恩施湘鄂西勘探指挥部当实习员；1968 年 10 月至 1972 年 7 月，在江汉、南阳、胜利油田任副政治指导员；1972 年 7 月至 1981 年 9 月，在胜利油田、南海石油指挥部任技术员；1981 年 9 月至 1987 年 2 月，在湛江南海西部石油公司任工程师。1987 年 2 月，调入广州石油化工总厂扩建办任工程师，1987 年 10 月至 1990 年 6 月，在广州石化总厂扩建工程指挥部任副科长；1990 年 6 月至 1994 年 4 月，在广州石油化工厂贮运厂任党委办公室主任；1994 年 4 月至 1998 年 10 月，在广州石油化工厂物资贸易公司（供应处）办公室当主任（其间 1987 年 12 月，取得工程师任职资格）。

于 1998 年 11 月退休。

梁锢强　男，汉族，1939 年 10 月 4 日出生，江北东约人，学历大学本科，主治医师（中级）。

1949 年 2 月至 1954 年 7 月，就读于江北民办小学和文冲小学；1954 年 9 月至 1957 年 7 月，就读广州市第十八中学；1957 年 9 月至 1960 年 7 月，就读广州市第八中学高中毕业；1961—1964 年，参加中国人民解放军任某部战士；1966 年 9 月至 1970 年 7 月，在广州医学院医疗系本科毕业。

1970 年 8 月，分配到广东省云浮硫铁矿医院工作，曾任该医院外科负责人。1982 年 8 月，调往增城永和医院任主治医师，住院部负责人兼门诊部负责人。

于 2000 年 11 月退休。

陆鸿光　男，汉族。1930 年 2 月出生，文园人，大专学历，广州市银建商品房产经营公司建筑设计建筑师（中级）。

1937—1942 年，就读于广州市第二十一小学；1942—1945 年，就读于广州市广大附中；1945—1951 年，休学在家自学；1951—1954 年，先后在天佑高级工业技术学校读书，后入读武汉水利学院水工建筑专业毕业。

1954—1955 年年初，在湖南常德专区农林水利局工作；1955—1985 年，在广东省建筑设计研究院工作（其间：曾被调到茂名市支援工矿区上马工程。1962 年，调回广东省设计院）。1985—1990 年，因工作需要调到广州市银建商品房产经营公司担任建筑设计工作；1989 年 11 月，获国务院科学技术干部局颁发授于“建筑设计建筑师”称号。

于 1991 年 2 月退休。

陆桂桃　女，汉族，1937 年 12 月 8 日出生，东坊人，学历中师，小学高级教师（中级）。

1952 年 1 月至 1955 年 8 月，就读于文冲小学；1956 年 9 月至 1959 年 7 月，就读于横沙中学（广州市八十六中学）；1959 年 7 月至 1959 年 8 月，在广州第三师范学校（江高镇）速师培训班学习。

1959 年 9 月，被分派到庙头小学当教师；1961 年 9 月至 1970 年，在沙步小学任教师；1970 年 1 月至 1997 年 9 月，在文冲小学任教师（其间：1984 年 10 月，加入中国共产党）；1982 年 12 月，被评为广州市 1982 年工农教育先进工作者；1983 年，被评为黄埔区优秀少先队辅导员；1984 年 1 月，被评为黄埔区 1983 年度优秀班主任；1986 年 11 月，获省政府颁发从事教师工作满 25 年荣誉证书；1988 年 5 月，被评小学高级教师（中级）；同年 9 月，被评为黄埔区 1987 年度教书育人先进教育职工。

于 1998 年 2 月退休。

第五节　参加过较为著名战争的解放军官兵

一、参加中国人民志愿军赴朝作战战士

陆社能　男，文园人。1948 年，在沙河某军官学校攻读；1951 年，赴朝作战，曾任中国人民志愿军某部指导员。1953 年负伤，回到安东休养，荣获二等功，后考入北京大学，攻读工程学，毕业后参加大庆油田勘探开发工作，后成为大庆油田工程师。

陆正辉　男，东坊人，1925 年 6 月出生。1946 年，是国民党某部士兵，在东北解放战争中被改编为中国人民解放军第四野战军战士；1951 年，赴朝参战，是中国人民志愿军 31 师某团部属战士。20 世纪 60 年代，转业回乡参加生产，工作积极，后成为文冲第十七社社长、文冲东坊生产大队治保主任。1984 年 5 月至 1990 年 5 月，连续 2 届当选为黄埔区第二届人大代表。

陆满豪　男，西坊人，农历甲戌年（1934）8 月出生，1950 年 10 月入伍。1951 年 7 月，赴朝参战，是中国人民志愿军某师某营二连炮兵战士。1953 年负伤，是荣军战士。

陆汉善　西坊人，是中国人民志愿军战士赴朝参战，担任后勤运输工作。

陆　能　西坊人，是中国人民志愿军战士，赴朝参加抗美援朝战争。

朱炳球　廻龙市人，是中国人民志愿军，赴朝参战时牺牲。

二、南海西沙保卫战待命参战战士

接到命令参加南海西沙保卫战待命的战士有 11 人：陆锦坤、梁沛恩、陆炽培、陆渭池、陆铭源、陆顺林、陆铁球、陆树森、梁钊泉、梁金钊、陆灿开。

三、参加对越自卫还击战战士

（一）参战的 2 人。

陆添池 男，1956年6月21日出生，文园人。1975年11月，应征入伍，在广州军区十九分部225团服役，任班长。1977年年底，加入中国共产党。1979年2月，参加对越自卫反击战，听从部队指挥，深入敌阵，进行测绘定位，为作战部队提供各种数据。谅山战斗结束后，随部队回营。获得自卫还击保卫边疆纪念章一枚和纪念品。2009年，由广东省民政厅发给“优抚”证明书。

陆沛流 男，1961年8月20日出生，文园村人。1979年12月，参加中国人民解放军，在广州军区后勤20分部54048部队61分队服役，1980年，加入共青团。曾参与对越自卫还击战的法卡山战役，出色地完成各项任务。1982年12月复员。2009年，由广东省民政厅发放“优抚”证明书。

（二）接到命令待命的4人。陆国辉、陆汉明、陆柏成、陆远森。2009年，由广东省民政厅发放“优抚”证明书。

第六节 社会知名人士

在文冲村内百姓公认的社会知名人士共9人。

陆正举（？—1993） 男，汉族，出生日期不详，卒于1993年6月21日，文园村，文化程度为私塾5年，是文园知名人士。

从小攻读圣贤书，练得一手好书法，村里人的书柬信函和对联都邀请其书写，还热心为民办事。

1936年10月，当时政府决定在农村开办学堂，曾委派一名郭先生到江北开办学校，一切经费可由政府开支，可是江北人认为村小、村穷，无心办学。陆正举得知此事后，迅速向主办方申请，要求在文园开办学堂。其想：文园村是穷苦村庄，大多孩子无书读，虽无办学能力，但村民孩子需要文化，一定要争取在文园村办学校。其他收费和学费在村中筹集，让穷孩子有书读，结果争取到在文园村办起一所“文江小学”，连江北村的孩子也有书读。

于1993年病世。

陆干柱（1922—2002） 男，汉族，1922年9月出生，卒于2002年5月，东坊人。文化程度初中，是文冲村出身的老中医，知名人士。

陆干柱为人正直，品质风格高，是农工党党员。在黄埔人民公社卫生院工作多年，被评为先进工作者。其从小跟随广州方便医院名医到广西合浦学医，医术精湛。抗日战争胜利后，其返回家乡行医，开办诊所。历任禺英小学校校董。中华人民共和国成立后，热爱党、热爱人民，曾任文冲支前委员会主席、农民协进会主席及小学校长。公社化时期，担任医疗队队长，带领医疗队到农村为郊区农民服务，工作任劳任怨。曾被分配到黄村医务诊所任医师负责人。任过黄埔人民公社卫生院院长。自黄埔区成立后，连任黄埔区政协 1—5 届委员，深受群众爱戴。

陆树华（1916—1982） 男，汉族，1916 年 10 月 3 日出生，卒于 1982 年 7 月，东坊人，文化程度私塾五年，知名人士。

陆树华虽然文化不高，但自小聪明，曾在省港地区打拼，在香港工作多年，又回到广州打工。其一身才艺甚多，会画画，砌做七夕公仔人物，做泥水建筑技艺精通，曾收过多名徒弟。

1938 年，文冲摆大型乞巧节（大型七娘节），其中英雄人物的经典故事以及宫灯工艺配套等由其指点设计。中华人民共和国成立初期，成立粤剧社，剧社一切宫庭龙凤、山水、御房大小软硬件，所有景画都由其绘制，舞台布景效果好，龙舟绘画（涂画）深受观众好评。20 世纪 50 年代，在广州文化公园的大型灯展中，其作品“走马宫灯”荣获二等奖。成为文冲村人皆知晓的“华哥大”。

于 1982 年病世。

陆汉佳 男，汉族，1946 年 3 月 26 日出生，西坊人，初中学历，原文冲村党委副书记，村委会主任，知名人士。

1954 年 9 月至 1959 年 7 月，就读于文冲小学；1959 年至 1962 年 7 月，就读于横沙中学（广州市第八十六中学）。

1963 年 10 月至 1978 年 12 月，在文冲生产队第十八生产队务农（其间：曾任第十八生产队记分员和出纳员）；1979 年 1 月至 1982 年 12 月，在水喉组工作，任组长；1983 年 1 月至 1985 年 9 月，在第十八生产队当副队长（其间：1984 年 12 月，加入中国共产党）。1985 年 10 月至 1990 年 6 月，任文冲综合化工厂副厂长；1990 年 7 月至 1993 年 12 月，任村委会副主任，1994 年 1 月至 1995 年 12 月，任村委会代理主任；1996 年 1 月起，任村党委副书记并当选为村委会主任；是第二届、第六届黄埔区人大代表。

于 2002 年 8 月退居二线。

陆汉雄 男，汉族，1941 年 1 月 24 日出生，西坊人，大专学历。曾任广州立德粉厂科长，广州南岗水泥厂厂长，广州经济技术开发区穗康房地产公司副总经理，知名人士。

中华人民共和国成立前，就读于文冲小学、广州市第一中；1957 年 8 月，由广州市第一中学保送参加中国人民解放军。1959 年，毕业于解放军外国语专科学校（现更名为解放军洛阳外语学院），随即留校任职行政助理员。

1961 年 12 月，经批准复员转业；次年，分配到广州立德粉厂工作，任科长；在广州南岗水泥厂任厂长。

1985 年 8 月，调入广州经济技术开发区，先后任工业发展总公司房地产部兼恒发房地产公司副经理，东宏实业公司房地产部兼任宏康房地产公司经理、华南房地产公司董事副总经理、穗康房地产公司副经理。

于 1996 年退休。退休后积极参加村社会活动；会同陆飞洪等族人共同倡议募捐和重修“陆氏大宗祠”；修辑陆氏族谱——《泰泉祖裔陆氏族谱》。

会同村中父老，将陆氏大宗祠、泰泉公始祖墓、古碉楼等文物申报并获批准为广州市文物保护单位。又会同村中父老，建议在建地铁文冲站的文园出口东移，维护村民权益。积极参与文冲城中村改造工作，并任顾问。

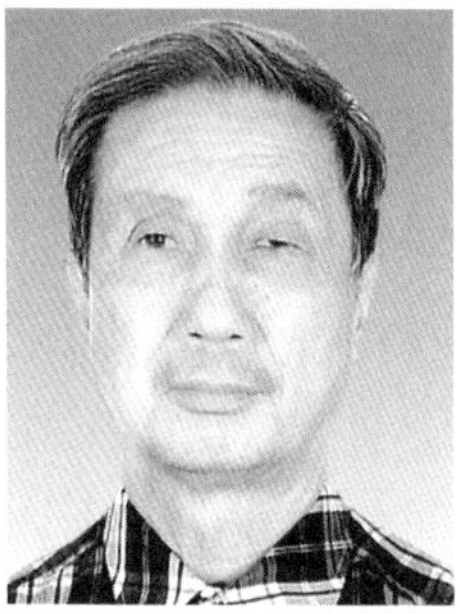

陆鹏光 汉族，1943 年 8 月出生，西坊人。文化程度初中，人称农民画家，知名人士。

1959 年，在本乡务农至退休，历时 50 余载。改革开放后，曾开过饭店（好好饭店），干过“三行”（土木工程），搞过建筑，当过施工员、结算员，做过绘图设计。小型土木工程设计近 100 宗。自学成才，边工作边绘画，成为农民画家。

陆柳卿 女，汉族，1945 年 2 月 27 日出生，西坊人，相当于高小文化程度，“广绣”传人，知名人士。

7 岁开始在文冲小学边读书边学习刺绣。1958 年 1 月，在黄埔刺绣社工作，师从广州著名刺绣大师龚平学艺，被大师誉为具有刺绣天赋的好弟子，是广州市青年刺绣能手，曾被委派到苏州刺绣研究所参加“广绣”和“苏绣”传统技艺交流学习活动。其把“广绣”和“苏绣”的针法融为一体，形成其独特风格“陆氏广绣”。

1995 年退休后，仍在家中专心“广绣”创作，作品不断创新，特别是其新代表作《菠萝全图》画卷，长达 4.61 米，获广州市“乞巧节”传统工艺作品金奖。

陆韵鸣 女，1982 年 8 月出生，西坊人。星海音乐学院研究生，女音乐家，知名人士。

其出生音乐世家。父亲陆锐锦是知名的钢琴演奏家。在家族熏陶下，5 岁起便师从星海音乐学院钢琴副教授伍正文，学习钢琴艺术。2001 年 9 月，以广东省前 10 名的成绩考入星海音乐学院音乐教育系。

在本科学习中，在钢琴演奏方面进行多角度艺术探索，求教于合唱指挥教授张新，在钢琴教学、试唱练声和乐理教学、和声分析、作品分析教学的研究上下功夫，所教的多名学生也分别考上星海音乐学院本科或研究生。其博士论文《探路者的求索——朱践耳交响乐创作研究》获星海音乐学院第六届金钟奖的理论评论三等奖，并完成毕业论文《新古典主义的发声——德彪西晚期钢琴乐曲的创作研究》。

多年来，其在音乐领域内获奖多项。2002 年，获星海音乐教育系基本功比赛指挥第二名；获第 12 届香港（亚洲）钢琴公开赛中国赛区一等奖，香港总决赛“柴可夫斯基”第 3 名。

陆敏渭 男，汉族，1969 年 4 月出生，西坊人，大专学历，知名粤剧演员。

1976 年 9 月至 1984 年 7 月，就读于文冲小学至毕业；1984 年 9 月至 1990 年 7 月，

就读于广东省粤剧学校艺术专业。1990 年 7 月至 1998 年 11 月，在珠海粤剧团当演员；1998 年 12 月起，调到广州粤剧团当演员。其在当演员 10 多年期间，曾随团到过美国、加拿大、澳大利亚、新加坡、日本、韩国、新西兰、印尼、泰国等国家演出，均受海外华人的赞赏；在国内多次参加省、市戏剧演艺大赛和艺术节的演出，取得优异成绩。1997 年，在珠海市文化局主办的第三届艺术演出粤剧《伶仃洋》，饰演查理角色，获演员表演奖；1998 年，在珠海市举行的演艺大赛中获二等奖；2000 年，参加广州新星演艺大赛，在粤剧《白龙关》中饰演主角白龙太子，获银奖。2001 年起，多次与著名粤剧表演艺术家倪惠英等合演；在多部粤剧中担任主要角色，如在粤剧《女儿香》中饰演文武生魏超仁、温明奇；在粤剧《两嫁三婚历劫缘》中饰演孟云天；在粤剧《睿王与庄妃》中饰演郑亲王等。2002 年，在广州粤剧青年大奖赛中饰演粤剧《斩经堂》的吴汉，获银奖，同时获广东省第三届戏剧演艺大赛的铜奖。其在粤剧表演上的特点是扮相俊武，表演灵活，在饰演多种角色中均潇洒自如，表演到位，深受观众好评。

第七节　香港同胞为文冲村发展做贡献

改革开放后，文冲人的香港同胞为家乡建设作出贡献的共 5 人。

陆日东　男，西坊人， 20 世纪 80—90 年代，回家乡（文冲）办企业，开办百鲜酒楼多年。赠给大队“万事达”面包车 1 辆。

陆少佳　男，文园人。20 世纪 80 年代，赠送“东风牌”大货车 1 辆给乡亲使用。赠送给村大戏院的观众椅及前后台银幕布景，使戏院也能邀请到省、市粤剧团大老倌来村演出。

陆振邦　男，东坊人， 20 世纪 80 年代，往香港发展打拼，学得裁缝技术，在香港铜锣环开店建业，曾给香港名人、画家制作衣服。1993 年 10 月返乡，投资几百万元，在第十七经济社龙船塘建厂房，成立利邦制衣有限公司，专做西服，为发展地方经济作贡献。后该公司因故于 1998 年竭业。

陆炳照　男，西坊人。在改革开放后，赠送“五十铃”大货车（4 吨）1 辆给农械厂发展经济使用。

陆法容　女，西坊人。20 世纪 80 年代，赠送“五十铃”大货车 2 辆给陆志坤、陆志新兄弟 2 人发展运输业的。

陆海权　西坊人，于 1998 年捐款 1 万元，用于重修陆氏大宗祠。

第八节　体育尖子

陆振强　男，汉族，1988 年 10 月 9 日出生，文园人，中专学历。全国体育尖子运动员。

1994年9月至1998年9月，就读于广州石化小学。在读五年级时，被广州市击剑队教练选为击剑苗子培训。1998年10月，就读于广州市伟伦体育学校（广州市体育职业技术学院）至中专毕业。2002年8月，参加全国击剑少年锦标赛获佩剑个人第一名。

第三章　人物表

第一节　历史名人

中华人民共和国成立前文冲地区历史名人表

表6-3-1-1

姓　名	性　别	籍　贯	功名、任职	任职时期
陆国安	男	文冲人	迪功郎	宋朝末年
陆观兴	男	文冲人	官宦于金陵明府	明朝（1368—1644）
陆澄波	男	文冲人	进士	明永乐九年（1411）
陆应驺	男	文冲	任福建琼州昌化两邑教谕、潮州府教授	明天启元年（1621）
陆承铉	男	文冲人	任广西太平府崇善县知县	明崇祯末年（1644）
陆道显	男	乌涌	明朝贡生	不详
陆昆茂	男	西坊	清代二品衔侯	清代（1644—1911）
陆应暄	男	文冲穗石人	清朝岁贡	清咸丰十一年（1861）
陆伟倩	男	文冲	任潮州副总兵之职	清顺治七年（1650）
陆汝和	男	西坊	任番禺县参议员	民国时期（1911—1949）
陆成忠	男	西坊	横沙堡乡文冲，保长	民国时期（1911—1949）
陆福海	男	文园	横沙堡乡文冲，保长	民国时期（1911—1949）
陆　威	男	东坊	横沙堡乡文冲，保长	民国时期（1911—1949）
陆楊堆	男	东坊	横沙堡乡文冲，保长	民国时期（1911—1949）
陆英良	男	东坊	横沙堡乡文冲，保长	民国时期（1911—1949）
梁咸仔	男	江北东约	横沙堡乡文冲，保长	民国时期（1911—1949）
陆惠龙	男	西坊	任禺英小学校长，筹建规划建新校址，横沙乡乡长	抗日战争时期（1937—1945）
陆达生	男	东坊	横沙乡，乡长	抗日战争时期（1937—1945）
陆耀堂	男	西坊	横沙堡文冲维持会，会长	抗日战争时期（1937—1945）
陆灿文	男	东坊	日伪维持会，会长	抗日战争时期（1937—1945）

续表 6-3-1-1

姓　名	性　别	籍　贯	功名、任职	任职时期
陆应同	男	东坊	日伪维持会，会长	抗日战争时期（1937—1945）
陆德芬	男	西坊	日伪治警团，团长	抗日战争时期（1937—1945）
陆咸佑	男	西坊	日伪治警团，团长	抗日战争时期（1937—1945）
陆俭威	男	东坊	日伪治警团，团长	抗日战争时期（1937—1945）
陆松生	男	东坊	横沙堡文冲乡，乡长	民国时期（1945—1949）

第二节　在外工作行政、技术人员与名流

2002 年前文冲村在外地工作的科级以上行政人员、中级技术人员及社会名流表

表 6-3-2-1

姓　名	性　别	所属片	任职单位名称	职　　务
陆钜泰	男	西坊	黄埔区大沙镇工交办（区二建经理）	主任、经理
陆聪泰	男	西坊	区商业局	科长
陆松杰	男	东坊	区财政局	科长
陆础延	男	东坊	东圃教育办，东圃小学	主任、校长
陆门光	男	东坊	广州一棉厂第一车间	党支部书记兼主任
陆永豪	男	东坊	东莞石龙税务局	局长
陆永慈	男	东坊	顺德大良财政局	科长
陆门福	男	东坊	广州树脂厂	厂长
陆国均	男	东坊	黄埔区政府办	副科长
陆柳红	女	东坊	黄埔区审计局	副局长
梁树麟	男	迴龙市	番禺县委党校	校长
梁汉锴	男	江东	黄埔外运汽车运输公司	总经理
梁钜洪	男	江东	广东黄埔外运仓码公司	经理
陆爵文	男	文园	“文革”时期《南方日报》革命委员会	副主任
陆欧明	男	西坊	大沙镇农业办	主任
陆耀池	男	西坊	南海盐步供销社	科长
陈炳坤	男	江北中约	黄埔港消防处	处长
陆志峰	男	西坊	广汽集团	副总经理
陈国彬	男	迴龙市	顺德公安局、检察院	局长、检察长
陈沛柔	男	迴龙市	清远航道局	党委书记
陆伟成	男	东坊	白云区房地产开发公司	科长
陆笑玲	女	西坊	黄埔港三公司	主任
陆汉昌	男	西坊	广东省汽车公司	经理

续表 6-3-2-1

姓　名	性　别	所属片	任职单位名称	职　　务
陆振强	男	东坊	广东外贸仓码头公司	科长
陆汉森	男	东坊	广东外贸仓码头公司	科长
陈树林	男	江北中约	珠江冷冻厂车间	书记
秦苏妹	女	东坊	广州文冲小学	高级教师
陆镇其	男	西坊	大沙信用社文冲分社	主任
陆道平	男	东坊	大沙镇财政所	所长
陆满悌	女	东坊	广州联合运输总公司	财务科长

第三节　先进人物

1955—2002 年文冲村获国家、省、市先进个人名录一览表

表 6-3-3-1

姓　名	性　别	所属社别	奖项名称	授予单位	获奖表彰时间
叶　哪	男	渡头	市劳动模范	广州市政府	1955
陆流妹	女	文园	市劳动模范	广州市政府	1955
卢鉴泉	男	廻龙市	市劳动模范	广州市政府	1969
霍灏深	男	渡东	市劳动模范	广州市政府	1981
陆惠松	男	西坊	公司优秀员工、优秀共产党员	广州市石化建筑安装公司	1989
陆锦洪	男	西坊	省白求恩白衣战士	广东省卫生厅	1996
陆椿兴	男	东坊	优秀教师	广州市政府	1996
陆敏华	男	西坊	广东电视台“十佳主持人”	广东省广播电视局	2001—2003
陆沛涛	男	文园	科学技术工作重大贡献	国家教育部	2000
陆燕萍	女	廻龙市	2001 年评为广州市优秀教师	广州市政府	2002
陆燕嫦	女	渡东	1994—1995 年获广州市表彰、1996—1997 年广州市养猪女能手、1999 年广州市女标兵、2001 年广州市“三八”红旗手	广州市妇联、广州市政府、广州市妇联、广州市妇联	1996、1998、2000、2002
陆汇波	男	东坊	广州市 1996 年—1997 年度信访工作先进工作者	广州市委、市政府办公厅	1998
陆丽冰	女	东坊	优秀共青团员	共青团广州市委员会	2000、2002
李少锐	男	渡东	广州市群众治安保卫先进个人、广州市严打整治工作先进个人、广州市维稳综合治理先进工作者	广州市委、市政府、广州市公安局、广州市委、广州市政府	2000.3、2000.1、2002
陆翠芬	女	西坊	优秀共青团员	共青团广州市委员会	1997.5

第四节　区级的人大代表、政协委员

黄埔区人大代表

表 6-3-4-1

届　别	届别时间	代表姓名	性　别	代表单位	所在生产队（社）
第一届	1980.7—1984.5	陆志辉	男	黄埔公社文冲大队	文冲第八生产队
		陆少琼	女		文冲第七生产队
		吴就喜	女		文冲第十八生产队
		陆洞丕	男		文冲第十二生产队
		陆兆芳	男		文冲第二十二生产队
第二届	1984.5—1987.5	陆三喜	男	大沙区公所	文冲第六生产队
		陆志辉	男	大沙区公所文冲乡政府	文冲第八生产队
		陆少琼	女		文冲第七生产队
		郭炎彬	男	大沙区公所	文冲第十三生产队
		陆汉佳	男	大沙区公所文冲乡	文冲第十八生产队
		陆正辉	男		文冲第十七生产队
		苏国成	男	大沙区公所文教	文冲小学
第三届	1987.5—1990.5	陆国生	男	大沙镇文冲村民委员会	文冲第七生产队
		陆正辉	男		文冲第十七生产队
第四届	1990.5—1993.5	陆三喜	男	大沙镇人民政府	文冲第六生产队
		陆耀明	男	大沙镇文冲村民委员会	文冲第九生产队
		陆国生	男	大沙镇文冲村民委员会	文冲第七生产队
		陈群芳	女	大沙镇文冲村民委员会	文冲第六生产队
第五届	1993.5—1998.3	陆三喜	男	大沙镇人民政府	文冲第六生产队
		陆耀明	男	大沙镇文冲村民委员会	文冲第九生产队
		陆国生	男	大沙镇文冲村民委员会	文冲第七生产队
		梁容爱	女	大沙镇文冲村民委员会	文冲第三生产队
第六届	1998.3—2003.6	陆三喜	男	黄埔区大沙镇人民政府	文冲第六生产队
		陈惠林	男	大沙镇文冲村民委员会	文冲第四生产队
		陆汉佳	男	大沙镇文冲村民委员会	文冲第十八生产队
		陆钜泰	男	黄埔区大沙镇工交办	文冲第十九生产队
		潘金銮	女	大沙镇文冲村民委员会	文冲第十七生产队
广州市人大代表	1988—1998	陈惠林	男	大沙镇文冲村民委员会	文冲第四生产队

黄埔区第一至第六届政协委员一览表

表 6-3-4-2

届别时间	姓　名	所在单位（生产队）
第一届 1980.7—1984.5	陆干柱	黄埔公社卫生院（第十七队）
	陆流妹	区供销社（第七生产队）
	陆汉祥	第十一队
第二届 1984.5—1987.4	陆干柱	黄埔公社卫生院（第十七队）
	陆金堂	第二十一生产队
	余居松	文冲小学校长
第三届 1987.4—1990.4	陆干柱	黄埔公社卫生院（第十七队）
	陆少琼	第七生产队
	余居松	文冲小学校长
第四届 1990.4—1993.4	陆干柱	黄埔公社卫生院（第十七队）
	梁灿炎	港湾医院（第一队）
第五届 1993.4—1998.4	陆干柱	黄埔公社卫生院（第十七队）
	梁灿炎	港湾医院（第一队）
	陆桂祥	第二十队
第六届 1998.4—2003.4	陈汝康	第四生产队

第五节　文冲村（乡、生产大队）班子组成人员

1949—2002 年 7 月文冲村（乡、生产大队）班子成员任职情况表

表 6-3-5-1

机构名称	时　间	职　　　务	姓　名	任职时间
番禺县第五区横沙乡支前委员会	1949—1950	主席	陆金彪	1949—1951.7
		主席（文冲）	陆干柱	
		委员	陆福海	
			陆羡宾	
			梁铁如	
农民协进会	1950—1951	文书	李俊杰	1949—1951.7
			陆金堂	

续表 6-3-5-1

机构名称	时　间	职　　　务	姓　名	任职时间
东坊农会	1950—1951	农会主席	陆干柱	1949—1951.7
东坊农会			陆俭威	
西坊农会			陆羡宾	
西坊农会			陆铨铭	
文园农会			陆正举	
江北农会			陈克宜	
江北农会			梁炳垣	
横沙乡文冲村	1951—1952	乡长	苏兆章	1951—1952
		副乡长	梁铁如	
		办事员	陆羡宾	
			陆金彪	
		文书	庞炳辉	
广州市黄埔区文冲乡人民政府	1953—1954	党支部书记	郭炎彬	1953—1954
		乡长	陆兆泉	
		副乡长	陆流妹	
		文书	陆伟成	
			陆国松	
		财务	陆松杰	
文冲乡农业社	1954—1955	党支部书记	郭炎彬	1954—1955
		副书记	陆满田	
			陆流如	
		乡长	陆流妹	
		文书	陆国松	
		财务	陆松杰	
广州市郊区文冲乡（大乡）	1956—1957	党总支部书记	郭炎彬	1956—1957
		乡长	何容滔	
			阮渭潮	
		副乡长	区聚牛	
			岑业农	
		文书	陆国松	
			周耀培	
		妇女代表	秦翠琼	

续表 6-3-5-1

机构名称	时　间	职　　　　务	姓　名	任职时间
广州市郊区黄埔人民公社文冲生产大队	1958—1960	党支部书记	郭炎彬	1958—1960
		副书记	陆流如	
			陆满田	
		大队长	叶　哪	
			陆志辉	
		副大队长	陆松柏	
			陆兆枢	
			陆兆洪	
			叶金水	
		妇女主任	陆流妹	
		妇女代表	秦翠琼	
文冲生产大队	1961—1963	党支部书记	陆流如	1961—1963
		大队长	陆志辉	
		副大队长	陆松柏	
		财粮文书	陆窝棠	
		妇女主任	陆流妹	
东坊生产大队	1961—1963	党支部书记	陆兆枢	1961—1963
		大队长	叶　哪	
		副大队长	陆福尺	
		财粮文书	陆树佳	
		治保主任	陆正辉	
		妇女主任	秦翠琼	
西坊生产大队	1961—1963	党支部书记	陆兆洪	1961—1963
		大队长	陆大妹	
		副大队长	陆祐康	
		财粮文书	陆祐宁	
		妇女主任	秦美甜	
江北生产大队	1961—1963	党支部书记	陈庆贤	1961—1963
		大队长	陈章苏	
		财粮文书	陈国焰	
		妇女主任	陆妙贤	

续表 6-3-5-1

机构名称	时　间	职　　务	姓　名	任职时间
江东生产大队	1961—1963	党支部书记	梁浩潮	1961—1963
		大队长	梁宏业	
		财粮文书	梁炽焰	
		妇女主任	梁沛连	
广州市郊区黄埔人民公社文冲生产大队	1964—1969	党支部书记	郭炎彬	1964—1969
		副书记	陆流如	
		大队长	叶　哪	
		副书记兼民兵营长	陈庆贤	
		副大队长	陆志辉	
			陆兆枢	
		治保主任	陆国培	
		民兵营长	陆振熙	
		团总支部书记	陈惠芬	
		财粮文书	陆窝棠	
		妇女主任	陆满悌	
			梁沛连	
广州市郊区黄埔人民公社文冲生产大队	1969—1973	党支部书记	陆流如	1969—1973
		副书记	陈庆贤	1969—1972
		大队长	陆志辉	
		副大队长	陆兆枢	1969—1971
			梁沛连	1969—1973
		治保主任	陆国培	1969—1972
		民兵营长	陈惠林	1972—1973
		财粮文书	陆卓延	1969—1973
		妇女主任	陆满悌	
广州市黄埔人民公社革委会文冲生产大队革命委员会	1974—1976	党支部书记	陆志辉	1974—1976
		革委会主任	叶　哪	
		副主任	梁沛连	
			陆祐康	
			叶金水	
			陆广成	
		副主任兼出纳	陆照醒	
		团总支部书记	陆庙佳	

续表 6-3-5-1

机构名称	时　间	职　　务	姓　名	任职时间
广州市黄埔人民公社革委会文冲生产大队革命委员会	1974—1976	民兵营长	陆达辉	1974—1975
			陈惠林	1975—1976
		财粮文书	陆秀华	1974—1976
		妇女主任	陆少琼	
广州市黄埔区黄埔人民公社文冲生产大队管理委员会	1976—1984	党支部书记	陈惠林	1976—1976
		党支部书记	陆三喜	1976—1984
		大队长	陆志辉	1976—1984
		党支部副书记	陈惠林	1976—1984
			陆达辉	1976—1978
		副大队长	陆国生	1976—1984
			陆广成	
			陆咸妹	
		治保主任	梁柱生	1975—1976
		治保主任	陆庙佳	1977—1984
		财粮文书	陆秀华	1976—1984
		妇女主任	陆少琼	
广州市黄埔区大沙区公所文冲乡人民政府	1984—1987	党总支部书记	陈惠林	1984—1987
		副书记	陆咸妹	
			陆国生	
		乡长	陆咸妹	
		副乡长	陆朝煊	
			陆志辉	
			陆耀明	
			陆广成	
		财粮文书	陆卓为	
		妇女主任	陆少琼	
广州市黄埔区大沙镇文冲村民委员会	1987—1989	党总支部书记	陈惠林	1987—1989
		副书记	陆国生	
		村委会主任	陆咸妹	
		村委会副主任	陆耀明	
			陆广成	
			陆潮煊	

续表 6-3-5-1

机构名称	时 间	职 务	姓 名	任职时间
广州市黄埔区大沙镇文冲村民委员会	1987—1989	治保主任、民兵营长、团支部书记	陆锦球	1987—1989
		财粮文书	陆卓为	
		妇女主任	陆少琼	
广州市黄埔区大沙镇文冲村民委员会	1990—1993	党总支部书记	陈惠林	1990—1993
		副书记	陆国生	
		副书记、村委会主任	陆耀明	
		村委会副主任	陆锦球	
			陆汉佳	
			梁赛红	
		治保主任、民兵营长、团支部书记	陆照祥	
		财粮文书	陆卓为	
		妇女主任	陆少琼	
广州市黄埔区大沙镇文冲村民委员会	1993—1996	党总支部书记	陈惠林	1993—1996
		副书记	陆国生	
		副书记、村委主任	陆耀明	1993—1994
		副书记	欧锦光	1995—1996
		村委会副主任	陆汉佳	1993—1994
			陆锦球	1994—1996 代村主任
			梁赛红	1993—1996
		治保主任、民兵营长、团支部书记	陆照祥	
		财粮文书	陆泽权	
		妇女主任	陆少琼	
		二线干部	陆卓为	
广州市黄埔区大沙镇文冲村民委员会	1996—1999	党委书记	陈惠林	1996—1999
		副书记、村委会主任	陆汉佳	
		副书记、纪委书记	陈中山	
		村委会副主任	梁绍炘	
			陆焰棠	
			梁赛红	
		治保主任、民兵营长、团支部书记	陆照祥	
		财粮文书	陆泽权	
		妇女主任	陆少琼	

续表 6-3-5-1

机构名称	时间	职务	姓名	任职时间
广州市黄埔区文冲村民委员会	1999—2002.7	党委书记	陈中山	1999—2002.1
			周建怀	2002.2—2002.7
		副书记、村委会主任	陆汉佳	1999—2002.7
		党委副书记、纪委书记	陆泽权	
		村委会副主任	梁绍炘	1999—2002.7
			陆湛文	
			陆焰棠	
		治保主任、民兵营长、团支部书记	陆照祥	
		财粮文书	陆沛华	
		妇女主任	陆翠芬	

第六节　文冲村（乡、生产大队）各生产队（社）班子成员

1976 年度文冲生产大队各生产社队委组成人员一览表

表 6-3-6-1

队别	队长	副队长		出纳	联队出纳	会计	贫协
1	梁润煊	梁润佳		梁永兴		梁锦钊	梁满开
2	梁福兴	梁洞添	梁容佳	梁容佳	梁炽焰	梁会兴	梁福兴
3	梁浩潮	梁栋材		梁潮邦		梁玉田	梁润窝
4	陈汝垣	陈汝康		陆妙贤		陈国焰	左六妹
5	叶德顺			叶国强		叶国建	
6	陆早荫	陆咸苏		陆国才		陆绍光	陆日常
7	陆咸妹	陆广尧	钟就兴	陆显球		陆俭明	陆少琼
8	陆祯祥	陆锦辉		陆达汉		陆镜钊	陆炳标
9	陈容娣	陈　珠		陆结松		陈克宜	陈炳坤
10	陆开其	陈满群	刘向前	陆洪森		陆垣威	梁　深
11	苏汝添	陆南大		陆应鸡			李莲英
12	陆洞丕	陆丽英		陈镜仁		陆兆球	陆华广
13	陆锐田			张润玉		陆垣威	容满珍
14	陆耀枢	陆宁辉	梁赛红	陈惠芬		陆干生	冯旺好
15	陆柱南	陆炳坤	周惠艮	陆中德		陆宁辉	张月桂
16	陆润辉	陆福谦		梁润平		余小娟	陆鑑湖

续表 6-3-6-1

队 别	队 长	副队长		出 纳	联队出纳	会 计	贫 协
17	陆正辉			潘金銮		陆永仁	陆润秋
18	陆业成	陆鑑文	彭琼玉	陆汉佳		陆汝流	吴就喜
19	陆满田	陆伯苏		陆祐贤		陆应兆	莫银肖
20	陆潮煊	陆凤池	陆潮柏	陆耀生		陆海泉	陆其章
21	陆福其	陆赐忠	梁 谊	陆庆威		陆泰祥	陆九昌
22	陆润珠	陆柱彬	陈庆云	陆荣恩		陆汉荣	陆润珠

1979 年度各生产社队委组成人员一览表

表 6-3-6-2

队 别	队 长	副队长		会 计	出 纳	记 分	保 管	贫 协	妇女组长	治 委
1	梁炳桃	梁满开		梁锦钊	梁永兴	梁灿言	梁永洪	陆常欢	陆常欢	梁满开
2	梁福兴	梁容佳		梁会兴	梁洞添	梁会兴	梁培商	梁福胜	岑瑞其	
3	梁浩潮	梁栋材	梁国丁	梁玉田	梁朝邦	沈利青	梁士坤	梁荫钊	梁容爱	梁容爱
4	陈汝康	陈次兴		陈国焰	陆妙贤	陈 伟	陈其瑶	陈旺才	张有艮	陈旺才
5	叶德顺			陆永仁	叶国建	叶宝愉	叶裕滔	叶惠康	周凤群	叶德顺
6	陆帝林	陆礼初		陆绍光	何美珍	陆国才	陆润九	陆仲流	陆容标	陆炳桥
7	陆照明	陆岑海		陆剑明	陆显球			陆萌芬	余翠愉	陆广尧
8	陆祯祥	陆锦辉	陆耀光	陆镜钊	陆福棠	陆亨文		陆炳标	陆顺喜	
9	陈容娣	梁 珠		陈克宜	陆松结			陈 珠	杜苏妹	杜苏妹
10	陆开其	陆燕嫦		陆垣威	吴如妹	周艳流		陆柳芳		陆燕嫦
11	苏汝添	陆顺南		陈国焰	陆应鸡			陆庆钊	陆爱妹	苏汝添
12	陆洞丕	陆卓为		陆垣山	陈镜仁			陈华广		
13	陆锐田	陆敏杨		陆恒威	张润玉	王佩基		容满珍	徐凤英	麦百平
14	陆耀枢			陆干生	周月华	潘少扳		陆国祥	潘少扳	
15	陆柱南	陆中富		陆宁煊	黄庆光	陆炳坤	陆兆棠	张月桂	张月桂	张月桂
16	陆润辉	陆福谦		徐少娟	梁润萍	陆鑑湖 叶燕英	陆苏妹	陆锦秋	陆注妹、 陆次添	陆锦秋
17	陆正辉	陆敏霞		陆永仁	潘金銮	陆镜钊	陆进钊	陆润秋	潘金銮	陆润秋
18	陆叶成	陆干兴	陆鉴文	陆汝流	陆汉佳	陆焰兴 陆汉佳		吴就喜		
19	陆八苏	陆祐贤		陆应兆	钟妙嫦	陆艳华			莫银肖	
20	陆朝煊	陆朝柏	陆凤池	陆海泉	陆耀生			陆其章	秦美甜	
21	陆福其	陆赐忠	陆注平	陆泰祥	陆楚端	陆棣佳		陆九昌	李 妹	陆惠波
22	陆润珠	陆兆芳	陆进松	陆汉棠	徐焕敬	陆英联	陆结秋	秦焕弟	秦焕弟	陆兆芳

1991 年度各生产社队委组成人员一览表

表 6-3-6-3

社　别	队　长	出　纳	妇　委	队　　委
1	梁干端	梁永兴	秦旺弟	梁润佳
2	梁锦棠	徐凤冰	秦美贤	梁洞添、梁容佳
3	梁栋财	李少玲	梁容爱	梁浩潮、梁敬威
4	陈旺财	钟满沂	何肖梅	陈汝垣、陈汝康
5	叶惠康	张桂冰	周凤群	
6	陆汗文	陆惠权	利柳嫦	陆仲流、陆容标
7	陆岑海	陆喜光	梁敬连	陆俭明、张丽兴
8	陆流文	陆孔其	阮彩蝶	陆泽权、陆国强
9	叶克宜	梁来好	何艳芳	张福喜
10	陆国成	周艳流	陆燕嫦	陈金佑、陆浩明
11	陆仲良	陆国珠	陆爱妹	
12	陆伯韶	陈镜仁	徐润妹	
13	陆天恩	陆垣威	徐凤英	
14	陆耀枢	周月华	潘少扳	陆天华
15	陆沛松	钟婉贞	麦水贤	陆柱南、陆汉章
16	陆汉荣	陆伟坤	古自兴	叶燕英、陆润辉
17	陆镜滔	陈伯能	潘金銮	阮柳枝、陆锦田
18	陆柱洪	周惠珍	钟美贤	陆庙增、陆志坤
19	陆镇钊	钟妙嫦	钟肖连	
20	陆焰棠	陆善田	周丽金	陆耀生、陆树荣
21	陆棣佳	陆镇生	欧美珍	陆汉昭、陆森荣
22	陆荣恩	梁翠英	秦焕弟	

1995 年度各生产社干部名单一览表

表 6-3-6-4

社　别	社　长	副社长	出　纳	妇　委	社　　委
1	梁杰义		梁永兴	秦旺弟	梁柱生、梁润佳
2	梁应权		吴月初	秦美贤	梁次波、梁洞添
3	梁栋财		李少玲	梁容爱	梁日明、梁浩潮
4	钟满沂	陈旺财	朱少琼	朱少琼	陈汝康、陈树荣
5	叶惠康		张桂冰	周凤群	
6	陆惠权	陆柱辉	张洁萍	张洁萍	陆汉文、陆仲流、陆容标、陆永光
7	陆喜光	陆锦标	陆俭明	张丽兴	陆炳荣、陆汉贤

续表 6-3-6-4

社别	社长	副社长	出纳	妇委	社委
8	陆流文	陆孔祺	阮彩蝶	阮彩蝶	陆达汉、陆国强、陆锦标
9	陈锦荣		梁来好	何艳芳	张福喜、陈炳芬
10	陆海泉		周艳流	陆燕嫦	陆国威、陆注荣
11	陆仲良		陆国珠	秦顺兴	苏汝添、陆汉辉
12	陆锦权		陆兆佳	徐润妹	陆伟添、陆恒山
13	陆步云		陆垣威	陆丽群	陆炎森、李志强
14	陆鸿英		周惠娟	钟顺有	陆天华、陆永生、陆浩场、陆宁辉
15	陆汉章		阮群英	麦水贤	陆忠德、陆柱南
16	陆伟坤	陆文泉	古自兴	叶燕英	陆锐庭、陆汉荣、陆浩和
17	陆镜涛	陈伯能	潘金銮	陆柳枝	陆炳辉、陆锦田
18	陆柱梁	陆庙增	周惠珍	简燕珍	陆永波、陆兆流、陆汝流
19	陆庆流		钟妙嫦	钟肖莲	陆镇钊、陆仲添
20	陆润森	陆汉森	岑柳桃	周丽金	陆善田、陆桂祥、陆树棠
21	陆棣楷	陆永森	陆泰祥	区美珍	陆汉强、陆永泰、陆森荣
22	陆荣恩		梁翠英	秦焕弟	

2001年度文冲村各经济社领导成员名单

表 6-3-6-5

队别	社长	出纳	妇委	成员			
1	梁杰义	陈玉燕	秦旺弟	周流芬	梁焰彬		
2	梁锦新	吴月初	秦美贤	梁次渡	梁荣华		
3	梁焯球	阮燕芬	梁贤娣	梁栋财	梁凌欢		
4	陈锐祥	朱少琼	简柳冰	钟满沂	罗丽芳		
5	罗艳梅	张桂冰	莫润芳				
6	陆惠权	张洁萍	区倩筠	陆荣杰	陆永光	陆锦荣	陆耀均
7	陆喜光	陆炳荣	罗柳嫦	陆锦标	陆汉贤		
8	陆孔其	麦艳容	李爱莲	陆镇邦	陆永同		
9	梁洪佳	何艳芳	梁来好	叶沛泉	陈耀明		
10	陆海泉	周艳流	潘丽燕	陈炳权	陆浩标		
11	陈中强	陆荣波	罗少能	陆汉辉	陆钜坤		
12	陆锦权	陆兆佳	梁伙妹	陆锦柱	陆伟佳		
13	陆步云	陆炎森	陆丽群	李志强	符旭南		
14	陆鉴辉	陈耀机	陆柳娟	陆浩杨	陆铭锋		
15	陆汉章	陆淡仪	阮群英	陆树权	陆柱华		

续表 6-3-6-5

队别	社长	出纳	妇委	成			员
16	陆锐庭	古自兴	黎惠秋	陆伟坤	陆炜煊		
17	陆炽恩	潘金銮	阮柳枝	陆泽森	陆炳辉		
18	陆剑强	邱红娣	陆惠英	陆永波	陆汝泉	陆惠边	陆楚荣
19	陆耀兴	莫洁萍	钟育莲	陆庆流	梁月芳		
20	陆汉森	岑柳桃	周丽金	陆卓机	陆桂祥	陆汉林	陆柏奇
21	陆永森	钟淑梨	区美珍	陆业权	陆森荣		
22	陆荣恩	梁翠英	秦焕弟				

第七篇　传统农具与村民生活用具、自制食品

据考古发现，约春秋（前770至前476）战国时期，文冲地区附近的暹岗，已有先民在此活动，于此发现有丰富的印纹陶，以及青铜兵器、豆、折肩罐、陶釜等。他们在此开田辟地，掀开农耕文明的初页。文冲村自宋代开村以来，村民在这块土地上耕作种养，繁衍生息，创造和使用各式农业生产工具和生活用具，自制各种食品，有的一直沿袭至今。随着社会生产力的发展，特别是改革开放后城市化和农业现代化步伐加快，现代农业机械和生产工具、现代家用电器和生活用具，迅速取代传统农业生产工具和农村生活用具；专业化生产逐步扩大，村民自制食品也渐渐减少。

第一章　传统农具

文冲的农业生产工具（简称农具）主要有以下几类：耕作种植工具，如犁、耙、槤竹、槤板、锄头等；灌溉提水工具，如戽斗、水车等；盛肥、施肥、取肥工具，如粪桶、粪箕、取肥艇等；收割脱粒工具，如镰刀、禾桶等；装载运输工具，如鸡公车（人力独轮车）、二轮板车等；其他小农具与植保器具，如扁担、喷雾器等；劳动保护工具，如簑衣、笠帽等。文冲农民在使用传统农具过程中，不断加以改进和创新，推动农业生产不断发展。

第一节　耕作种植工具

畜力牵引的耕作工具有犁、耙、槤竹、槤板等，手工操作的耕作工具有锄头、铁锹、铁铲、大小铁齿耙（又名五齿耙）、田基刀（用于斩除田基边的杂草）、用于耘田除草的推耙（又名草耙）等。水田插秧以手工为主，只有一些辅助性种植工具，如秧盘、秧铲等。

一、耕作工具使用情况

新中国成立前，文冲地区凡是有水灌溉的田都用作种植水稻。每年水稻秋收完后，

马上把田土犁翻（又叫犁冬），有部分贫苦农民无牛、无犁耙，只好用锄头人工掘田（锄田，把禾秆头及泥土翻转），晒干、晒白。春节刚过，人们都忙着到田里抄（翻）“冬耕”，用犁或较轻的锄头，把犁转或掘转的泥土翻过来，再晒，农民叫“犁冬晒白”。这样有利于松土，减少虫害利于作物生长。犁田方式是牛轭架在牛颈上，连接着犁或耙具，人在后面，右手扶犁尾，左手抓牛绳，牛绳穿着牛鼻，犁在中间，牛在前边拉着犁向前走，每次犁一行（收割后留下的禾秆头），续种水稻一般犁 12 行为 1 调，要看田块的大小宽度而定，一调中间有条浅沟，田块宽者田中有 3—5 条浅沟，窄者中间留 1 条浅沟，一调犁多少行则视田块大小而定。种植经济作物（蔬菜、花生等），犁 8—9 行为 1 坜（畦）。

第二年春天，“雨水”季节下雨，人们忙着储水浸田；到清明前后开始办田（耙田），俗语说“清明”下秧（播种）、“谷雨”莳（插秧）。办田的方式和程序：人在后边右手或双手扶耙的横木棒，左手抓牛绳，耙在中间，牛拉着耙向前走，跟犁田的方向走一遍（农村称“破拨”），作用是破碎泥土；横耙 2—3 遍，作用是破碎泥土、拉平田面；再直行一遍（农村称梳耙），作用与上同；最后是槵田，用耙齿插入槵竹（约 2 米长的木条）或槵板走 1—2 遍，作用是将泥土耙平。以上作业完后，可进行莳田（插秧）。有少数村民先耙一次“破拨”，用犁翻一次，再进行耙田。

20 世纪 60 年代初期，黄埔地区各农械厂购进中型拖拉机（村民称它“红头仔”），曾到一些生产队帮耕——犁耙田。由于文冲地区丘陵田地较多、田块面积小，不适合这种中型拖拉机耕作。围田面积较大、平整，但没有公路，中型拖拉机无法行驶到围田地区去耕作，村民都不愿意使用这些“红头仔”耕田，让其拖牵一个车箱（兜），用来运送农副产品到广州市区，又从广州市区运垃圾（作肥料）回来，有时作商业货品、工业产品运输。70 年代初期开始，有“五一”型的新犁，制作工艺同传统旧式犁差不多，但规格要小，长度只有 1.1—1.2 米，比旧式犁轻一半左右。70 年代中期，发展铁犁（犁架都是铁的），制作工艺和“五一”犁大体一样，但比“五一”犁精细，没有以前的笨重，比“五一”犁稍重 0.5 公斤左右。有“五一”犁和新铁犁后，原旧式大犁抄犁（木制）逐步被淘汰。70 年代后期，手扶拖拉机逐步代替耕牛犁田、耙田。90 年代后，由于国家建设征用土地多，不再种植水稻，犁、耙、耕牛逐步消失。

二、主要耕作工具的制作工艺

犁、耙、槵竹与挽板为水田耕作主要工具，按不同用途制作。

犁 农业耕作的翻土，主要工具是牛拉的犁。

文冲地区用于翻土的犁有大的、也有较小的木架犁和铁架犁。木架犁的制作材料：硬木头、铸铁的犁头犁壁，分为犁尾、犁峡、犁栋、犁头、犁壁 5 个部分。犁头至犁尾长 1.6 米左右，整条犁尾好像一条莲藕，一节粗一节细，用坚硬的木头刨成，犁头段成尖形。木犁规格是：厚 15 厘米、宽 10 厘米，有一段直径 10 厘米，安装犁栋段直径 15 厘米；犁峡后一段直径 10 厘米，犁峡段直径 15 厘米，到犁尾段（扶手）10 厘米，最尾部 5 厘米，头段直径 10—12 厘米，中段直径 10 厘米，安装犁栋段（弯形的地方）直径 15 厘米，转弯下边段直径 13 厘米，到和犁尾接驳处高 6 厘米、宽 4 厘米；犁栋用坤甸木板造，规格：高 50—60 厘米、厚 3 厘米、宽 6—8 厘米。犁峡、犁尾、犁栋装好后，再装上铁制犁头、犁壁，整张犁就造好了。

耙（又叫铁耙） 农村的耕作在下种或插秧前，要松土或平整土地主要用牛拉铁

五一木架犁

铁架犁

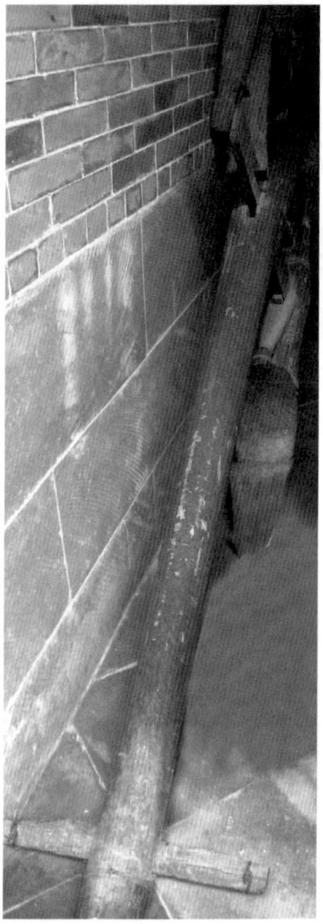

大木架犁

铁耙，作用是破碎泥土拉平田面

耙齿插住的横木为“挽竹”，用于水田耙后拖平

耙来耙。铁耙用圆钢（农村称熟铁）经烧红用人工锻打而成，耙长 1.2 米，直径 3 厘米左右，连接 12 条耙齿，每条耙齿长 30 厘米，上粗（直径 3.5 厘米）、下细（直径 1 厘米）成尖形，耙两端连接一只耙手拱，直径 3 厘米，高 30 厘米，各镶一条直径为 6 厘米的原木（用来绑牛缆用），耙上方两边连接 2 条高 1 米、直径 3 厘米的铁扶手柱，两扶手柱相隔 80 厘米，铁扶手端的铁打成 1 个 6 厘米的圆圈，系上 1 条直径 5 厘米左右的实木棒，人在耙田时抓住这条木耙棒就可以进行耙田作业。

竹、板 使用功能均为插秧前将耙好的水田再刮平一些。这两样工具的制作方法有所不同。竹：采用杉木为原料，质量要求为直、圆、硬，长度 1.5—2 米，直径约 13 厘米，刨成圆形，头尾一样大小，中间凿 1 条小坑，规格是：长 1.2 米、宽 2 厘米，深 4 厘米，插耙齿用，竹插在铁耙上，与耙田一样，牛拖着走，把田拖平后，可莳田（插秧）。挽板：采用约 6 厘米厚杉木板，质量要求直、硬，长度约 2 米，宽度约 15 厘米，头尾一样大小，刨成半圆形，下面圆，上面平面，中间插 1 条硬木约 50 厘米高、10 厘米宽、6 厘米厚，硬木两边钉 2 条硬木条，50 厘米长、6 厘米高、6 厘米宽，用作插耙齿，插在耙齿上，与耙田一样，将已耙好的水田拖平后，再插秧。

三、犁耙配件

犁耙的配件有牛轭、牛办郎、犁钣刀、牛缆、牵牛绳，其制作：

牛轭 架在耕牛的颈肩部，是牛拉犁耙的配套工具。用弓形木或 2 根木制作成一个弓箭形。规格是：每边长 40 厘米，中间基本成圆形，厚 8 厘米、中间宽 13 厘米，两边尾部厚 5 厘米、宽 7 厘米，尾部两端直径大些，绑牛缆用，不会甩掉牛缆。

大水牛用的牛轭

牛办郎 用于牛轭固定在牛的颈部。制作材料多数用藤编织而成（有些用帆布制作）。规格：长 40 厘米、宽 10 厘米、厚 1 厘米，两端扎 1 条牛绳，套在牛肩的颈下部，并扎在牛轭上，防止牛轭脱落。

犁钣刀 用于将耙好的水田再括平。选用 1 条实木条，规格为长 40—45 厘米、直径 7—8 厘米、尾端 9—10 厘米，用来绑牛缆用。犁钣刀中间凿一个直径 3 厘米左右的洞，镶一个铁钩，用来钩住犁嘴。驶牛前要造 2 条吊压绳，一头固定在牛尾的体部，中间连接起来，绳分别绑在牛上，防止牛轭脱落。驶牛时，在牛身上架好牛轭，绑好牛办郎，套好吊压绳，把犁钣刀钩住犁嘴，牛行走时，拉动犁或铁耙，人在后单手扶住犁尾或单手扶住铁耙，左手抓住牛绳，指挥着牛犁田、耙田。20 世纪 70 年代有手扶拖拉机后，用牛耕田的做法逐步减少。

锄头、铁锹、铁铲 制作简单，使用灵活，是无力饲养耕牛农户的主要耕作工具。

小农具，从左到右有锄头、田基刀、禾抢、牛屎耙（2把）、铁铲、铁拔、草耙、茅头锹及扁担（2条）

秧铲、锄头、长秧铲、铁头锹

即使有耕牛犁田的农户，锄头、铁锹、铁铲也是不可缺少的辅助耕作工具。根据不同的使用场所，锄头、铁锹、铁铲有不同的规格和样式。有掘菠萝地的大邦锄头，有掘田用的二邦锄头，有铲草用的三邦锄头，有松土用的较轻的四邦锄头。锄头柄有用木或竹造，锹、铲柄用木造，与泥土接口处均是铁造，还有种菜用的锄头仔。铁锹、铁铲也有大小规格之分，还根据铲土、掘土的不同用途，有平口、圆口和尖口之分。由于锄头、铁锹、铁铲结构简单、使用灵活的特点，至今仍为农户使用，即使在城区，也是园林绿化必备的工具。

四、种植工具

文冲地区农田以水田为主。水田插秧，自古以来是手工操作，只使用一些辅助性工具，如秧盘、秧铲等。插秧时，秧苗放在秧盘上，先拿一块趸仔（像小凳子大块）秧或大秧放在一只手上，另一手插秧，人退后时用脚推动秧盘向后，如此反复进行。秧盘高 20 厘米、直径 60—65 厘米，底板刨成稍拱形，比盘沿凸出 1—2 厘米，推动时阻力小一些。

莳田时装秧苗的秧盘

制作时把2厘米厚的板裁好刨好，底板刨成稍有点拱的形状后进行装坎，用竹篾青条织成2个箍，分上下把秧盘箍牢固，也有用8号铁线作箍的。秧铲用铁片锻成，很薄，装上1条长1—1.2米长、直径5厘米左右的木棒，用来铲“趸仔秧”。20世纪80年代后，插秧机代替手工插秧。90年代后，文冲地区停种水稻，插秧工具成为历史。

第二节 灌溉提水工具

文冲地区广深铁路以南属围田区，河涌纵横交错，每月农历初三、十八日的涨潮期前后3—4天都有潮水自流灌溉（农谚叫“初三、十八，高低尽刮”）；广深铁路以北属丘陵区，新中国成立前，农作物用水靠下雨和戽水或车水；新中国成立后，靠山塘水库储蓄的水，有的靠山溪水来灌溉。如遇天旱或潮水枯水期，农作物无水灌溉，先辈为了生存，先后发明和使用戽斗戽（提）水，大小水车车水（提水）。

一、戽斗

用于人工戽水浇灌农作物。其结构和制作都很简单，用铁皮按需要裁剪后，用8号铁线圈成直径40—60厘米，(分几种规格的戽斗)卷好铁皮，把铁圈接在已卷好的铁皮上，之后把生铁筒底板连接起来，扎上一条1米长、5—6厘米直径的竹或木条作柄，用双手抓住戽斗柄，一下一下地戽水上田。戽斗分大、中、小3种规格，一种是长40厘米、直径20厘米；第二种是长50厘米、直径30厘米；第三种是长60厘米、直径40厘米。一般家庭都有几个戽斗，根据人的气力和水位的高低选用不同大小的戽斗。

单人力戽斗

二、水车

分小水车（手摇）和大水车（脚踏）两种，用于人力脚踏动力车水，多为抗旱灌溉农作物。原材料大部分选用杉木和小部分杂木材料制成。小水车长2—3米（内分几种规格）、高40厘米，底部板厚2厘米、两侧边厚1厘米。水车头尾装六角轮，用坤甸木板制造，高15厘米、宽10厘米、厚1厘米左右，车叶（拨）中间穿1条坤甸木，把一块一块的车叶连起来，水车头的六角车轮中间安装1条方形的铁条，两边凸出2条有勾的铁，接好安牢方形铁，人抓住车把，反复地转动，牵动车叶（拨、斗）转动，水跟着车叶（拨）的转动把水引到田里。

大水车构造的原理、性能和小水车一样，但车身长些，一般长为2—3米以上，车架高60厘米左右，旁边木板2厘米厚，底板3厘米厚，车架车叶比水车高6—7厘米，宽5—6厘米，地上装1个架，两边插2条杉木，杉木的顶部架一条横杉杠，用麻绳将两边的杉木柱绑紧；水车尾部浸在水中的地方，用2条长竹（木）插入水中扎成架，托住水车尾，避免浸在泥中堵塞。2人站在车头架上，双手扶住横杠，双脚用力轮番踏，使车叶转动，脚踏水车车的水量比手摇水

手摇水车，用于提水，灌溉水稻田

车车的水量多1—2倍。大多数是2人脚踏水车，还有3人脚踏水车的。1963年，文冲地区大旱，开始有电动水泵、柴油机水泵抽水。1967年开始，有直径30—40厘米、扬程4—5米的直流电动泵和直径20—30厘米、扬程30—40米水泵。20世纪80年代，有潜水泵；改革开放后，各种各样水泵都有，如挖下水道、电讯坑、基础等，有携带很方便的电动式柴油抽水泵，家庭用来抽井水，有些家庭拥有用作自来水加压的拳头大的微型水泵。自从有了电动或柴油水泵后，小水车、脚踏双人水车逐步消失。

第三节　盛肥、取肥、施肥、耘田工具

文冲地区农民使用的传统取肥、施肥工具有粪（畚）箕、粪桶、粪勺（壳）、粪盘等。新中国成立后至20世纪70年代，该地区农民为了挖塘泥作基肥，又创造一种叫“登陆艇”的取肥工具，简称“取肥艇”。

一、粪（畚）箕

分2种，用于人工挑或提的运输盛装工具。选用的原材料都是用青竹篾由人工编织而成：粪箕仔，用来捞塘泥，装满塘泥后，一只手能挽得起，也有人用来装石仔，下乌、白榄时用来捡乌、白榄，捡满后倒到竹箩上，作转运工具；大粪箕，比粪箕仔大，同是用竹篾编织而成，形象圆形一边开口，加2只用竹篾织成的粪箕耳，高约30厘米、宽约40厘米，通常用

粪（畚）箕，用于担猪、牛屎和泥、灰等

来担塘泥，担人畜屎与土杂肥用，一只可装 20—30 公斤肥料。

二、粪桶

是用于盛装液体肥或水的一种农具，人工用杉木板制成。规格：高 45 厘米、直径 35 厘米，2 只桶耳高出 10 厘米、宽 10 厘米，桶底根据桶身直径做，桶身板、桶底板，刨至 2 厘米厚进行装嵌，然后用竹篾青条织成篾箍或制作宽 1.2 厘米、厚 0.3 厘米的铁箍，把组成的桶身板用 2 个箍分上下箍牢固，在桶耳凿 1 个 1—2 厘米的桶眼，穿上麻绳就可以用来担粪、挑水之用。

三、粪盘（粪艇）

是蔬菜生产施肥时用来盛装肥料所用。蔬菜地都设有 40—50 厘米宽的水坑渠，由于坑窄，为了多装粪水，故把粪盘做成小艇一样，人们称它为粪艇。粪艇高 25—30 厘米、长 70 厘米左右、宽 30—35 厘米，像鹅蛋型，用厚 2 厘米木板裁好，把粪艇底板做成拱形（像渔民用的小艇），方便推和拉，不会陷入泥中。粪艇两头各有 1 只耳，高 10 厘米、宽 10 厘米，中间凿有直径 3 厘米艇眼。用竹篾青条织成箍，分上下各 1 个（后来多数人用 8 号铁线造粪艇箍）把粪艇箍牢固后，把绳系在粪艇耳上。施肥时把粪水倒到粪艇上，用粪勺把水坑的水倒入粪盘上，按比例开稀搞匀，粪艇绳扎好后挂在肩上，拉着粪艇走，沿水坑边走边向菜畦施肥。粪勺是用木制成，高 15 厘米左右、口直径 20—25 厘米、底部 18—23 厘米，用 1 厘米左右厚木板裁成若干块小板，用 8—10 号铁线作箍，把粪勺固牢，用 1 条长 1.5—1.6 米、直径 5 厘米左右的竹杆把粪勺固牢在竹竿的一端作柄，农民抓住竹柄施肥。粪勺用于施肥和浇水，粪勺柄可用来挑粪。

20 世纪 70 年代初，人们开始使用塑料粪桶，塑料秧盘、粪艇、粪勺等，既轻便、又耐用，北风天不会开裂、漏水。70 年代中期，木制桶、盘、勺等逐步被塑料制品取代。

四、取肥艇

新中国成立后至 20 世纪 70 年代初，文冲地区农民为了粮食作物生长好，能增产增收，除了利用人畜粪便和垃圾肥、草木灰外，还用塘泥作基肥。挖塘泥是用工具在鱼塘水中去捞，将捞起的塘泥让人传上塘基晒干，然后担到田中施放；为提高效率，降低劳动强度，发明“登陆艇”，该艇是用 4 个禾桶、8 条杉仔用绳扎好，卡住禾桶，2 个禾桶一边，中间用板钉成一个“船舱”，三边围着 30—40 厘米高的闸板，用 1 只较大的泥篓，接 1 条长的竹篙，1—2 个人在登陆艇上，抓住竹槁，一下一下地往塘里捞塘泥，捞到泥后放到登陆艇，塘泥装满艇后，撑到塘基边，再用泥篓仔捞到岸边晒干，然后担到田上施放。年末干塘后，农民到鱼塘中挖塘泥，晒干后作基肥用。荔枝、甘蔗、香蕉较多的生产队，在基围坑（河涌）用泥篸仔把河涌泥捞到基上，施放在树头边、香蕉树边和甘蔗内坑作基肥用。甘蔗和香大蕉面积较大的围田，使用吸泥船吸泥，送到蕉基和甘蔗坑上，再用人工拨平。放过泥的荔枝、香大蕉、甘蔗产量一般都能增加 20%—40%。

改革开放后，文冲地区耕地越来越少，化肥、复合肥普遍使用，再无人到鱼塘中捞塘泥，登陆艇、吸泥船等取肥工具逐步消失。

五、推耙

用于中耕耘田，除去田中杂草，免使杂草与禾苗争肥料，以及松土、培土，把禾行中间泥土拨向禾头，利于禾苗生长。耘田的工具叫推耙（又叫草耙），新中国成立初期（20 世纪 50 年代）用单齿推耙，一条长竹竿的头装上个耙齿，耙齿用一条扁长的木块钉上 4 根粗铁枝，造成一个推耙，在禾行间来回推拉耙 2—4 次，禾行间草多的多推耙几次。60 年代后则用多齿推耙。用一块长约 30 厘米、宽约 15 厘米的木板装上 3 排 4 个推齿（做成像女性高跟鞋形状，3 排推齿板作鞋底），再安装一条长约 2 米的木柄，柄尾端安上 1 条长约 16 厘米的横木条作抓手，做成一个多齿推耙，在禾苗行间来回推拉中耕耘田。一般在插秧 40—50 天左右耘田 1 次，也有勤奋农户一造耘田 2 次，耘田时间视禾苗生长状况而定。

第四节　收割脱粒工具

文冲地区农村使用的传统收获脱粒工具，有收获粮食作物的镰刀、禾桶、谷箩，还有挖莲藕、芋头用的手锹、达锹等。

一、禾镰

形状如香蕉，握手处有 10 厘米的木柄，内弯是密细利齿，用钢材锻造而成，是收割稻谷、小麦的主要工具。20 世纪 90 年代后，随着土地被征用，农村不再种植稻、麦，禾镰使用也消失。

1　2　3　4　5　6　7　8

1—2 把为柴刀，3—4 为禾镰，5—6 为镰刀，7 为柴刀，8 为镰刀

二、镰刀

结构简单，实际是把带柄的内弯齿

刀，用钢材锻造而成，是用于割柴草等的工具。20 世纪 90 年代后，文冲农村不再用柴草作燃料后，镰刀也逐渐消失。

三、禾桶

又叫禾斗。收割水稻时用来打禾脱谷用。禾桶椭圆形，像个鹅蛋形，口长 1.2 米、宽 85 厘米，底长 1.15 米、宽 80 厘米、高 70 厘米左右，选用 3 厘米左右厚的杉木板按规格裁好刨好，板与板之间用直径 0.4 厘米、长 4 厘米的竹钉固定（竹钉两头尖），禾桶底板也用 3 厘米杉木板按鹅蛋形的禾桶周边内裁好，底板中间高出 2—3 厘米，像船底一样拱形，容易推动。禾桶制作完，用竹篾编织 3—4 个竹箍，上下各 2 个竹箍，用竹箍打牢固，禾桶对应钻洞，一头钻 1 个，直径 2—3 厘米，用来穿绳拉动禾桶。

人工脱谷粒的禾桶

打禾时为了不让谷粒掉在田上，还要制作 1 张竹篾围，叫禾围围中间 1.6 米，两边高 1.3—1.4 米成一个“U”字形。禾围用较宽的竹篾编织成竹笪，纵向用直径 4—5 厘米的竹和竹片 10—12 条，通过篾的横向编织，把竹和竹片织在中间，做成一个禾围。打禾时，禾围插在禾桶的内侧，竹片夹在禾桶外侧，打禾时谷粒不会弹出。由于打禾的需要，还要制作一个禾梯，梯长 1 米、宽 50 厘米，用 7—8 条 3×4 厘米的硬木方条做禾梯横杆，固定在禾梯柱上。收割时，一个人可以挑，一头禾桶一头禾围、禾梯，到田边安装后，开始收割稻谷，然后打禾脱谷粒。还有一种木制打禾桶，正方型向内斜的喇叭型。桶分 2 格，上大下小，下格有木板封底，最底有 2 条 10 厘米左右粗的方木条，长 1.8 米，用于垫上底板时上钉固定，及在稻田里要移动禾桶时，容易搬动；桶的上格为板框，套在下格板沿上，为活动，方便禾斗分开运输；两格共高 60 厘米左右，四方型，边长 1.8 米左右，可容 4 人（一边一人）同时打禾，生产队大集体时使用的比较多。

四、脚踏打禾机

20 世纪 70 年代初，开始使用人力脚踏打禾机，逐步代替禾桶。先把禾割下来，然后1—2人踏打禾机脚踏板，使之转动，把一手禾放在打禾机上，谷粒脱得很干净，比人力打禾节省劳动力。70年代后期，开始使用电动打禾机。90年代后，基本没种水稻，脚踏打禾机和电动打禾机随之消失。

脱谷粒脚踏打禾机

五、谷箩（又叫竹箩）

谷箩用竹青篾编织而成，高55厘米、直径40厘米左右，箩底基本上是方形，箩口基本上是圆形，编织好时，在箩底打8条竹枪（竹片），在箩底和竹枪中间扎2条藤或2条8号铁线接到箩耳上，扎牢固（起到拉力），2只箩耳扎上麻绳就可以用来挑谷、米、杂粮等。20世纪90年代后，人们大多改用编织袋装稻谷，逐渐不使用谷箩。

装载谷米等物的谷箩

六、锹

有多种用途，主要是用于挖泥。锹有不同名称，其结构形式也有所区别。如挖芋头坑、菜坑，取泥种芋、种菜时用的叫达锹，又叫芋头锹、禾锹，选用坚硬的坤甸木制造，规格一般长1.5—1.6米、宽18—20厘米、厚3厘米，锹嘴长1厘米。锹嘴镶一个尖薄的生铁嘴（铸铁，下同），上部是圆型木棍，上端部安装一个抓手柄；挖莲藕用的叫手锹，又叫莲藕锹，是锹类中最小的一种，规格一般长25—30厘米、宽12—14厘米、锹嘴10厘米，装上厚6厘米的生铁嘴。锹顶部凿1个4只手指能穿过的洞，一般右手抓锹，左手摸或抓住莲藕，右手用力将莲藕挖上来；用在水利工程做泥枕的水利锹，制作材料和其他锹基本相同，规格一般长1米、宽15—18厘米，锹顶部厚3厘米，锹嘴厚1厘米，镶上1个生铁锹嘴。锹的顶部安装1条长25—28厘米、直径3—4厘米的手抓圆木柄。后来发展到锹身全部用铁板来造，顶部圆木柄不变。2000年，这种工具仍在沿用。

第五节　装载运输工具

人力“鸡公车”运输工具

新中国成立前，文冲地区农业生产运送肥料、农作物收获果实，靠人肩挑背扛，农民除收割劳作，还要担50公斤左右的稻谷回家，很辛苦。后来，人们创造发明“鸡公车”。这种车整部都是用木料制造，首先用2条杉木方长1.5米、宽10×10厘米，造成一个“人”字的木架，用3—4条4×4厘米坚实的横木方用木尖或铁钉固定；轮是用实木制造，一般直径50—55厘米、厚7—8厘米实木板刨圆，在车轮中间开1个7—8厘米四方洞。车轴直径7—8厘米，两头削成圆形。人字架下各安装1块长30厘米、宽10厘米、高20厘米的方木板，两块木板各凿1个7—8厘米的洞，把木轮安装在木车架下，车尾把手刨成圆形，方便手抓又能发力推拉。在车架上扎一条绳，车轮前边安装高25—30厘米、粗6×6厘米的木方作车脚。水稻收割完，用麻包装满稻谷后扎好麻包口，搬到“鸡公车”上，并把袋口扎实，一般可载2—3包，重约100公斤左右，一个人可以推动。文冲改良鸡公车，每次载运垃圾肥300多斤。（见1958年《穗郊农民报》）

单轮手推人力装载运输工具

20世纪60年代开始，有木制二轮大板车。大板车制作：用2条长1.6—1.8米的10×10厘米杉木方，用4条长60—70厘米横方穿过已凿好洞的两边长方车架边并固定，制作成车架。在车架上铺放2厘米木板，用铁钉钉上，在车架下安装长40厘米、高30厘米、厚10厘米的木板块，用罗丝穿过车架和木板，把两轮固紧后变成一部人力手推车，一次可以运100—200公斤的货物。

60年代末，开始有三轮车、大脚架大书架自行车。三轮车可装货100—200公斤，自行车可载货50—100公斤。70年代，有中型拖拉机和手扶拖拉机。改革开放后，开始有摩托车、农用小型汽车，发展到现在，部分农户有小货车、中型货车或大型货车，有的有小轿车、面包车，有些村民拥有大型客车3辆。

由于交通运输工具发展快，“鸡公车”在60年代初已消亡。二轮大板车在70年代初已消失，三轮车现在很少用，自行车用来运货的很少，只是个人用来上下班，或就近探亲访友、到市场购物等之用。

文冲地区河涌较多，成为水路运输的重要渠道。有河涌的社队集体和部分农民有小艇（船）作运输工具。

第六节　其他小农具及植保器具

一、其他小农具

新中国成立前后，文冲农村农民耕田、种果、种菜、捕鱼还使用其他一些小农（渔）具。有掘坚硬石土用的番锴（十字镐），掘垃圾用的“牛屎”耙，用来推平秧地下秧的“推牛”，开荒砍树用的柴刀、斧头、板锯、圆木锯、弯刀，打大秧用的秧板，推耙（草耙），挑禾秆用的禾枪，收成乌（白）榄用的榄竹、木梯，铲沙铲泥用的番铲，挑东西用的扁担，二人扛（抬）东西的竹杠（大碌竹），担砖、担禾把的砖格、禾格，捕鱼用的渔网，等等。以上农（渔）用工具，现除少数在使用外，大部分已消失。

木耙、秧板、推耙

竹耙、木槌（用于市打碎泥土）

二、植保器具

新中国成立前和解放初期，文冲农村使用的植保器具非常简陋，采用稻草或竹丝捆成把，蘸洒石灰水、鱼藤水、烟骨水等土制农药，效率低，农药浪费也大。后来用竹做成的活塞式手动吸筒喷雾器，效果仍差，且难以大规模施药。20 世纪 60 年代后，使用肩背式人力手动和电动农药喷洒器、喷洒车等，雾化好、效率高，简陋的手动植保器具逐渐被取代。而且使用低毒农药，推广生物防治方法，保护生态环境，保证人畜安全。

第七节　劳动保护工具

解放初期，文冲村民耕田防晒防雨的劳保用品很简单，也非常原始，人们白天赤脚，晚上才穿木屐，下小雨当无事，下大雨时穿上簑衣。簑衣是葵叶尾用绳子织造，一块一块地连起来。簑衣分大、中、小 3 种规格：一种高 1.5 米宽 80 厘米，第二种高 1.3 米、宽 70 厘米，第三种高 1 米、宽 60 厘米。下雨时，高大的人穿大号簑衣、中等身材穿中号簑衣、矮小人穿小号簑衣，穿上簑衣、戴上竹叶帽（笠）、卷起裤脚，下大雨都不会淋湿衣服。龟背式雨具（俗称葵背），形状似乌龟背，一般是夏天插秧时用，因轻巧，硬而不贴身，散热好，凉爽，插秧时面朝泥土背朝天，背上葵背，下雨时，可挡雨，阳光猛烈时可以挡太阳。葵背，是用晒干的大葵叶或平时用于包粽子较宽长的簑叶，用竹篾编织成 2 个较疏的龟背形竹笪夹，中间放葵叶或簑叶，从下往上叠，再用竹篾锁定，两边各扎 1 条小绳牵正葵背后，小绳在胸前打个结，固定在背上，可阻挡风雨。随着社会不断发展，20 世纪 60 年代开始有塑料雨衣，60 年代末簑衣逐步消

葵叶做成的葵（龟）背蓑衣

亡。葵背一直用到90年代。

文冲地区曾用过多种雨帽，有竹叶帽、东莞帽（又叫疍家帽）、九江帽、油光帽、大眼鸡帽、台湾帽、渔民用的笠帽等，这些帽都是用竹篾编织而成。每种帽都有一个帽顶，帽内用油纸，中间是竹叶，雨帽两面用篾编织而成的帽框夹住，周边是帽堤，上面再涂上防雨的桐油，雨不会渗透到下边。帽直径有大、中、小，每种帽都有一个帽梁，刚好笠着头部；每件帽都有一条帽绳，绑住下巴，防止被风吹掉。最大的是油光帽，直径有90厘米左右，一般是妇女背着小孩时使用。这种帽能挡小雨、挡太阳。更小的笠帽是渔民戴的，直径只是30厘米左右，因在海面捕鱼，风比陆上大，帽小受风吹的面积小，不易吹掉。这种渔民帽只能作为头部肩部防太阳晒与防雨淋，但身上难防雨淋日晒。民间还有一种"竹刹"帽（清朝时期军队戴的），直径比人头大些，文冲村民在划龙船时每人都戴一顶，所以这种帽又叫龙船帽。这些竹帽既可防太阳，又能防硬物打头，还可作水兜，龙船内有水时，可用这帽戽水。直至现在的每年划龙船时，文冲村的村民都戴竹笠。平时村民最普遍、最多人戴的是竹笠，直径45厘米左右，这帽比较轻巧，能防太阳晒和防雨淋。改革开放后，以上各种竹帽已很少人戴，被草帽、钢边布帽、旅游帽等所代替。70年代后，防农药、防浓硫酸、强碱，农民都戴上塑料手套，白天农民都穿上凉鞋或拖鞋，天冷时穿布鞋，下雨、淋菜、插秧时，农民都穿上软胶薄体水靴，劳动保护用品不断更新。还有洋骨雨伞，这是农村出嫁姑娘必备的嫁妆，以及为小孩备用；还有蓑衣伞（遮）用竹造伞骨，打开后再把2件大型蓑衣盖在上面扎实，圆形有1.8米宽度，此伞一般在车水、收花生时用。

棕蓑衣。20世纪50年代前，干农活时穿上防雨淋湿身体

雨帽（竹笠）

第二章　村民生活用具

文冲是广州东部的郊区。新中国成立前，以农业为主，绝大多数人过着农耕生活，经济比较落后。农家所使用的生活用具也比较原始落后。新中国成立后，随着经济社会的发展，农民生活逐步改善。改革开放后，农民生活逐步向小康型、富裕型快速迈进。因此，生活用具有了很大的发展，有些传统用具被新产品代替，传统用具大部分已经消亡，下面记载的是较主要的常用生活用具。

第一节　粮食加工工具

一、谷磨（谷砻）

谷　磨

新中国成立前，文冲许多家庭自己加工粮食。谷磨用来磨谷，为圆形状，分上下2层，上磨的直径50厘米、高30厘米、内放谷物处周边高10厘米，成1个凹形，旁边有1个直径5—6厘米进谷洞；磨顶中间有1条长70厘米宽10厘米的磨耳，穿过磨顶中间，两头有1个直径2厘米磨眼。下磨织至40厘米高处，再织1个磨盘圆槽，槽高15厘米，槽边略高出上下磨接合处，磨谷时米与谷壳流入槽中不会外泄；下磨有1条从底部起至下磨与上磨接合处略高5厘米的磨轴心，轴心总长为50—70厘米，在下磨底部用十字木架为磨基，磨心轴在十字木架中心镶嵌，磨底十字木架长80厘米、宽20厘米、高15厘米。下层（固定）直径50厘米，周边有1条10厘米环形谷槽。制作时，上下磨都用竹篾编织成圆筒形，放满有黏性的黄泥土。黏土筛去沙石，用水和成用手掐可成团，放开能散的润土，再倒进已编好的磨筒里，用木槌舂实。上下磨用木长8厘米、宽3厘米（1市寸）、厚0.35厘米而用沙子在锅里炒过，但不能炒焦（过火）的木片（硬木）钉进泥中，从磨心向外成射线。木片钉钉进泥土外露约2—3毫米，钉木片钉的距间按圆形分成几个小区，从内往外成“米”字形射线，每个区从内往外只有1排是与磨心衔接，其他则是一行一行地缩短。从长至短是顺时针排钉，磨谷时利于米与谷壳从里往外排出。制作时，距间用规格竹条间，先钉一排从磨心到外圆（留 2 厘米修边不钉竹片），然后放 1 条竹条再钉一排，以此类推，直至把上磨或下磨钉完，再除去距间竹条；接下来在距间处用黏土填，用硬木锥进行敲打木凿，把距间的黏土打实，且形成一条一条“V”形小槽，便于米与谷壳从里往外排出。修边，是指在竹篾围筒舂黏土高于磨筒的 3 厘米，上下磨都是如此，因用磨过程木片钉不断被磨蚀掉，当蚀到与竹篾筒相平时，这磨就得重新再造，如果竹篾筒仍完好就不用更换，只把里面黏土竹钉片及磨心更换重做。做黏土谷磨的工具有 1 条长 1.5 米，一头是方形（10×10 厘米 × 方形处长 30 厘米）、一头是偏形（5×10 厘米 × 偏形处长 30 厘米，从 30 厘米处开始逐渐修口到尖口处，成“V”钝口），用于舂上、下磨黏土；有 1 个方型（四边修边）木锤，高 10 厘米、宽 8 厘米，圆形木柄直径 3 厘米，柄长 30 厘米；有 1 个圆形木锥，高 10 厘米、直径 8 厘米；1 个“V”形木凿，宽 5 厘米 × 厚 1 厘米 × 长（高）8 厘米、刃处“V”形小槽；数十条隔距竹条，宽 1 厘米 × 厚 0.5 厘米，长短不一；1 个木刮，龟背式偏形，宽幅 12 厘米 × 高（龟顶）10 厘米 × 厚 2 厘米；1 个铁皮凹形铲和 1 个小铁铲。如果师傅会竹篾工的，就一人可做谷磨，不会竹篾工的，另请竹篾匠编织谷磨筒。刚做好的谷磨，待泥土干后方可用来磨谷。

磨钩的制作。推动谷磨旋转的有 1 把木磨钩，其材料是选用 1 条长 1.2 米、直径 10 厘米自然生成钩状中小型松树或其他硬杂木，在钩另一端装上一条长 50 厘米、直径 5 厘米的手把，磨钩成一个 T 字形。手把处用绳扎住，抓手一头吊在屋内的杉梁上，人站在地上顺时针推拉上磨旋转。在上磨凹处放谷，磨旋转谷壳与米就可以分离流出来。然后用风柜吹净谷壳，再用米筛，把米与未磨破外壳的谷子用筛分离。筛米时双手相对抓米筛框边，不断旋转筛子将米筛出，未筛出的在筛中转成圈，谷会往中心走到一个中点上，然后将谷捧出来，筛中米少了再添，直至筛到少谷，再用手拣干净。当米中的谷基本上没有了，将糙米用碓舂，去掉米皮（糠），再用糠筛筛掉糠和米碎（用作家畜饲料），然后用风柜吹干净剩糠及个别谷壳碎，这样米就可以用来煮饭。

磨　钩

20 世纪 40 年代后，文冲开始有蒸汽机牵动碾米机，廻龙市“恒丰顺”有 1 台。南岗地区的庙头村和大沙地区的双沙村、姬堂村一部分村民挑谷到文冲廻龙市碾米，此后，土谷磨逐渐消失。

60 年代末，村有电动碾米加工场，村民碾米方便，后来用蒸汽牵动的碾米机也消失。改革开放后，人们都到国营粮店或个体米店购买大米。

二、石磨

石　磨

新中国成立前，文冲有用石磨磨米粉与磨黄豆做豆腐的习惯。石磨是用花岗岩或大理石为材料，人工打造而成，按规格分为大、中、小型。这里记述的是大石磨，分上下两层，上层直径 40 厘米、高 25 厘米，中间打成凹形，靠近磨心旁边有 1 个直径 4—6 厘米放物洞，上磨周边两边对应各凿 1 个洞，安装 2 个木磨耳（10 × 8 × 30 厘米），磨耳各有 1 个 2—3 厘米的洞眼，用于放磨钩推磨。下磨有磨盘，直径 60 厘米，设 1 个磨物出口嘴，高 30 厘米，周边有 1 条槽圈，深 5 厘米。底部用泥砖砌成 30—40 厘米高的垫，也有用硬木制成架或枱，把石磨放在上面方便使用。

磨钩制作（平常谷磨钩也可兼用）。长 1 米，形成丁字架，下边制作 1 个磨钩嘴。磨钩一头钩住磨耳，一头用绳扎住，吊在室内的杉梁上，人站在地上，顺时针推动上磨旋转，把需要磨成粉或浆的物体放在上磨的放物洞，流入上下磨结合处，上磨被推动旋转后，磨物流出到磨盘槽装着。磨米粉有水磨和干磨两种：水磨是先将米浸透（一般热天浸半天，冷天时间稍长些），开磨时，米带水放进磨眼，推上磨旋转，米浆流至磨盘槽中，从出口流出来，然后用布袋装，隔粉去水，用箩盖晒干可储备起来，也有将米浆蒸肠粉或蒸熟晒干成米粉；干磨有磨米、玉米、高粱、小米及其他干食物，一次少放磨物磨则成粉末状，然后用箩斗（规格直径 30 厘米左右、周框为 2 层薄木板屈制而成圆圈，筛网用铜丝编织而成，筛眼在 0.1 厘米以内）来筛，粗的再回磨，直至全部成细粉状，然后用糖缸或罐仔储存备用或即时做成糊状或做成汤圆、饺子状煮熟吃。也可磨黄豆做豆腐，干大豆（黄豆）用石磨碾去壳，再浸透，豆与水放进物眼入磨磨成豆浆。一般家庭用单手推动的小石磨磨豆浆。

20 世纪 60 年代开始，黄埔地区有电力供应，用马达（电动机）牵动石磨磨粉，各村都有 2—3 间磨粉（浆）作坊，一些是磨干粉，用来年底打饼用；一些磨水粉，用来制作河粉用；一些磨豆（大豆）浆做豆腐。工作效率高，随之村民家庭的大石磨逐步失去作用，但作坊式大石磨现在还用。上层直径 15 厘米、下层 30 厘米手推的小型石磨，有些陆上家庭及水上人家渔船现在还在用。

三、石碓

是用来舂米（脱米皮糠）、舂粉等的一种粮食加工工具。选用 1 条长 1.3—1.5 米长的荔枝木，做成宽 20 厘米、高 20 厘米正方形、尾如鸭尾巴扁稍宽而有点翘的碓干。碓干安装 1 条用荔枝木端镶一个生铁圆锥形的“嘴”做的俗称“碓嘴”，直径 12—15 厘米、长 50 厘米，上四方、下圆锥形，镶在碓干头处固定，形状似长颈鹿。碓嘴用生铁铸成的，直径 12—15 厘米、高 15 厘米。在碓头与碓身处扎一条绳。碓干四分之一处，开一个 10×15 厘米的长方洞，装上一条荔枝方木条，两端做成直径 10 厘米、长 50 厘米圆木（穿过碓干处为四方，两头圆形的）碓轴。用 2 条花岗岩石做的四方柱，在离地面 40 厘米高处，两柱对应凿出 2 个（1 柱 1 个）直径 12 厘米的眼，有一边是向上斜凿 1 个缺口到圆眼处（便于碓轴放入）架起碓。石柱上端架 1 条圆木（直径 15 厘米左右）作踏碓时扶手之用。用花岗岩打造 1 个石臼（舂臼），外围四方形，

舂米、粉等用的脚踏碓

舂米石臼

小型手工石碓和石臼

擂浆槌与石臼

内为圆形上大下小，成鹅蛋形的一大半，深30—40厘米，口径40厘米，底部直径15厘米。将谷磨磨出来的糙米或经过水泡透的米，放在石臼上，1人或2人用脚踏碓干的碓尾，用手拉绳，一下高一下低地舂，1人拿1条够得着石臼的竹竿，舂一下就用竹竿翻一下被舂的米或粉。舂约20分钟后，糙米变成白米，用糠筛将糠和米碎（米胚等）筛出来，然后将米储存好，做饭吃；米糠米碎用来喂猪、喂鸡；舂粉，将浸透的米舂成粉状，从石臼捞上，再用箩斗筛，筛完细的，剩下粗的又放回石臼舂，不断反复，直至全部可过箩斗筛为止，经过晒干储藏好，通常用来做汤圆、糕点、粉果或糯米糍。

舂米、舂粉和磨谷都很辛苦，很费时间，劳动强度大，花工很多。石臼容积不大（约5公斤料），舂1臼米一般可吃2—3天，如大户人家可能只吃1天。20世纪40年代初期，文冲村的廻龙市有碾米机，大多数人担谷去碾米，节约劳力和时间。60年代末，各村都有电动碾米机和打粉机，村民可以节约时间和劳动力。磨谷、舂米、舂粉逐步消失。改革开放后，村民都到国营粮店或私人米店、食品店买米买糯米粉、黏米粉、面粉，甚至是买做好的汤圆。

四、竹筛和箩盖

都是用竹篾做成的竹制器具。按规格分为大、中、小型。筛周边一般用高5厘米、

大格筛

中格筛

细格筛

密格筛粉筛（大沙人称糯斗，用于筛糯米粉而得称）

厚0.3厘米2—6层青竹片夹成。竹筛和箩盖，直径大的1.1—1.5米、中的0.9—1米、小的60—80厘米等。

竹筛 疏竹筛（大格筛、中格筛）用于筛刚打下的谷物的杂物，密筛用于稻谷砻磨后筛米（将谷壳与米分离）的竹筛。用竹青篾编织而成。篾青条宽0.4厘米左右，根据筛的密度要求编织。筛眼规格有大有小，大眼直径0.6厘米，用来筛谷物一些杂质，如禾渣、草屑等；中眼直径0.4厘米，用来筛米；小眼直径0.25厘米，用来筛糠、米碎及沙子。20世纪60年代后期，由于有碾米机，竹筛不用来筛米筛谷，而用作晒萝卜干、咸青梅、糖榄、菜干等。竹筛现在很少用，逐步消亡。

箩盖（又叫窝篮、竹窝） 用竹篾编织而成。箩盖规格分大、中、小或更小型，大箩盖直径1.6—1.7米，是加工场作坊用来晒荔枝干、咸榄干、豆角干等用；中箩盖直径1.1—1.2米，用来晒米粉等用；小箩盖0.8—1米，用来晒菜干、萝卜干等；更小箩盖40—60厘米，吃饭时用来放煮熟的菜，放饭碗、筷子等；更细的箩盖用来拜神。

箩盖与小竹筛

用于晒食物等的大箩盖

用于盖饭桌上的食物等竹盖

一般用较宽（1 厘米左右）的竹篾青皮（有的用篾囊）编织而成，织得很密，甚至连水都能装。20 世纪 80 年代后，大箩盖基本上无人用，中小箩盖还有一些人使用，更小的箩盖拜神时用来放祭品。

五、风柜

用于风谷物、米等风柜，右为木荡耙

是用杉木制造的。风柜长约 2 米、厚 40 厘米、高 1.4—1.5 米，有 4 条用 10×10 厘米、长 1.2—1.4 米的杉木方柱，架起柜体，柜与地面的高度在 50 厘米左右。主体分 3 部分。第一部分出风部分，风柜上下中间从风鼓至柜尾为空的。第二部分是风鼓部分，在风柜头部（右边），直径 90—100 厘米，内装有木薄板风扇页对应共 4 块，每块风页板由连接风扇轴成“十”字形的偏木板条固定，风页与风鼓壁之间间隙在 1 厘米内；第三部分为物体出入口部分，即风鼓偏左其他部分，下边有 2 个出口，面对从右至左，第一个较大些，是出重物体的；第二个较小，是出稍轻些物体的；风柜尾部空的，出最轻物体的。上部对应宽 5 厘米左右的出口有 1 个长条入口，该入口上面放 1 个独立为“V”字形的漏斗，尖端处有 1 个 6 厘米宽的出口，连接柜身入口，对应有 1 条宽 10 厘米、厚 1.2 厘米的板条，板右边两头后突出 1 个圆的轴，板条前端与风柜内宽相等的前端从左至右锯成 1 个 1.2×1.2 厘米，然后削成圆形作为前端的轴，轴外留有 8 厘米左右与板条一样宽、从左往右斜、用来控制风物入风柜量的大小、贴在柜身有 1 个可以左右水平移动的固定开关器，设定入柜风物量大小后固定下来（即用 1 条宽 5 厘米、厚 1.5 厘米左右、长 30 厘米左右的板条，2 头垫上各 1 块与板条一样宽、阔 2 厘米、厚 3 厘米，贴钉在用作风物量控制器，可左右移动；控制器用 2 块 10 厘米、厚 1.5 厘米木板，这 2 块板一头相反方向处叠 3 厘米钉在一起，形成“个”字样，上方从左至右锯去 20 度斜角，接触控制风物板条，往右移出物量小，反向大），风谷物时，因禾草叶多少，随时移动控制器，左手抓住控制器控制风物量入风柜的大小量，右手握摇把扇风。把需要吹干净的物体如晒干的谷物或谷笼磨后经筛过的和舂过的大米等倒在漏斗上，适当用力（用力过大，重物也会被吹到第二个出口；用力小了，废轻物也在第一个出口落下）摇动风叶，物体通过大小控制器自动落下，通过出口器分出轻重物体，如是谷物，第一个出口落下的是饱满谷物，第二个出口落下的是半饱满的谷物；尾部吹出的是无肉的谷壳和禾叶渣。这样风出来的饱满谷子可以碾米及交公余粮。20 世纪 90 年代后，不种水稻，风柜逐步消失。

六、簸箕

一种手工簸扬器具，用竹篾或柳条编成。有圆形的，有似畚箕的，用以簸扬谷物、清除谷糠与杂物。如今，簸箕已无人使用。

第二节　装水挑水与储物用具

陶缸（俗称瓦缸，亦称水缸）、木桶都是家庭用来装水或挑水用的，陶缸不怕虫蛀鼠咬，且可防潮湿，也可用来储粮食等。20 世纪 80 年代前，没有用上自来水，人们都使用陶缸、木桶来装水。水缸规格有大有小：大陶缸，高 80 厘米、直径上下 60 厘米、中间 65 厘米，除装水外，不少人家用来装谷物；小水缸（有人叫糖缸），高 55 厘米、缸身直径 45 厘米、缸口直径 40 厘米，多数人家还用来装水或储存柑橙；米缸，缸高 50 厘米、直径 35 厘米、缸口直径 30 厘米，多数人家用来装米，小户人家用来装水；糖缸仔，春节前用来装糖环、煎堆或放炒米饼用，也有小户人家用来装水用等。

水缸，用于装储食用米

一、陶缸

大、中、小规格的缸都是用陶土为原料，人工做成缸坯晒干后，缸的内外搪上釉泥，然后在缸瓦窑烧制而成。缸口大多数都设有凹型的陶瓷或木板做的缸盖，因陶瓷缸盖容易打烂，用木板做缸盖较为普遍。20 世纪 80 年代后，普遍装上自来水，村民很少用水缸。由于没有种水稻，无稻谷放，大缸、水缸已没人使用。米缸、糖缸仔还有一些人用。

二、木桶

主要用于挑水，是用杉木稍弯的板做成的，根据木桶的大小和高矮，用木板裁成若干块规格一样、上稍大、下略小的木板，每块木板按照桶的圆周大小、形状用凸刨刨成内弯凹形，每块木板向内斜，斜度与内径一半（用1条木直尺量到长度与桶的中间内径一半固定下来，刨边时，要量准斜度，这样才不会桶内或外有间隙而漏水），外刨成龟背形。然后用钻钻孔（直径0.3厘米内），每块板上下各钻孔2个。然后用竹钉（竹做成条斩成两头对等斜尖，长4厘米左右）合钉起来。对应有2块是桶耳，桶耳高出桶的高度以上部分（多出与桶口直径规格的长度）较厚，有4厘米左右，顶端往内弯一些。一只桶的桶耳上部各有1个对应孔眼，用来安装1条木板横杠，横杠板上方为龟背形，与桶耳上端内形成1条弧线，水桶横杠用于提或挑；有的桶耳是用杉枝做成的，即采大杉树的枝条，采下即用火烤中间，烤到一定程度（不能烤干）即

用于挑储食用水的水桶

淋菜洒水桶（射桶）用于浇菜和农作物等

塑料粪桶

拿出来压弯成“U”形状，高过桶身的弧形处高与水桶直径相似，然后用绳固定晒干定型，做木桶时，杉枝制成的桶耳，与小木板一起并起来。桶底用木板做成圆形，直径与桶下端倒量3厘米处比直径略多2毫米左右，桶底板下压至离下端刚好3厘米处，然后掺木锯屎糠桶底的四周，做好的桶才不会漏水。木桶规格一般只有2种，一种是水桶，桶高45厘米、桶口直径33厘米、桶底直径30厘米，用来挑水或储水用，也可以用来担粪用；一种是花篮桶，桶高30厘米，耳高20厘米，耳的两边装有1条横的圆木条，桶口22厘米、桶底直径20厘米、中间25厘米。好像现在的花篮，故叫作花篮桶，用来提水。

20世纪70年代末，开始有塑料做成的桶供应，塑料桶较轻，不会漏水，也耐用，所以村民都改用塑料桶，木水桶逐步消失。现在很难找到木水桶了。

三、梯

用杉木做的叫木梯，用竹做的叫竹梯。梯，用于登上高处。农村中“三间两廊”的住房，有的房间中有个楼阁放东西，但无上楼阁的固定楼梯，要用梯上楼阁；一些新建房屋的平面屋顶（天台）可晒东西，也要用梯上去。最短的梯只有5横，一般乡间用的多是7—9横，最长的竹梯有11横，视需要而制。改革开放后，新建的多层楼房设有梯级，竹木梯也少用了或只有其他梯代用。

第三节 厨灶及燃料

新中国成立前，文冲村民的厨房一般有1个大灶、1个风炉。大灶是用泥砖砌成，灶高80—90厘米、宽70—80厘米成四方形，放1只1尺8寸（市尺）的生铁铸的大锅，锅盖用杉木板制成，锅盖直径1.5—1.6尺、高30—40厘米，顶部开有1个50—60毫米的圆印口，可以做饭、蒸菜。还有一种长方形的灶，高度和宽度与四方形灶相同，但长度在1.1—1.2米，灶台前端放一个直径80厘米左右的大锅，大锅的后面放1个大煲，用来煮水。另设2个小风炉，用来煲开水或煲汤用，每个小炉三角形突起3块红砖（高出炉面5—6厘米，方便排烟，炉火便旺，炉和灶面水平一样）。

大灶烧的燃料是干禾草、干杂草、干蔗壳（叶片）、柴枝等，风炉烧的燃料是干柴（如干树干、枝干，劈开的树头等），煮饭煲汤时整个厨房烟雾弥漫，熏得黑黑的。

20世纪60年代初期，人民生活逐步好转，村民改革厨房，建起卫生大灶，灶尾靠烟囱处设有个铝锅灶眼，尾部后设1条烟囱，直通上屋顶。2个风炉用红砖砌成卫生风炉，小铁锅、茶煲都放在风炉面上，设1条通到大灶的烟囱。做晚饭时，从村外看，炊烟四起，是乡村一大特色。随着经济发展，农户的炉灶经改造后，厨房不会烟雾弥漫，下厨的人不再受烟熏，厨房也干净很多。70年代开始，有煤粉供应，后来有蜂窝煤供应，部分村民烧煤。90年代，村民逐步用上液化石油气和管道煤气。新中国成立前和解

用于盖在大锅上蒸煮饭菜饭锅（锅盖）

1958 年人民公社集体饭堂的炉灶

风炉、大钵碗与饭缸

放初期，使用笨重的生铁锅，80 年代后改为使用轻巧且不易破裂的铝锅、铁皮（钢制）锅。90 年代后，村民用上压力煲、电饭煲、电炒锅、电瓦煲、电子消毒柜、抽油烟机、微波炉，既节省时间，又卫生。

第四节　厅房及就餐用具

新中国成立前，文冲农村家庭家具都非常简单，一般家庭只有木制的大立柜、条凳、方凳、日字凳、交椅、四方桌（俗称八仙桌）、竹椅、木凳仔、硬板小床、硬板大床，天热时使用手摇葵扇，衣服破了用针线缝补，夜间大小便在房间放着粪桶，白天大小便在房屋前后或村外放一只粪缸来解决。

新中国成立前后，村民盛茶水的用具有茶壶，多为陶瓷制品，形式多样，有圆形的、企身形的、大肚形的；还有用大竹筒制成的竹壶，用一长节竹筒，两头均为节盖，上端开个小孔，用于装茶水，带上田间劳动时用，方便携带，不易打破。

20世纪80年代后，村民使用家具向轻巧、舒适、美观、实用型转变，有折叠椅、男装柜衣柜、餐柜、沙发、金属家具。“老六件”（单车、衣车、手表、收音机、黑白电视机、电风扇）已普遍进入农家。90年代后，农家用具日趋高档，不少农家有红木家具、金属家具、真皮沙发。农家普遍实现“电器化”，包括摩托车、彩色电视机、空调机、高级音响、录像机、电脑、电冰箱、电风扇、影碟机，还有微波炉等。

茶罐，插秧或收割下种等农活时装白开水到田头饮用

竹饭篮，装余饭菜，吊在杉梁下（防尘防苍蝇及通风透气）

装米的米桶（下）、量米斗（左上角）、米参（右中）、量米筒（右上角2个）

而且家家户户都安装电话，青年人及部分老人普及移动电话等。

新中国成立前，家庭吃饭用具很简单，一般家庭有 1 张长方形的餐桌，桌面规格长 1.1 米，宽 60—70 厘米，高 70—80 厘米，主要用来放菜放饭碗；坐的是条形木凳（长凳）。装菜用大、中、小钵头，规格：大钵头，直径 30 厘米、高 9—10 厘米；中钵头，直径 25 厘米、高 6—8 厘米；小钵头，直径 15 厘米、高 5—6 厘米。钵头是用陶土人工制作钵坯，晒干后再搪上稍黑色釉泥，用火烧制而成；饭碗有大口碗，直径 15—16 厘米、碗底 8—10 厘米、高 10 厘米；竹树碗，碗身画上竹而得名，直径 10—12 厘米、高 10 厘米左右；小花陶瓷碗，直径 6—8 厘米、高 7—8 厘米。饭碗和菜碟也是人工用陶土做成碗坯，再用火窑烧制而成，表面光滑。改革开放后，大部分农家用上不锈钢餐具，很精致的花碗，原来用的大、中、小钵头和大口碗、竹树碗已消失。原来用的竹筷子、木筷子现在还有使用。

第五节　洗涮用具

新中国成立前和解放初期，农村家庭少有独立的室内卫生间、冲凉房，洗涮用具也简陋，一般用手或在洗衣板上搓洗衣服，或用捣衣锤（圆形，硬木制成，长约 40 厘米、直径约 5 厘米）在光滑的木板或石头上敲打；用竹篾制成细条，扎成“刷子”用于洗涮灶台、锅、盆、桶；洗脸、洗脚用木面盆、木脚盆。20 世纪 60—70 年代，有色彩鲜艳的搪瓷脸盆，往往成为嫁妆必备之物。

小葵叶刷（右）与小棕刷（左），用于洗涮锅或磨粉、磨谷、舂粉时扫米、粉

改革开放后，文冲村民大都住上楼房，每户都有独立的卫生间、冲凉房，都贴上各式瓷片，装上明亮的梳妆镜，装饰讲究的洗漱台，都装上燃气热水器或电热水器，提水、烧水洗澡的日子终成历史。各种款式的洗衣机也进入村民家庭，既省时又省力，捣衣锤、搓衣板逐渐消失。80 年代初，塑料盆、塑料桶逐步取代木盆、木桶，搪瓷盆也因容易破损而被塑料盆取代。各种“尼龙刷”“塑料刷”更是层出不穷，“竹条刷”“猪鬃刷”已很少使用。打扫卫生的扫帚也经历了竹条扫帚到棕毛扫帚再到今天的塑料扫帚拖板的变迁过程。

第六节 照明用具

20世纪40年代前，文冲用植物油点火照明。方法是：用1只小碟（俗称“灯盏”）放一些植物油，用一条灯芯或用易汲水的棉纱做成，灯芯靠在小碟边上多高出1厘米左右作为点火端，着火后，油被汲到着火点燃烧，油干火灭；40年代，用树枝或竹仔放在煮溶的松香上反复地粘结，名叫松香枝，好像现在拜神用的香油烛，点着火后插在一个固定的地方照明；50年代末，有煤油（又叫火水）供应，也有煤油灯买，煤油灯分上、中、下3件，下边是用玻璃或铁皮制成瓶状，用来装煤油的器皿，一边有1只灯耳；中间是1个铁皮做的灯火器，下衔接装煤油皿器，拧在煤油皿器固定，且盖住皿器口，防煤油泄漏，中心有0.4厘米左右的灯芯小管串1条棉质圆形的灯芯，下端接煤油皿器汲煤油，上端露出灯芯管，灯芯露出多火就大，露出少火就小，火的大小有1个小齿轮装在灯芯管边，灯芯上下（大小）由该制控制。灯芯如汲有水就难着火，且灯芯着火端易变硬，而火变小、变红，要括掉着火端硬头，火才较旺而亮，所以要防水；当灯芯有水变硬就换灯芯，装前先用火烤干燥效果会更好；上接玻璃灯罩（防风吹熄）。煤油灯有大有小，大的连灯筒（下同）高30厘米，其中底部直径9—10厘米、中间6厘米、防风玻璃灯同（管）直径5厘米左右，灯管底端往上6厘米左右高处缩小成直径3.5厘米，且高有14厘米左右；小的煤油灯高18—20厘米、底部直径7—8厘米、中间4—5厘米、防风玻璃（管）下端口灯同直径6厘米左右，像葫芦，中间大、两头小（直径4厘米）。把煤油装入灯的器皿中，点着中间的灯芯，火着了，盖上灯罩，灯火就不容易被风吹灭。煤油灯型号不同装的灯芯不同，小型的

油灯座（灯盏），拜神用；　大煤油灯、　中煤油灯、小煤油灯，家庭照明用

灯芯是圆的，大型的灯芯是扁的，1.5 公分宽，此芯均为棉纱做的。

喜庆事用的是煤油气灯（又叫大光灯）。气灯底座是用生铁皮焊制而成，旁边有 1 个打气的泵，中间有 1 个玻璃灯罩，灯罩内有 1 条“U”形管（空心，直径 0.4—0.6 厘米，铜铸）伸向灯头，灯头装有 1 个下端圆的“U”形袋状灯纱，灯纱用纱线缚在灯头上，这纱线燃烧后收缩成一个像小节能圆灯泡那样，有些硬脆呈白色，灯头是 1 个陶瓷体直径 3 厘米，有很多像缝衣针大小的小气孔，镶在铜管头上，煤油气化通过陶瓷体的灯头小孔，散喷在灯纱上燃烧发出白色光。喷气管装有一个气阀，以控制气压来控制亮度。准备点灯时，灯纱下部放一个浅圆形直径 8 厘米左右、能装煤油的小碟放上煤油，然后点燃，灯纱边烧灯头也逐渐加热，而且要边打气加压，使煤油喷射雾化成气，从 1 条喷气管喷到接灯头的弯管（空心），喷气管下接装煤油壶底，管的上端有 1 个小孔喷嘴，煤油经弯管喷到灯头的灯纱内，通过热化成气燃烧发光，该煤油气灯就逐步亮起来。一盏煤气灯的亮度等于 500 瓦电灯泡。

20 世纪 60 年代初，文冲农村开始有电力供应，村民能用上电灯，以前的煤油灯、气灯被电灯取代而消失。

气灯，聚会时照明用

第三章　村民自制食品

新中国成立前，文冲村民生活贫苦，衣食简单，衣只求掩体，食只求果腹。为了生存，按先人的传统习惯种水稻、杂粮、水果、蔬菜和其他农作物。农作物收获后，仿效先人的传统习惯自制食品，储存起来。一部分可储存 3—5 天、一部分可储存 2—3 个月、一部分可储存一年多。需要时拿出来即吃或蒸煮后吃，方便食用并可以丰补歉，补充淡季需要。

第一节　“菜干”“干果”

文冲村民晒制的菜干、干果主要有：白菜干、霸王花干、荔枝干、龙眼干、萝卜干、芋头丝干、番薯干（熟）、番薯丝干（生）、木薯干、苦瓜（凉瓜）干、木棉花干等。生番薯丝干、芋头丝干，在新中国成立前贫苦农民用来混合大米一起做饭充饥。

一、白菜干

文冲农村历来都有种白菜习惯。白菜种有乌叶白菜、春水白菜、夏白菜、赤蔓白菜、四九白菜等。以上白菜都可晒菜干，多数村民选农历11—12月收获的白菜晒菜干。这2个月雨少天气较为干燥，刮北风，气温较低，白菜容易晒干，所晒的菜干不易发霉生虫。收获的白菜割去菜头，洗干净，整棵白菜放到锅里煮熟（能吃），捞起晾干，然后用绳穿上，或挂在晾衣服的竹竿或绳上放到屋外晒。如天气好，晒3—4天就可以收下扎成一扎扎，放在瓦缸或胶袋里封存，以备食用。白菜干可用以煲猪肺汤、猪粉肠汤、猪骨头汤，还有蜜枣腊鸭菜干汤。这些汤品有润燥滋阴、清热润肺、化痰止咳、排毒利尿等作用，且清香可口，一直受人们喜爱，现在还有很多村民晒菜干或买菜干来备作汤料。

二、霸王花干

文冲各村都有在房前屋后村边种植霸王花的习惯，每年8—10月开花，美艳清香，既可美化环境，晒干后又可作煲汤好配料，具有清热、润肺、止咳的功效，还是馈赠亲友的好礼物。港澳同胞和侨居美国、加拿大等国的华人回乡探亲索要霸王花干。故现在还有不少村民晒霸王花。

将霸王花摘下来，用刀切开8—12瓣，放在天台或禾场晒1天，第二天把切开晒软的霸王花整齐地放在大眼筛上，用大锅将水烧开，把大眼筛放在大锅中并加上锅盖，蒸10—20分钟，然后将大眼筛拿出来，等霸王花晾干，把已蒸软的霸王花逐条拉直放在箩盖上，好天时晒2—3天后，将霸王花条捆成一扎扎，放在瓦缸或胶袋里封好等需要吃时取出来食用。霸王花食用有名的制作方法有2种：

第一种，霸王花蜜枣猪肺汤。干霸王花90克、蜜枣5个（去核）、浸泡10—20分钟，猪肺1个（灌入清水用力挤压反复多次，再用生粉洗净，切成片状），与3片姜片一起放进瓦煲，加入清水3000毫升（约12碗水），旺火煲沸后，改为文火煲2.5小时，放适量盐和生油，汤可供4—5人饮用，霸王花猪肺拌酱油供佐餐用。此汤性凉味甘，功能有清热化痰，除积热、止气痛、理痰火咳嗽，有补肺、治咯血的作用。

第二种，霸王花蒸鸡。将适量干霸王花在水中浸泡15—20分钟，然后切成小段，把宰杀的鸡切成小块，然后和霸王花放在碟上，加上调味料拌匀，放在饭面上蒸。霸王花蒸鸡的味道好，也有以上第一种的功能作用。

三、荔枝干

每年农历5—6月是荔枝收成季节，人们晒荔枝干选择糯米糍、桂味和淮枝3种，因其皮（壳）厚，太阳晒时壳不易开裂。荔枝连枝、果一起晒7天左右，然后剪去枝条（枝果分离），用大箩盖装荔枝再晒 3 天左右，用铁筛在大灶上烤 3—4 小时，等荔枝核都完全干透（日后不会发霉），放凉后，装进瓦缸或大塑料袋封好，一般可以保存一年，需要食用时才拿。

荔枝干既可作水果食用、也可以煲汤为药用。用荔枝干作补品，其气质平和、补益无损，不至助火生热。以荔枝干煲老鸭，气味香、甘润，为适时汤品。而老鸭滋阴、补气血，合而为汤，有补中益气、补血生津的功效。

四、龙眼干

村民除把龙眼作水果食用外，还有晒龙眼干的习惯。晒成龙眼干，储备日后随时食用。龙眼干的制作工艺和荔枝干的制作工艺基本相同。龙眼干剥壳，除去龙眼核后叫圆肉（桂圆肉），圆肉可以当水果吃，也可以配料煲汤和泡酒作药用，圆肉是中药材之一。

圆肉猪心汤。圆肉 30—40 克（龙眼干肉）、党参 20 克、猪心 1 个、红枣 3 粒、生姜 2 片。红枣去核与圆肉、党参一起浸泡 10—15 分钟，再和猪心一起放进瓦煲，加入清水 2000 毫升（约 8 碗水量），旺火煲沸后，改用文火煲 2 小时，放少量食盐和生油，可供 3 人饮用。其汤品气味香润，不燥不热，养心安神、补益气血，为中老年人夏季清润、调补常用汤品。辅助治疗气血两虚、烦躁失眠。现在还有很多人用龙眼干（圆肉）煲老火靓汤。

五、萝卜干

萝卜收成后，去掉须根、叶和皮，切成片或条形，晒干后，放入瓦缸或瓦罐，封好口，需要时取出一些，用来蒸鱼、蒸鸡或蒸鸭、蒸猪肉等，味道清香、美味可口。晒制萝卜干，有淡干，也有加盐腌制的咸干。

白萝卜除晒萝卜干外，还可配料作药用。用白萝卜 600 克、牛腩 600 克、陈皮 1/4 个、生姜 2—3 片煲老火汤，可祛湿化痰、润肺止咳、开胃顺气、健脾化气。也可用于煲白鲫鱼汤。

白萝卜 1000 克、牛腩 400—500 克、生姜 3 片煲老火汤。该汤有助消化、御风寒、生津开胃，润肺化痰、祛风涤热、平喘止咳、顺气消食、养血润肤功效，为春天家庭靓汤。

丝刨，用作刨萝卜丝、芋头丝、地瓜丝等

六、苦瓜干

文冲有一部分人种植苦瓜。新鲜苦瓜除用来做菜外，有很多人喜欢晒苦瓜干（又叫凉瓜干）。把苦瓜切成片，晒3—4日待干后，用瓦缸或瓦埕（瓮）储存，也可以用塑料袋封装备用。当地苦瓜干煲汤有名的2种：

第一种，苦瓜干蚝豉瘦肉汤。苦瓜干150克、蚝豉干150克、猪瘦肉300克、生姜2片，猪瘦肉用盐腌一晚，次日用清水洗净，干蚝豉用清水浸泡20分钟洗净，与洗净苦瓜干一起放进瓦煲，加清水3000毫升，煲3小时，蚝豉、猪瘦肉用于佐餐，供4—5人食用。此汤主要有祛热除烦、消积除滞和下火滋阴功效。三者合用则相辅相成，咸寒能泻火，甘寒可滋液，泻火不伤阴。不论实火或虚火，男女老少皆宜。苦瓜干煲蚝豉是治高烧不退的民间土方，颇见功效。

第二种，苦瓜干水瓜壳龙骨汤。苦瓜干60克、水瓜壳干半个、猪脊骨（龙骨）500克、猪肉200克、生姜2—3片。苦瓜干、水瓜壳稍浸一下洗净，龙骨、猪肉洗净，加水12碗（约3000毫升），文火煲2小时，调入适量盐和少许生油便可，可供3—4人饮用。此汤具有清暑热、凉血生津功效。

七、木棉花干

木棉花是广州市市花，各村都有木棉树（又名英雄树，总要高出近邻的树木而生）。木棉树高大、挺拔、生长期长，一般生长几十年，有些生长100—200年。当木棉树开花到末期，花落地上时，早晨很多人去捡，然后将木棉花洗干净，放在箩盖晒4天左右，再用瓦缸或埕储存备用。干木棉花在药店也有出售。

木棉花干、生地瘦肉汤。用干木棉花60克、生地60克、陈皮1/4个、生姜3片、猪瘦肉500克。把干木棉花、生地稍浸泡，和猪瘦肉洗干净一起放进瓦煲，加入清水2500毫升（约10碗）旺火煲沸后，改用文火煲约2.5小时，放适量盐和生油。此汤量可供3—4人饮用，功能主要是祛湿解毒。到现在还有很多人用干木棉花煲汤。

第二节　梅、榄的腌制

新中国成立前，文冲山坡地种有白榄、乌榄、荔枝、青梅等果树。20世纪60年代为水果丰盛期。水果除可鲜吃外，还可以加工作为菜肴。

一、榄（乌、白榄）的腌制

其制作方法如下：

白榄（又叫橄榄、青榄）　每年8月下旬（农历处暑）后，开始采摘个别成熟的白榄；9月下旬（农历秋分）后，不少果农用竹杆打下白榄；10月下旬（农历霜降）白榄全面成熟，收获的白榄储存时间较长，药用效果更佳。白榄可生食，也可用于煲老火汤，还可腌咸白榄晒干出口东南亚等国。生食白榄，具有清热利咽润肺功效。

白榄咸榄干腌制。新中国成立前后到 20 世纪 50 年代末是乌榄、白榄的丰盛期，除用于生食、生白榄煲汤外，大量白榄加工制作咸榄干，可存放几年。家庭制作咸榄，用一个大盘、大木桶或大缸，放 50 公斤白榄后再放 5 公斤生盐（粗盐），用脚反复踩踏至白榄变成黄色，再加盐 2.5 公斤，加入清水浸过榄面，浸 3 日 3 夜，捞起置竹箩里，待干水后，用 1 米左右直径的箩盖，置屋顶上晒 5—6 日，除外卖，其余用瓦缸和袋装好自用。用时，先将咸榄干用清水浸泡 1—2 日捞起干水后，可以用不同配料造糖榄、香榄、鸡公榄、酱榄等。

新中国成立前后至 20 世纪 50 年代末，文冲源源果子酱料加工场、广州市（文冲）果子加工厂、东圃果子加工厂、南岗果子加工厂使用机械化生产。用机械将白榄搅至变色后，放到直径 2 米、高 1.5 米的木制大桶上。白榄放盐比例 100 ∶ 15，放水搅匀浸过榄面浸 3—4 日，捞起干水，用 1.5 米直径大箩盖晒 5—6 日。咸榄晒干后，打包运到其他加工厂，根据需要再加工成各式各样的糖榄、鸡公榄、香榄、酱榄等。大量咸榄干出口到国外。改革开放后，国家征用土地多，天气变暖，加上白榄树、乌榄树遭受虫害，大部分白榄树、乌榄树枯死，榄树逐渐减少。

白榄萝卜瘦肉汤。白榄 250 克、白萝卜 500—1000 克、瘦猪肉 250 克、生姜 2—3 片。将白榄萝卜瘦猪肉洗净，萝卜切成块状与生姜置瓦煲内，加入 2500 毫升清水，旺火煲沸后改用文火煲 2 小时，调入适量盐和生油便可，可供 3—4 人饮用。俗语讲：白榄是治疗喉症的“青龙汤”，白萝卜是治疗喉症的“白虎汤”，合二为一称“青龙白虎汤”。加上瘦猪肉为药引，可以辅助治疗慢性咽喉炎、流行性感冒、一般性感冒、扁桃体炎、支气管炎、肝气淤滞所致两肋作痛以及饮食积滞等症。此汤也是家庭夏日可口的汤品。还有白榄猪粉肠汤、白榄酸梅汤等，经常饮用这些汤品有保健作用。

乌榄　文冲种植乌榄面积及产量比白榄少 60% 左右，乌榄收成同白榄收成季节差不多，村民将乌榄制成硬口榄角、软口榄角和糖榄、甘草榄。

硬口榄角制作：先煮沸一大锅水后，把乌榄倒进大锅里，水浸过榄面，加热几分钟，然后将乌榄捞起用筛晾干水后，用小刀将乌榄肉开 2 段，去核，便成榄角，然后放入瓦埕里，每 50 公斤乌榄放 1 公斤盐，放小量米酒，再开盐水放入埕里，水浸过榄面，搅拌均匀，把埕口封好，10 日后可吃。低收入人家，每天吃饭时都用榄角当佐料（餸菜），封存好可保质一年多。

软口榄角制作：村民自制软口榄角，将乌榄放在盘上，用锅煲水，水温达到 50℃左右，倒入盘里搅拌乌榄 2—3 次，水浸过乌榄面，马上盖上麻袋保温，20—30 分钟榄身已软捞起，用小刀将乌榄肉开 2 段，去核、压扁，再用箩盖装着，置屋顶上晒 2 日，放回盘里。5 公斤乌榄放 0.5 公斤豉油、150 克白砂糖，搅匀，第二天晒 1—2 日，再落盘搅匀，又晒一两日再落盘，再晒，如此重复 3 次，全部晒干为止，然后将榄角用瓦缸或埕装好，吃饭时用作佐料（餸菜）。榄角蒸鱼是道好菜。

糖榄干制作：村民把乌榄放在盘里，倒入 50℃热水到盘中，搅拌乌榄 2—3 次，马上用麻包袋盖 20—30 分钟，捞至筛上，榄身晾干后，去皮，装至箩盖置屋顶上晒

1—2 日后，放回盘里。5 公斤乌榄加 0.5 公斤片糖、适量甘草和清水一起放在锅里煮成溶液，再置入盘中搅匀，第三天用箩盖装着再晒 1—2 日，但不要晒得太干，然后储存糖缸仔或埕仔里，是小孩最喜欢的零食。

二、青梅腌制

新中国成立前后至20世纪50年代末是青梅丰盛期。每年4—5月是青梅收获时间，村民将大量青梅卖掉后，自己留下一小部分自制咸青梅。将成熟青梅放到瓦缸（木桶）里，一层青梅一层盐，如此反复地放在瓦缸或木桶里。每50公斤青梅放10公斤大粒盐，然后铺一层禾草在缸面，用大石压着，2 个月后，捞出青梅干水后，用箩盖装好排好，置屋顶上晒干为止。晒干的青梅起一点点白色结晶，有人叫“霜梅”或“咸青梅”。晒干的霜梅用瓦缸仔或大口玻璃瓶储存好，日后备用。青梅收获季节，文冲源源果子酱料厂、广州市文冲果子厂、东圃果子厂、南岗果子厂都大量收购进行加工。加工后的“霜梅”，运到全国各地或出口到其他国家进行再度加工，制成各种话梅、糖梅或各种凉果、果脯等。

文冲村民把自己晒干的咸青梅（又叫咸酸梅）放在大口玻璃瓶内，装满蜂蜜，浸 2—3 个月后食用，味道为甘甜、酸、咸，具有清热解毒、生津止渴之功效。一些村民有慢性咽炎、喉干，小孩有扁桃体炎、轻度咳嗽，都选用自制的蜜糖咸酸梅含在口中，以上症状会自然减轻。

有些人还利用咸酸梅、白榄做酸梅橄榄汤。咸酸梅 10 克捣碎、鲜白榄 60 克一起放进瓦煲内，加入清水 750 克，煎至 400 克（约一碗半水量），放适量白砂糖或蜜糖，可供 1—2 人饮用。对于有慢性咽炎、扁桃体炎、喉干舌燥，有着解湿毒、消痰、祛滞、生津液之功效。

第三节　节日食品制作

一、春节食品

村民为过好春节，在节前半个月就开始忙于打炒米饼、炸糖环、炸煎堆、炸油角、蒸年糕和腌煎鲮鱼等。

炒米饼：将大米放到开水里浸泡 2 小时，捞起晾干，放在大铁锅反复炒至米熟变黄，将变成淡黄色的米铲至箩盖上，用石磨磨成粉。20 世纪 70 年代初，将炒米担到粮食加工厂进行机械磨粉。5 公斤炒米配 4 公斤片糖，首先将片糖放到锅里，慢火熬至片糖变稀浆，然后把部分炒米粉放在瓦盘中，再放糖液，反复搓匀，再把已搓匀的炒米粉按在饼印上，用木槌打实，反复地搓粉和打饼，打完饼后用禾筛把饼排好，可放在太阳下晒干，也可以在灶头上焙干，或用慢火在铁锅焙干，晒或焙干的饼放在埕内密封好备用。60年代前，炒米饼除用来拜神外，很多村民到田劳动时作零食充饥。年初二到亲戚家拜年，炒米饼、糖环是主要礼品。还有一些村民用炒米饼去寒气，每当拉肚子时，吃几个炒米饼就饼到病除。炒米饼过农历4月份，止腹泻效果更好。新中国成立前，穷苦人家过春节，宁可不炸糖环、煎堆、油角都要打炒米饼。

炒米饼木印模，打炒米饼时用

糖环 用0.5公斤干糯米粉，配150克片糖，用1/4米粉，加适量清水煮熟，3/4的米粉先放在瓦盘中，用150克片糖煮成糖浆和已煮熟的米粉一起放在盘中，反复搓匀，找一张无缝的台面，拿一团糯米粉团放到台面上，搓成一条长70厘米左右、直径约0.6—0.8厘米左右的粉条，然后把粉条头尾连接起来，捏制成6只耳，糖环四周基本成圆形，也有把粉团压在糖环木印上，做成糖环坯后放在沸油锅上炸，炸至糖环全部熟透呈黄色，用罩篱（漏勺捞起滤干油，然后放在瓦缸内，封存备用。

煎堆 做煎堆的“皮”按照做糖环用的糯米粉与糖的比例搓成粉团，用擀面杖来回碾成直径20—22厘米、厚0.2—0.3厘米。煎堆的心是用糯谷放在铁锅里爆（方言称像街边爆肥仔米一样），爆出来的米花放在密筛上，筛去碎谷壳，大的谷壳捡干净，用适量片糖溶液和糯米花搅匀捏成一团，直径约10厘米，用原先碾好的“皮”把糯米花团包至无缝，放入油锅，将煎堆的“皮”炸成黄色捞起沥干，放入瓦盘或瓦罐仔内，封好罐口防潮备用。还有一种空心煎堆，做法是用糯米粉与糖水搓匀后，用手搓成小包仔一样，吹点气进去，然后用油炸成膨胀到不涨且变黄时，用罩篱捞起。

油角仔 村民自制油角仔，用面粉0.5公斤、清水200克搓成粉团（叫水粉）；又用0.5公斤面粉、200克猪油搓成粉团（叫油粉），制作油角仔的“皮”，用一小团水粉、加一小团油粉，合二为一，用擀面杖来回碾成“皮”。把做好的馅料（碎花生、砂糖或椰丝沙糖）包起来，油角仔的一边捏成麻绳状，然后放入油锅里炸至黄色捞起沥干，放在埕里备用。

年糕 除夕，村民都有蒸年糕的传统习惯。年糕品种多样：萝卜糕、芋头糕、松糕、马蹄糕、蛋家糕等。萝卜糕制作的方法有：用耙芷萝卜1公斤，削皮、刨成丝，用盘装着，把萝卜丝挤出来的萝卜汁搓0.5公斤籼米干粉。配料有：用晒干的细虾米（浸泡过）、头菜粒、腊肉粒或瘦猪肉粒放到锅里，加盐、豉油调好味，炒好后，放到盘里一起搓匀。把洗干净的蕉叶放在大眼竹筛或铜盘上，把已搓好的萝卜粉放在大眼筛上拨平，再放在铁锅里，加盖饭盖，在铁锅里蒸1.5小时，再放上葱粒，萝卜糕就蒸好，等过年后需要时，用刀切成一块块，入锅煎后可食用。

腌鲮鱼 过春节时，农村少不了用鲮鱼拜年、拜神，所以村民都习惯腌鲮鱼。意思是年年有鱼（余）。除夕前10—15天，村民到市场购买鲮鱼，回家后将鱼开肚，去内脏洗净（保留鱼头、鱼鳞、鱼尾），在鱼肚放大粒生盐，已放盐的鲮鱼放入瓦盘排好，一层鱼一层盐，鱼和盐的比例每5公斤鱼放250—300克盐。鱼、盐按比例放完后，在盘面上铺一层禾草，用石头或砖压实。除夕那天，将腌好的鲮鱼捞出洗净晾干，在锅里放一些油，用慢火煎至黄色（鱼熟不变质），再放在干盘盖好备用。

每年年初二开始拜年，都喜欢用礼盒装上炒米饼30—40个、鲮鱼4条、糖环12—24只、煎堆4—8个、油角仔少量、年糕1/2块或1/4块、熟猪肉、熟全鸡等去拜年；年初一，在家拜神用2个炒米饼、2个糖环、1个煎堆、2个桔、2条腌鲮鱼来拜神；米缸放2条腌鲮鱼、2个桔，表示年年有米、有鱼（余）、家庭事事吉利的意思。改革开放后，村民思想大解放，大多数村民都不打炒米饼，不炸糖环、煎堆、油角仔，更不腌鲮鱼、蒸年糕，拜年时到市场或超市买一些饼，带一些水果派发利市。以上传统拜年用的东西逐步消亡。

二、其他节日食品

文冲村民习惯在庙会、端午节裹粽拜神，纪念屈原。拜祭时用咸粽、豆沙粽各1只，用线锲开4—6块，放在碟上。拜祭完，粽子煎热后可吃。老人生日和清明、重阳节都喜欢做糯米团，又叫糯米糍，来敬老或祭祖。

裹蒸粽 文冲多数村民每年裹粽2次，第一次是各村庙会用来拜洪圣王，文冲村是农历二月十五，第二次裹粽是农历五月初五日端午节，用以拜祭屈原。

咸粽 先把糯米和除壳绿豆分别洗净，浸泡透（约1个夜晚）捞起，分别晾干。每1公斤糯米放40—50克盐、每1公斤绿豆放40—50克盐，并放适量碱水搓匀。把包粽用的蕉叶或冬叶洗净，用开水烫过（使叶变软好包粽），包粽时将蕉叶或冬叶放在台上，放1—2杯糯米拨平，在糯米上放一杯绿豆拨平，放1条长约10—12厘米肥猪肉作芯，肥肉用五香粉腌12个小时，再放一杯绿豆，上面再放1—2杯糯米，然后用蕉叶或冬叶包成头尾细、中间高尖的锥体形，用水草扎实，放入锅里或大铁桶里煲3个小时，咸粽熟后，解开叶就可以用来拜神或食用。现在村民生活富裕了，做一些裹蒸粽时，在粽中间加上咸蛋黄、鸡肉、冬菇、花生、风栗仁等，整个制作方法同上。

豆沙粽 每1公斤糯米配15—20克碱水搅匀，粽的中间放1条8—10厘米长（捏成条形）的豆沙，包好后用水草扎好（不要太实），放入锅里或煲或与咸粽一起煲，其他做法可按咸粽的制作方法做。

糯米粉团(糯米糍) 文冲村民有一传统习惯,老人生日前一天要做糯米粉团(糍),生日当天上午用糯米粉团拜神。节日做糯米粉团有清明节、六月初一、中秋节、重阳节、十月初一、冬至，中秋节拜神时除了要有月饼还要有糯米粉团。村民建新房和新房上门眉头、上正梁时也要用糯米团拜神。到节日前一天才把闲时制好的糯米粉拿来制作糯米粉团。糯米粉团制作时，把糯米粉拿出来放在瓦盘里，慢慢放开水，用勺在瓦盘搓粉，待稍凉些再手搓，搓到粉不黏手时再做糯米粉团皮，用擀面杖来回碾粉团，碾成一片片直径 7—9 厘米大小的糯米粉皮，然后把馅料放在中间包起来，捏成馅料不外露。馅料：有的用眉豆煲熟搓烂调好味，有的用萝卜丝煮熟调好味，有的用花生炒熟碾碎混入白砂糖等，把以上馅料捏成一个个直径 3—4 厘米、花生馅捏成 2—3 厘米直径。包好的糯米粉团，放在蕉叶或大的凤眼果叶（在叶上放点花生油，有油的叶不会黏糯米粉团）上，一行行地排好，放在大眼竹筛上，再将装满糯米粉团的大眼竹筛放在已煮沸的开水上，蒸 15 分钟。

籼米粉团（籼米糍）、籼米（粘米）粉团类似金银锭，象征过年后金银满屋、年丰足食，每年农历正月初七（人日），只制作 1 次。籼米粉团用舂好晒好的籼米粉做。取出 1 公斤干籼米粉，先将 0.5 公斤粉用适量清水搓成团，放在锅里蒸熟，然后将生米粉与熟粉一起搓匀，再用擀面杖碾开（直径大约 7—9 厘米）。馅料有的用马蹄切碎加头菜粒、猪肉粒调好味炒熟，有人用沙葛切碎加头菜粒、腊肉粒、葱花调好味炒熟，将馅料放在碾好的粉皮上，捏封好口，像现在市场卖的饺子或汤丸。馅料不能放得太满，太满蒸熟的粘米粉团会爆口露馅。由于籼米粉团制作较复杂，所以每年农历正月初七只做 1 次，因该日是人日，是众人生日。

第四节　咸酸菜与咸鱼腌制

新中国成立前后，文冲部分村民喜欢自制腌咸酸菜、大头菜、咸鱼。改革开放前把腌制咸酸菜、大头菜、咸鱼作为主要佐餐料。改革开放后，这已成次要的佐餐料了。

一、咸酸芥菜腌制

芥菜有 5 个品种：南风芥菜、高脚芥菜、油芥菜、大叶芥菜、潮州大芥菜，村民多数选用潮州芥菜（亦称卷心大芥菜，又叫歪嘴芥菜）为原料。首先把芥菜去掉根部，晾晒 1—2 日，待芥菜晒软后，放入瓦缸或木桶里，放一层芥菜放一层大粒生盐（50 公斤菜放 3.5—4 公斤生盐），放满芥菜后，再放一层生盐，缸、桶面上铺一层稻草，并用大石压实，腌 1 个月左右，可以取出来食用。另一种腌制方法是：芥菜去根、洗净、晾干变软（折时不易断），煮成半熟，放凉装入坛中，然后再加放凉的米饭汤（蒸饭时撇出的第一道汤，即是将米放到锅里煮成半熟，再捞起来蒸饭木饭甑里蒸，剩下的液体叫“饭汤”；也可用煮粥时多加水撇出的汤；还可以用米粉调制煮熟的米粉汤。用蒸饭时撇出的汤为佳）倒入坛中，并使饭汤高出腌制菜表面，然后加盖稻草秆，再用石头将菜压紧，盖好坛盖。“腌熟”的芥菜，色泽金黄，酸浓味佳，腌制约半个月可以食用，要多少取多少，取后封好口，预防“走风”变味。

（一）咸酸菜蚝豉汤。咸酸芥菜梗 150 克、干蚝豉 400 克、猪瘦肉 100 克、生姜 2—3 片，把咸酸菜洗净切成片，干蚝豉浸泡半小时洗净，猪瘦肉洗净（不切开）和生姜一起放入瓦煲内，加入2000毫升清水，旺火煲沸后改用文火煲2小时，放适量生油，汤可供3—4人饮用，汤料可佐餐。此汤能增进食欲，具有生津止渴、滋养阴液，有开胃消滞、益气、健脾、润燥之功效。咸酸芥菜，还可做酸菜黄沙大蚬汤、酸菜猪红汤，其功效同上。

（二）咸酸芥菜汤。咸酸芥菜除煲老火靓汤，也可把咸酸菜洗净，切成片状浸泡30分钟，挤干水后，用于炒牛肉、猪肉、猪大肠等，有开胃消滞、防治喉痛声沙哑等功效。

二、大头菜腌制

大头菜（像陀螺形，上大下尖）有2种：江南大头菜和荷棠大头菜。荷棠大头菜体形像小孩的头那样大，潮州人和番禺人喜欢种植。文冲村民喜欢种江南大头菜。在改革开放以前，也有一部分村民种植江南大头菜，将收获的大头菜削去根须，切成3—4开，连在一起不会掉，在太阳下晒1—2日，蒸发部分水分后，再用生盐在盘里搓软，每50公斤大头菜用盐4—5公斤，在瓦缸里放一层菜一层盐，满后铺一层稻草，并用大石压实，腌1月后，取出晾干，晒3—4日后，放入缸里封口备用。腌好的大头菜咸而不酸，村民多用它做家常小菜，用时将大头菜（连叶）洗干净，切成条形，清水浸泡半小时，可用于蒸鱼、蒸鸡、蒸猪牛肉。腌过的大头菜用来蒸肉爽口味道好，很多村民都喜欢这样做来吃。20世纪70年代前的每年夏天，村民劳动出汗多，都喜欢用洗干净的大头菜煮节瓜汤不用放盐，当地人叫土“包鱼”滚节瓜，汤清淡可口，可补充人体需要的盐分。现在还有不少人用腌过的大头菜来剁肉饼佐餐。

三、其他蔬菜腌制

20世纪60年代前，文冲村民还腌制过萝卜苗、菜心叶、绍菜叶、柳菜叶、酸芋梗（狭）等，腌制方法同腌芥菜一样，但盐少一些，5公斤菜叶放盐350克。改革开放后，这些咸酸菜叶很少人腌制，已逐步淡出人们的餐桌。

四、咸鱼腌制

有少数人家将大鱼、鲮鱼腌制咸鱼，腌制时，把大鱼或鲮鱼破肚开边，清除内脏，5公斤鱼用大粒生盐250—300克腌制，先把生盐放入鱼肚内，放进瓦盘或瓦缸内，一层鱼一层盐，如此反复，到盘面或缸面时铺一层稻草，压上大石，1月后取出用绳扎住鱼尾吊晒干，然后放入瓦埕或瓦缸内封好。腌晒好的咸鱼，可单独蒸熟食用，一般用来蒸肥猪肉（俗语说，咸鱼蒸猪肉不用放盐放油）。也可以煲咸鱼头萝卜汤，可下火、清热。煲汤时，用咸鱼头1—2个（约200克）、白萝卜1000克、瘦猪肉250

克、生姜3片，先将咸鱼头洗净，放在锅里慢火煎至微黄，白萝卜削皮切块，猪瘦肉洗净与生姜一起放入瓦煲，加入3000毫升清水，旺火煲沸后，改用文火煲2.5小时，能供3—4人饮用。村民们习惯逢年过节前后，要煲下火、清热汤，祛积滞、健胃消食、清热解毒。吃咸鱼，煲咸鱼头汤，现在还有村民腌制食用。

第五节　片糖、豆腐、糯米酒的制作和酿造

1961—1963年，文冲有些自然村办榨糖作坊；改革开放前，也有少数村民自己做豆腐、酿糯米酒（村民叫糯米酒糟）。

一、片糖制作

片糖又叫黄糖，其制作过程是：购买1台榨蔗机（通常由380伏电动机带动），收购一定数量的糖蔗，放在机轮上压榨，地下砌池1个，榨压的蔗汁流到池里；砌1个长灶，安放3个大锅，烟囱在后，把蔗汁放在第一个锅煮（脱泡），除去糖泡后再捞到第二个锅（脱水），水分煮到蒸发得差不多再捞到第三个锅再煮20分钟左右，糖水变成糖胶，放适量蚬壳粉或石灰粉，在锅里搅匀、打沙。如此反复以上工序，一台机一天2个班，可产片糖500—700公斤。土榨片糖做法是：在灶的旁边做2—3张沙床，放干沙20厘米左右厚，沙面上放2—3层草席，把糖胶倒到铺在沙床的草席上，用谷拨拨平，厚0.6—0.8厘米，过20分钟左右，以方尺为规格，用尖利器将糖锲成长方形，20世纪80年代末，土榨片糖已消亡。

二、豆腐制作

一些村民有自制豆腐的传统。做豆腐，先将干大豆用石磨磨成两半，去掉豆壳（磨时多放大豆，少放会将大豆磨成粉末）。然后放入水中浸泡24小时，至浸透为止，再放入石磨磨成豆浆。从石磨流出的豆浆用粗白布（未洗染过的）袋装，然后放入中水缸（直径50厘米以内），用60℃左右热水泡，手摇布袋，用木勺压布袋，洗豆浆，放水多少视豆浆量多少而定（放多水太稀、放少水太稠都不好）。清水泡洗后，再将布袋提起来，在煮豆浆大锅上放一个“井”字形木架，挤压装豆浆的布袋，挤干豆浆，剩下豆腐渣（可加些青菜放油盐煮来吃，也可做饲料）。从布袋过滤出的生豆浆在大锅里煮，要留2升生豆浆，当见锅里豆浆沸腾时即加生豆浆冷却一下（不能让豆浆沸腾溢出），重复3—4次，待豆浆熟透，倒进装豆浆的水缸中，让豆浆冷却，当豆浆面有一层腐竹皮，把它拉起来，然后，滴盐卤，盐卤用碗装好，然后用1支筷子架在碗口，斜着让盐卤顺着筷子慢慢滴，右手用1个有30厘米长的勺顺时针慢慢地拨动豆浆，搅匀盐卤。当豆浆出现清水线条似的时候，停用盐卤，用豆腐帕布盖住，面上

压一个大水缸盖，等待豆浆凝成棉花团状（叫豆腐花），才倒进豆腐格内。豆腐格的大小看黄豆加工量，用米升（大米1.5市斤为1升）量有4升的、有8升的。豆腐格用1块比豆腐格大10厘米的正方平杉木板垫底。豆腐格上铺放比豆腐格大一倍的豆腐帕（正方形、未洗染过的粗白棉布做的），错角放，角尖对直边角，再将豆腐帕压到格底，然后将豆腐花倒进铺好豆腐帕的豆腐格内；倒完后四角豆腐帕轮流拉离一些豆腐格边，让水流快些，二三轮后，对角收豆腐帕覆盖好，然后用杉木板盖（大小与豆腐格内框略小2毫米平的，或刻有边长6厘米左右深0.2厘米的正方格）豆腐受压，印成一块豆腐痕，这样下刀准，鎅豆腐大小一致，再用石头或用水桶装上大半桶水，压在盖的上面，当压得不再流水时，将加压重物拿下，放1小时以上，拿出板盖，将豆腐格拿走，再揭面上豆腐帕，用6厘米宽的板条作为直尺，横竖鎅豆腐；要酿豆腐时再对半切开，然后用筷子或食指在豆腐块里挖1个长条小洞（一般不要挖穿），酿上肉馅，蒸或煎。盐卤做凝固剂做出豆腐比较结实，味鲜甜。豆腐还有另一种做法是用石膏作为凝固剂的，当生豆腐煮熟时，把用水调和好的石膏水剂（用量视黄豆多少而定）倒进锅中的豆浆里，搅匀后，再将豆浆倒进缸里，待冷却凝固成棉花状，再倒进豆腐格压成豆腐。用石膏做凝固剂的豆腐，其特点比较嫩滑，但稍缺鲜甜味，也没有那么结实。20世纪80年代前，农村做豆腐主要是节日、喜庆日，多数农户单独做，如有困难的家庭，黄豆不多的2户合起来做，才够豆腐格的规格量；有些可拿黄豆去专做豆腐的作坊交换，给加工费（用黄豆折价也行）。关于做豆腐，据说是南方人从北方南迁后，因南方吃大米，没有小麦，无法包饺子，而生产黄豆，就以做豆腐代替，一直沿袭至今。改革开放后，打豆浆实现机械化。

三、糯米酒酿造

文冲村民酿糯米酒已有几百年历史，是最古老的酒种。一般规模很小，自酿供家人饮用，有时也会给邻居一些。

每年农历“大雪”过后，部分村民按传统习惯酿糯米酒。以糯米为原料，首先将糯谷去壳留皮（俗称糙米）煮成糯米饭，用簸箕散热放凉，用特制酒酵母（俗称酒饼，市场有售），磨碎后均匀地撒在糯米饭上搅匀，入埕封装，发酵时间，天气暖时10—15天、天冷时需要20—30天，有的用白米酒催“酒娘”（母酒），发酵会快些，酒也会浓许多。饮用时，用酒角把酒倒出来，用纱布隔开酒糟，用较小的冚盅（方言，10升左右容量有盖的小瓦缸）放在饭面煮热后，可1人或几人饮用。改革开放后，村民自酿糯米酒量减少，原来用埕装的改为用大冚盅装，其工艺不变。常饮用糯米酒有益气养颜、活血暖胃之功效。将糯米酒带糟一起捞起来煮鸡蛋或虾米，妇女坐月子饮用据说奶水较多，加姜片可祛寒滋补。

四、炒圆仔制作

圆仔，乡土俚语讲成“渊仔”，是文冲农村孩童的稀罕年宵品。形状近似花生米大小的小气泡，香脆、别致而又耐贮存。选料：选择纯正的糯米、花生油、糖粉、食用红色素。舂粉：糯米先用清水浸泡 3 天，每天换水 1 次，捞起晾干，用石碓舂成粉，经密铜箩斗（筛）初筛、重筛，直至绝大部分过筛成微细糯米粉。打糊：是炒圆仔成败最关键的一步。每 1 公斤粉加入 150 克花生油、180 克糖粉，把这些材料放进铁锅里拌匀，加适量水，以搓捻成粉团不粘手、不粘锅、有弹性为准，其中 50% 的粉团加入食用红色素。随后将粉团搓捻成筷子一样大小的细条状（有如现在的手拉面），用刀切成黄豆般的细粒，再用竹筛初筛、重筛，务求颗粒均匀。炒圆仔：用铁锅炒制，先用文火，后匿火；用相思树的幼枝扎成手把，徐徐翻动锅中被炒的细粉粒。粉粒受热，遂膨大成小圆形的小气泡（圆仔），立刻盛起，再制余下粉粒……待小圆仔晾凉之后，放入埕或缸内保存，供孩童们食用。

专　记

廻龙古市创建引发的“官司”

文冲地区有旧圩叫乌涌圩，圩市的商铺属“四约”（即文冲、下沙、珠江、茅岗，下同）所有，以建在鱼珠石岗圩的“四约”庙为证。圩市主要以经营杂货为主。旧圩的外街由文冲陆耀东、陆秋明、陆坤明等人开店经营，市场一片兴旺。到18世纪30年代，因“四约”外流氓地痞要收保护费等，干扰商家经营，造成大部分商家撤走，之后，圩市生意一落千丈，文冲的权威人士看到此情况，为寻求水果出路，认为必须创建一座集市，让广大商家来圩市洽谈生意，文冲水果销售才会不受影响。

经文冲“二圣公”理事会成员陆德煊、陆拔英、陆华山、陆灼堂等人士商议，要解决文冲水果出路，一定要采取措施，于是商量筹办创建一座商贸集市事宜。据说：当时，乌涌河边已有乌涌圩，有人知道将要开始创建一座新圩市，于是告发到清朝官府，官府接报审议后，下令不准在附近再设集市。为此，陆拔英等人亲自上府衙申辩。由于其能言善辩，将拟建圩市后的商贸发展理由陈述得一清二楚，从而说服了官府，官府认为有理，于是再作出判决：“乌涌圩设鱼、肉、杂货贸易市场不变，新建的廻龙市，设水果、谷物和猪、牛、羊、‘三鸟’市场。”现仍有果行大街、牛地街和圩地街的地域名称可见证。

文冲地区地处水乡。据传：当时，有一道贯之人看中廻龙市位于文冲之东、文园之西，有一股龙气，于是经向菩萨“问卜”，文冲村民希望神功庇佑在此开设圩市。于1929年农历正月初五，由陆氏族人组织人力，筹集资金，将60亩基地的杨桃、荔枝等果木砍伐掉，再用船运来砂石土，填平建设商铺，还发动各乡亲投资入“圩股”（日后圩股有分红），以此办法来筹集资金，文冲廻龙市很快就创建起来，并开市营业。

廻龙市开圩后，附近商贾开着大小船只纷纷前往洽谈业务、采购水果等，圩市生意兴旺。该圩市每逢农历二、五、八日为圩期，民国时期市场经营商品齐全，一派繁荣兴旺景象，成为附近乡村生果与农副产品集散地，为当时文冲地区创造出一条经济发展的新路子。

廻龙市一直延续到20世纪70年代后期，因该圩市地块被村民用作建住宅区，以及石化总厂生活区建有新市场而结束。

文冲状元山

清乾隆已未科状元庄有恭,祖居广州仓边路旧仓巷,属番禺县地,世称番禺庄状元。

庄有恭及其父亲庄存斋墓地葬于文冲飞鹅岭，故文冲人称其墓地所在的飞鹅岭为状元山。为清代广州惟一状元墓。两墓东西相隔约 50 米。

庄存斋墓建于清乾隆年间，墓园占地 6 亩，其中坟冢占地 132 平方米，墓为三级混凝土砌筑，前有半椭圆型前台，正中嵌有石碑，碑高 1.45 米、宽 0.82 米，两边框为龙戏珠纹饰浮雕，极为精美。碑文为“皇清例赠中议大夫光禄寺卿显考存斋府君庄公之墓”。墓前方 50 米之处有 2 个石狮子，再往前矗立花岗石墓华表，高 6.8 米，表顶端卧狮，遥遥相对，气魄雄伟。

庄有恭墓坐东南朝西北，为灰沙构筑的抄手墓，由坟头、山手、前后护岭、平台、月池等组成。

墓前后护岭最长距离约 19 米，墓前平台最长约 8.4 米，坟头正面嵌一花岗岩墓碑，高 1.4 米、宽 0.8 米、厚 0.3 米，正中刻“皇清诰授资政大夫赐状元及第福建巡抚前太子少保刑部尚书协办大学士显考滋圃府君庄公之墓”。墓碑两侧建筑部分被损，墓碑前被挖掘。

庄有恭状元墓发现后，广州市属下有关部门及其后裔对其进行保护及修葺。2002 年 7 月，公布为广州市文物保护单位。

人们认为，文冲飞鹅岭，其状酷似飞鹅展翅，栩栩如生，状元家人安置列祖先灵于此，必然是块宝地，本地人称此山为“状元山宝地”“状元谷”。

庄有恭（1713—1767），字容可，号滋圃，祖籍福建省晋江县，其父奕仁（号存斋）定居番禺。乾隆四年（1739），庄有恭状元及第，历任学政、江南河道总督、湖北巡抚、江苏巡抚、浙江巡抚、刑部尚书、协办大学士、福建巡抚等职。乾隆三十二年（1767 年）七月，终于福建官署，享年 55 岁。为清代 3 位状元之一，余为嘉庆时吴川林召棠，同治时的顺德梁耀枢，而以庄有恭的政绩最为显著。

乌涌战役

清代道光年间，因为鸦片贸易对我国的人民、国力的巨大危害。1840 年 1 月，林则徐奉道光帝令于广州正式封港，断绝中英贸易。4 月，英国政府成立一支远征军，内有军舰 16 艘、运输舰 20 艘，武装汽船 4 艘，共载炮 540 门，士兵 4000 余人，合之海军，总兵力约六七千人（一说为 4000 人）。6 月初，英国远征舰队开抵广东海面，鸦片战争正式开始。

6月28日，英军封锁珠江口，当晚启程，北上进攻浙江舟山。时虎门留英舰5艘。6月30日，英军北犯厦门。7月4日，侵占定海。8月11日，进犯天津海口。道光帝令直隶总督琦善与之谈判，英军同意南撤广州，9月中旬即南撤。当月，道光帝任琦善为钦差大臣，到广州谈判，撤林则徐、邓廷桢之职。12月底，琦善与查理·义律开始谈判。

1841年1月7日，英军突破虎门大角、沙角炮台的第一道防线，副将陈连升父子等人战死。琦善派人至穿鼻洋，与义律签订《穿鼻草约》：赔偿烟价600万元，恢复广州商务，割让香港。1月27日，道光帝下令宣战，并派皇侄、御前侍卫内大臣奕山为靖逆将军，户部尚书隆文、湖南提督杨奕为参赞大臣，调各省官兵约1.7万人，至广州与英军作战。2月25日，英军占领虎门下横档岛。26日，虎门炮台失陷，关天培等人战死。2月27日，英军进抵广州黄埔乌涌前的珠江江面。

此时，英舰有“加略普号”“先锋号”“鳄鱼号”“硫磺号”摩底士底号，加有蒸汽轮“复仇神号”“马达牙士加号”。乌涌炮台守军为广东兵700人、湖南援军900人、广西援军1人。

乌涌战役由此开战。先说乌涌炮台位置：在今乌涌与珠江相接的乌涌口，于现广东省外贸仓处，原有一支流，向东北，又东南，大致与珠江平行，然后陡然收窄，于旧白沙市而与珠江合，为珠江与清朝时的乌涌所夹的陆地，宣统《番禺县续志》与地志标为“乌涌围”，文冲人以鱼称之，自西而东分作鱼头围、鱼颈锁、鱼心围、鱼尾围4段（西端河道已堵塞填平，东端被文冲船厂填为厂区）。原“乌涌围”东端狭长的鱼尾段，即为乌涌炮台所在位置。炮台为泥筑，20世纪七八十年代尚存。

泥炮台在鱼尾围沿珠江边走由东往西排列，当时配置有40多门炮。一大排的木筏和沉在水中的沙船形成一道横江木桥。另外，在江面上拉起一道横江铁索，阻止兵舰前进。2月27日，战役打响，早于2天前的25日，已被革职的林则徐与琦善、邓廷桢等于辰刻（早8点）到乌涌，并上岸视察了炮台，后分道回广州。

镇守炮台的领导者有玛佳·祥福，为满洲正黄旗人。初任职在亲军，后陆续升至冠军使，为湖南宝庆协副将，因跟随提督思举平定江华县瑶族而有功，历任绥靖、宁夏、镇筸镇的总兵。因中英战事起而被抽调支援广东，带领湘兵900人，于几天前到达乌涌；另有原驻防于此的广东兵700多人及广西援军军官周枋1人。

2月27日，英军舰队到达乌涌围南边的珠江江面。“复仇神号”“马达牙士加号”开到炮台前去测量水深时，驻守乌涌炮台的清军开始开炮，2艘英船还击。“摩底士底号”也赶到，开至离北岸300码的距离时，也发射出圆弹和葡萄弹。清廷向美国旗昌洋行购买的“切萨皮克号”（又叫“截杀号”）也向英舰开火，但立即被击毁。

部分英军跳下船，沿乌涌河向炮台上的清军后面攻击。清军受到正面、背后的夹击，开始与英军正面的搏杀，以枪剑互刺。英军继续不断登陆，并将清军的营地帐棚破坏掉。祥福头戴蓝顶帽，挥剑命令士兵集合，直向手持洋枪的英军杀过去，在其前方的是斯传献海军少校（Lievten ant Stransham）及其士兵。（［英］，宾汉：《英军在华作战记》，载《鸦片战争》，中国史学会编，1954年版）正在激战时，部分广东兵开始溃退。因为乌涌围与北岸有乌涌相隔，仅一桥相连，士兵争先恐后地挤上桥，跑过对岸。这时，负责乌涌小粮台的候补知县瑞宝，也随着溃兵越河逃跑，刚一过桥，即命令随从拆桥板，跟随者被后到清军挤逼下河，死者多人。（清.梁廷楠《夷氛闻记》卷二，中华书局1959年版）

关于祥福镇军的牺牲情况，说法不一。有的说因清军弹药俱尽，英军弹雨齐下，祥福、沈占鳌、洪达科等阵亡。有的说，祥福为溺死，战后起尸时，他手抓一英军，手探入喉咙，死抱同归于尽。

乌涌炮台陷落，英军占领阵地。清军失败，士兵是经过一番激战的，用战争的敌方话说，“其中至少有500名阵亡，因为他们没有讨饶”。

根据战后的详细统计，阵亡军官31人，兵丁415人，共446人。通过各种途径回营的幸存兵丁为456人。

战后，清廷内阁根据道光帝的指示，商议抚恤办法，祥福按总兵之例给抚恤银700两，给予骑都尉世职；湖南镇筸镇标左营岩门游击沈占鳌给恤银400两，湖南提标左营中军守备洪达科给恤银300两，2人均给予云骑尉世职。道光帝看后批示，按照商议之法给予抚恤，另要在士兵牺牲的地方建立专门祠堂，以此抚慰忠魂而表彰节义。

阵亡的湖南、广东、广西官兵446人，一齐同葬在黄杨山（今为牛山）的南麓山腰，原墓为花岗石建筑，坐北向南，墓牌上刻字有“湖南广东广西各标忠勇官兵之墓”等字，自道光年间鸦片战争之后，屡经毁损，后有重修。墓前尚有石牌坊一道，正中横额刻“圣旨”2个字，为二柱一间冲天式。

祥镇军祠亦建于道光年间，深二进。光绪三年（1877），邓安邦任鱼珠统领，见专祠衰败，即捐、集资修建；光绪十年，邓安邦又与钦差大臣彭玉麟，两广总督张之洞及军、民各界捐资重修，塑有祥福之像，祠内录有阵亡将士的姓名、衔位。纵深伸展八尺，祠左建有小厨房，后面建有祭祀时更衣之所。此外，祠外建东厅1座，土地祠1间，并添置祀田。该祠毁于抗日战争期间，旧址位于文冲船厂生活区西区牛山脚下，上边即为“乌涌清官兵合葬墓”。祠内原有碑2块，一块早已不存，另一块《增建祥镇军祠添置祀田碑记》，20世纪60年代被移置广州博物馆（5层楼）碑廊。

祥镇军祠之祠堂石匾额于祠毁后，被移到文园村大鱼塘北侧作塘基石。匾高0.43米、宽1.76米、厚0.1米，阳刻“祥镇军祠”4个字，楷书，无上下款。现置放于南海神庙内。

文冲牛山“8·26”武斗

1966年5月16日，中共中央发出《关于开展无产阶级文化大革命的通知》之后，全国各地开展“文化大革命”运动，先从学校开始。黄埔地区的红卫兵和全国各地红卫兵一样，成立各种各样的“战斗队”“造反兵团”等造反派组织。“红卫兵”高呼“革命无罪，造反有理”的口号，批判“资产阶级思想”“资产阶级学术权威”，批斗学校的领导、教师和各级领导干部（称之为“当权派”“走资派”）。由于各级党政机关受到冲击，处于瘫痪状态，造成学校、工厂全面停课、停工，工厂工人也纷纷参加造反派组织，在运动过程中，逐步形成两大派。以大多数青年学生、青年工人、青年农民为主的组成“红旗派”，以大多数产业工人和农民为主的组成“东风派”。后来成立“广州红旗革命造反总部”（简称“红总”或“红旗派”），广州地区工人造反总部（简称“地总”或“东风派”）。由于两大派观点不同，经常发生语言上的冲突，发展到肢体冲突，到发生动刀动枪事件。双方都宣称“文攻武卫”，使两派武斗不断升级。

1967年8月，文冲船厂“地总”与“红总”武斗非常激烈。“地总”以船厂为据点，在“红湖轮”上架起重机枪，对准文冲牛山、坑头山；“红总”以牛山（原牛山古炮台）和坑头山为大本营，架起机枪或重机枪对着厂区，还经常对着珠江上及文冲果树林开枪射击，使村民不敢到果园劳作。在山脚下的文冲、双沙民众和船厂职工住房都受到很大的威胁，晚上不敢安心睡觉，严重影响村民和职工的正常生活，很多青年村民纷纷起来，义务组织自卫队，防止外来人员捣乱农村社会治安，都自觉组织自卫队，被迫在107国道段、广新公路的进村口，砍树堵路，截断两条公路的交通，并在各村的路口24小时设岗哨，不是本村或不熟悉的人不准进入村内。为了村民的人身安全，防止社员参与文船两派武斗，黄埔人民公社派出时任公社党委副书记郭炎彬驻文冲生产大队，负责做好文冲、双沙、姬堂村民思想工作及防卫准备。重点抓3个生产大队干部，反复强调不能参与文船两派武斗。为了做好防卫工作，郭书记经常到3个村的制高点做值班人员思想工作。当时，文冲在文园山，双沙在狮山，姬堂在文冲状元山脚下架起重机枪，形成对牛山、坑头山的三角包围圈，作好“自卫还击”的准备。

1967年8月26日晚上8时左右，文冲船厂两派发生武斗，步枪、冲锋枪、轻机枪、重型机枪（又称13米）一齐相互射击，密集的子弹飞来飞去，枪林弹雨，好像电影里的军队打仗一样，持续大约半小时，打死3人：王克武（文船技校党支部副书记）、曹子荣、朱桐怀（文船职工）；打伤10多人，其中3人重伤；流弹还击伤2位过路行人。这是文船两派“武斗”，文冲、双沙、姬堂的民众都听从公社领导的指挥，坚守岗位，没有参与，所以没有造成事态进一步发展。

这一天的武斗前后，文冲民众为了躲避武斗的伤害，特别是文园民众、文船生活区的职工及家属都居住在牛山、坑头山脚下，离武斗现场最高点只有几十米和二三百米远，引起民众、文船的居民一片恐慌。文冲社员为了躲避武斗的威胁，一家老少带着行李逃到附近的暹岗、萝岗等地的亲友躲避，据不完全统计，文冲村逃避出走的有30多户100多人；文船的外省籍人员（在广州附近无亲友暂住的）大部分职工及其家属。无处逃难的，只留在宿舍里不敢出门，商店关门，路上行人稀少，交通完全中断。当日晚上，“两派”真的打起来，来不及逃跑的村民、文船职工及家属，有的躲在床底下柜底下，有的躲在水渠里，有的躲在文园山的西侧……牛山“8·26”武斗，给生产、生活带来巨大的影响，现在人们谈起还记忆犹新。

8月27日早上5时，公社干部陆三喜接到郭炎彬的通知，带东圃医院救护车到文冲大庙（原文冲大队部）接运2名参加武斗受重伤人员到东圃医院抢救。由于中山路、广新公路交通被堵死，宦溪村、黄村、珠村、塘口村、横沙村、下沙村及文冲的村口公路被砍下的公路树堵住，并派出社员24小时值班，陆三喜每到一个村口都要下车和他们讲清原因才被放行，从东圃到文冲大庙花一个多小时，才把2名重伤员运送到东圃医院抢救，从而脱离危险，后来康复出院。

1967年10月，由于广州地区“东风”“红旗”两派的武斗不断升级，严重影响社会治安秩序。国务院总理周恩来非常重视，指示两派组织派代表赴京。在京时，周总理先后10多次接见“两派”组织代表，要求其立即停止武斗，清除派性，最后达成“革命大联合”协议。1968年3月5日，广州市郊区军事管制委员会决定：派出广州军区空军后勤部孙处长带领10多名空后干部住在黄埔人民公社，然后分别到各生产大队做思想工作；成立黄埔人民公社革命委员会，由武装部，革命干部、革命群众（东风派、红旗派的造反派头头）组成抓革命促生产的“三结合”36人领导班子。公社革命委员会成立后，公社下属的各生产大队均成立革命委员会，文冲生产大队革命委员会由陆志辉、陆祐康、陆广成、叶哪等12人组成。同时，广州军区对文冲船厂实行军事管制，派出陆军2个排70多名官兵驻进文冲船厂，在厂内外的重要地方实行24小时站岗放哨，防止派性武斗再次发生；后来又派出海军某部干部30多人到该厂，做“两派”人员工作，促其消除派性，协商成立“三结合”文冲船厂革命委员会。黄埔地区各单位和全国一样，先后都成立“三结合”的革命委员会。因解放军驻村、驻厂，逐步消除派性的影响，坚持抓革命、促生产，“武斗”没有再发生。

文冲村是广东省最早对外开放的农村之一

文冲村拥有优越的自然资源：数千亩果园，种植有荔枝、青梅、白榄、乌榄、香蕉、菠萝等岭南佳果，常年挂果飘香，加上文冲又是广东省的重点农业社。所以，20世纪50年代中期，文冲被广东省委指定为对外开放的村庄，让世界各地的外国人前来游览参观（由于某种原因，我国当时的农村是不容许外国人随便走动的，被视为“禁区”）。

1955—1961年的6年间，文冲共接待外宾450人次，有68个国家和地区的人员到过文冲参观访问，大部分国家是当时的友好国家，尤其是苏联和东欧、亚洲的“民主国家”，也有来自美国、英国、法国、西德、日本等的资本主义国家。这些外宾都是由广州市外事办派员开车送到文冲参观的，多是政治人物和文艺团体成员。接待外宾的开支均由市外事办负责报销。当时，文冲乡的党支部书记郭炎彬、副书记陆流妹和文冲社社长叶哪、陆志辉、陆流如为主要接待人员，向外宾介绍文冲的基本情况及带领外宾入果园参观游览。文冲的基本情况是由文书写好、印好，人手一份，发给外宾。最使人难忘的是：1956 年夏天，波兰国家舞蹈团数十人前来文冲参观和演出，当该团成员听完文冲书记的情况介绍后，团长很有兴致地提议，为文冲农民表演几个波兰的乡土舞蹈节目，在场人员一时傻了眼，文冲没有现成的舞台，没作任何准备，哪有场地演出？谁知团长笑嘻嘻地说：“别急，别急，一切有现成的！”要求接待人员带去参观过的文园上高园果园里，在大草坪上，把道具挂在树梢上，敲响锣鼓，波兰的艺术人员就这样唱跳起来，精彩演出，博得文冲村民们热烈的掌声。这年又有一次，前来参观访问的罗马尼亚民族歌舞团，也学着波兰人的做法，在横岗（土名）路口的果园里跳起土风舞、踢靴舞，吸引大批村民观看。

廣東青年報
GUANGDONG QINGNIAN BAO
一九六零年三月三十一日　第五零六期
一面苏联共青团旗
友誼的见証
中苏友誼罐
最好的收音机
中苏友好
广东省中苏友协
广东青年报 合编　第十三期

说明：上图是由陆国松撰写的《友谊的见证》一文，于1960年3月31日刊登在《广东青年报》上

文冲农村作为国际交往的一道桥梁，深深吸引人们的视线，到文冲参观访问的外国人越来越多，最少的是半个月来 1 次，最多的是一日来几趟人。1956 年秋天，苏联乌克兰共和国赫尔米共青团州委书记和斯大林集体农庄基层团支部书记基科 3 位友人访问文冲农村，当参观完菠萝山后，在返回路上，突然碰上文冲的黄洋堤围被洪水冲缺，社员们纷纷托杉扛沙包上堤抢险。乌克兰 3 位友人听了翻译说明后，立即拔腿就跑，跟着众人上堤抢险。由于人多力量大，崩堤很快就被修复。村民们都很感谢外宾们的大力帮忙。那位共青团州委书记来不及去清洗手上污泥，便从口袋里取出一面红绒织制成的苏联共青团旗来，送给文冲农民们，并说：“希望这面旗成为我们团结的象征，文冲很漂亮，文冲人很好，这里真的是中国的乌克兰啊！”

国际友人到访，很多人都带一些珍贵的礼物，例如时钟、手表、收音机、刺绣品、工艺品等，文冲人都很珍惜这些礼物，并收藏到乡政府、社队部的办公室里，让村民前来欣赏。（详见《广东青年报》1960 年 3 月 31 日报道《友谊的见证》）

有的来自不那么友好国家的外宾，入村后，总是“鸡蛋里挑骨头”，又专门拍摄一些污脏的角落，以此丑化中国农村形象。文冲接待人员按照上级的指示，以不卑不亢的态度对待到访外宾，以新的形象感染到访外宾。有一次，有个日本代表团到访，想找共产党对地主、富农政策的“骨头”，专门要求接待人员带其到一些地主、富农家里作客。席间，日本代表专挑一些不友好的话题挑拨地主、富农们对共产党产生不满，而地主、富农说的都是感谢共产党和人民政府对村民的深切关怀的话，使该团成员哑口无言，自感惭愧。

票证时代

1953 年秋，我国开始实行粮食“统购统销”政策，至 1993 年 2 月 15 日，国务院发出《关于加快粮食流通体制改革的通知》止，整整 40 年的时间，都经历着中国特色的“票证时代”。那时，全国各地，凡有户籍的中国公民，无不受到各种票证的约束。据不完全统计，从国家到基层发行过粮票的单位有 2441 个，品种上万个，包

粮票 1

粮票 2

粮票 3

粮票 4

粮票 5

括农村口粮票、工种粮票、补助粮票、知青回城粮票、光荣家属粮票、干部下乡粮票、军用粮票以及普通粮票等，不仅种类繁杂，而且所有与粮食有关的食品都要凭粮证或粮票购买。粮票分国票、省票和市票，国票在全国各地使用，省、市票只限于本省、本市使用。那时，“票证大过天”，有钱没有粮票也吃不上饭。食品除粮油票外，还有猪、牛、羊、鸡、鸭、鱼肉票，各类蛋、糖、豆制品、蔬菜、水果、福利品票等；在服装和日用品方面，有布、汗衫、背心、肥皂、洗衣粉、火柴、手表、单车、缝纫机、手帕、鞋票等。有的票还规定商品等级，如烟票，一般按季度发放，平时，城镇居民只能得到低档次的乙级、丙级烟票。当时，人人上街都要带备各种票证，一旦票证不全，或票证不对号，购买不到票证物资。

当时，文冲也和全国一样，人人票证不离身。文冲以生产水果为主，粮食不够吃，村民靠吃国家供应粮。那时，每人每月定量粮食 5—10 公斤不等，人们劳动，天天吃不饱，有十多人因此患上“水肿病”而死。幸好，文冲当时也有几次“放开肚皮吃”的机会：即卖大猪和港澳同胞亲戚回乡探亲的时候。当时政策规定：卖猪留肉，卖 1 头大猪，可自留猪肉 15%，自留肉部分由收购部门发给猪肉票。卖 1 头猪一般有 10 多公斤猪肉票，用此猪肉票到市场买上大肥肉，回家像过节那样，把肥猪肉炆成红烧肉，用瓦砵仔盛着，分派给自己的亲人或邻里品尝。亲人邻里也会像为你庆生日那样封上一两毛钱的红包。这样，卖猪人一家便可大碗酒大块肉地饱吃一顿。文冲有港澳关系的人多，每当港澳亲人回乡探亲，人们就会约上全家人上茶楼酒店大吃一顿。因为港澳同胞和外籍人士回乡，上茶楼酒馆吃饭不收粮票，任要任食，有港澳亲友的便占上这个光，趁机填饱肚子。文冲西坊中年农妇区某兴，香港亲戚回乡，上茶楼吃饭，一顿就吃半只鸡、1 条鱼、13 碗饭，还觉得不够饱。

如今，人们把过去的票证视作珍贵文物收藏起来，市场上也有人收购或出售旧票。有的粮油票的收购价还很高。

文冲龙舟

文冲是个水乡，早在南宋末年，文冲地区就有龙舟。在历史上，人们在江北中约（陈姓）前的小山头名叫“龙船岗”（后名乌柏岭）看龙舟（亦称龙船）。

文冲陆姓的龙舟已有 300 多年的历史。起源于清代盛世时期，清康熙十一年（1672），文冲有龙舟 3 艘。扒龙舟人员的服式一直保留清朝时代服式，头戴竹煞帽，身穿清兵勇士的上衣，穿黑色短裤。

改革开放后，文冲村经济迅速发展，人民生活改善，陆姓龙舟从原有 3 艘增加到 8 艘，其中：东坊 3 艘、西坊 3 艘、文园 2 艘。

每逢端午节期间（农历五月初一至初五），文冲每届龙舟活动都有几百人参加。

划龙舟时期，成立龙船会，组织人力，筹集资金，安排各项活动。20世纪50至70年代，经费来源主要上门请村民赞助。龙船饭菜，形式简单，一般3—4个菜式，白饭不限量。1990年以后划龙舟期间，农村经济发展，经多方资助，参与者每餐大鱼大肉八菜一汤，酒水餐饮、白饭任享用；还宴请附近乡亲老表和本村耆老，一般有二三百席。账目由龙船会集体开支结算。龙船组织者在每次活动时在各坊祠堂厅所集齐人后，公布扒龙舟活动一切事宜。

文冲龙舟有特色，“派头”与别的地方不同，舟身美观大方，扒舟人穿着统一的传统服式。站在龙舟面上的每艘21人，穿长袖白衬衫、绿色背心、黑色灯笼裤，腰中系上红腰带，头戴白草帽，十分耀眼；龙舟划手每船68人，穿统一清代勇士竹布衫，黑色短裤，头戴尖顶竹煞帽。整队龙舟很有看头。西坊、文园的龙舟还画上花彩，十分夺目。名传番禺、广州一带。每年龙舟节，文冲几艘龙舟隆重进入村中的河涌，锣鼓声、炮仗响声以及人声鼎沸，振奋人心，观众争相观看。文冲龙舟服式和道具由各坊龙船会负责保存，连年不断保存下去。

文冲龙舟还定期参加广州国际龙舟表演赛，也曾获得一、二等奖。1979—1983年，文冲村在龙舟节期间，除组织赛龙舟外，还组织戏班演大戏助兴，俗称“又有龙船，又有戏”，热闹非常。

每只龙舟都配备80多人参与，有严格规则。总指挥是旗手，鼓手看头旗，龙舟划手听鼓声，艄公看着旗手。旗一转、一擂鼓，龙舟的划手马上停桨，用划桨闸水，使船慢驶，“停！”人转身将龙舟划转头，注意龙舟之间不相撞。

中华人民共和国成立前，划龙舟有头领乘船指挥。如果没有权威人士乘船指挥，一旦出现事故，难以控制局面，喜事变成坏事。如今，有村领导参与，身穿救生衣，亲临船上调度指挥，每天还为参与龙舟上运动的人士购买人身安全保险。

根据传统风俗，文冲龙舟在每年农历四月初八后开始打响龙船鼓，起龙船。每年龙舟节活动结束后，龙船一般被埋藏在河涌的泥土里，起龙船就是把龙船挖起后，洗净龙船身再让男孩练习划船10天，然后根据水情，择定吉时，龙船上床。龙船上床，以前用杉（松）搭成2行交叉形相互对称与龙船一样长的支架，待水涨至适当时，把龙船撑入两排杉木之间的空域里，然后用杉木横栅把整条龙船托举起来，再用绳索把2排杉尾连起，固定船身，免船受损。退潮后，龙船躺在龙船架上，这叫龙船上床。经脱水后，乌龙船抹油，花龙船画花。农历五月初一前，各项工作完善后龙船下床“镇水”。现在，各坊建有龙船坞，事情简单得多，只要排干水后即可工作。

从古到今，划龙舟都带有些封建色彩。每个龙舟节都会求神灵庇祐，龙船“镇水”就是镇压“水妖”，为此，龙船下水要择好时辰，让道士（喃嘸佬）画符咒语，把符咒贴在龙船头、龙船尾及锣鼓架上，再用香茅、鸡屎藤煮的水洒在船上各处，选用男童上龙船床上不响锣鼓地扒旱龙船（即桨桡不沾湿水），扒完旱龙船后，发给每个孩童2个龙船饼，小童离船换上成年人。龙船放至水面，这时，坐在龙船上的划手，只准用手扒水，艄公用竹竿撑到采青的地方，1位老人在岸边捧着1盆青禾苗（表示五谷丰登），打头旗手接过青后，封回“利是”给捧青人。头架锣那人开始鸣放鞭炮，敲锣、打鼓，扒龙船，这叫“镇水”。每天龙舟外出，早上组织1小队人马，托着龙头，老人举着罗伞、神斗，头锣鸣锣13声响，船尾人托着龙船尾随后，边鸣放鞭炮边举步入洪圣王庙参拜，求神庇祐水路平安。经过一切准备工作后，各条龙舟汇集河涌出口，待装出发，驶向珠江，探亲赴景去。文冲的龙舟不时以金鼓为号，罗伞张开，旌旗摇曳，鞭炮齐鸣，沿着河涌造访友好邻村，主客之间，热情招呼，打躬作揖，进茶献饼，是为到各地会友趁景。

文冲龙舟出外探亲访友，一般很有规律，农历五月初一前，划龙舟到波罗庙接神，顺道东行至庙头、南湾、墩美、夏园、东湾、双沙一带；初一往西行入深涌，到珠江村、黄村、塘口、石宦龙等村。初二是文冲龙舟节，文冲的几艘龙舟均在村的河涌内迎接外来亲朋好友龙舟的到访。初三往琶洲、棠下、东圃、车陂村。初四往番禺、东溪、柏堂、水门、草堂、穗石、南亭探亲。初五直往广州到东山寺右、杨箕、潭村、猎德、冼村、员村一带探亲表演。端午节期间，一连8天成为文冲的“龙船周”活动。

征用文冲村土地有关单位情况

文冲村，乌涌河口西侧是黄埔港的客货运站。公路、铁路在文冲土地上从东往西穿过，文加公路（现石化路）从南往北通过，水陆交通方便。1958年后，国家及省、市、区、公社（镇）所属单位搞投资建设，选择文冲地区这块土地。省、市、区、镇、村等62个单位征用文冲土地6868.114亩，为国家建设作出应有贡献。现重点简介文冲船厂、外贸仓（现广东省外运黄埔仓码有限公司）、广州航海高等专业学校（现广州航海学院）、广州石油化工总厂（以下称石化厂）等单位的建设规模与发展情况。

一、广州文冲船厂

广州文冲船厂（现广州文冲船厂责任有限公司）。1958年11月开始，征用文冲土地，多年来共征用文冲土地300亩（该厂其余土地是双沙村的）。文冲船厂码头范围岸线长1558米，可停靠10万吨级船舶。建有长168米造船的船台，可在船台上建造2万吨的船只；1965年，建成1.5万吨的1号船坞，经改造扩大后，可修造5万吨船只；1979年6月，建造2号船坞，可修造船3万吨；1995年3月，建成15万吨级修造船坞，并获中国船舶工业总公司1998年科技进步二等奖，1996年12月，获得ISO9002认证书。2000年，设17个职能处室，属下7家分厂，年末职工4828人，有技术职称1189人，其中基层以上管理人员149人，中级以上职称281人。

造船：1999年，建造3艘各2万吨多用途货轮和3艘500立方米挖坭船；建造

3艘各1200个集装箱货轮，出口德国公司，经广东省优秀产品评审委员会评定，获1999年省优秀产品一等奖。

修船：1999—2000年，修理和改装大型船舶有："百灵"轮，"明斯克"航母，"爱尔华"轮；成功修理希腊籍LPG船，"联化"和"哈德逊"轮。全年修船132艘，其中外轮74艘。1999年6月，为长江航道局建造并交付使用的500立方米挖坭船（航浚14号），获国家经贸委颁发的最高级别"国家级新产品证书"。

非船生产：1999—2000年，建造19台卸船机、龙门吊、挤压机等重工业产品及1.8万吨桥梁钢结构工程。2000年，完成工业产值81549.3万元，销售收入38524万元，利润96万元，交税3764万元。详见下表：

1991—2000年文冲船厂经济指标完成情况统计表

表1　　单位：万元

年　份	1991	1992	1993	1994	1995	1996	1997	1998	1999	2000
产　值	15468	19710.6	33668.2	44033.3	60209.9	63881	73122	66205	68002	81549
利　润	883.7	1047.9	2000	3000	1633.6	786.8	1230	92.1	93.2	96
交税费	322.9	462.8	1030.5	413.4	1519.4	1893.2	1583.8	4936.3	1339.1	3764
固定资产原值	19762.5	19553	19997	21465.8	447477	81098	84713	85709.6	88594	92735

二、外贸仓

1963年，外贸仓（现广东中外运黄埔仓码有限公司）开始征用文冲沙围鱼头围土地360亩，后又征10.2亩和126.51亩，合计496.71亩。外贸仓是中国惟一的集团整体5A级（中国最高级）综合服务型物流企业，是中外运长航集团有限公司在广东地区的全资三级公司，也是广东省第三方物流龙头企业，是黄埔地区一个重要的现代化物流基地。

外贸仓处于珠江河主航道北岸，位于黄埔区乌涌河口东侧，与黄埔（老）港相邻。该公司港区占地331140.166平方米（496.71亩）。码头岸线长550米，拥有3个万吨级轮船泊位，3个驳船泊位，水深9米，堆场面积10万平方米，仓库面积4.5万平方米。港口配备各种先进装卸作业设备170多台，其中码头前沿配置13台门座起重机、集装箱堆场配置31台龙门吊机、门座起重机可装卸货物重达45吨，龙门吊机可装卸货物35吨。

该公司拥有强大的沿海内贸运输航线，货物可运厦门、福州、宁波、上海、青岛、烟台、天津、营口、大连、连云港等中国沿海城市，构建起珠江三角洲和渤海湾为一体的海上运输链。出口货物通过港口，每天多班轮船到深圳和香港，已与日本、马来西亚、沙特、美国、加拿大、德国、荷兰、澳大利亚等50多个国家的100多个港口城市有运输中转业务来往。

近年来，该公司集装箱吞吐量突破100万TEU，是广州港范围内第三家垮入“百万TEU港口”行业的企业，也是黄埔港区域的各码头中第一位。连续多年营业收入（每年）4亿元，上缴税金4000万元。全公司现有员工2500人，中级技术人员250人。其中在文冲征地招工46人，梁巨洪任公司副总经理，梁汉佳任部门经理。

三、广州航海学院

1982年4月，广州航海学院（原名为交通部广州航海高等专科学校）首次征用文冲土地123.5亩，后来又征228.72亩，合计352.22亩。另外，征用双沙村土地。1998年，广州航海学院划转给广东省政府教委管理，是华南地区惟一一所独立建制的航海高等院校。该学院座落在文冲船厂生活区北面，文冲状元山南边，西边靠近文冲中学（现石化中学），东边是信联公司商务区和双沙村工业区。

该学院现有10个教学单位（航海系、轮机系、港航管理系、航务系、计算机系、商贸系、游艇装饰设计系、外语系、基础部、社科部），设32个专业，涉及工学、管理学等学科门类，面向全国22个省市招生。全日制在校学生8500人，专任教师425人，其中高级职称180人（含正教授41人），具有研究生学历（含硕士学位）教师297人。配置教学科研仪器设备总值超过亿元，拥有世界先进的大型海船操纵模拟室，国内先进即较机模拟室等一大批中央与地方共建实验、实训室和专门训练设施；拥有各类图书70余万册，建有先进的现代电子图书系统，数字化校园应用于学校教育、科研、行政和生活服务等各方面。

多年来，该学院为航运系统培养出大批优秀人才，已为社会输送各类人才4万多人，部分毕生获交通运输部颁发的金锚船长和王牌轮机长称号，大批毕业生在广东、海南、广西等航运、航道、海事、海关、海上救助、海上打捞等部门担任领导职务。该学院与亚太航海院校联合会、香港船东协会等专家行业协会建立紧密的合作关系；与意大利热那亚圣佐治亚航海学院等境外高等航海院楼建立起合作办校关系。

该学院教学楼、实验楼建筑面积128297平方米，学生宿舍59387平方米，教工宿舍13154平方米。该院校有教职工530人、学生6824人。

四、石化厂

1974年9月4日，中国石化集团广州石油化工总厂（简称石化厂）首次征用文冲土地1375.46亩。后来陆续征地53次共3212.114亩。占石化厂征用黄埔区大沙镇土地（1974—1987年年底止）4443.446亩的72.289%。另征用姬堂村、横沙村、下沙等村土地1231.332亩。

1990年，石化厂晋升为国家二级企业。完成总产值18.6亿元，缴税1.77亿元。1992年2月，易名为中国石化广州石油化工总厂，是年晋升为国家特大型企业。

1993 年，在中国 500 家最强工业企业排列第 26 位。1994 年，广州市综合实力 100 强企业（集团）排列第一名。石化厂还拥有装机容量 10.5 万千瓦的自备热电厂和年接卸原油 1200 万吨惠州石化码头。2000 年年初，开始撤销二级厂（公司），实行扁平化管理；3 月，实行股份制改造。全年完成工业总产值 50.37 亿元，销售收入 142.07 亿元，交税 9.65 亿元，利润 0.92 亿元，固定资产原值 56.23 亿元。详见下表 2。。

2002 年，石化厂生产的主要产品有：原油加工 673.8 万吨，生产汽油 148.67 万吨，柴油 239.18 万吨，煤油 38.58 万吨，液化气 25.26 万吨，合成氨 33.4 万吨，尿素 56.5 万吨（化肥装置 2000 年 7 月停产，合成氨、尿素为 1998 年数据）。1983 年、1988 年，“明珠”牌尿素获省优秀产品称号；1985 年，“明珠”牌液化气获省优质产品称号；1988 年，“明珠”牌尿素获化学工业部优质产品称号；1999 年，95 号、97 号、98 号无铅车用汽油获广东省优秀产品二等奖。2002 年，职工人数 7598 人，其中：高级职称 215 人、中级职称 990 人。

1990—2000 年广州石化厂经济指标完成情况统计表

表 2　　单位：亿元

年　份	1990	1991	1992	1993	1994	1995	1996	1997	1998	1999	2000
产　值	18.6	18.51	21.57	21.2	20.43	23.71	23.71	25.65	26.67	29.99	50.37
固定资产	10	10.8	17.39	16.79	19.92	19.33	23.43	27.62	29.8	62.98	56.23
销售收入	18.6	29.73	40.13	51.29	46.18	61.73	61.74	69.78	66.4	78.66	142.07
利　润	2.43	1.08	1.20	1.79	0.38	0.52	–1.19	1.44	2.54	1.1	0.92
交税金	1.77	—	—	—	6.5	7.69	6.34	5.49	9.54	8.67	9.65

文冲村行政区域范围的街道、社区及人口情况统计表

表 3

社　区	地　址	户数（户）			人数（人）		
		户籍户数	常住人口户数	合　计	户籍人口数	常住人口数	合　计
海安社区	广州市黄埔区广新路 407 号 102 房	298	1239	1537	747	3097	3844
金碧领秀社区	广州市黄埔区骏雅北街 3 号首层	1108	1618	2726	2470	4085	6555
开元社区	广州市黄埔开元南路骏鸿花园 5 号楼一层	491	629	1120	1548	2283	3831
万科花园社区	广州市黄埔区大沙东 599 号大院 33 号首层	1016	1593	2609	2280	5329	7609
石化社区	广州市黄埔区石化路 166 号大院 3 号 103—108 房	2560	827	3387	7256	2584	9840
文冲社区	广州市黄埔区石化路 166 号大院 3 号 103—108 房	2714	8000	10714	6739	20217	26956

续表 3

社　　区	地　　址	户数（户）			人数（人）		
		户籍户数	常住人口户数	合　计	户籍人口数	常住人口数	合　计
	小　计	8187	13906	22093	21040	37595	58635
红山街道办事处	文冲文园香园一巷（无门牌）						
广州航海学院	文冲状元山脚					6824	6824
文船社区居委会	红山二路 1 号文二（文船西区）	700	1327	2027	2000	3981	5981
文冲 7 个社区	文船西区	8887	15233	24120	23040	48400	71440

说明：1. 红山街建街以来在文冲文园香园路 1 号办公，2008 年迁往文船路红山花园；2. 2001 年，征用文冲村第七和第八生产队土地，建红山花园；3. 文船社区有一部分职工住在文园范围内（文船西区）；4. 文冲村区域范围内文冲小学、文冲中学、石化小学、石化中学，万科城市花园小学及广大附中中学，广州航海学院（原名为广州航海高等专业学校）

文冲陆氏东溪祖与黄陂山下自然村的山地纠纷

1999 年 5 月 1 日，黄埔区大沙镇文冲村陆氏东溪祖村与白云区萝岗镇黄陂村山下自然村因飞地使用问题产生纠纷，引起群众性斗殴事件。

1629 年，文冲村陆氏东溪七世祖在白云区黄陂山下村附近买下 2.33 公顷山坡地，作为陆氏祖先及后人的墓地。1947 年，文冲村曾派村民陆兆金（时任帮办警察）在该山地立起过山界，以明确山林权属及范围，至今还可以在该地看到陆氏山界。

中华人民共和国成立后至土改期间，该地从未被人民政府分给其他村或单位使用，仍由文冲村使用及管理。之后数十年间，文冲村民继续在该山地种植松树及修筑渔塘。1952 年，文冲村曾安排 20 人前往该地种松树及荔枝等果树。1958 年人民公社化时，该村又派人补种已枯死的树，并每年都派人去施肥 1 次、除草 2 次。1965 年，该村又安排村民到该山地种菠萝；鱼塘（山塘）由村民陆兆金管理。自明朝购买墓地至今，文冲村东溪祖村村民每年依习俗惯例前往该墓地扫墓祭祖及除草护林。

1982 年，白云区对其下属山林普查后，发放山林产权证。黄埔区没有对山林进行普查，更没有发放山林产权证。所以，文冲村在黄陂山下村的 2.33 公顷山林便成为无山林产权证的“飞地”。1982 年，萝岗镇国土所进行山林权普查时，已明确萝岗镇的土地版图土地范围内，在黄陂农工商联合公司的土地上，已标明“黄埔区大沙镇文冲村飞地，详见萝岗镇国土所送给文冲的“黄埔区大沙镇文冲村‘飞地’示意图”

（详见第 359 附图）。以后争议越来越大，埋下祸根。

1994 年，黄陂山下村个别村民未经文冲村同意，把萝岗镇国土所已确认为文冲村飞地的部分山地推平，拟违章建别墅，从事房地产经营。当时，文冲村对这一侵权行为提出强烈抗议，即派人到黄陂农工商公司和到萝岗镇国土所，要求尊重历史、面对现实，实事求是地妥善处理该山林墓地，维护和稳定社会治安秩序。黄陂农工商公司和萝岗镇国土所的领导都承诺制止推土，保持原来地容地貌。为解决该山地的纠纷，文冲村分别于 1996 年 5 月 10 日、1998 年 5 月 30 日向广州市调处山林土地纠纷办公室写报告。2001 年 4 月 11 日，向黄埔区政府写报告。这 3 份报告都要求上级重视，调解这 2.33 公顷山林墓地的权属问题。

1994 年开始，这 2.33 公顷山林墓地的争议逐年升级。1997 年 5 月 1 日、1998 年 5 月 1 日，文冲村陆氏村民到该地扫墓祭祖时，发现祖先坟前建有五层楼房及围墙，山地权的争议越来越大，双方开始从动口骂到动粗，但没有伤人。文冲村民多次严厉要求屋主把五层楼和围墙拆除，归还土地。

1999 年 5 月 1 日，文冲村东溪祖村民（含东圃镇车陂村陆氏村民若干人）165 人，其中：60 岁以上 30 人、55—59 岁 56 人、15 岁以下 13 人、青壮年 66 人，租用广州石油化总工厂 45 座大客车 3 辆，村委农夫车、面包车各 1 辆，私人开小车 5 辆到黄陂山下村墓地祭祖。为防事态发展，文冲村委已通知上级有关部门，村党委书记陈中山、副书记陆泽权，村委副主任陆焰棠以及治保主任陆照祥，治安员若干人，大沙派出所 2 位民警跟随到现场维持秩序，预防出大事。是日上午 9 时，全体人员到达扫墓现场，并开始除草、扫墓。在扫墓中，一部分村民对祖先坟前的一座占地 200 平方米的五层房屋及围着 1000 平方米土地的围墙没有拆除，反而再把围墙加高意见很大，认为屋主占用文冲土地而建高楼及围墙，挡住祖坟风水，很气愤，情绪激动的部分村民一下子把东围墙推倒 20 米约 40 平方米，推倒西边围墙 10 米约 15 平方米，用铁锤敲打主体柱 3 条、内墙 15 平方米，用铁锤敲部分二楼水泥板，并把围墙内的几棵树苗拔起。这突然行动马上受到双方村干部和双方派出所民警制止。10 时左右，文冲村民祭祖结束下山准备上车，走到拐弯处时，看到山下村委路口处（对方早有预谋），请来 30—40 人，手持木棍、水管站在路两边，路中放着木头阻拦；另一路口横放着 1 辆 8 吨装载量的货车拦在路中，有 3 人手拿着猎枪；再一路口堆着干树头、石头等。还有对方村民拿着 1 桶（约 20 公斤）煤油浇在干树头上，然后点起熊熊大火，事态急转直下，村干部马上报警，请求公安机关帮助。中午 11 时 30 分，黄埔区公安分局、白云区公安分局各来 30—50 名民警到现场维持秩序。白云区副区长曾建伟，还有一位副局长及萝岗派出所所长等人先后到达出事现场。黄埔区公安分局副局长钟碧和、大沙镇派出所所长姚伟光、大沙镇武装部部长潘新合，以及黄埔区委副书记王锦雄、区委常委杨雁文、副区长朱国才、区农林水利局副局长黎浩江、大沙镇党委书记张焯均和镇人大正副主席陆三喜、朱汝开，调研员彭秋华及大沙镇机关干部 30—40 人，先后赶到现场，急切地做好村民的思想工作，化解矛盾。主要矛盾是文冲村民推倒围墙、敲打房屋、拔了树苗的赔偿问题，屋主开口索赔10万元，文冲村认为应由上级房管部门核算后如数赔偿，双方争论很长时间都未能达成协议。后来屋主又提出要赔偿30万元，才能支付请来帮打架的500人误工费，双方谈判代表争议更激烈，无法达成共识。下午2时左右，对方2辆0.6吨货车拉来2车木棍、水管，并分发给对来帮打架的人，每人一条木棍或一条水管，都戴上白手套，使整个现场局势十分紧张，当时的警力增加到300人左右，站在双方的中间，筑起人墙，分别做思想教育工作。下午3时左右，对方发动进攻，四面包围，冲散文冲村民，有些人被打伤之后，曾发生多次冲突和打斗，场面十分混乱。文冲村民特别是老人和小孩，中午未吃饭、无水喝，在烈日中晒了6个多小时，已精疲力尽，生命受到严重威协。对方把冲散的文冲村民围着就打，乱石横飞，一青年被打得头破血流，昏倒在地，由于民警及时抢救，才免于一死。白云区副区长曾建伟也被乱石打得头破血流。对方歹徒还将10辆大小汽车的玻璃全部打烂，车身沙板打得凹凸不平，更严重的是歹徒用汽油烧面包车，民警及时扑救，车辆才免于烧毁。当日下午4时左右，广州市公安局、黄埔区公安分局、白云区公安分局又来近200名防暴警察。在场面十分混乱、文冲村民生命受到严重威协这一关健时刻，广州市公安局局长助理梁醒虾决定马上行动，近10支防暴枪一齐打响，声威震天动地，驱散歹徒及围观群众，并及时抓获10多名打人、放火的歹徒，事态终于平息。

这次群众性斗殴、冲突事件中，在场武警有近10人受伤，文冲一村民受重伤在医院住院一年多，5个村民不同程度地受伤，医疗费花去26万多元，10辆大小汽车修理费6万多元。这是中华人民共和国成立以来实属罕见，如果没有500名警察的不怕苦不怕牺牲的强力护卫，恐怕文冲村165人的大多数人会死于不白之冤。

2000年4月中旬，文冲村个别村民贴出公告，号召文冲村陆氏叔伯、兄弟于5月1日上午9时到黄陂山下村墓地祭祖。村委知道此事后，马上向大沙镇政府、大沙镇派出所汇报。区委、区公安分局、大沙镇政府十分重视，马上在文冲村委二楼会议室召开会议，参加人员有区委副书记王锦雄、副区长朱国才、公安分局副局长汤伟荣、大沙镇派出所所长姚伟光、大沙镇党委书记焯均、镇人大主席陆三喜、镇武装部部长潘新合，文冲村党委书记陈中山、副书记陆泽权和村委会主任陆汉佳、治保主任陆照祥等人参加会议。会议主要内容是：研究做好村民的思想工作，化解矛盾，黄陂山下村墓地在争议未解决之前，禁止到该墓地祭祖，特别是重点做好个别激进村民的思想工作，保证不再去黄陂山下村祭祖。同时，文冲村党委又召开全村党员、正副生产队长大会。村党委书记陈中山，大沙镇党委书记张焯均、镇人大主席陆三喜在大会上都作反复动员，主要内是：（一）讲清黄陂山下村这块墓地是文冲村东溪先祖买下，但由于是“飞地”，白云区政府在1982年已给黄陂山下村发放山林权证，而黄埔区政府到现在还未发山林产权证，不能用武力去争这块“飞地”，只能等上级有关部门协调解决；（二）要汲取1999年5月1日血的教训，要求在场的共产党员、生产队正副队长回去做好自已生产队村民的思想工作，保证本队村民不去山下村“飞地”祭祖；

（三）要求各生产队党员、正副队长做好下属思想工作，保证自已及下属不能参加祭祖行动；（四）5月1日、2日上午9时，请有意向祭祖的村民到“百鲜酒家”饮早茶（吃早餐），继续做思想工作，防止个别激进村民偷偷地去祭祖。通过反复动员和深入细致的思想工作，到2001年止，没有发现文冲村民到黄陂山下村祭祖行动。

有关2.33公顷山林墓地的迁坟及山林补偿问题还在协商之中，文冲村民希望这一历史遗留问题能得到妥善解决。

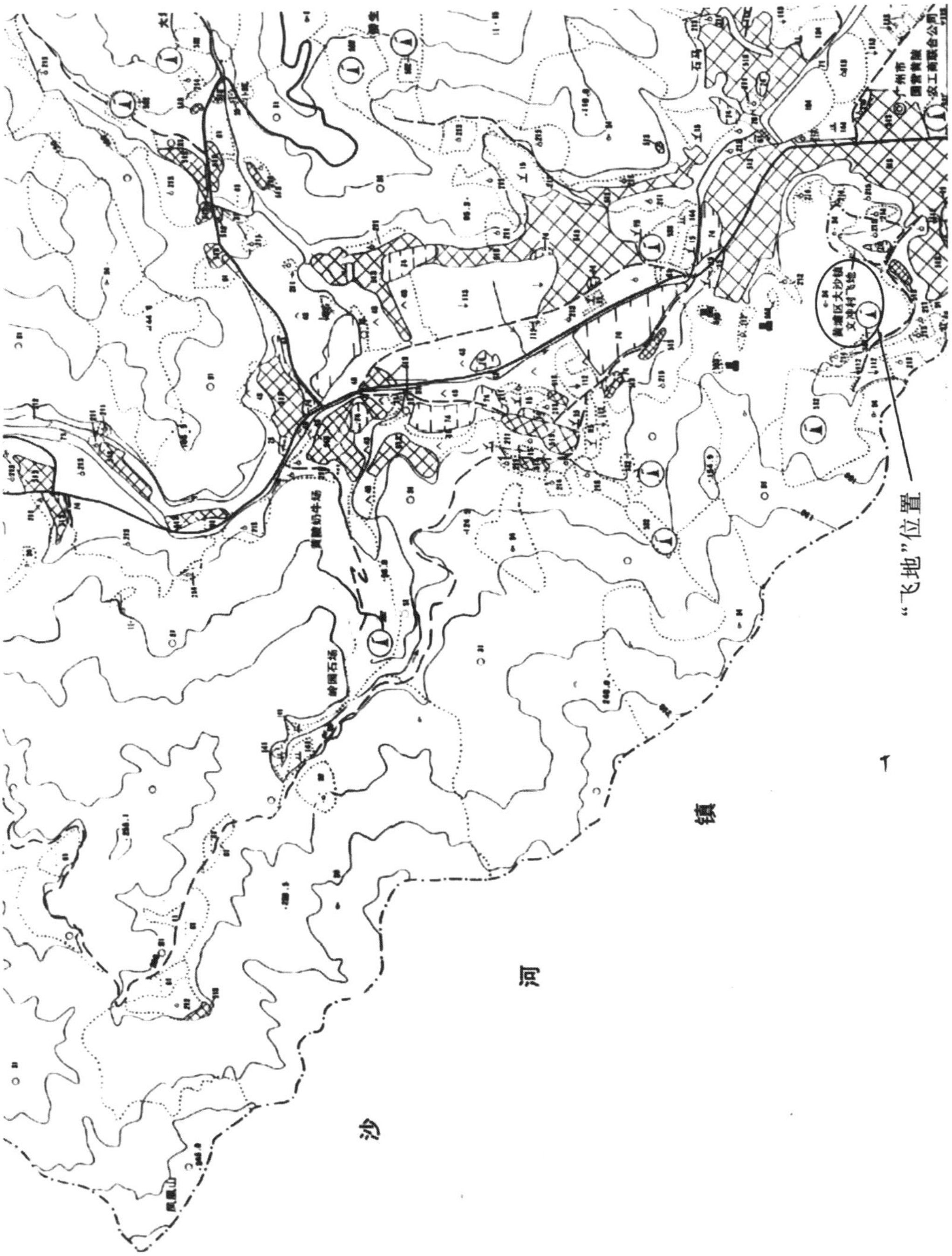

黄埔区大沙镇文冲村“飞地”示意图

习仲勋关心文冲村生产与生活

20世纪70年代，习仲勋主政广东省委，由于其平易近人，深入群众，关心民生，深得群众爱戴，与文冲人结下不解之缘，主要是：

第一，关注广州石油化工总厂污染文冲环境问题。70年代末，文冲人的南方日报政文部副主编、记者陆国松，曾跟随习仲勋去深圳调研，陆国松坐在习仲勋旁边，出差途中，在车上习仲勋不时看望沿途的交通、生产情况，不时与陆国松交谈民生、民情的事，当车子来到文冲村附近时，其看见远处石化厂的大烟囱正不停地冒着火苗（当地人称为“火炬”），便问这烟囱火怎么不停地烧，陆答：因为当时技术问题，工厂回收不了这些废气，只能用火烧掉。习老显得很惊讶，这还了得！陆说，当地人都说石化厂大烟囱像是日夜烧着10元人民币（当时10元是最大面额），又污染环境，令周围100多亩稻田失收（因火光使水稻的光合作用受到破坏，结不了谷子）。习仲勋考虑到石化厂的污染会影响文冲农民的生产、生活，问石化厂有无补偿农民的损失。陆答：有是有，但补偿很少。于是，其叫秘书记住这件事。后来，因水源污染问题，文冲生产大队向上级要求，应由石化厂出钱为文冲安装自来水，但迟迟得不到解决。后来，陆国松把这件事向习仲勋的秘书讲，习仲勋很生气，立即批示，同意石化厂为文冲安装自来水。

第二，文冲可因地制宜发展水果生产。50年代农业合作化时期，文冲高级社和棠下高级社被省委定为重点社，文冲主要是水果生产，棠下主要是养猪和蔬菜生产，这都是广州郊区为城市服务的重点农业基地。当时，省委派办公厅综合处处长胡庆勋来文冲蹲点，文冲情况得到及时向省委汇报。为解决文冲水果运输问题，省委又专门送给文冲1辆道奇大货车。后来，胡庆勋也调到南方日报社当副总编辑，与陆国松关系更为密切。文冲的事情也有这条沟通渠道。如农业生产上，全国是以粮为纲，广州郊区是以菜为纲，这两个“纲”都会直接影响文冲的水果生产。陆国松向胡庆勋讲起这件事，胡庆勋向习仲勋作了汇报，习仲勋说，这要因地制宜，文冲不能大砍果树去种菜种粮食。发展水果生产也是为城市服务嘛！由于省委指导思想明确，文冲的水果生产少遭破坏。

第三，继续关注文冲水果生产。原棠下生产大队党支部书记钟叙本担任广州市副市长，主管全市农业系统，习仲勋时常督促其管好生产，有时半夜打电话叫醒钟叙本，叫钟汇报蔬菜水果生产情况，并多次向钟讲文冲的水果生产不能丢，钟叙本亦有同感，多次为文冲因地制宜发展水果生产讲好话。

文冲绣花社

文冲人叫刺绣为“绣花”“做花”。“广绣”“苏绣”和“湘绣”等传统的刺绣工艺统称“中国刺绣”。

20世纪50年代，文冲妇委会为了发挥妇女半边天作用，解放生产力，组织发动全村妇女农忙下田，农闲在乡间做花学刺绣。1958年8月，黄埔人民公社成立后，由广州二轻局支持，成立黄埔刺绣社，黄村生产大队妇女主任黄流玉调到公社刺绣社当副社长。这个专业刺绣社设在东圃镇，号召各村组织妇女学习刺绣。当时，文冲妇委会副主任周润银在文冲组织一支人数30—50人不等（含在校学生）的妇女刺绣队，学习绣花。初时，无绣花工具，黄埔刺绣社派广绣师傅龚平带来花架、教刺绣社妇女学习刺绣。文冲花社设在廷亨陆公祠，几十个妇女兴致勃勃地学起绣花工艺。在师傅耐心教导下，有20多位妇女很快学会绣花，绣出花、鸟、鱼、虫图案来。

黄埔刺绣社除在本社内安排职工刺绣业务外，其余业务大多与其他生产大队联系，发放和收集各种花款的刺绣品经实地验收质量合格后，按数量计算酬金。文冲有2家发放户，派人从公社刺绣社领回花款样板，绒线和花款式样任务后派发，并指导工作。文冲村妇委会重视和鼓励，女村民每天从田里收工回来便放下锄头摆开花架埋头“做花”，甚至有人从早上干到深夜，并有些人专职埋头“做花”帮补家计。初时，花式简单，有平绣（鱼、虫、花朵）及珠绣。以平绣、珠绣品居多，这些绣品根据客商的要求设计制作产品，大多输送到东南亚一带的国家。后来绣出花鸟、山水景画图样，维妙维肖，这些作品由设计师出好图样，印在丝绸绢布件上，然后交由文冲绣花女用绒线一针一线地刺绣出来。那时，文冲几乎家家都有绣花架，许多人参与绣花。能干的绣出花鸟、山水画，一般绣的是珠花、花朵等图案。经老师傅悉心传授，年青女能手却成为后起之秀，更好地完成绣品的出口任务。这些广绣作品已转销到欧美等国家，妇女们高兴地得到一笔可喜收入。文冲有20多位妇女加入黄埔刺绣社工作，成为该社的职工。西坊21社年轻绣花女陆柳卿，7岁时在文冲小学边读书边学习广式刺绣，小学毕业后参加黄埔刺绣社，师从广州著名广绣大师龚平学艺，被大师认为其具刺绣天赋，在黄埔刺绣社工作，被评为八级技师，被广东省工艺美术研究所委派到苏州刺绣研究所，参加“广绣”和“苏绣”传统技艺交流学习活动，其把“广绣”和“苏绣”传统针法融为一体，形成其独特风格“陆氏广绣”。

退休后，其在家中专心绣出4.61米长的《波罗全图》刺绣长卷，获广州市“乞巧节”传统工艺作品金奖。

文冲的“虾蒲头”现象

文冲村鱼塘多，且水质肥美。每年夏秋之交，常受天气影响，出现“虾蒲头”（虾浮头）现象。据专家分析，这种现象是因鱼塘底水温闷热所致。如在“虾蒲头”的前一天，下过一场“白撞雨”（下雨不大），造成空气闷热，鱼塘水温过热，热气下沉，塘底热气难散，鱼虾因为缺氧而纷纷往水面上浮游吸氧，便形成这种奇特现象。那时，从早晨到中午，只见鱼塘有许多小鱼虾在水面上游动，又游又跳，还有“虾蟹 ”（小螃蟹）也游出水面，热闹异常。这种自然现象的出现无论是塘主或村民都可带上竹箩、竹篸和网兜 等捕鱼虾工具，在塘边周围追捕浮游上来的鱼虾（主要是捕虾，下同），视为天经地义，合情合理。塘主见状也无话好说，几乎在文冲已成为习惯，文冲人称这现象为“虾蒲头”（虾浮头）。人人可以去捞！

塘主只能在鱼塘周边看着不准捞大鱼。如果这种现象多了，便会影响当年的小鱼虾生产。据了解：文冲鱼塘每出现一次“虾蒲头”，造成每口鱼塘最少损失 50 多公斤小鱼虾。塘主伤心，村民捞虾开心，捞到小鱼虾的人又有了丰富的晚餐。

接待广州日报社革委会筹委委员到生产队采访劳动

1967 年 5 月，全国“文化大革命”已进行一年时间，全国各地党政机关和事业单位都纷纷筹备成立革命委员会（称筹委），转入正常的领导秩序。

在广州日报社工作的文冲人陆国松被选为该社“文化大革命” 筹委委员，才上任几个月，便受到冲击。南下广州的北京市 101 中学红卫兵，天天冲击广州日报社，要报社群众团结起来批斗市委工作队，批斗“筹委”委员，又四处调查“筹委”们的家庭出身、政治背景，当知道“筹委”们都是一班“根正苗红”的工农干部而“搞不动”时，便又强行封闭筹委会办公室，不让“筹委”委员们正常上班工作。

陆国松在这种环境下，觉得做也难，不做也难，便想到找其家乡文冲的乡亲父老。于是，其同“筹委”主任陈文恩和副主任马镇坤等人商量，就当个“逍遥派”，不参与“两派”活动，组成“单车采访团”，设想骑单车到汕头、韶关、湛江、肇庆等地“旅游采访”，而这些地方较远，去的时间较长，最实际的还是去广州郊区的农村。一致同意由陆国松牵头联系，到文冲采访（实是“避难” ）。

当时，文冲正值夏收夏种和采摘荔枝的大忙季节，当西坊 20 队队长陆朝煊知道陆国松等人要来采访时，满口答应，并交代陆国松的堂兄陆祐宁专门接待。

陆国松等 8 位“筹委”委员从广州市区骑自行车到文冲，住进陆国松在文冲西坊的旧房子里，乡亲们都很关心，有的搬来桌椅床铺，有的送来洗漱用具。社员们知道“筹委”们下乡的来意后，都深表同情，认为“天下工农一家亲”，你们都是工农子弟，是自已人，大家一条心，不怕天造反！

下乡第一、二天一大早，“筹委”们去 20 队的花生地同社员们一齐拔花生、挖番薯；后来，去收割水稻，还到沙围荔枝坣上收摘荔枝，在河涌上撑艇运荔枝，干足 1 个星期。其间，报社“筹委”委员们同社员们一边劳动一边唱歌说笑，晚间又办起“演唱会”，其乐无穷。“筹委”委员们最爱吃社员们在田头煲的花生、番薯粥，觉得回到自己的故乡，彼此亲密无间，感情真挚。认为文冲人深明大义，朴实淳厚，实属难能可贵。据当时文冲信用社主任陆祐宁统计，这次广州日报社 8 位，“筹委”委员到文冲劳动，共为文冲 20 队收花生 500 多公斤、摘荔枝 400 多公斤、挖番薯 300 多公斤，受到社员们称赞。

自从一个星期的文冲劳动采访之后，广州日报社“筹委”委员们大受鼓舞，回单位后敢于坚定立场。

附　录

2002 年 8 月至 2015 年文冲社区历届班子成员任职情况表

表 1

机构名称	存续时间（年、月）	职　务	姓　名	任职时间（年、月）	说　明
黄埔区文冲街文冲社区居委会	2002.8—2005.6	党委书记	周建怀	2002.8—2003.5	
		党委书记	牛穗生	2003.5—2005.6	
		党委副书记、居委会主任、经联社董事长	陆泽权	2002.8—2005.6	
		党委副书记、经联社董事长	陆伟坤		
		党委委员、居委会副主任、经联社副董事长、发展公司经理	陆伟錩		
		党委委员、居委会副主任、经联社董事	陆湛文		
		居委会副主任、经联社董事	陆柱辉		
		党委委员、居委会委员、经联社董事计生主任	陆翠芬		
		党委委员、居委会委员、治保主任	李少锐		
		居委委员、经联社董事办公室主任	陆沛华		
黄埔区文冲街文冲社区居委会	2005.6—2008.4	党委书记	牛穗生	2005.6—2006.9	
			邓跃飞	2006.9—2008.4	
		党委副书记、居委会主任、经联社董事长	陆泽权	2005.6—2008.4	
		党委副书记、经联社董事长、纪委书记	陆伟坤		
		党委会副书记	钟汝旅		警务室警长
			唐海生	2005.6—2005.12	市派社区挂职干部

续表 1

机构名称	存续时间（年、月）	职　务	姓　名	任职时间（年、月）	说　明
黄埔区文冲街文冲社区居委会	2005.6—2008.4	党委会副书记	黄晓嫱	2007.6—2008.4	
		党委委员、居委会副主任、经联社副董事长、发展公司经理	陆伟錩	2005.6—2008.4	
		党委委员、居委会副主任、经联社董事	陆湛文		
		居委会副主任、经联社董事	陆柱辉		
		党委委员、居委会委员、经联社董事、计生主任	陆翠芬		
		党委委员、居委会委员、治保主任	李少锐		
		经联社董事	梁煜佳		
		居委会委员	陈焰芬		
文冲街文冲社区居委会	2008.4—2011.3	党委书记	邓跃飞	2008.4—2011.3	
		党委副书记、居委会主任、经联社董事长	陆泽权		
		党委副书记	黄晓嫱		
		党委副书记、经联社副董事长、纪委书记	陆伟坤		
		党委副书记	钟汝旅		
		党委委员、居委副主任、经联社副董事长	陆伟錩		
		党委委员、居委副主任、经联社董事	陆湛文	2008.4—2009	
		居委副主任、经联社董事	陆柱辉	2008.4—2011.3	
		党委委员、居委委员	陆翠芬		
		党委委员、居委委员、经联社董事	李少锐		
		党委委员、经联社董事	梁煜佳		
		居委委员	陈焰芬		
黄埔区文冲街文冲社区居委会	2011.3—2013.12	党委书记	邓跃飞	2011.3—2013.12	
		党委副书记、居委会主任、经联社董事长	陆泽权		
		党委副书记	谭子洲		
		党委副书记、经联社副董事长、纪委书记	陆伟坤		
		党委副书记	黄旭涛		
		党委委员、居委副主任、经联社副董事长	陆伟錩		

续表 1

机构名称	存续时间（年、月）	职　务	姓　名	任职时间（年、月）	说　明
黄埔区文冲街文冲社区居委会	2011.3—2013.12	党委委员、居委副主任、经联社董事	陆柱辉	2011.3—2013.12	
		党委委员、居委委员	陆翠芬		
		党委委员、居委委员、经联社董事	李少锐		
		党委委员、居委委员、经联社董事	梁煜佳		
		居委委员、经联社董事	陈焰芬		
		社区主任助理	陈耀兴		
黄埔区文冲街文冲社区居委会（第一届）	2014.1—2016.8	党委书记	邓跃飞	2014.1—2016.8	
		党委副书记、居委会主任、经联社董事长	陆泽权	2014.1—2014.9	
		党委委员、居委会副主任、经联社副董事长	陆伟锠	2014.9—2016.8	
		党委副书记	谭子洲	2014.1—2016.8	
		党委副书记、经联社副董事长、纪委书记	陆伟坤		
		党委委员、居委副主任、经联社董事	陆柱辉		
		党委委员、居委委员	陆翠芬		
		党委委员、居委委员、经联社董事	李少锐		
		党委委员、居委委员、经联社董事	梁煜佳		
		居委委员、经联社董事	陈焰芬		
		党委委员　居委委员	陈耀兴		
黄埔区文冲街文冲社区居委员会	2016.8—	党委书记	邓跃飞	2016.9 起	
		党委副书记、经联社副董事长	陆伟锠		
		党委副书记、纪工委书记	陆翠芬		
		党委副书记	黄旭涛		
		党委委员、经联社董事长	陆柱辉		
		党委委员、经联社董事长	陆耀兴		
		党委委员、经联社董事	李少锐		
		党委委员、经联社董事	梁煜佳		
		党委委员、经联社董事	陆剑强		
		党委委员	陆炳荣		
		经联社董事	陆鉴辉		

2003年起文冲社区人员当选黄埔区人大代表情况表

表2

届　别	届别时间（年、月）	代表姓名	性　别	代表单位	所在社
黄埔区　第七届　人大	2003.6—2006.11	陆泽权	男	文冲街文冲社区	第八经济社
		陆丽樟	女		第三经济社
		陆柏成	男		第二十一经济社
		陆荣杰	男		第六经济社
		陆鉴辉	男		第十四经济社
		莫洁萍	女		第十九经济社
黄埔区　第八届　人大	2006.11—2011.11	陆泽权	男	文冲街文冲社区	第八股份合作社
		陆丽樟	女		第三股份合作社
		陆柏成	男		第二十一股份合作社
		符旭楠	男		第十三股份合作社
黄埔区　第九届　人大	2011.11—2016	陆泽权	男	文冲街文冲社区	第八股份合作社
		陆柏成	男		第二十一股份合作社
		陆锐庭	男		第十六股份合作社
		陆燕芬	女		第一股份合作社
广东省十一届十二届人大代表	2008.1—	陆翠芬	女	文冲街文冲社区居委会	第一股份合作社

2003—2011年文冲社区人员黄埔区政协委员情况表

表3

届别时间	姓　名	所居单位（生产队）
第七届 2003.4—2006.4	陆华镜	文冲第七生产队
第八届 2006.4—2011.4	陆华镜	

2003—2015年文冲村参军人员情况表

表4

年　份	生产队（社）	姓　名	备　注
2003	1	梁振辉	
	1	李志诚	
	16	陆德燊	
	22	陆仕源	

续表 4

年 份	生产队（社）	姓 名	备 注
2004	8	陆英杰	
	13	陆建均	
	18	陆锐添	
	21	陆永钢	
2005	1	陈柱江	
	8	陆伟杰	
	10	陈志斌	
	17	陆耀强	
	20	陆宇腾	
2006	3	梁焯棋	
	7	陆杰鸿	
	果子厂	周勇光	
2007	2	梁永通	
	8	陆炜杰	
	16	陆伟成	
	17	陆健容	
	21	陆锐鹏	
	21	陆子峰	
2008	1	梁桎雄	
	2	梁志炘	
	8	陆志添	
	8	陆俊杰	
	8	陆锦坚	
	19	陆英健	
	22	陆 斌	
2009	15	陆智鸿	
	16	梁光赞	
	20	陆健峰	
2010	4	陈嘉乐	
	6	陆锦雄	
	10	陆锦江	
	10	陈梓均	
	21	陆伟基	

续表 4

年　份	生产队（社）	姓　名	备　　注
2011	3	梁梓文	
	4	陈炜强	
	8	陆炜明	
	9	陆嘉骏	
2012	4	陈子华	
	6	陆毅斌	
	8	陆炜杰	
	17	陆剑桦	
	17	陆锐坡	
	18	陆炜权	
2013	1	梁城辉	
	6	陆镇辉	
	8	霍志坚	
	18	陆浩锋	
	21	陆永辉	
2014	2	梁镇基	
	2	梁晓锋	
	3	梁浩琦	
	6	陆嘉壕	
	15	陆浩铨	
2015	8	莫智铭	
	16	陆峻峰	
	18	陆湛标	
	18	陆锐其	
	18	陆炜坚	

证书、奖品、纪念品登记表（一）

表 5　　　　类名：证书

名　　称	颁发时间（年、月、日）	颁发单位
大沙镇文冲村在 1998 年度被评为农村经营管理先进单位	1989.3.21	黄埔区农业委员会

续表 5

名　　　　称	颁发时间（年、月、日）	颁发单位
文冲村委会被评为广州市黄埔区 1992 年度环境保护先进集体	1993.1.30	中共广州黄埔区委员会
大沙镇文冲村委被评为广州市黄埔区 1992 年度除“四害”工作先进集体	1993.1.30	中共广州黄埔区委员会 广州市黄埔区人民政府
广州市黄埔区大沙镇文冲村达到扫除青壮年文盲的各项标准	1995.6	广州市黄埔区人民政府
大沙镇文冲村在 1995 年度法制报证订工作中，成绩突出，被评为先进单位	1996.1.11	广州市黄埔区司法局 广州市黄埔区普法办
大沙镇文冲村被评为 1994—1995 年度档案先进单位	1996.4.5	广州市黄埔区档案局
大沙镇文冲村在 1996 年全区法制宣传栏（橱窗）年中检查评比活动中荣获二等奖	1996.8.15	广州市黄埔区司法局
大沙镇文冲村委在 1996 年下半年度法制宣传橱窗（栏）检查评比中荣获二等奖	1997.2	黄埔区司法局 黄埔区普法办
黄埔区大沙镇文冲村（廻龙市、渡头）安全文明村在开展全文明小区建设中成绩突出达到广州市安全文明小区验收标准，授予“广州市安全文明小区（村）称号	1998.2	中共广州市委员会 广州市人民政府
黄埔区大沙镇文冲村（西坊）安全文明村在开展全文明小区建设中成绩突出达到广州市安全文明小区验收标准，授予“广州市安全文明小区（村）称号	1998.2	中共广州市委员会 广州市人民政府
黄埔区大沙镇文冲村（西坊）安全文明村在开展全文明小区建设中成绩突出达到广州市安全文明小区验收标准，授予“广州市安全文明小区（村）称号	1998.2	中共广州市委员会 广州市人民政府
大沙镇文冲村 1997 年度被评为计划生育合格村	1998.4.10	广州市黄埔区人民政府
大沙镇文冲村被评为 1998 年度计划生育合格村	1999.2.13	广州市黄埔区人民政府
大沙镇文冲村民委员会被评为广州市黄埔区 2001 年度无偿献血先进单位	2001.3.1	广州市黄埔区人民政府
文冲村在 2001 年度无偿献血工作中成绩显著被评为黄埔区无偿献血组织先进单位	2002.3	广州市黄埔区无偿献血工作委员会
黄埔区大沙镇文冲村民委员会被评为广州市乡镇企业 2000 年度工作先进单位	2001.4.16	广州市乡镇企业管理局
文冲村 2000 年度无偿献血工作中成绩显著被评为黄埔区无偿献血先进单位	2001.5.31	广州市黄埔区无偿献血工作委员会

类名：奖旗（集体）

名　　称	颁发时间（年、月、日）	颁发单位
授予黄埔区文冲乡团支部为1985年度农村青少年活动阵地先进单位	1986.1	共青团广州市委员会
授予黄埔区文冲乡青年之家为1985年度先进青年之家	1986.1	共青团广州市委员会
广州市集资办学表彰大会奖给黄埔区大沙文冲乡，群策群力，兴学育才	1986.7	广州市人民政府
黄埔区大沙镇文冲村：支持办学.风格高尚	1988.10	广州市第八十八职工学校赠
黄埔区大沙镇文冲村民委员会开拓老年事业先进集体	1991.1	广州市老龄工作委员会

类名：证书（个人）

名　　称	颁发日期（年、月、日）	颁发单位
陆丽冰同志被评为1999年度广州市优秀共青团员	2000.5.4	中国共产主义青年团 广州市委员会
陆丽冰同志被评为2001年度广州市优秀共青团员	2002.5	中国共产主义青年团广州市委员会

证书、奖品、纪念品登记表（二）
2002年前，社区治保会获奖情况

表6　　类别：荣誉证书（个人）

颁发时间（年、月）	颁发单位／者	获奖者	奖项内容
1998.4	广州市整治治安重点地区工作领导小组	李少锐	被评为广州市整治治安重点地区工作先进工作者
2000.1	中共广州市委、广州市人民政府	李少锐	被评为1999年度群众治安保卫工作先进工作者
2000.3	广州市公安局	李少锐	被评为2000年度群众治安保卫工作先进个人
2001.3	中共广州市黄埔区委员会、广州市黄埔区人民政府	李少锐	被评为2000年度黄埔区社会治安综合治理工作先进工作者
2001.5	广州市维护稳定及社会治安综合治理委员会	李少锐	被授予外来人口管理工作“广州市十佳外来人员协管员”光荣称号
2001.7	黄埔区维护稳定及社会治安综合治理委员会	李少锐	被评为黄埔区社会治安综合治理工作“十佳”外来人口协管员

后　记

盛世修志，以达存史、资政、育人和交流作用。文冲以村成志尚属首次。中华人民共和国成立以来，特别是改革开放之后，文冲村经济社会发展日新月异，农村城市化进程不断加快。为了适应城市化的发展，黄埔区全面撤销镇、村建制，改设街道办事处和社区居民委员会。镇、村建制撤销后，大量的乡村记忆，如物质文化方面的祠堂、庙宇、书室、墓葬、碑刻、木雕等，非物质文化方面的传说、礼仪、习俗、传统技艺等，势必在社会发展进程中不可避免地部分被破坏、消失和改观。运用各种手段与方法，最大限度地保留、传承这些珍贵历史遗产，是历史赋予我们的责任，全方位地展示文冲村深厚的历史文化积淀，特别是改革开放以来发生翻天覆地的变化，在物质文明、精神文明方面取得的巨大成就，更应该作为一笔巨大的精神财富通过志书记录下来非常必要。《文冲村志》编纂成书，走过一个比较长的历程，可分为 3 个阶段：

第一阶段。1990 年，为《黄埔区志》《大沙镇志》提供资料（下限时间分别是 1990 年、2002 年），文冲村委会聘请几位退休干部、老农，广泛收集资料，查档案，召开座谈会，访问老人、当事人、知情人，积累大量资料。1992 年，陆椿兴、陆咸妹、陆文逵等人开始编写第一部《文冲村志》初稿。经过反复修改、审稿，于 1994 年 9 月 20 日完成。全书共 5 章、35 节、59 小目、89 页、5 万字。

第二阶段。根据埔府办〔2005〕74 号文关于《转发黄埔区地方志办公室关于黄埔区开展编纂出版村志工作方案的通知》精神。2005 年 10 月，文冲社区居民委员会成立黄埔区《文冲村志》编纂领导小组，由党委书记牛穗生任组长，副书记陆泽权、陆伟坤任副组长，成员有陆椿兴、陆楚延、陆国松等，还计划聘请 80 多岁老村民陆远孙、陈国焰、老乡长陆咸妹等人参与编纂工作。2006 年 3 月 15—17 日，陆椿兴、陆楚延参加黄埔区地方志办公室在从化举办编纂村志业务培训班培训。后因某种原因，编纂工作搁置下来，这一阶段未做实质性工作。

第三阶段。2013 年 7 月初，黄埔区政府召开全区各村领导人会议，要求各村用两年半时间完成村志编纂工作。7 月 23 日，文冲社区居民委员会成立黄埔区文冲街文冲村地方志编纂领导小组，村党委书记邓跃飞任组长，党委副书记陆泽权、陆伟坤任副组长，成员共 18 人；另聘请 9 名已退休的当地老干部参加编纂工作。8 月 23 日，黄埔区地方志办公室在区府副楼五楼举办各村村志编纂工作人员学习班。黄埔区档案局、黄埔区地方志办联合下发《广州市黄埔区 ×× 村志》篇目及编写要素等 3 份业务知识辅导材料。

《文冲村志》聘请陈华祥任主编。其根据黄埔区档案局、黄埔区地方志办关于《广州市黄埔区××村志》篇目及要素等3份业务指导材料，结合文冲村的历史与现状，制订《文冲村志》篇目记述内容要素，并于1994年9月20日，在第一部《文冲村民委员会村志》稿基础上将记载事物年限下延至2002年7月末止，还作了较大修改和补充，拓宽本志记载事物的涵盖面，全面清晰地反映文冲地区经济社会的巨大发展变化。《文冲村志》记述内容下限时间至2002年撤村设居时止，但涉及现任社区党政领导班子、村志编纂领导小组成员、参军人员、区人大代表、区政协委员等部分内容，则编写至2016年，作为附录加以记载，也为下一部《社区志》积累部分资料。

2014年9月，《文冲村志》编纂领导小组作了调整，副组长增加陆伟锠，领导成员增加到22人（各经济社社长）。在编写过程中，我们结合前2个阶段的内容相互衔接，互相照应，通过反复修改补充，审核后，志书稿于2015年底基本完成。

为了提高志书质量，在编写过程中，坚持严肃认真和对历史负责的态度，广征博采，去伪存真，去粗取精，使记述的内容和数据力求与客观实际相吻合。初稿完成后，前后进行多次较大的修改整理及补充，形成审定稿。本志书的审定稿分为初审、复审、终审3个阶段。初审由编辑部全体人员交叉审校，每人对书稿进行审校一遍，正副主编作了较大的调整、修改、补充，复审由村干部（含退休）陆汉佳、陆少琼、陈惠林等人交叉审稿，补充了不少资料，纠正了不少错处；再由正副主编负责查漏补缺，纠错扶正；最后再由后期主编把质量关，对全书一枝笔进行全面统稿，文字润色。然后，再交由编辑部全体人员作进一步的交叉审校。之后参与校对的有陈华祥、陆椿兴、陆三喜、黄兆辉、陆国松、陆少康。最后由党委书记邓跃飞、经联社董事长陆伟锠、村委分管领导陆剑强，以及区志办、出版社审定出书。后期配合印刷出版工作由陈华祥、陆三喜、陆椿兴负责。

考虑到文冲地区城市化步伐加快，农耕生产逐步退出历史，科技不断发展，人们生活水平不断提高，生活用具更替也在加快；文冲地区人民生活习惯也发生较大的变化。为此，将原由陆三喜、陆咸妹编写，陈华祥修改、拍摄的一些保存下来的生产工具、生活用具照片编写成《生产工具、生活用具及村民自制食品》载入本志，使后人都清楚文冲地区的发展历史。

《文冲村志》是一项综合性的文化系统工程。在编写过程中，得到黄埔区人民政府党组成员邓伟雄、档案局局长丘振平及地方志办公室其他工作人员和退休的原主任崔大经、何河等先后2次亲临文冲检查指导，以及区志办（编纂科）领导等、文冲街道办主要领导与分管领导的支持。

在编写过程中，自始至终得到文冲社区居委会领导、各经济社社长、区属有关部门、工厂企业单位及各方人士的大力支持和帮助，其中提供文字资料（含参加座谈会口述资料）的有以下人员：陆容标、陆溢标、陆炳标、陆俭明、陆福贤、陆汗泉、陆流应、陆卓延、陆汉佳、陆永森、陆添池、陆鹏光、陆耀明、陆德良、陆润辉、陆翠芬、陆燕芬、陆少琼、陆国生、陆锦钊（6队人）、陆锦钊（8队人）、陆炽培、陆英杰、陆焕枝、陆焰兴、陆惠如、陆日兴、陆瑞芳、梁绍炘、梁秋梅、梁容爱、梁根祥、苏汝添、叶凤燕、陈旺财、陈焰芬、陈惠林、陈庆贤、陈锐祥、陈国焰、陈镜仁、黎国威、甘伟均、李少锐、周结容、汪耀明、吴声球、郭珠、胡广垣、唐东英、邓志伸、宋文军、黄粤华、刘玲、钟治增、钟炳秋、王锦雄、黄齐欣、黄明崧、彭秋华等；提供照片资料的有：文冲影艺店的曾汉均，以及黄兆辉、陆英杰、李美彤等。值此表示衷心谢意！

因本志时间跨度大，行政建制多次变动，档案资料不全；或因年代久远，有的资料难免缺失，有的资料毁于战乱或“文化大革命”时期；加之编写人员的政治理论与写作水平和编修经验所限，在篇目设计、体例运用、图表制作、资料剪裁、内容取舍和文字表达等方面，难免有疏漏讹误之处，恳请广大读者、各界人士和方志专家不吝赐教，批评指正。

编　者

2017 年 4 月

索　引

1. 本索引采用主题分析方法，按主题词首字汉语拼音字母顺序排列；

2. 本索引条目后的数字表示内容所在的页码；

3. 本文的“总述”“大事记”“专记”“附录”“后记”均不作索引。

B

霸王花干 330
白菜干 330
殡葬改革 83
兵役与民兵 67
兵员征集条件和任务 68
病虫害 29
簸箕 322
捕捞 115
部分姓氏变迁 231

C

“菜干”“干果”329
参加对越自卫还击战战士 280
参加过较为著名战争的解放军官兵 280
参加合作医疗的资格 237
参加中国人民志愿军赴朝作战战士 280
炒圆仔制作 341
成果 147
出租屋和外来人口管理 80
初级社 50　54
初期经济体制改革 94
除夕 251
厨灶及燃料 324
畜牧业与养殖业 113
传统节日与民间节日 251
传统农具 330
创建精神文明村 145
春节 251
春节食品 334
祠堂 148
村工企业状况 130
村级干部制度的改革 95
村民生活用具 315
村民生育 246
村民委员会 51
村民小组 49
村民自制食品 329
村委会干部分配制度改革 100

村委会干部退休人员报酬制度改革 101
村辖下的经济组织人事制度改革 97
村下辖的社（队）干部制度改革 96
存在问题 44
措施 234

D

大炼钢铁 55
大窿山新妇房 211
大批判 66
大田山的蟾蜍石 212
大头菜腌制 338
“大跃进”运动 55
当铺 141
档案管理 218
党政群团 41
地券 180
地理建置 27
地质地貌和土壤 27
电视 217
电影 218
碉楼 165
冬至 258
豆腐制作 339
端阳节（端午节）254
堆蒸满 252
对生育孩子规定 233

E

额与匾 191

F

发展外向型经济 135
房地产开发 145
分配制度改革 97
粉碎江青反革命集团和拨乱反正 65
粪（畚）箕 306
粪盘（粪艇）307
粪桶 307
风柜 321
风灾 28
妇女组织 46
复退安置 82
副处级以上人员 264
副高级及以上 275

G

改革 87
改革开放前农村的经济体制 87
改革开放时期治安 76
改革前企业管理体制 93
改制企业简况 132
干部制度改革 95
高级社 50　55
革命烈士 263
个人墓葬 168
个体运输兴起 134
各个时期的工作业绩 43
各生产队（社）自留用土地 122
耕作工具使用情况 300
耕作种植工具 300
工业 130
工作和活动 45
共产党组织 41
供销合作社 139
古渡头遗址 177
谷箩（又叫竹箩）310
谷磨（谷砻）315
股份制改革 94

管理 235
灌溉提水工具 305
广播、电影、电视 217
广播 217
广州航海高等专业学校（现广州航海学院）121
广州石油化工总厂 121
广州文冲船厂 121
广州污水处理厂 122
国家单位评选 271

H

寒灾 29
旱灾 29
禾镰 308
禾桶 309
合葬墓 172
河流水文 28
洪哥求救解危困传说 210
洪圣王诞 253
互助组 50　54
戽斗 305
华侨和港澳台同胞 40
华佗灵帝 213
黄花塘的由来 213
廻龙市来历 38
货币 146
货币发行 141

J

机构 46　81　85
鸡啼堂 211
集体干部职工的分配制度改革 98
计划生育 231
技术人员 275
家规、族规 247
家塾 162
嫁娶 239
建立现代企业制度 95
建立乡政府 50
建立育龄妇女档案 235
建置沿革 30
江北三约（叶氏、陈氏、梁氏）来历 35
交通运输 133
脚踏打禾机 309
教师的报酬、福利 224
教育 219
节日食品制作 334
金融机构 142
金融业 140
进步社团 41
禁忌 248
经济发展概述 104
经济作物 109
经营 134
救济赈灾与残疾人事业 82

K

开年 252
抗美援朝运动 52
科级人员 268
苦瓜干 331

L

榄（乌、白榄）的腌制 332
劳动保护工具 313
劳动管理 56
犁耙配件 303
礼仪风俗 239
历年来征地情况 121
历史名人 259　285

隶属 31
荔枝干 330
联文 193
镰刀 308
《梁氏族谱》228
粮食加工工具 315
粮食作物 108
劣习 249
林业　水果 110
林业 110
龙眼干 331
陋习 248
陆路交通 134
陆氏《三听堂世谱》228
陆氏《仕杰祖房谱牒》（泰泉祖裔陆氏族谱续一）230
萝卜干 331

M

梅、榄的腌制 332
门楼 166
庙宇 161
庙宇遗址 178
民兵活动 74
民兵组织 74
民兵组织建设和活动 73
民间传说与文学、文艺作品选载 210
民间信贷（典当）与高利贷 141
民情习俗 239　251
民政　人民调解 81
民政工作 81
民族（氏族）228
名胜 196
木匾 193
木刻联文 194
木棉花干 332
木桶 323
墓碑 183
墓葬 168
墓志 181
墓志与碑文 181

N

南海西沙保卫战待命参战战士 280
廿四节气歌谣 214
农村党的基本路线教育运动 65
农村管理制度改革 92
农村合作医疗 237
农村经济体制改革 87　89
农村信用合作社 142
农会 49
农民收入分配改革 97
农田水利建设 118
农谚 214
农业 107
农业管理机构 107
农业合作化运动 54
农业互助合作组织 50
糯米酒酿造 340

P

炮台遗址 174
片糖、豆腐、糯米酒的制作和酿造 339
片糖制作 339
普通初中教育 222

Q

其他节日食品 336
其他蔬菜腌制 338
其他小农具 312

其他小农具及植保器具 312
其他楹联 200
乞巧节 256
气候 28
气象谚语 214
锹 310
青梅腌制 334
清明节 254
庆祝活动 65
区级的人大代表、政协委员 288
屈马逖 212
取肥艇 307
群众性的文化娱乐活动 209

R

人口、华侨和港澳台同胞 38
人口 38
人民公社 51　56
人民生活 238
人民调解 85
人日 253
人物表 285
人物传 259
人物简介 263

S

丧葬 245
商业与服务业 135
设乡建制 51
社、队工业企业改革 93
社会知名人士 281
社会治安与综合治理 75
社会治安综合治理 77　79
生产队（社）干部分配制度
　改革 99
生活谚语 216
生育证管理 235
省、市、区及镇村 121
省级单位评选 272
盛肥、取肥、施肥、耘田工具 306
诗歌 202
石匾 192
石碓 317
石额 191
石刻联文 193
石磨 317
市级单位评选 273
市人大代表 264
收割脱粒工具 308
书室 164
书院 162
书院与家塾 162
书院与私塾 220
水车 305
水稻密植“放卫星”55
水果生产 111
水上交通工具 133
水上运输 133
水灾 29
思想建设 42
四季歌 215
四季节气与种植业 215
“四清”运动 57

T

《泰泉祖裔陆氏族谱》230
陶缸 322
梯 324
提倡晚婚 232
体育尖子 284
体育设施建设与管理 208
调解和基层法律服务 85

厅房及就餐用具 325
土地改革运动 52
土神诞 252
团年 251
团组织 44
推行计生科学措施 235
推行晚婚优生优育 234
推粑 308

W

外贸仓（现广东省外运黄埔仓码有限公司）122
“万人坑”173
圩市遗址 180
文冲、文园来历 33
文冲村（乡、生产大队）班子组成人员 289
文冲村（乡、生产大队）各生产队（社）班子成员 295
文冲渡头街来历 37
《文冲陆氏族谱》229
文冲民办小学 223
文冲小学简介 226
文冲幼儿教育简介 224
“文化大革命”时期治安 76
文化大革命 58
文化体育 206
文化阵地建设与管理 208
文化阵地体育设施的建设与管理 208
文物 148
文娱体育 208
乌涌火车站遗址 179
污染 30

X

洗涮用具 327
先进人物 271　287
咸酸菜与咸鱼腌制 337
咸酸芥菜腌制 337
咸鱼腌制 338
现代名人 261
乡村布局、结构 142
乡村建设 142
乡村街、巷建设 144
香港同胞为文冲村发展做贡献 284
小年晚——谢灶 251
小学教育的发展 221
新联与诗韵 197
行政人员 264
行政组织机构 48
信访调解内容 85
信访调解主要事件 86
姓氏来源及其分布 230
宣传教育 233
宣传教育和技防相结合 78
学习教育活动 67

Y

严禁多孩生育 234
养鱼专业户 117
医疗卫生 236
遗址 174
已拆除文物 195
楹联 197
应征参军人员待遇 69
硬件建设 145
拥军优属 81
盂兰节 256
鱼塘的面积与分布 117
鱼塘养殖 116

渔业与水产养殖业 115
元宵 252
悦山公下棋得官路山 210

Z

在外工作行政、技术人员与名流 286
照明用具 328
征兵工作 68
整风整社 57
政策规定 232
知识青年上山下乡 59
植保器具 313
制订人口计划 235
制定乡规民约 77
中华人民共和国成立初期治安 75
中华人民共和国成立后兵役 68
中华人民共和国成立后的金融业概况 141
中华人民共和国成立后的社会治安 75
中华人民共和国成立后教育事业的建设和发展 221
中华人民共和国成立后历次政治运动 52
中华人民共和国成立后农村基层组织机构 49
中华人民共和国成立后群众体育活动 208
中华人民共和国成立后商业 136
中华人民共和国成立后医疗卫生 236
中华人民共和国成立前兵役 67
中华人民共和国成立前的金融业状况 140
中华人民共和国成立前集市 135
中华人民共和国成立前教育概况 219
中华人民共和国成立前社会治安 75
中华人民共和国成立前文娱体育设施及村民活动 206
中华人民共和国成立前医疗卫生状况 236
中华人民共和国成立前政制及领导人员 48
中级 278
中秋节 257
种植工具 304
种植业 108
重阳节 257
竹筛和箩盖 319
主要耕作工具的制作工艺 301
主要工作 46
主要业绩 57
住院范围及医疗报销规定 238
祝寿 247
装水挑水与储物用具 322
装载运输工具 311
自然村（街市）简介 33
自然地理 27
自然灾害 28
宗祠楹联 197
宗教信仰 250
族谱 228
组织机构 77
组织机构和人员队伍 232
组织建设 41　44
组织形式与分配制度 56
做好流动人口的计生工作 234